靈魂占星

Jan Spiller 著　吳四明 譯

前 言

這本書包含了我各種專業的秘密：也就是過去二十年來，我藉以正確讀出每一張個人星圖所使用的方法。

有很多同事都認爲我是通靈的靈媒。雖然他們說的可能是眞的，但這並不是我用來看星圖時的基本態度。若想信心十足、精確無誤地解釋一張星圖，占星學家必須有一個起點；這裏所謂的起點，也就是當他們在看一張星圖時最注意的地方。這個起點可能是太陽星座（Sun sign），也可能是月亮的位置、日月蝕、主要相位，或是火、水、地、風等各星象中星球的數目；每一位占星學家都有自己獨特的方式來評估、「觀看」，並解釋星盤中其他的部分。

我使用的是交點（Node）。交點每次都能提供我正確指導每個人獲得成功、增加自信、促進個性平衡狀態所需要的資訊。我之所以能正確地解釋每一張星圖，所憑藉的不是與生俱來的通靈能力，而是我對交點活動的深入觀察。

當我在看一張星圖時，首先會根據星座及宮位去觀察月亮的北交點及南交點。之後，我會去觀看這些交點和其他星球所形成的幾何關係（占星學家稱爲「星視座」），以及這些星球因交點位於不同星座而造成的不尋常現象。如此一來，整張星盤立即鮮活起來，我也因此可以了解這張星圖主人所面臨的挑戰，以及他希望達到成功或於此生中有所成就時，個性上所需要的特質。

＊相位是非常重要的一個部分，值得另書個別探討。這部分的資訊會在後面談及時，加以更詳盡地說明。

正確度

並不是只有相信占星學的人，才會了解這本書的價值。如果從心理學或是科學的角度來看占星學，其實它與信仰是完全沒有關係的。它是實際的；它是關於知識的獲取及實驗。本書最重要的是，星象學家所提供心理層面的剖析，對你而言是不是增進自我了解的有用工具？星象學家對時間點的預測（根據你完整翔實的出生星圖），是不是能幫助你更有效地利用時間？

在評估這本書中所提供資訊的眞實性時，傾聽你內在的認知及過去的經驗，是相當重要的。不論別人怎麼想，只有你自己知道你內在掙扎的本質。

如果你根據本書所建議的，採取某些可以平衡北交點（North Node）個性的實驗，就可以檢驗自己的能量，以確定這條道路是否無誤。如果做過某一個實驗後，你發現自己的能量大增，而且擁有快樂及自由，你就可以肯定已經找到正確的道路了。相信你自己的感覺。如果，沒有特殊的感覺，嘗試另一個實驗。你會因爲是否感受到快樂或自由而得知，自己是不是找到正確的道路。

如果書中的某些建議你覺得不對，也應該相信自己的直覺。這可能是你自己已經克服的部分；或是基於某些理由，並不完全適用於你的部分。這就好比試穿一雙鞋子，只有你自己才知道合不合脚。再一次強調，一定要相信你自己。

某些建議，可能在一開始的時候會令人害怕，因爲這些建議對你而言是聞所未聞的。但是如果你覺得這些建議不錯，也就是看起來蠻精確的時候，你可以嘗試看看，並將之付諸實行。

你會發現你的自我逐漸從你過去的經驗中浮現出來，這個自我擁有永恆的無畏及自信。你會感覺到變化的產生，因爲可能在數週或數月之前困擾你的問題，已經不再令你心煩了。你朋友可能還是會感受到那些事情，但是你已經有不同的感覺，那是一種你久違了的平和的感覺。

對每一個人而言，一生最深切的核心問題，可以從我們出生時北交點所在的星座及宮位看出端倪。但是在寫這本書的過程之中，我發現除了我自己的交點星座及宮位之外，在其他的星座中還有一些有待解決的問題。兩者間的差異在於功能失常的程度有多深。如果一個人的北交點位於巨蟹座或第四宮，他在釋放控制、信任、開放的分享感受等方面的問題就會非常大；這就好比在一大塊花岡岩上敲去一角。

但是北交點位於另一個星座上的人，也可能會有與人公開分享感受的問題。這時，你可以參考北交點位於巨蟹座的那一章，或許能幫助你避免受傷。同時，在這一章裏，也有一些引導你邁向平衡或放鬆情緒等實用方法；從書中所建議的交替位置來執行這些方法，會比從你自己交點落在的位置簡單得多。

例如，我的北交點既不在牡羊座（Aries）也不在第一宮，但是當我在進行牡羊座北交點那一章的寫作時，我發現我也有堅持己見，以及這個族群的人必須努力克服的一些問題。然而，在寫這一章的創造性過程之中，我內在的某一部分被治癒了，並開始以較正面積極的方式堅持自己的看法，而且變得更誠實，我的生活也因而更爲自在。這時，一旦能找到正確的方向，不論是做任何的調整及改變，對我而言，都是一件容易的事。

但是當我寫到自身北交點所在的星座及宮位那一章時，要有這種改變就困難多了。早在二十年前，我就已經知道問題所在，但是直到今天，我還在奮鬥。

透過知識而來的熱情

從眞正開放心胸去了解的層級來探索占星學時，占星學可以直接引導你邁向無條件的愛。當你充分了解一個人內在結構，以及他們的「小毛病」時，你怎能可能會對他生氣呢？事實上，我們每一個人都在竭盡所能的發揮自己的光明面，並克服我們的缺陷。因爲那些小毛病阻礙了我們去得到我們所想要的東西；這一點每一個人都是一樣的。

太陽星座占星學（Sun sign astrology）是報章雜誌上常見的星象專欄，它是僅根據太陽星座的宮位而做的預測。詳盡完整的本命占星學（Natal astrology）則需要參考十個行星的位置、當一個個體誕生時活躍的地軸，以及其他如南北交點、日月蝕等等（太陽及月亮在本文中被視爲行星，因爲是從該星球對地球的影響的角度觀之）。

事實上，我們每一個人都是一個獨立的個體，因爲每一個行星都是以不同的速度繞著太陽運行，所以在兩萬五千年之內不可能出現兩張相同的星圖。

在你吸進第一口空氣的那一剎那，所有的人類——所有當時活著的人——都與你共同經歷這個時刻。每一個人都會盡可能使這一瞬間成爲他們歡愉的時刻。但是緊接著，下一刻就來了，而人類則必須予以處理；之後，又是一個接著一個的瞬間；一直到眼前當下。但是你出生的那一剎那，則已被深深的刻在你生命的細胞層次之中，而且到現在一直都是你的一部分。

在這樣的關連之下，你已負起爲該星球上每一個人滌淨這個時刻的任務，而且你本身其實就擁有足以令自己的誕生達到完美境界的力量。就好像你拿了一小段時間，然後把這段時間放慢下來，再將它伸展開來成爲一整世。當你開始投入於這一段時間，將線路不良的部分取下予以調整，藉以創造自己生命中的快樂、歡笑及愉悅時，這種轉變所釋放的正面能量，會影響每一個人。

透過你自己的生活，基本上你可以改變過去曾出現過的時刻，而當你改變過去時，每一個人的當下也會被改變。我聽過許多教導性靈方面的老師說，徹底從自己做起，才能爲別人盡力。在最深層的地方，我們每一個人都是互相關連的；我們其實是一體的。

內在的線路

星圖就好像一張可以展示每個人內在線路的圖表。我們每一個人的線路圖都不一樣。這些圖沒有「好」或「壞」之分，只是表現出線路配置的情況。你的星圖所提供的是你在出生時與生俱來的內部線路配置圖，但是你要怎麼處理這張圖，完全取決於你。

當你可以客觀地觀察自己的行為時，就可以進行一些調整，以達到更有效率的結果及更好的表現。當任何一個不良的線路被修正時，生活的運作會變得更順暢（由內而外）。藉著對內在線路的清晰了解，你可以明確地知道先天既有的不良部分，而且可以選擇不再做一些不適合自己的行為。

例如，如果一個人（藉觀看他們的星圖）客觀地知道自己有以為什麼事情都知道的傾向，而且會因此常表現出不耐煩或自以為是的態度，致使自己遭到孤立時（就如同當他們的北交點落在雙子座或第三宮的人常會有的問題），了解這個傾向可以讓他有意識地、在冒昧發表自己的意見前，花較多的時間去咀嚼別人言語眞正的意涵。這一項簡單的修正，可以為這個人的社交關係帶來極大的轉變。

我們每一個人的個性上，都會有造成自己不適當行為及出現孤立、不快樂的傾向。這一項小技巧可以發現我們自己的小毛病，並讓自己有能力去避免。有了這項客觀的知識之後，我們就不會再在黑暗之中行事，並爲生命不斷出現令我們不愉快的事物而困惑不已。

人生苦短，我們實在不應該遮蔽著眼睛走完這條路。這本書的主要目的便是淸楚地闡述，在以月亮的北、南交點所分出的十二種個性種類中，那些是有用的，那些又是無效的。

這本書的基本觀念是：肯定自己不只是個人星圖的總合。星圖是表現你個性結構的一張圖，但你是星圖後面的重要因素，而且你有能力依照自己所選擇的方式來運用你的個性（你出生星圖所顯示的能量）。你是否允許自己的個性在無意識的狀況下運作，或是你想主動操控並淨化自己的能量，使生命能朝向對自己有利的方向前進：一切的選擇都決定於你自己。

如何得，如何捨

談到個性的分類，有十種不同的王國，分別由星象學中所使用的十個不同的星球表示。從你的出生星圖，可以看出你那些部分常常會與其他的部分發生爭鬥，並因而產生許多衝突的能量；那些部分處於完全和諧的狀態，在你生命中永遠不會發生掙扎或競爭。

從更深的層級來看，我們還可以看見你某些個性所成形的依據。本書的目的就是去探究這個依據，再用言語將它描述出來，並做適當的調整。這些調整可以使各星球的能量，在更和諧的情況下，共同存在。

假設在你的體內有一位將軍，他一聲號令，立即可以動員你所有的部分。你只需要為將軍吹號，原來爭戰不休的每一部分，自然會放下武器，在將軍身後排成一列。你體內另一些處於和平狀態、或許已經開始有些懶散的部分，也會在號角響起時，抖擻精神，自動自發地排在將軍的後方。

在這個時候，你會立即感覺到自己是一個完整的個體，心思能夠完全集中；在這個時候，你生命外在的狀況也會開始轉變。最重要的，你與這些情況的關係會發生變化。從這個新的起點，你可以清楚地了解自己接下來應該怎麼做，而你所採取的行動，將會自然而然地使你邁向成功。

在你的星圖中，月亮的北交點就代表了這位將軍。只要你能掌握如何聯合及平衡你內在部分的秘訣，就好像學會一項魔法一樣，妙用無窮。這項魔法適用於你生命的任何時刻，唯一的條件就是：你必須記得去記住這項秘訣，並且願意嘗試各種可以讓內在能量及外在情況轉換成有益於你的利器的實驗。

在一開始，做這些實驗可能並不簡單。甚至可能會令人感到有些害怕。例如，如果你是北交點位於巨蟹座的人，你不知道其實感到脆弱、透露出你的感覺及畏懼，都會為你帶來正面的效果。根據你過去的經驗，你不習於感到脆弱；事實上，如果你將眞實的感覺表達出來，你可能會感到寧可死去。

你內在的每一個部分可能都會抗拒這種情況。但是如果你眞的去做了，變化也會因而產生。你會發現，某些部分的確死了，但那並不是你，而是長久以來一直如影隨形地跟著你的恐懼。當你進行這項實驗時，這種恐懼會消失，取而代之的是無懼及自信的新感覺。但是這一切都取決於你自己。除非你自己願冒險嘗試，否則不會有任何改變；積極的行動是治療恐懼的最佳藥方。

在檢視你北交點所在位置時，你所看到的是你整個生命中最基本的課題。因此，改變可能不會全部立刻發生。要記住，當你朝一個新的方向前進時，你是在違反過去長久以來已經根深柢固的各種習慣。這也是你需要隨時記得以新的方式行事，努力解決你前世失衡部分的理由。

本書的目的不是提供另一個讓你犯錯的工具，及挑出你還未捨棄的前世習慣。它的目的在於教你如何以新的方式做實驗。你會發現，每一次你記得運用這個公式時，你所處的情況會發生改變，而且這種轉變是有利於你的，而世界也會肯定你的存在。

即使是處於即將成功的階段，有時採用新的方式仍是極爲耗時的。但畢竟這只是一個過程。只要讀讀有關你的北交點的這一章，就可以產生不同的效果，展開一段自然改變的過程。練習各項建議可以加快過程的進行，但最終意識本身就能達成轉型。例如，如果一個人知道當他不遵守號誌時，將會在穿越馬路時被卡車撞倒，他會怎麼做？他當然就不會穿越馬路了。我們每一個人都希望能享受歡愉，避免痛苦，而對於負面影響的意識，通常就足以避免不當行動的發生。

占星學、物質上的成功及靈性

物質上的成功絕對不是通往永恆不滅的幸福之鑰。這種成功必然是短暫的，而且不滿通常會在簡單的物質滿足後接踵而至。追尋快樂的根本之道在於靈性。但是有時候在我們的心底深處，存在不可否認、也是不可遺忘的世俗渴望，而這種渴望必須在具體實現後才能被釋放。

要描繪這個觀點，我們可以看看一位佛教高僧的故事。這位高僧年事已高，他發現一位跟隨他很久的弟子，一直未能達到最高的喜樂境界。這位弟子跟隨他已經有三十多年了，對高僧一直十分忠誠，律己甚嚴，然而始終無法達到最高的境界。有一天，高僧對這位弟子說：「我要去朝聖，你可以跟我去。」

他們兩人走向位於遠處的山區。日子一天天、一週週地過去，很快地他們的行程已經持續一個月了。一天，高僧停下腳步，用手指著遠處的山丘，對他的弟子說：「你看得到山頂嗎？」這時雲霧正逐漸從山峰散去，山巔的一座巨大城堡在陽光下閃閃發光。

弟子回答：「是的，大師。」

高僧問：「你看到山頂上的家了嗎？」

弟子回答：「是的，大師。」

高僧說：「生生世世以來，你一直渴望有一個家，但這個渴望一直沒有被滿足。這也就是綁住你，讓你無法達到極樂境界的最後一根線。我所教你的一切，都無法解決這個深切的渴望，因此，這個渴望必然會顯現出來。現在那就是你的家，你擁有它了。」

就在這一瞬間，這位弟子終於徹底被點化。

有些世俗或是物質的欲望，我們可以輕易克服，那是因爲這些欲望對我們來說，並不那麼重要，一段時間以後，我們就可以排除這些欲望了。然而其他的一些欲望就不是如此輕易可以解決的，除非我們在某些層面可以滿足這些欲望，否則它們會一直如影隨形地跟在身邊。一旦我們的個性被成功地整合，比較不重要的欲望就會開始逐漸消失，而需要獲得滿足的渴望，在物質世界中也會變得比較容易達成。

提供一個可以簡化並重新整合個性結構的公式，使個人可以較容易獲得所追尋的物質經驗，是本書最主要的目的。一旦自我或個性的機制可以有效率地運作，並創造快樂的日常生活時，除了認同個人的自我及獲得純粹物質上的回饋之外，我們基本的需求將可以獲得滿足，我們也得以接受更高境界的快樂及自我實現。

當欲求被滿足、外在的目標也不再如此迫切時，個性會自然鬆弛下來。在這種平靜之中，我們可以進入更高層次的意識境界，以及更深切的快樂；這些都是我們自然的狀態，也就是《聖經》中所描述的：「在地球體驗天堂的感覺。」

目　　錄

目　錄

ASTROLOGY FOR THE SOUL

目　錄

目錄

ASTROLOGY FOR THE SOUL

如何使用本書

交點是什麼?

月亮的交點並不是星體;它們是由月亮繞地球的軌道與地球繞行太陽路線交叉時所形成的點。南北交點成反方向;北交點是上昇交點(距離北極最近的一點),而南交點則是下降交點(距離南極最近的一點)。它們兩者之間永遠維持一百八十度的距離。

部分占星學家使用「眞交點」計算(將月亮軌道的實際搖動計入),另有部分占星學家則使用「平均交點」(Mean Node,不將月亮軌道的搖動列入計算)。我所使用的是「眞交點」。眞交點與平均交點位置之間的距離不會超過一度四十五分。

交點軸

每一個行星都有一個北交點及南交點。本書中所說的南北交點是指月亮的北交點及南交點，亦被稱爲星圖中的「交點軸」。本書各章中的資訊主要是對有關北、南方交點軸的描述，但爲了予以簡化，我簡稱爲「北交點」位置。

星圖中南交點的位置（位於北交點的正對面），所敍述的是過去幾世以來，我們個性中被過度強調的相位；今生的個性通常會因這種過度強調的相位而受到影響，並因此產生失衡現象。當我們在毫無覺察的情況下行動時，很容易會爲了反應環境，而「表現」出南交點的位置，因爲我們已經太習於這種對我們有利的方式。

在這一世之中，我們的經驗顯示，依據星圖中南交點所顯示位置前進的方式，已經行不通了。雖然本書主要強調的是北交點，但是在這幾章中所提供的資訊，實際上是交點軸兩端的結合。

當星象學家提到「南北交點」時，通常他們是指月亮的北、南交點。在星象學中，月亮所掌管的是我們的感覺、我們的心情、依賴感、不安全感，以及歸屬感等屬於感情的一面。月亮掌管我們的自我形象，也就是不論我們在俗世中外表所表現如何，我們對自己最直覺的看法。

我認爲月亮從前世的角度來說，是星圖中最重要的一個星球。它強調了個性結構中的其他部分。

在我第一本星象學的書中，寫有關月亮的這一章所花費的時間，甚至比寫其他九章總合的時間更多。我發現月亮星座的深度是無限的，以致我所做的研究愈來愈深入，幾乎到欲罷不能的地步；最後，我只好停筆告訴自己：「就是這樣了！」

在隨著月亮南北交點的軌道前進，並藉以重新平衡我們的感情面時，我們會花費極大的心力去緩和內在的壓力，以重新獲得對我們這個獨立個體的信心。

星座及宮位

對我們每一個人來說，北交點會位於一個星座及一個宮位之中。星座的位置可以從本書最前面所附的北交點速查表中找到；而與你的星座位置有關的章節，則提供特別針對你而設計的資訊及方向，以協助你了解你所有的潛能。要獲得最完整的觀點，我建議同時參考與你宮位相關的章節，這些資料亦可以求教星象學者或自電腦星圖取得。

北交點所落在的星座，意味著個性之中需要產生的心理轉換。北交點所在的宮位則顯示允許一個人獲得這種新心理意識的經驗。

根據我的經驗，宮位的重要性至少是與星座相同的。宮位的位置所顯示的是學習北交點生命課題的舞台。例如，如果你的北交點是位於第十一宮、巨蟹座，你會學習如何透過培養友誼所產生的能量與你的感覺（巨蟹）接觸及溝通，並學習「順應潮流」（第十二宮）；如果你的北交點是位於第四宮、牡羊座，就會透過與你直覺（第四宮）的接觸，來發現自我，並與自我溝通。

相同星座及宮位位置

如果你北交點的星座與北交點所在宮位爲同一星座，例如北交點落於第三宮、雙子座，恰好同是雙子座；或是北交點在第十二宮、雙魚座，也正好同是雙魚座，表示生命課題是相同的，但只是程度加倍。

反向星座及宮位位置

這就像北交點在第七宮、牡羊座；北交點在第八宮、金牛座；北交點在第九宮、雙子座；北交點在第十宮、巨蟹座；北交點在第十一宮、獅子座；北交點在第十二宮、處女座；北交點在第一宮、天秤座；北交點在第二宮、天蠍座；北交點在第三宮、射手座；北交點在第四宮、摩羯座；北交點在第五宮、水瓶座；北交點在第六宮、雙魚座等。

如果你的北交點所在的宮位與北交點的星座，如前所述是呈反向的，你就應該小心且持續地檢視自己，並找出正確的混合式行爲。記住一點，宮位通常是標示出學習星座課題之處。宮位就好像一個貝殼，也就是你需要支持星座內涵的環境。

試舉例說明之，如果你的北交點是在第七宮、牡羊座，你會藉由對其他人獨立個體的認識（北交點在第七宮），而發展出新的本性（北交點在牡羊座）。透過與他人合作，並協助他們達成目標，你將會發現你自己眞實的自我。但是，當你反過來並將焦點集中在自己身上時，你會因爲希望取悅別人，或成爲他們所期待的那位好好先生，而失去自我。這種情況發生時，找回自我的關鍵其實就在於協助別人尋求自我。

總論

本書的每一章會以總論做爲起始。這篇總論的目的是提供一份簡明的參考資料，以及如何記住達成你生命目標實際公式的方法。在遭遇重大壓力的狀況時，也就是當你有機會對自己的行爲模式重新做一次選擇，並希望能藉以減輕命中注定的負擔時，能有一個可以容易記住並實行「如何得，如何捨」的方法，是很有用的。

我會建議讀者採用一、兩個看起來與自身關係最密切的重點並用心實行，以期淨化自己的特質。

在你進行之中，不知不覺地，原來據有一大片山頭自我毀滅的傾向，會逐漸消失；取而代之的是愉悅。之後，在你準備好時，再選擇另外一些應放掉的事，或是用心練習發展新的部分。這是一種過程，雖然這個過程看起來可能需要投入極大的心力；或是對個人而言，具有極高度的風險，但是一旦你跨步向前邁進，就永遠不會再被拖回到過去的恐懼及限制之中。

有些特質會需要比較多的時間才能予以淨化或釋放掉。即使你目前正致力於捨棄一些看起來可能是你一週前，甚或一年以前已經開始努力拋棄的傾向，但其實你是在更高的一個階層努力，而且你大概不會覺得如以往般地痛苦或困難。如此一來，成長會比較像是向上的螺旋，而不是一個圓圈。

當你前進時，你會發現生命不再如以往般具威脅性；而你所渴望的事物，將能更輕易及自然實現。當你發現自己逐漸擺脫畏懼、充滿明亮、感到自由時，奇妙的事情就會發生；一些前世留下來的無形枷鎖會開始消失，乃至無影無蹤。

每一章的總論會對「應發展的特質」、「應擺脫的傾向」、「應避免的陷阱」、「什麼是你真正想要的」、「你的才能及適合職業」、以及「正面肯定的信念」等，提供快速的參考資料。

應發展的特質

這些是指與生俱來的天賦——才能，也就是你一生之中隨時可以使用的特長。當你在前世花費許多時間及精力於發展你個性中某個特質時，你的另一面——凡事都有正反兩面——卻被完全忽略了。因此，當你進入這一世時，你會失去平衡。我們每一個人都是如此，但是每一個人失衡的問題各不相同。

生命本身是希望你快樂的。但是只要這種不平衡的狀態存在，每一種快樂的背後將會跟隨著一種不快樂。所以你必須刻意藉著實驗，並建立本單元中所敘述的特長或天賦，去發展前幾世中被忽略掉的部分。這就好像過去一直沒有被使用過的肌肉，只要你開始訓練這塊肌肉，它很快地就會有顯著的進展。發展這個部分的傾向，可以加強你每一次獲勝的能力。

應擺脫的傾向

有一些傾向是你和你所屬的族群與生俱來的。在前幾世之中，這些行爲模式可能非常適合你的需求，當你根據這些動機行動時，你可以獲勝。所以當你進入這一世時，你會存有一些成功的潛意識記憶，繼續前幾世中令你成功致勝的行爲模式。但是，在這一世中，同樣的模式已不再奏效，也就是說，它們不再能爲你帶來成功、信心，以及輕鬆的感覺。如果你回顧今生的過去種種，會發現即使不斷反覆地強化這些行爲，這些行爲模式卻從未爲你帶來成功。

這些特質本身並不是負面的，但是它們表現出你前世個性中過度發展的部分。你在每一個前世之中，不斷以各種方法加強你個性中的某一個部分，使這個部分過度擴張至失去正常比例的程度。所以進入今生之後，你星圖上的組合設計已經使這些前世的模式不再有效。基本上，如果跟隨著這些傾向前進，最後必會導向失敗，而且是屢試不爽。

應避免的陷阱

這個部分所講的是「阿奇里斯的脚踵」，意指你及你所屬族群最容易跌入的陷阱；這種誘惑力實在太大，所以很容易讓人改變甚至回到一些負面的前世傾向。這是你今生被誇大的部分，欲望被過度誇張，就好像一個永遠填不滿的無底洞一樣。這是屬於「危險訊號」的一個項目。當你發現已經出現被這些誘惑所驅使的危險時，最好立即離開，因爲只要留在現場，你是必輸無疑。

*「阿奇里斯的脚踵」(Achilles' heel) 意指希臘神話中的英雄阿奇里斯，身上唯一的致命處位於脚踵。

什麼是你眞正想要的

這一項所代表的是前世動機與今生天賦的綜合。藉著利用我們今生所得到的新工具，去體驗我們與生俱來的渴望——滿足我們心中的欲求，並使我們的個性得以達到平衡。

在一開始的時候，誇張的方法效果可能很好；就是全面否定（在自己的腦海中）前世的各種傾向，並全心全意投入發展今生特質之上。這種方法就是鐘擺原理：將鐘擺甩到遙遠的反方向，經過幾次的調整之後，它較容易回到中點。最終，我們會藉著結合前世的能量與今世的天賦，得到眞正的成果。

但是前世的影響力非常強，所以在初始之時，這個族群的人可能必須將其「徹底摧毀」，或是完全避開，方能凝聚邁向正確方向的能量。

你的才能及適合職業

這個部分所敍述的是得自於交點位置的才能，這種才能在今生之中，可以輕易地轉換爲專業或職業上的成功。若想了解專業或職業上的整體發展，我建議應從整張星圖進行討論。

正面肯定的信念

具正面肯定效果的信念，是設計用來解除前世傾向所具有的毀滅性能量，並將你釋放至可以於今生獲得的自由之中。利用本節的最佳方法是：選擇一個你覺得最能加強你所希望發展特質的信念，然後一整天之中，在各種不同的情況下，試著不斷反覆念著這個信念，直到這項你希望加強的特質獲得強化或是能量增加爲止。

當這句特定的肯定詞句對你已不再具有效力時（可能是一個月，也可能是數月），可以再選定另一項信念，並進行一段時間的實驗。每段特定期間內，只選擇一種具肯定效果的信念，並觀察在這段期間與何種事物產生最大的共鳴，這樣才能達到最高的效果。

你的個性

每一章的這一節，都是討論每一種族群所具有的特異性，以及他們與其他族群之間存在的差異性，如特殊的習性、憂慮、特殊的感情等。或許你會覺得我們似乎只是在獨立個體的層級，致力於這項命運的處理，但是當我們將自己生命中的負面能量清除時，相同的交點族群（所有北交點位於同一星座的人）中的每一位成員，都可以獲得淨化及進步。我們整個族群的能量會在內在輔助我們學習及成長。在這方面，我們並不孤單。

你的需求

在需求這一項所討論的因素是有效的欲求；每一族群各不相同。我們不需要改變我們的本質或是消除我們的需求。但是，爲了成功，有時候我們必須改變我們的方式；也就是我們滿足需求的方式。本節敍述的是我們對安全感的基本需求、它們於內在的眞實感覺，以及在「不出軌」的情況下，滿足各種需求的最佳方式。

你的人際關係

本節所檢視的是，屬於同一族群的人如何看待關係、製造關係的模式、特殊傾向、障礙，以及在某種關係之下（尤其是某種親密關係，如婚姻或合夥）所做的決定。

你的目標

本節所討論的是這個族群如何達成目標；在追求目標時，他們的能量及弱點。這些資訊可以協助各族群的成員發現他們的障礙物，增強他們克服內在阻礙的力量，並藉以達成外在的目標。

治療音樂

音樂常常以極特殊的方式，爲我們的生命創造不可思議的奇蹟；因爲它擁有一條通往我們大腦的通路，而這條通路是今人仍無法知曉的世界。擁有不同交點位置的人，都會面對不同的挑戰，所以我寫了十二首不同主題的歌詞，每一首歌詞都是針對各個獨特的族群所寫的，可以藉以觸及並治療每一個族群間存在的誤解。

這些歌詞都經過特別的設計，希望透過最不需花費心力的音樂，將能量轉換爲正面的力量。我會在每一章後面附上屬於該星座的部分精選歌詞，所有十二首歌的完整歌詞已經配好音樂，灌錄成專輯「自然發展」（Unfolding As It Should），並以錄音帶或CD的形式發售。雖然每一首歌的訊息是針對特定的交點族群，但是所有的歌曲不論對誰都具有振奮人心及治療的效果。

北交點速查表

★以你的出生年月日對照下列表格，即可迅速查出你的北交點所落在的星座位置。

月/日/西元～月/日/西元	北交點	月/日/西元～月/日/西元	北交點
5/10/1899～1/21/1901	♐	3/4/1938～9/12/1939	♏
1/22/1901～7/21/1902	♏	9/13/1939～5/24/1941	♎
7/22/1902～1/15/1904	♎	5/25/1941～11/21/1942	♍
1/16/1904～9/18/1905	♍	11/22/1942～5/11/1944	♌
9/19/1905～3/30/1907	♌	5/12/1944～12/13/1945	♋
3/31/1907～9/27/1908	♋	12/14/1945～8/2/1947	♊
9/28/1908～3/23/1910	♊	8/3/1947～1/26/1949	♉
3/24/1910～12/8/1911	♉	1/27/1949～7/26/1950	♈
12/9/1911～6/6/1913	♈	7/27/1950～3/28/1952	♓
6/7/1913～12/3/1914	♓	3/29/1952～10/9/1953	♒
12/4/1914～5/31/1916	♒	10/10/1953～4/2/1955	♑
6/1/1916～2/13/1918	♑	4/3/1955～10/4/1956	♐
2/14/1918～8/15/1919	♐	10/5/1956～6/16/1958	♏
8/16/1919～2/7/1921	♏	6/17/1958～12/15/1959	♎
2/8/1921～8/23/1922	♎	12/16/1959～6/10/1961	♍
8/24/1922～4/23/1924	♍	6/11/1961～12/23/1962	♌
4/24/1924～10/26/1925	♌	12/24/1962～8/25/1964	♋
10/27/1925～4/16/1927	♋	8/26/1964～2/19/1966	♊
4/17/1927～12/28/1928	♊	2/20/1966～8/19/1967	♉
12/29/1928～7/7/1930	♉	8/20/1967～4/19/1969	♈
7/8/1930～12/28/1931	♈	4/20/1969～11/2/1970	♓
12/29/1931～6/24/1993	♓	11/3/1970～4/27/1972	♒
6/25/1933～3/8/1935	♒	4/28/1972～10/27/1973	♑
3/9/1935～9/14/1936	♑	10/28/1973～7/10/1975	♐
9/15/1936～3/3/1938	♐	7/11/1975～1/7/1977	♏

●♈牡羊 ♉金牛 ♊雙子 ♋巨蟹 ♌獅子 ♍處女 ♎天秤 ♏天蠍 ♐射手 ♑摩羯 ♒水瓶 ♓雙魚

月/日/西元～月/日/西元	北交點	月/日/西元～月/日/西元	北交點
1 / 8 / 1977～7 / 5 / 1978	♎	2 / 19 / 2014～11/11/2015	♎
7 / 6 / 1978～1 / 12 / 1980	♍	11/12/2015～5 / 9 / 2017	♍
1 / 13 / 1980～9 / 24 / 1981	♌	5 / 10 / 2017～11 / 6 / 2018	♌
9 / 25 / 1981～3 / 16 / 1983	♋	11 / 7 / 2018～5 / 4 / 2020	♋
3 / 17 / 1983～9 / 11 / 1984	♊	5 / 5 / 2020～1 / 18 / 2022	♊
9 / 12 / 1984～4 / 6 / 1986	♉	1 / 19 / 2022～7 / 17 / 2023	♉
4 / 7 / 1986～12 / 2 / 1987	♈	7 / 18 / 2023～1 / 11 / 2025	♈
12 / 3 / 1987～5 / 22 / 1989	♓	1 / 12 / 2025～7 / 26 / 2026	♓
5 / 23 / 1989～11/18/1990	♒	7 / 27 / 2026～3 / 26 / 2028	♒
11/19/1990～8 / 1 / 1992	♑	3 / 27 / 2028～9 / 23 / 2029	♑
8 / 2 / 1992～2 / 1 / 1994	♐	9 / 24 / 2029～3 / 20 / 2031	♐
2 / 2 / 1994～7 / 31 / 1995	♏	3 / 21 / 2031～12 / 1 / 2032	♏
8 / 1 / 1995～1 / 25 / 1997	♎	12 / 2 / 2032～6 / 3 / 2034	♎
1 / 26 / 1997～10 / 20 / 1998	♍	6 / 4 / 2034～11/29/2035	♍
10/21/1998～4 / 9 / 2000	♌	11/30/2035～5 / 29 / 2037	♌
4 / 10 / 2000～10/12/2001	♋	5 / 30 / 2037～2 / 9 / 2039	♋
10/13/2001～4 / 13 / 2003	♊	2 / 10 / 2039～8 / 10 / 2040	♊
4 / 14 / 2003～12/25/2004	♉	8 / 11 / 1040～2 / 3 / 2042	♉
12/26/2004～6 / 21 / 2006	♈	2 / 4 / 2042～8 / 18 / 2043	♈
6 / 22 / 2006～12/18/2007	♓	8 / 19 / 2043～4 / 18 / 2045	♓
12/19/2007～8 / 21 / 2009	♒	4 / 19 / 2045～10/18/2046	♒
8 / 22 / 2009～3 / 3 / 2011	♑	10/19/2046～4 / 11 / 2048	♑
3 / 4 / 2011～8 / 29 / 2012	♐	4 / 12 / 2048～12/14/2049	♐
8 / 30 / 2012～2 / 18 / 2014	♏	12/15/2049～6 / 28 / 2051	♏

●♈牡羊 ♉金牛 ♊雙子 ♋巨蟹 ♌獅子 ♍處女 ♎天秤 ♏天蠍 ♐射手 ♑摩羯 ♒水瓶 ♓雙魚

第1章

如果你的北交點位於牡羊座
或北交點位於第一宮

星座箴言

在支持他人之前，必須先學習如何使自己成長。

總論

應發展的特質

針對這個部分的努力，應可幫助你找出被隱藏的天賦及才能。

★獨立
★自我意識（self-awareness）
★相信自己的衝動
★勇氣
★具建設性的自我本位
★適度的給予
★自我成長

應擺脫的傾向

努力降低這些傾向所造成的影響，可以使生活更輕鬆、更有趣。

★從別人的眼中看自己
★令人孱弱的無私
★做一位好好先生
★過度執著於公平與正義
★相互依賴——執著於外在的和諧
★「以牙還牙」的心態

應避免的陷阱

北交點位於牡羊座的人應該小心的陷阱在於對正義的專注——我的生存取決於其他人是否能與我公平相待。這種想法表示你正處在一個極不穩固的基礎上。你天生是非常樂善好施的，然而對正義及絕對公平的需求卻是一個無底洞。不過，你即使知道自己的行動並不會獲得回報，只要給予他人的部分不會讓自己覺得不舒服，就會認爲對自己是「公平」的。

北交點位於牡羊座的人應該避免的是，不要永無止境地試圖去追尋一個理想，或彼此承諾的合作關係，如「多希望我能找到一個完美的搭檔，這樣我才會覺得自己是完整的」。其實，你所追尋的完整感，必須個別達成；不論合作對象是多麼的完美，都不可能是這種關係的副產品。

重點在於，你永遠不能從別人處得到足夠的肯定，以獲得完成自我的許可。從某些角度來說，要獲得自我的肯定，一定得冒險去追求對自己有意義的活動。有趣的是，一旦牡羊座北交點的人走出自己的方向，就會有適當的人被吸引進入他們的生命中來輔助他們。

什麼是你眞正想要的

牡羊座北交點的人眞正希望的是，體驗快樂、和諧、公平，以及擁有一位所愛的合作夥伴的支持。但要達到這個目標，你必須先成爲自己的合夥人。一旦對自己有更深刻的認識，就會開始做一些可以爲自己帶來愉悅的事，並提昇自我成長的層級，也會因此而感到強壯、有自信、得到支持。

當你以比較公平的態度對待自己時，就可以獲得自己所追尋的平衡及正義。只有在這個時候，你才能健立健康的合作關係，兩個獨立的個體才可以彼此平等的分享，任何一方都不會覺得被削弱。

你的才能及適合職業

牡羊座北交點的人可以根據自己的衝動，做自己想做的事，而不受他人意見的影響。你是領導者、革新者、開路先鋒。你需要的是允許自己根據直覺行動的職業。你通常會在需要創意或獨立作業的範疇內有出色的表現，例如外科醫生、技術人員、企業家等等。

從前幾世以來，你就一直擁有洞察他人觀點，並與他人進行外交性對談，以確保公平的天賦。你可以利用這種與生俱來的天賦異稟，擴大自己的成功。然而，你對以強調協調爲最終目標職業的興趣，遠比不上利用溝通天賦去達成個人獨立目標的工作。

正面肯定的信念

- 「當我相信自己並根據自己的衝動行動時，每個人都可以致勝。」
- 「在我能支持他人之前，必須先學習如何使自己成長。」
- 「唯有眞正地忠於自己，我才能去幫助別人。」
- 「不需要在任何時間都保持最好的一面。」
- 「只有在對自己公平時，才能獲得平衡及力量。」

你的個性

前世

牡羊座北交點的人前世都扮演支持別人的人，而你也的確具有這方面的天賦才能。你前幾世的實體，可能是家庭主婦、秘書、顧問或助手，你就是站在「幕後」給予別人力量及輔助的幕後英雄。因為你的貢獻，使他人得以成長、茁壯。這個族群的人被灌輸了所有的自我、力量，以及正面的能量去支持他人。

牡羊座北交點的人也曾經有過許多世「一家之主」的經驗，而且習於與同處在最近環境中的人，共同付出能量。

為了成功地支持他人，這個族群的人發展出極高度的意識及敏感度。你的工具是愛、保證、溫柔鼓勵的話語，以及在任何情況之下均可獲得勝利的信念。你的焦點在於另一個人；每當看見你的搭檔缺乏信心，或是需要支持時，你就會立刻挺身而出提供協助，而且一向都是在別人開口之前就會有所行動。

你對別人的需求極爲敏感，會盡量配合。你具有極高度的愛心及慷慨精神。你習慣於付出、扮演「團隊中一員」，而且在完全不考慮自己的情況下願意支持別人。

雖然你在過去幾世之中一直扮演著付出者的角色，但是你也有秘而不宣的動機：那就是，你是團隊中的一員，如果你的搭檔做得很好，你自身的生存也會獲得保障。

牡羊座北交點的人會致力於維持搭檔情緒的和諧，藉以確保搭檔會獲得妥善的安排，並慷慨對待自己。所以你會放棄對自身需求的注意，將全部的力量集中於搭檔的身上，以及任何得以令搭檔強壯及滿意的事物上。

在過去幾世中，這種系統運作的效果極佳，但是今生的這個實體卻未被設計來延續這種方式。在協助別人的過程之中，你失去了對自我的認知，而在今生這個實體之中，你的命運是去接觸自己脈動的力量及能力。這就是每當你依賴搭檔爲自己達成目標、又從不直接提出要求時，最終會感到失望的原因。

實際上，這樣對你是有利的。因爲依賴別人，會阻礙你體會用自己的能力跨越一切險阻的機會。當你犧牲了自我以使他人茁壯時，其實已經輸了，因爲你所預期的回饋並不會出現。所以現在是重新發現自己的時候了。

☆缺乏自我

牡羊座北交點的人，已經花了好幾世的時間去支持別人的自我，所以今生已經搞不清楚自己是誰了。從能量的角度來說，你失去了獨立的本性。每個嬰兒出生時，身邊都會出現被稱為「自我」的帶狀物；每一交點族群的人都有。這個「自我」好像是一個盾牌，可以保護我們不受其他強大能量的影響。正因為有它，人們可以密集地交互作用，但又不致彼此傷害。例如，當比爾在街上碰到蘇，他可能會說：「哈囉，蘇。」也許在這聲招呼的背後，蘊藏著極大的能量，於是蘇和善地回應，彼此熱情地交流。招呼結束後兩人分開，但兩個人都沒有因而發生改變。

但是如果比爾碰到的是一位牡羊座北交點的人，他以同樣的能量說：「哈囉，吉姆。」吉姆可能就會感受到極大的影響。他會覺得被這些能量所淹沒。由於牡羊座北交點的人「自我」帶非常軟弱，使你對他人極為敏感，很容易被他人的心情或想法所影響。你必須時時記住，應做一些可以強化自我意識的事情。

你很容易呈現出他人的自我。通常你很快就會改變自己的口音，而且會在無意識的情況下模仿他人的行為舉止，即使他人只是在你身邊停留極短的時間。由於「和諧」對你而言極為重要，所以你會試圖使自己成為每一個人都喜歡的樣子。

這種對他人極高度的感性會產生一個副作用，那就是很容易在你的內部冒出火花，以及極為大量的愛。因為你的自我非常微弱，所以與他人接觸時，很快就能與別人產生相同的感覺。

在今生這個實體之中，牡羊座北交點的人面臨強化本性的挑戰。由於你對「自我」沒有預設立場，所以能發現自己本身最真實且自然的一面。這是一個無害的過程。你可以藉由天生的衝動來確認自我，而你的自我則是透過行動來獲得加強。

你需要大量獨處的時間，以便對自己有更清楚的認識。你每天都需要排出一段特定的時間，來與自己對話。你所面對的第一項挑戰就是弄清楚自己是誰。之後，你可以學習如何維持與他人之間的界線。這個過程是循序漸進的。發現自我一點也急不得，但是牡羊座北交點的人一旦決定要把更多的注意力放在自己身上時，就會有很大的進展。

☆充滿愛心的精神

牡羊座北交點的人擁有大量的愛，這些愛是前世所不斷累積的。你對人際關係有很深的認識，也會因給予別人協助，而得到很多感激及愛的回饋。所以當你進入這一世的實體時，會有被愛的感覺。這些愛會在你的身上發光，也會傳播到你所遇見的每一個人身上。

你擁有特殊的能力，那就是在看一個人的時候，不只是看到別人粗鄙的那一面，而會看到別人關愛的特質。你可以洞察他人眞實的一面，並讚揚這個事實。你能完全欣賞並讚揚別人所擁有的榮耀、力量、能量、光明與生命，而擁有這種能力，也令你感到興奮；這使你覺得自己充滿關愛。今生，你必須面對的挑戰是：開始發現存在於自身，且與別人相同的美。

雖然這個族群的人都很開放且充滿關愛，但是如果別人侵犯了你的空間，你就會生氣。而當存在於內在「不怎麼關愛」的那一部分開始凝聚，你又會產生罪惡感。不過，這個黑暗面其實是人類體驗的一部分。

你會開始發現自己，並學習整合所擁有能量的兩面。你關愛的能量會成爲你的個性，以及發生在你身上情緒變化的形成背景。你今生最大的挑戰是，如何繼續將重心放在自己的身上。

牡羊座北交點的人所持有希望付出的動機是正確的，但是如果試圖在自己已經覺得乾涸的時候付出，那麼充其量只是在創造一個表象的和諧罷了。每當你過度集中於外在的事物、只欣賞別人而忘了珍惜自己時，「內在的惡魔」就會出現，然後把你拉回來面對自己。

你不希望自己黑暗的一面顯現時與任何人在一起，因爲這不能代表那個樂於助人、充滿關愛精神的人；你一直自認爲自己就是這樣的一個人，所以當黑暗的一面顯現時，會產生罪惡感，並獨自走開。

事實上，你的黑暗面出現，反而是一個好的跡象。這代表你內部被忽略的那個部分需要你的注意。當你轉向內在並開始在有意識的情況下去愛自己、注意到自己的美，並關愛自己時，邪惡的惡魔就會融化。因此，牡羊座北交點的人應該花點時間在關照自己上面，並思考如何給予自己協助。如此一來，你就可以從內在力量及和諧的立場出發，去與他人互動了。

過度敏感

☆和諧VS.自我犧牲

在花了許多世的時間致力成爲別人的支援系統之後，牡羊座北交點的人發展出可以隨時接受別人自我的態度。例如你會刻意維持對別人的注意，並覺察他人情緒變化中最輕微的不快或是不和諧；在努力維持合作夥伴好心情的同時，你也會有同樣的心情，也會感到快樂。

然而，儘管這種模式在前幾世中都能帶來極佳的效果，但在今生這個實體，別人的快樂已經不足以激發自己眞正的快樂了。在你的「電池」之中，沒有足夠的個人自我得以儲藏來自別人的電力。今生，你若想獲得眞正的快樂，一定要發現自己的自我，並爲自己的電池充電。

這個族群的人常常會有想安定他人的傾向；爲了維持和平，會說任何必要的話。而且當你這麼做時，會認爲自己是「和善」的，是爲了別人好。但其實這只是一個暫時性的解決辦法，只會使永久性的解決手段延後發生，而這種永久性的解決手段，正是可以建立兩個獨立個體的自我及尊嚴之間的堅固關係。

由於牡羊座北交點的人對周圍的氣氛極爲敏感，所以往往會以「維持和諧的氣氛」爲人際關係中的重點。你的生命中的確需要和諧，才能感到滿足及快樂。但是如果你完全依賴他人來維持個人的平衡，就會碰到麻煩，扭曲了「如果你快樂，我就快樂」的眞意，誤以爲必須操縱別人的快樂，才能與之維持和諧關係。

你常會認爲，如果藉由補充別人缺乏力量的部分，來達到與別人之間的平衡，這個人應該會很快樂地予以回饋。你無法了解爲什麼別人不做自己「應做的工作」，以維繫和諧的氣氛，爲什麼只有你懂得做自己應做的工作。於是，維繫與他人關係中的和諧氣氛，會成爲你全心投入的工作。

然而，對於今生這個實體，這種方式已經行不通了。事實上，這種習慣可能會使雙方都受到束縛。另一個人會開始失去他的自主能力，而且會開始依賴牡羊座北交點的人來創造和諧；牡羊座北交點的人，也會不計任何代價，努力地扮演提供和諧氣氛的角色。可悲的是，也正因爲如此，與他人的關係可能就會成爲牡羊座北交點的人沈重的負擔。

對你而言，較有效的方法是將重點放在與自己的關係上。什麼樣的活動可以增進你的內在和諧？如果失去平衡，你應該給自己什麼，才能重新獲得內在的和諧？你一直想當「好好先生」或是「好好小姐」，但「好好先生」是不會讓別人生氣的。這種「不惜任何代價取得和平」的症候群，會導致自我否定，也是不誠實的一種形態。雖然動機是出自於「愛」，但是缺乏誠意的愛卻會導向怨恨。

牡羊座北交點的人在過去好幾世之中，一直努力幫助別人取得別人所想要的，認爲這與「做他人想要的事來支持他人」是一樣的，所以會放棄可令自己快樂的事物，以滿足別人的需求。在今生的這個實體，你要學習如何去重新評估「支持」的意義，如果一個人的付出已經超過自己應該付出的範圍，那就不能叫做支持了。

這個族群的人喜歡對別人付出，但是如果所付出的程度已超過自己覺得舒服的界線時，實際上並不能提供別人多大的支持。如果你不斷使用內在儲備的能量，你的「電池」終會用完，而這時沒有人會是贏家。建議這個族群的人一定要相信自己。當你感到內在對付出產生抗拒情緒時，就應該退回原地，好好照顧自己。

不了解自己獨立的特質，對這個族群的人而言，是行不通的。當你將能量輸入人際關係中的能量區（而不是給一個獨立個體的別人）時，最多只能創造很短暫的和諧，因爲那個區域實際上並不存在。人與人之間的關係是一種實體上並不存在的東西，它是相連於兩個人之間的能量，也是經常變化的一種能量。由於兩個人的經驗並不相同，兩個人的心情也常會有所改變。

在這種情形下，當關係處於和諧狀態時，顯示兩個搭檔的內在都很強及平和。而若是牡羊座北交點的人處於劣勢，原因都是：你常試圖藉著操縱彼此關係中的能量來「支持另一個人」。不過，你若是藉由促進雙方關係中的獨立性及個別性，也就是直接與另一人溝通，並支持他成爲強大及獨立個體時，就可以穩操勝券，因爲另一人會以同樣的方式予以回饋，支持牡羊座北交點人的獨立性及個別性。

☆參與VS.躲藏

牡羊座北交點的人，扮演「支持者」的經驗極爲豐富，所以很直覺地會對他人的情緒採取開放態度。但是到了今生，這將是極爲耗費心力的習慣。外表看起來，你與別人之間似乎存在著界線，但是這種分界又極爲模糊。實際上，你與他人的能量範圍是採取相互依賴（co-dependence）的方式合而爲一的。

有時，你會因爲知道自己最後將有被榨乾的可能，而乾脆避免參與。但從外表看，會以爲你是參與的，而從能量的角度，其實你並沒有投入。你依然會向別人說「哈囉」，維持基本的禮貌，然而實際上你並未釋放你的能量。

不過，如果你完全置身於動力的交互作用之外，最後會進入另一個極端，變得過度興奮，就像一顆充滿過剩能量的球，會產生更大的反彈力。

對這個族群的人來說，被榨乾或過度興奮其實是一體的兩面，就像銅板的兩面，都沒法處理實際發生的狀況。你不是過度投入，讓自己精疲力竭，就是付出太少並吸取他人的能量，以致於感到充電過量。這兩種現象其實都是因為你並未眞正處於軀體之中，並以一個獨立個體的立場對每一種情況做出反應，而產生的副作用。

眞正的平衡點在於清楚地意識到他人的能量，但又不致被它所吸收。牡羊座北交點的人需要隨時與自己的力量維持聯繫，並了解在感到自在的情況下，自己可以付出的程度。如何自由地運用你的天賦，並發自內心提供協助，才是今世的重點。過與不及都不是理想的方式。

牡羊座北交點的人常會試圖在合併的能量範圍（你與他人的能量範圍）內工作。你會投入別人的能量之中，並提供所有為維持和諧必要的成分。因為你覺得這麼做實在很棒，而且是表達自己愛心的一個好辦法。但事實上另一個動機可能是因為，你希望將自己的能量與他人的能量混和，來避免以獨立個體的形式出現。如此就可以在不受注意的情況下，參與各項事務。你對於被肯定懷有恐懼。

由於你過於敏感及易受傷，擔心受肯定可能令自己覺得窘迫。當然，如果有正面的反應是令人愉快的，但是你更害怕負面的反應也會出現。你不希望因他人的反應而被迫面對自己「邪惡的一面」。

你可能會不受歡迎，或者另一個同族群的人為了保護自己，使自己不需面對本身的「邪惡面」，而對你發出猛烈攻擊。你對於自主獨立可能帶來的影響，懷著太多的憂慮，所以寧可伴隨在別人旁邊，而不被視爲一個獨立的個體。

但是，對於別人怎麼看待自己的擔憂，只有在牡羊座北交點的人試著從他人的觀點看自己時，才會成爲一個問題。在過去幾世中，從搭檔的眼中看自己是一件極富正面意義的事，因爲如此方能了解應如何調整自己的行爲，以便更有效地去協助自己的合作對象。然而在前幾世過度耗費的結果，這種「調適」的習慣正足以消磨你獨立的自主性。

今生，從別人的角度去檢視自己，已經不再是利己的行爲了，因爲這將防礙你建立對自我認識的能力。

優柔寡斷

☆猶豫不決

當這個族群的人下定決心朝一個既定的方向前進時，想呈直線方式移動就變得非常困難。你內在的一部分可能會質疑這是不是你眞正想要的，然後思考其他所有相關的因素。你可能會花很多時間才能明確地決定你想走的方向。

過程的進行就像以下這樣：先做一個決定，之後昭告諸親好友，然後自己又會開始產生疑惑。例如你可能會決定：「我想寫一本探險小說。」之後，又開始想：「你知道嗎？其實我也喜歡其他形式的小說。」你嘗試去擁抱一種想法，並且覺得「這個想法眞棒」。但是不久之後，你又會說：「不，我覺得有些不妥。」就這樣陷入了優柔寡斷的困境。

當牡羊座北交點的人眞的做出一項決定時，可以將這項決定合理化，這一點問題都沒有。你可以找出說明這個決定是正確或是錯誤的各項證明。但是，這種架構，實際上會讓你遠離眞實的情況。例如，當你醞釀一個決定時，會有一個直覺的反應，但之後你又會想：「我要公平一點，所以我應該從相反的角度去看。」這種情況往往會使你陷入迷惑，並失去眞正想要的重點。

在今生，牡羊座北交點族群發展的是專一的思想。你不應該在做決定之前評估每一件事情，而應該學習珍惜你最原始的衝動，看看它可以帶領自己往那裏去。對你來說，根據自己自發性的內在激動去做一項決定，並傾其所能、竭其心力地去完成這項決定，是不錯的一件事。

這是一項實驗。不久之後，如果你認爲這件事已經不再是「正確」的，而有其他的事物令你感到興奮時，可以確實地將這件事告一段落，並繼續下一個新的事物。今生對你來說，是許多新的開始，所以你所做的多項決定會隨時改變，亦是很自然的事。

實際上，今生這個實體並不是設計來做決定的。一項決定的完成往往需要從事情的兩種不同觀點來檢視，之後再取其折衷。這個族群的人今生也不是扮演裁判的角色，而是代表各種觀點其中的一種。這正是建立「傾聽自己第一個衝動」的習慣對你之所以會最有利的主要理由，第一個直覺可以引導你做正確的決定。然後，活力、信心及愉悅等，又會回到你的生命之中；這對每一個人來說，都是一種喜悅。

對牡羊座北交點的人而言，要達到思想專一可能會遭遇最大的問題在於：你對每一種選擇，都可以本著欣賞的眼光去發掘其中的美。這是由於前世你與他人的生命有太深的關係，習於對任何自己以外的事物都抱著欣賞的眼光。你不習於擁有任何「特別心愛」的事物，因爲你不知道自己眞正的品味及嗜好。對你而言，找到一樣東西，並認定「這就是我要的」是極不容易的事。

你能做的是：在自己的「內在」花時間去想像不同的事物，並學習如何去感受自己的偏好。例如，如果被問到最喜歡的顏色，你可能會無法做判斷。但是如果要你自己想像每一種顏色，並了解對每一種顏色的反應，就可以很清楚地發現自己的偏好。

當這個族群的人必須做出決定時，通常都可以感受到正確的選擇是什麼。但是有時又會被迫在掌握自己第一個直覺之前就做出決定。這時，模擬、想像的方式又可以提供協助。

你可以花幾分鐘的時間，想像自己做選擇後的情況，看看自己對這項選擇的感覺。之後，再想像做另一種選擇的情況，看看有什麼不同的感覺。如果這是項非常重要的決定，而直覺並未立即出現，就請慢慢試著做各項模擬，不論花多少時間，必須直到可以做出正確的決定爲止。

☆以其他的判斷爲賭注

如果牡羊座北交點的人允許他人加入自己做決定的過程，會失去與自己接觸的機會，而且不論最後情況如何演變，都不會感到滿意。在前世，你的決定都與「團隊」有關，必須與他人磋商，以使最後的結果能有利於合作的對象。但是今生，你希望能發展出自己的自主性，所以最好問自己：

「我對這項決定的感覺如何？」

由於你的個性極為敏感，所以當告訴別人自己的決定時，就會對別人的肯定極為介意。如果別人不同意自己的意見，你就會開始想：「或許我做的決定是錯的。」因此，這一族群的人最好能明白，你的決定會隨著自己的改變或成長而發生變化，所以最好秘而不宣。

由於牡羊座北交點的人會受自以為的別人的想法（尤其是自己尊重的人）影響，所以往往會把別人的判斷放在自己的直覺之上。但在今生，你應該學習如何做出自己的判斷，這個判斷「正確與否」並不重要，眞正的意義在於進一步去發掘、認識自己。

這個族群的人常會擔心自己的決定若不是以正確的邏輯為依據，將會受到其他人嚴厲的抨擊。當你看到別人都根據邏輯做決定，就會覺得自己若是以直覺做決定，這項決定會有瑕疵。事實上，對你來說，跟著直覺走才是正確的，就像另外某些族群的人唯有根據邏輯行事，才會是正確的一樣。

對牡羊座北交點的人來說，根據第一個直覺所做的決定，通常會有最佳的效果。做好決定之後，就可以依據邏輯去找出執行這項決定的最佳方法。

如果牡羊座北交點的人正面臨一項抉擇，而內部並未出現原始的直覺時，不做決定其實也是無所謂的。這或許表示，當時並不是做決定的時機；或者你眞的不傾向任何決定。這時，只需要說「我不知道」就可以了。

這個族群的人通常都要等到事情的另一個觀點已經攤在檯面上時，才會自在地做出反應。其實，你眞的可以對這個觀點表示贊成或反對。對你而言，要率先提出一個意見是極為可怕的事。但在今生這個實體，你的特長就是提出極富創意的想法，那怕這些創意根本不知道是來自何處。

牡羊座北交點的人非常了解如何去支持他人的意見，但今生你需要直覺地去感受自己眞正想要走的方向、把自己的想法放到檯面上，並百分之百的支持這個想法。在這一世中，你扮演的是開路先鋒。

你的需求

本性

由於過去太多的生生世世，牡羊座北交點的人爲了支持他人犧牲了自己的本性，所以當進入這一世的實體時，並不具備與生俱來對本性的意識。重新發現及建立對自我的觀念，成爲一個基本的需求。尤其是在最初的幾年，你對自己的認識，完全是建立於別人對自己的看法。

你可能會附和他人對自己的定義，或是完全否定別人的看法，但不管是前述兩者中的那一種，都不是你的本性，而只是對別人勾勒出自己的反應罷了。在展開發現自我的過程時，應該自問：「在剔除別人的看法後……我到底是誰？」只有深入自己的內在去尋求，才能找到答案。

☆自我意識

要滿足對自我意識的需求，從日常的自我「檢視」開始做起將很有幫助。這個族群的人若沒有與自己接觸，最後往往會有極端的表現。

你與別人在一起時，總認爲自己應該永遠都是充滿愛心的、隨時提供協助的，以及自我犧牲的。這種行爲壓抑了部分的自我，而這個部分是不可能永遠保持前述這種狀況的。過度的壓抑會製造激烈的極端。

你會試圖永遠維持愛心及協助別人的熱情，因爲這正是過去好幾世中你所扮演的角色，但是這種正面角色的極端正適足以引來深沈的黑暗面。如果仔細觀察黑暗的一面，你會發現其實那反是較果決的一面，也是你不允許自己顯露的那一面；那是屬於你「陽」的天性，也就是較爲男性剛強的一面。

由於幾世以來，這種天性一直受到壓抑，以致於無法與個性中其他部分融合，所以有兩極化、分裂的現象。這個受壓抑的部分會以極激烈的方式顯現，有時會讓牡羊座北交點的人感到尷尬，你會自問：「這是怎麼回事？」

最佳的解決辦法就是維持一致：停留在自己的能量範圍內，並隨時關照自己內在發生的狀況。之後，當你感到生氣或沮喪時，自發性地與自己溝通：「噢！不知道爲什麼，我對這件事感到生氣。」這時，應做的工作就只是維持自我。當你做第一次嘗試時，可能會覺得不自在，但是應該相信自己潛在的動機是愛，不論發生什麼，基本上一定是正確的。

牡羊座北交點的人必須學習如何主控大局，做應該爲自己做的事，並依據自己的渴望去追求自我滿足。如果覺得衝動得想做一些事，且知道這些事可以爲自己帶來滿足，就應該跟著這種直覺前進。由於在前世所達成的自我淨化，你應該相信自己的衝動不會對別人造成傷害；事實上，這些衝動可以指出你所該遵循的方向。

在每一個實體之中，最主要的重點在於依據第一個衝動，自由地採取最適於任何一種情況的動作。任何來自自我的抗拒都應該予以忽略。如此一來，你就可以維持與他人之間的平衡，這種平衡是以眞實及對自己負責爲依據。

由於這個族群的人並不是天生就了解自我滿足的價值，所以不知道別人對自我滿足的珍惜。所以當你開始去支持一些並未開口要求協助的人時，有可能會引發負面的反應。你很容易就可以進入另一個人的能力範圍，並了解對方的感覺及想法，雖然知道別人的需求並不成問題，但是必須明白的是別人的界線。當你學會尊重別人的自我滿足時，就會開始珍惜自我滿足的價值。

當牡羊座北交點的人看到別人只關心他們自己時，往往會有激烈的反應。你會產生批判的想法，認爲他人是自我中心、自私的。其實以自己爲中心正是你最需要做的事，只是你會備受困擾，因爲你沒辦法這麼做。而當你看到別人「自私」的一面，更可以藉此提醒自己去檢視自己眞實的需求。你一定要學習將注意力放在自己的身上，即使一開始可能會有點矯枉過正。

你可以從讓自己完全獨處開始，每天撥三十到四十分鐘，單獨在一個不受外界干擾的房間裏，靜靜地喝一杯茶，或寫寫日記、規畫一天的行程，或讀一本勵志性的書，或只是靜坐沈思。重要的是，這是一段完全屬於你自己的時間。在這段時間之中，你是最優先的。

如果你可以爲自己做這樣的安排，就可以把一天中其他的所有時間，做毫無條件的完全付出，而且不致有任何埋怨。注意自己的呼吸也有相當程度的幫助，你可以藉此與自己的肉體維持溝通。當你與他人在一起時，常常有意識地做深呼吸，可以讓你維持在自己的界線之內。

有一些其他的族群今生是爲了學習「無私」，但牡羊座北交點的人對無私早就非常熟悉。你今生要學習的重點是：「自私」。當你與自己常保持溝通時，就能爲每一個人帶來好處。這雖不合邏輯，但卻是事實。

你可能會擔心當自己的自我出現時，會傷害別人，但其實表現自我可以在更深的層面給予他人協助，而且遠超過你所能想像的程度。牡羊座北交點的人必須去體會，如何成爲「自私」的人（當你想做某件事時，只是因爲這件事可以帶來滿足感），並觀察進行的過程。這應該是你爲自己創造快樂的時候了。

☆**獲得肯定**

從過去的幾世以來，牡羊座北交點的人一直習慣去協助別人，支持別人的想法，並支持別人去完成他們的目標，因此了解何謂「完成的能量」。然而，在今生這個實體之中，你的新任務是「開始」一些新的事物。

你需要創新並讓其他的人去執行。如果別人不幫忙，就由他們自己負起完全的責任。如果別人出現了，你的工作就變成允許其他人提供支援，並為自己完成任務，這樣你才能繼續開發下一個新點子。

有時候，你會不願意把計畫告訴別人，因為擔心受到肯定的是別人。你認為，如果別人可以做這件事，自己就會變得比較不具價值了。你也會擔心別人會搶去這個工作，並把自己拋到腦後。你常常會自問：「那時我該怎麼辦？我的工作是什麼？我的重要性在那裏？」

這些反應都是當牡羊座北交點的人，將自己的自我意識與別人的意識混和時，必然會出現的副產品，也就是痛苦的誤解。要重建自己的平衡，你應該將自己抽離出來，才能清楚地看出自己所扮演的角色，以及別人所扮演的角色，方能感受到發現原始構想的價值，並願意讓別人實現這個構想。

有時候，你對獲得榮耀及肯定的渴望會變得極強，以致排斥來自他人富創造性的能量。你也可能會藉由別人的創意，使自己的構想增色不少，甚或有更好的成果。如果牡羊座北交點人的點子眞的極具說服力，其他人會被吸引去支持這個構想，而且每一個人都能貢獻出他們特殊的才能。

如果牡羊座北交點的人希望自己的構想能成為事實，就必須肯定那些被自己構想吸引來的人所具備的獨特才能，藉著讚賞他人的特殊才能，以學習如何在不貶低自己的情況下，肯定別人。

偶爾，牡羊座北交點的人會過度執著於榮耀的追求，刻意壓抑他人貢獻的重要性，希望獨占所有的光榮。當然，如果你希望所有的榮耀都歸自己，那麼就必須負起完全的責任，並做所有的工作。在這種情況之下，你的許多構想很可能永遠沒有看到成果的一天。你必須了解：你的原始構想可以獲得肯定，且被實現，並介紹到廣大觀衆的面前，才是最重要的。

要達到這個目標，你必須不再防礙事情的進行，放手讓別人幫助自己。這是一個與牡羊座北交點的人完全相反的角色。你所扮演的是領導者的角色，但是你一定要允許其他人提供協助，並使自己的構想成眞。

由於今生你命定要去發展對自我的認識，所以從某一個角度來說，獲得肯定的渴望，其實正是你希望建立自我觀念的表現。然而，動機往往會決定結果。如果你的動機是獲得滿足及發現自我，這就是正確的，你終究可以獲得勝利。

但是如果你的動機是得到其他人的肯定，那麼就仍然無法擺脫對自我價值回饋的需求。你應該放棄藉著別人的讚美來肯定自我的想法，開始直接給予自己肯定。有趣的是，當你放掉控制，並開始肯定這些幫助你的人所擁有的特殊才能時，其他人就會獲得激勵並進一步地貢獻自己；這項工作將會在充滿愛的情況下完成。

事實上，沒有任何人可以取代你的工作，因爲那個可以讓每個人貢獻心力的原始構想，是你所開創出的。

建立自己的基礎

牡羊座北交點的人需要一個有基礎的、有結構的存在，使他們可以與世界分享他們愛的訊息。

然而要達到這個希望，必須放棄過去對愛的表達方式的既存成見。

如果你限制自我的表達方式，以符合對愛的看法，如和諧、溫和、敏感、關愛、付出、熱情等等，將會錯過這艘揚帆待發的船，因爲愛是可以延伸並突破任何的邊界。如果一個孩子正在越過有一輛汽車疾駛而來的馬路，愛會驅使一個人伸手去拉住這個小孩的手，並將他帶離險境。

這個族群的人早已知道，愛是唯一眞實的東西，而所有其他的東西都是虛幻。因此，不論在任何情況之下，你必須學習相信自己的衝動是表達愛的正確方式。當你跟隨著對愛的感受行事，並欣賞自己的內在時，就會對自己忠實。但是，你需要充分的能量做爲基礎，這樣才能有一個紮實的基地，而不是處於需要被別人推動的情況之中。

牡羊座北交點的人需要與別人一起體驗這種愛。你所面對的挑戰是維持自我內在的完整。有趣的是，只要你保持最自然的原貌，就可以教導他人，並激發對愛的感覺。

要達到這個目的，你必須放棄過去試圖影響別人對自己觀感的想法；取而代之地，是將焦點集中於自我，每一刻都盡可能維持自我的眞實及完整。一開始，這可能會極爲困難，而且需要不斷警惕、提醒自己，去練習如何將焦點轉移至自己的身上。但最後，你將可以在對自己忠實的情況下，創造一個誠實、無私的境界。

☆規律

對自己的身體維持意識，是協助這個族群的人屹立於堅實基礎的一個好辦法，而這個方法可以使你的身體成為提供自我意識的自然界線。你有介入他人意識的傾向，而且往往會因此失去自己的中心，所以對你而言，經常性地練習，使自己可以維持更紮實的基礎，並體驗你所需要的平衡感及和諧感，是健康的。

擁有規律的生活，對你而言，也具有相當程度的好處，這樣你就可以每天檢視自己。說起來，這可能是很瑣碎的日常事務，例如每天早上一起床，第一件事是鋪床，其次是煮咖啡、拉起百葉窗，之後是每天固定的運動、冥想、準備健康的早餐、溜狗等等。你真實的情況可能是第一天鋪床，第二天鋪一半的床，第三天完全不鋪床，第四天——鋪——或許不鋪！

不能持續、缺乏規律，是你個人力量上的最大致命傷，所以建立規律性的習慣是極為重要的。另外，你也可以建立每週一次的規律性活動或是儀式，例如，每星期做一次宗教崇拜，或是與同一批朋友聚會用午餐。

這些方法可以防止你因為漫無目標的生活而產生苦惱，並可以讓你從內在產生完整的結構及紀律。與其在別人的能量及意識中飄遊，不如建立規律的生活，以幫助自我意識的形成。

但是，牡羊座北交點的人最鄙視的就是規律的生活，而且還擁有許多好理由。在前世，規律的生活會阻礙你在必要的時候隨時貢獻自己的協助，為了便於因他人的需要而隨時調整自己，所以在過去你並未發展出自己的規律，或自己的生活。

但在今生這個實體，發展固定的規律生活，並允許別人做自我修正來適應自己，對這個族群的人而言，是有好處的。同時，擁有自己的規律，可以避免陷入別人的規律之中。藉此建立的紀律可以增加你的能量，激發存在於你內部的鬥志，並讓你覺得棒極了！

發掘自己的嗜好或是天賦，也是建立自我意識的有用方法。當牡羊座北交點的人花時間在自己的興趣上，而不在主要的關係上時，自我會出現蓬勃的發展。

你需要藉持續性的應用來發展這些天賦，經常性地花時間做一些帶來自我滿足的事情。例如，如果你擁有藝術方面的天賦，可以去上有關藝術方面的課程。如果你的天賦在音樂方面，也可以去上與音樂有關的課。如果你喜歡跳舞，可以去上舞蹈課或定期與舞伴、朋友去跳舞。

☆自我訓練

牡羊座北交點人的自我基礎必須加以訓練。每一件對他們有利的事都需要自我訓練，例如每天花一點時間獨處，進行幾項自己選擇的規律事項，以使自己的生活更爲有勁，並記得要欣賞自己。了解自己的飲食習慣，是可以幫助這個族群的人練習自我訓練，以及自我檢視的一種好辦法。這個辦法的重點是，不要在無意識、無聊或情緒化的情況下吃東西，而是發現肚子什麼時候是眞的餓了，並了解自己的身體眞正想吃的東西。你可以運用想像力，想像吃一口沙拉的感覺，並注意自己身體的反應。如果想像自己的嘴裏有一口湯，或是三明治、水果、馬鈴薯泥等食物，你會知道自己的身體有什麼樣的反應。

牡羊座北交點的人極爲敏感，所以當你在想像吃某種食物時，身體會實際告訴你，吃下去的食物會讓你覺得舒服，或是精力充沛，或是變得遲緩等等。在了解自己可能會有的反應之後，就可以根據當時自己的希望選擇要吃的食物。

但是由於你平時疏於與自己溝通，所以在一開始的時候，這也可能是一項極大的挑戰。你可能需要花時間去做練習，但是一旦你開始做練習，結果通常都是極令人滿意的，而且可以加強與自己的聯繫。

自我訓練並不是懲罰，而是練習。它可以強化「負責」的肌肉，並根據習慣行事，如此個人的力量、健康及幸福都可以獲得增強。這個族群的人可以利用自我訓練做爲發現自我的工具。在有意識的情況下練習自我訓練，將能以平衡、和諧的方式喚醒你體內的武士。

從靈性的角度來看，牡羊座北交點的人必須要學習的是，探索眞正的自我；允許一個新的、內在的，以及自然的自我的孕育。但是，有時候在破除那些麻煩的老習慣時，缺乏清晰自我的這項特質，反而可以發揮正面的效果。

你要進行自我訓練時，可以使用一種簡單的方法，那就是重新發展你的自我。由於你對自己並沒有既有的、刻板的成見，所以藉著改變腦海中對自我的認識，就可以使自己的生活出現正面的改變。

例如，我曾有一位屬於這個族群的客戶，他在年輕時並不抽菸，但在來找我之前的五年開始抽，而且成了一個菸癮極大的老菸槍。有一天，他突然就不再抽菸了，完全沒有任何副作用或是對香菸有所眷戀。他只是「記起根本不抽菸的自己」罷了。

建立一個人的中心

☆以關係爲中心

牡羊座北交點的人在過去幾世中，都一直習於以別人爲自我，所以已經把自己的「中心」，也就是內在的自我，與同伴的中心混在一起，分不開來了。你對自己搭擋的情緒極度地敏感，因爲另一個人事實上是棲息在你的「中心」。如果你的搭檔不快樂或是不滿意，牡羊座北交點的人也會感受到這種情緒。因此，會把時間及精力完全花在企圖令搭檔快樂的事上，覺得這樣自己的幸福及滿足感才不會受到干擾。

但任何人都不能負起令別人快樂的責任。一個人能做的最多只是「撫平」搭檔的情緒，加上一些可以暫時改變對方情緒的藥方。但是如此一來，這位搭檔就必須經常受到撫慰方能維持快樂的心情。今生，牡羊座北交點的人已經沒有這樣的設計了。

實際上，你需要成長的部分，可以藉「不再強調人際關係是生存必要條件」而達到最佳的效果。你要學習如何獨立，並從一個新的觀點去看待與別人之間的關係。雖然你有極高度的敏感性，但是很幸運地，你也常常會對其他人、驅動其他人的動機、其他人所追尋的事物，以及他們所希望達成的目標等等，視而不見。

有時候你只能從是否有立即的需要，或渴望被滿足，或未被滿足的表面層面，看見別人及你自己。你所能見到另一個人自我的程度，只足以影響對方維持氣氛的和諧。你永遠無法眞正去認識另一個人。這正是別人會令牡羊座北交點的人驚訝或失望的理由。

從很多種角度來說，牡羊座北交點的人其實與他人是完全沒有關係的，眞正有關的是自己與他人之間的「關係」。這並不能眞正地幫助你的搭檔，或是讓自己邁向成長。這種關係並不是一種實體，除非兩個獨立的個體都有成長，否則這種關係並不能成長。因此，不論這個族群的人投入多少時間或是精力在這種關係之上，都無法獲得回饋。

你應該檢視搭檔雙方對自主及個別創造性表達的需求。藉著鼓舞及激勵另一個人去達成他的目標，以獨立個體的角度而言，你和你的搭檔都能獲得進步。

牡羊座北交點的人將焦點放在人際關係，而不是另一個個體的另一個缺點是，你無法眞正肯定搭檔的自我。當牡羊座北交點的人相信搭檔具備自我滿足的能力，而不是不斷去撫平他們、一再對他們保證，或是「鼓勵」他們時，這個族群的人會開始注意到另一個人所擁有的力量，並鼓勵對方去運用這些力量。藉此，你也可以從比較深的層面去觀看自己，發現自己的力量，並追求自己對成長的衝動。

☆公平及自我主張

牡羊座北交點的人對正義與公平存在既定的理想。當你認爲某件事是不正義的時候，就會挺身而出。

你希望全世界的人，都能符合你嚴格的標準。你認爲：「我對別人公平，別人也應該對我公平。」你非常誠摯地希望世界更有正義，但是實際上，對你來說，如果不是的話反而更符合你的利益。因爲你對正義的觀念是行不通的。

你是直接根據直覺，也就是你的自我來行事，而這種直覺與扮演「好好先生」完全背道而馳。在前世的許多生命實體之中，你一直在等待一個可以扮演自己的時機，而現在就是最佳的時機了。

你今生對公平與正義的觀念，已不再是評估自己是否行於正軌，或是有沒有權力向別人發脾氣的精確標準了。事實上，每當你自以爲是地拿出自己的那一套正義或公平的理論時，你就脫離常軌了。

首先，你對「公平」的定義，就與你爲別人犧牲自己的需求及渴望，具有極大的關係。通常你的付出是以不損及自己的條件爲準則，但你卻常常超越這個的界線。其次，你認爲「公平」就是要求別人也做到相同的程度。你應該學習不再超越自己自然的界線，同時也不要誘惑別人去超越他們應守的分界。

當牡羊座北交點的人覺得事情不公平的時候，會感到怨恨不已。如果你心懷怨恨，那就表示應該回到原點、重新充電。那也代表你需要表達自己的情緒，「我好像非常憤恨不平，所以會花一點時間獨處，並解決這個問題。」

誠實的表達可以確認及加強你對自我的觀念，同時也可以給予別人了解牡羊座北交點人的需要及邊界。而你則可以從別人的反應，更清楚地知道自己所接觸的是什麼樣的人。如果另外那個人說：「我是不是說了什麼冒犯你的話？」牡羊座北交點的人就可以利用這個機會，立刻在當下解決這個問題。

你不能期待別人與自己一樣的敏感，因爲別人有與你不同的前生經驗。但是一旦你能開放地表達自己，就可以從別人的反應知道，在別人聽見你的聲音，或是尊重你的需求之前，堅持自己的意見是多麼的必要。

牡羊座北交點的人必須學習以富建設性的方式堅持自己的意見，藉著清楚地表達自己，促使公平的達成。例如，我曾有一位牡羊座北交點的客戶，當時她正在進行一項交易：以每個月支付大筆金額的付款方式，向她的朋友買下一些不動產。

有一天，她的這位朋友找她，表示因爲碰到一個沒有預想到的問題需要一筆錢，我的客戶立刻借她這筆錢（這是牡羊座北交點的人渴望幫助別人、與別人分享的直覺）。她以爲另一個人會還這筆錢，或是從她下一次的付款中扣除，然而，她的朋友卻不還錢了，甚至沒有對這筆錢做任何的表示。

我的客戶覺得受到很大的傷害，同時感到怨恨，但是她卻從未將這件事提出來討論。很自然地，她自此就遠離這位昔日的好友。

類似這種事件常常會發生在牡羊座北交點人的生命之中，也因爲如此，導致你對人感到失望。從比較宏觀的角度來說，這正是生命教導你如何堅持自己的方式。你必須在與他人交互作用時，爲自己負完全的責任。

在前述的例子中，當那位友人來找我的客戶時，她可以直說：「沒問題，我會把這個金額從下次的付款中扣掉，或是我可以在未來的付款中，分三次將這個金額完全扣除，妳覺得怎麼樣比較好？」如此一來，她就可以用比較直接、誠實及公平的方式，滿足自己對分享的需求，同時達到關照自己的目的。

牡羊座北交點的人眞的非常喜歡付出——那是你的本性。但是你的動機必須是愛，而不是製造相互依賴。你的付出必須非常純粹，不包括任何對結果的預期，這樣才不致對人際關係產生失望。如果你發現自己的付出已失去平衡，可以公開與你的搭檔討論，這樣雙方的需求才能同時公平地獲得滿足。當你期待別人有所回饋，卻又不讓別人了解自己眞正所想要的東西時，就會偏離軌道。你應該讓自己沈默的期待發出一些聲音。

透過堅持自己，並讓別人了解自己在付出後對獲得回饋的期待，你才能確定事情是公平的；這也是你的任務。這麼做之後，你會因爲自己能確保公平的狀況而感到快樂。這種方式可以建立你的信心，讓你對自己感到滿意，而不是讓別人使你感到不快。

牡羊座北交點的人是了解公平的一群人。你可以用公開說明自己標準的方式來教導別人，這麼一來，你就不只是單方面的付出而已，你還可以與別人分享自己對人際關係中如何付出及接受的認知。

你可以透過誠實的堅持自己而找到自己的新能量。這種能量是在今生逐漸孕育產生的，是透過了解、掌握並表達自己的直覺，而不是藉由等待，並對他人的期待有所反應。雖然你對別人的反應還是極爲敏感，但仍必須建立屬於自己的自我意識。藉著練習如何達到自我滿足，新的信心會逐漸產生，而這種信心可以使你有能力以健康、富創意的方式，與別人建立關係。

你的人際關係

依賴

今生，牡羊座北交點的人最主要的問題就是，過分依賴與別人的和諧關係，尤其是婚姻關係中的伴侶。實際上，這個問題是超越依賴的，它可能牽涉到與對方全面性自我的認知，有時是與所有人之間的關係。

牡羊座北交點的人常常會過度認同搭檔，以致極易受到他人情緒的強烈影響。當別人感到心煩意亂時，你的第一個反應就是衝上前去，安慰對方所有和諧氣氛都可以重建，因爲這樣你自己才會覺得比較舒服。

你視你的搭檔爲自己的延伸，然而對於試圖叫另一個人「振作」、努力維持和諧狀態，以使自己感到自在的這種工作，你又會覺得不耐煩。實際上，你這種緊張的情緒通常只會讓事情更爲惡化。

你應該注意，當你想藉著操縱你的搭檔去重新獲得自己內在的和諧時，是收不到效果的。在你覺得失去和諧時，眞正有效的解決方法是禮貌地離開現場，撥出一點獨處的時間。牡羊座北交點的人需要給予別人充分的尊重，除非別人要求協助你，否則讓你體驗自己眞正的感覺，並以自己的力量完成一件工作，是達到較深一層自我意識的方法。

另外，當你和你的搭檔彼此之間有一點距離時，反而比較了解對方發生的狀況。這就是爲什麼對你來說，擁有一個四周全都是自己私人的東西、強調自主性、完全屬於自己的空間，是如此的重要。通常你會在過於認同搭檔時，需要一個必要時可以獨處的秘密基地。

☆界線

你只要還處於拒絕承認自己及搭檔之間的界線，或是允許別人成爲你的「中心」的狀況之中，就永遠不能感受到內在的寧靜。例如，我有一位牡羊座北交點的客戶，希望我能爲他解決婚姻上所遭遇的問題。他結婚已經二十三年了，很有錢，取悅太太的一向模式就是買東西送她。他們經常去旅行，他會做任何可以讓她快樂的事，因爲她快樂，所以他也快樂。

但這完全是由他單方面所營造出來的狀態，因爲他將她放在自己的中心位置。他這麼做是爲了能不受到干擾，同時擁有穩定性。

幾年以後，她變得愈來愈不容易討好，甚至最後，演變成沒有任何一件事情或東西可以讓她滿足。她常常會對家中的成員口出惡言，這成了她確認獨立自我存在的方法。這種富破壞性的情況不斷惡化，而這種狀況所產生的負面能量又令她更為不快樂。

我的客戶已經快發瘋了，不論他做什麼都無法讓他的太太快樂、讓自己的中心不受干擾。這就是牡羊座北交點的人今生學習的課題。即使是在極為理想的情況之下，當他人停留在你的中心時，你是不可能保持平靜的。事實上，世界上沒有任何一個人可以眞正知道如何讓另一個人快樂。如果我們把別人的快樂視為自己的責任，我們就是剝奪了他們發現自我，以及實現自我等挑戰的機會。如果我的客戶沒有在他太太不愉快時努力去轉移她的注意力，使自己能維持冷靜，她就有機會去學習如何處理自己的情緒問題。這樣或許也可以避免她必須採取破壞性的方式，證實自己仍可以掌握自己的內在。

牡羊座北交點的人不習慣在自我界線於內在升起時，立即公開宣示這條界線。你仍覺得有支持搭檔的需要，即使這樣的協助與自己的利益互相衝突。

所以當你的搭檔對你想做的事表示不同意時，你可能會說：「好吧！我不做就是了！」但是心底卻下定決心不論如何還是要貫徹到底。當你無法誠實地站出來表達自己時，這種關係中不健康的依賴狀況會更為強化。

這類問題源自你與生俱來充沛的愛及熱情。你花了許多世的時間發展自己的敏感性，所以在任何情況下，你都擁有比你的搭檔更多的熱情，這一點都不奇怪。有時，你的搭檔可能會不希望解決某些特定的問題，而牡羊座北交點的人會說：「好！我們不做。」並希望能藉此避免不和諧氣氛的產生。但是之後，又會開始覺得生氣、不愉快，但木已成舟，再也無力改變既定的事實了。

你對協助他人的需求，會引導你走向搭檔的身後，並提供援手。但是你的搭檔會覺得你背信，而這種感覺會破壞雙方的關係，這時牡羊座北交點的人就會覺得做眞正的自己是不受支持的。

要解決這個問題，可以透過讓雙方擴大對「我們」的定義範圍，使它更具彈性。有時「我們」可以代表一個團隊，有時則可以代表兩個獨立的個體。在前述的情況下，你應該表達自己所經歷的，當然這需要極大的勇氣。

例如：「好，我知道你抗拒去支持這種情況，而我卻想將能量放在這件事上。所以我將獨力進行。」當出現對另一種情況的肯定聲音時，你更該冒險勇敢地說：「我不這麼認爲。」其實，眞正的問題不在於做自己認爲對的事，而是在於不能坦誠面對這件事。

☆選擇一位搭檔

在尋找一位伴侶或是任何親密關係時，牡羊座北交點的人往往會下意識地去尋求讓自己失去自我的關係。

你希望能完全被另一個人所覆蓋，這樣才會眞正的「安全」。這就是古老「1/2+1/2=完整一個」的理論，但是這個理論並不適用於這個族群。事實上，你今生是來學習「完整的一個+完整的一個=一個健康的團隊」的觀念的。

然而，在你眞正了解之前，你還是會試著去找自己可以認同的人，然後將自己所有的愛及支持，完全投在這個人的身上。但是當你從這樣的立場去找搭檔時，永遠無法有好的結果。因爲通常你會被可能虐待你，或是令你失望的人所吸引。事實上，反其道而行，效果通常極佳。

你應該改變自己過去將焦點放在別人身上的習慣，而把注意力集中在自己的身上。當你開始把焦點放在表達自我，允許自己眞實的、獨立的自我孕育，並朝自己的方向前進時，你的能量會把最適當的人吸引過來。那才是懂得欣賞你、珍惜你的人。

牡羊座北交點的人在過去幾世中，一直習於與別人合作所帶來的愉悅，所以潛意識下，會覺得處於雙向式、歡愉的共存關係是快樂的。而進入今生以後，仍希望能永遠與夥伴一起做每一件事。

基本上，你是快樂的，但是在這種以依賴感爲基礎的關係表面下，會使你覺得能量逐漸乾涸。牡羊座北交點的人對關照，以及被包含於另一個人的自我的需求，是一個無底深淵。

潛意識中，你認爲沒有別人的能量是無法生存下去的。所以你會建立與自己周遭環境中比較強勢者間的彼此依賴關係。你會將時間及能量自本身的目標抽離，以協助你的搭檔完成目標。你提供別人自己的體諒，對別人的需求極爲敏感，卻視自己的需求爲無物。經由這樣的方式，你創造了一種依賴關係，並成爲別人所需賴以生存要件的一部分。

之後，牡羊座北交點的你又會開始怨恨你的搭檔，因爲他們干涉你的獨立；並在無法達到目標時責怪對方，即使其實根本就是牡羊座北交點的人自己製造出這種不健康的依賴關係。你會認爲這是愛，你也的確非常富有愛心、非常合群，但是其實你自我犧牲的絕大部分都是下意識的操縱。

愛從不會在付出後期待任何回饋，而怨恨是在有所期待卻無法獲得時所產生的情緒。對於自己願意付出的程度，以及期待得到的回饋，牡羊座北交點的人必須學習對自己及別人誠實。能身爲團隊的一份子，就表示你也是受到支持的。

☆學習獨立

由於你要學習如何不再依賴他人，所以在無意識的情況下，你會吸引具有不依賴特質的人。雖然這提供了你依賴自己的絕佳機會，但是過程可能會極爲痛苦。

牡羊座北交點的人常常有強烈的意圖，希望以兩個人可完全整合的方式去影響雙方的關係，因此無法完全注意到搭檔的自我。你只是從如何取悅他的角度去看待他。你通常不會停下腳步，從他眞實的內在自我這種更深的層面去了解他。

更糟糕的是，由於你在找一個可以塡補自己中心的人，以使自己能覺得自在，因此你常常會以爲別人也缺乏自我意識，以爲別人也正在尋找一個夥伴，以獲得完整。也因爲如此，你會在非常天眞以及不正確的前提之下，建立雙方的關係。

由於牡羊座北交點的人無法眞正認識另一個人，也不知道對方眞正想要的東西，所以當另一個人離開或是令你失望的時候，常會有情緒激動的現象。別人其實都有他們自己的中心觀念，而這許多種獨立的形式卻是違背牡羊座北交點族群特有的希望——時時刻刻都能與別人保持結合的狀況，就算不能是形體上的，至少要是意識上的。

牡羊座北交點的人很容易被自私，或大量需要別人注意的人所吸引。

你會吸引的人的類型是，渴望全部的注意力、能接受自己的能量，但不會以平等的基點回饋的人。透過毫無選擇地付出，牡羊座北交點的人可能會在無意之間，將一個原本敏感的搭檔改變爲一個遲鈍的人。

通常你與一些反應敏感的人在一起時會比較好。你比較喜歡不致與你發生能量衝突的人。你會有讓另一個人完全將你覆蓋的傾向，所以需要與一個能鼓勵你表達自我，不會輕忽你充滿愛心及好於付出的天性的人在一起。當然，讓人們知道你的立場，可以協助你適當地做出敏銳的回應。

間接的方式

☆避免衝突

牡羊座北交點的人有時候會過度執著於和平及和諧，所以往往會在無意識的狀態下，以避免所有衝突的方式，破壞了自己的人際關係。例如，一開始你可能會說：「好的，我要做團隊的一員。」但當你預見衝突將要發生時，卻又不願立即解決，反而不斷拖延，致使原來的小問題演變成不易解決的重大衝突。

你所面對的挑戰是，必須隨時提醒自己堅持立場，並立即以言語表達自己的直覺。例如，如果你對某個想法感到興奮，就可以告訴別人：「我想這麼做。」而不是以不實的詞句加以掩飾，或是低調處理。

通常你會卻步不前的原因是，你的意見和目標與搭檔不同，於是覺得受到威脅，因而產生畏懼。如果你不立即解決這個問題，就會在心中不斷強化雙方間存在的不同，且不斷告訴自己，這個問題太大，永遠不可能獲得解決。實際上，如果牡羊座北交點的人在一開始的時候，就可以誠實地表達自己的主張，這些雙方的差異，會成爲促使自己與搭檔做更深一層結合的機會。

通常這個族群的人會延後說實話的時間，因爲害怕說實話會擴大原本便存在的歧見。如果你希望做某一件事，但知道你的搭檔會反對，可能就會瞞著對方，偷偷行事。之後，當對方發現時，雙方的歧見還是存在，且又增加了一些傷害及欺騙。

在你做出爲了追求自我成長不得不然的行爲時，若不能開誠布公地與對方討論，其實是剝奪了對方表現慷慨及支持的機會。或許進行討論可以敉平這場混亂，但是要修復對雙方關係所造成的傷害，卻不是三言兩語就可以解決的了。

例如，我有一位牡羊座北交點的客戶，是一位飛機駕駛。他的副業是交送飛機，這也是他最喜愛的工作。有一次，他想交一架飛機到土耳其去，但是他的太太希望他能遵守諾言，爲家裏做點事。他明知太太不願他飛這一趟，但是又覺得應該去做，所以在未知會太太的情況下，暗中訂定交送飛機的計畫。

當時間到了時，他告訴他的太太：「好了，我要去了。」他太太不高興的說：「我們不是已經討論過這件事，而且你答應不去的。」這時候，他不僅要面對自己對老婆說謊的事實，而且爲了飛這一趟，他必須能說服他太太，並且解決因爲說謊而造成的傷害。最後，他還是放棄原訂的計畫，不去了。

這個例子正說明了這個族群的人，通常是如何失去做自己想做事情的機會，因為解決與自己搭檔的溝通問題，遠比自己想做的事要重要得多。當然，溝通之後一切又恢復一致，但卻會覺得心中懷有怨恨，因為你為了維持平和的局面，又再一次犧牲了自己的渴望。

這也正是為什麼你必須在一開始就把事情點明，讓你的搭檔不僅知道你想做的事，而且了解為什麼這件事對你而言是如此的重要。你需要與你的搭檔坐下來，好好地談談你的渴求及畏懼。

在前述的例子之中，我的這位客戶其實可以告訴他的太太：「有些事情我想與妳分享。那是一件對來我說非常重要的事，我擔心妳可能不會了解這件事的重要性。我怕妳不會支持我，而沒有妳的支持，我是不會去做的。」這看起來好像有點想用話去套住別人，但其實是表達你內心深處憂慮的聲音。一旦被了解了，這種憂慮就會消去。

或許這麼做之後，我的客戶就可以明確地將自己渴求的方向及動機，與太太做良好的溝通：「我想去土耳其交一架飛機給買主。這件事情對我來說很重要，因為我希望能創立屬於自己的事業，能有獨立的收入。此外，這也是一件可以令我達到自我滿足及建立自信的事情。」

當你的搭檔了解牡羊座北交點的人所渴望的事，可以帶來極大的成果時，他就有機會藉著支持你來表現愛了。如果經過這樣的溝通，對方還是不願意支持你獨立的意願，牡羊座北交點的人就應該重新評估，這樣的合作關係是否能讓雙方同時達到個別成長的目標。

☆拖延決策

牡羊座北交點的人非常習慣將別人放在第一優先的地方，常會忽略爲自己的生命力量加油，使自己的生命能更茁壯成長。當你放棄了自己生命的方向時，不管從那一個層面來看，你都是孱弱的，因爲你需要搭檔的能量才能生存下去。你應該學習如何做爲一個獨立的個體，投入能讓自己提起興趣的事物是極爲必要的。

基於對公平的渴求，你經常會與搭檔磋商之後，才爲自己的事做出決定。不幸的是，當你從別人的角度來看某一件事情時，或許就不能眞實地看待自己的衝動，因爲你擔心這可能會傷害到另一個人。

當處於疑惑之中時，你可以試著自問：「我的行動是不是能讓我對自己感到滿意？」如果是的話，最佳的解決之道是將自己的想法以語言表達出來，之後再詢問搭檔他們想要的是什麼。這是一種簡單的技巧，但也是可以支持你保有自我，又能對搭檔公平的方法。

例如，一個牡羊座北交點的人在下班開車回家的途中，看到電影院上演「飄」這部名著的招牌。她當時最直接的反應就是：「好棒啊！我要與湯姆一起來看這部電影。」依照她的習性，回家後她會向她老公說：「嘿，湯姆！你今晚有沒有什麼計畫？」她的先生可能會說：「噢！我好累喔！我想我會在家裏看週一足球之夜，從冰箱裏拿些現成的東西當晚餐。」

基於對外交辭令、策略，以及操縱的習慣，她可能會做出間接的反應：「我敢打賭，你今晚只要去看場電影，甚至只要出了這個門，就一定會覺得舒服多了！」「我不想出去，妳曉得我最愛看週一足球之夜了！」「我知道啊，可是，湯姆，我們已經好久沒有一起出去了……。」

這個時候，她的先生可能會因爲覺得被操縱了而大發雷霆，並堅持要待在家裏。而她也會暴跳如雷，非常生氣。她會想：「我們從來沒有做過我想要做的事，我們老是做他想做的事！」但是，事實上她從未跟她先生提起過這場電影的事。

比較好的方法可能是由牡羊座北交點的人，以直接的方式先提出她的希望，之後再問另一個人原來的想法。她或許可以說：「嘿，湯姆！我在回家的路上發現，今天電影院正在上演『飄』。我好高興喔！希望我們兩個今晚能一起去看。你本來有沒有什麼計畫？」

他可能會說：「噢！我好累喔！我本來想可以在家裏看週一足球之夜的。」牡羊座北交點的人是協調的專家，只要將兩個人的想法都攤開來討論，一定可以找出對雙方都公平的方法。「我看得出來，你今天眞的很累了，而且週一足球之夜一星期只有一次。好吧！那我們今晚就留在家裏；明天再去看電影好了！」

懼於做承諾

由於前世的人際關係中，有太多被操縱及被忽略的感覺，牡羊座北交點的人今生會對人際關係以及婚姻關係特別害怕。你會承認自己有付出過多、失去自我的傾向。因此，即使非常受人際關係所吸引，但內心的一部分卻是裹足不前的，你寧可過單身的生活，也不願再冒一次失去獨立的危險。

雖然從許多種角度來說，你是適合婚姻的好伴侶，但是你可能會在逼近做承諾的階段時，下意識地去破壞親密關係。或許你也會努力說服自己，只要心中仍渴望一個伴侶，就表示還沒有找到最適合的那個人。

目前，有許多屬於現代的方法可以解決這種猶豫不決的問題，如維持一夫一妻的關係，但保有不同的居處；或是與伴侶同居，但沒有正式的承諾。當你在有意識的情況下，決定忠於自己及自我的完整性時，婚姻還是行得通的。最終還是會回到相同的挑戰：先發展屬於自己的獨立自我，之後學習如何以相互依賴及合作的方式，與自己的搭檔發展關係。

☆獨立

牡羊座北交點的人常常會以爲，在自己採取獨立的行動之前，需要獲得搭檔的允許。你會以孩子的方式檢視你的搭檔，希望藉以獲得同意及支持；這些方式包括過度的操縱及合理化。你會先將自己的力量轉給搭檔，然後再覺得必須反抗才能保有自我，或者你會乾脆放棄自己想做的事。

在今生這個實體，以一個成人應有的方式去與他人接觸，效果會好得多。這也就是說，在領導、勇氣及興奮的能量下，讓搭檔知道你的意圖及計畫，而不是讓自己或是搭檔知道，你的內在是如何的脆弱。

如果你的搭擋有所疑慮，你就應該向他解釋：爲了發現自我及個人的成長，你需要根據自己的決定前進。在這種情況下，你的搭檔通常會調適並予以配合；若沒有，你亦可以開始與對方展開協商，以期達到雙贏的目標。

牡羊座北交點的人爲了要使自己最重要的關係能夠通暢無阻，必須學習獨立進行一些事情的價值，並做一些可以帶來自我滿足的活動。這樣，你就不需要爲了保持快樂而與他人「分擔能量」，可以在發展及增強自我的同時，擴大與許多其他不同人的關係，或是與之進行互動。

一旦你發展出自己的獨立意識，就可以眞正地與最重要的伴侶結合，並享受這種關係，因爲每一個個體都有可以貢獻的東西。由於你的電池在關係之外獲得充電，所以有更多的能量可以在關係之中交換。

但是牡羊座北交點的人並不是任何時候都很清楚自己想要做什麼。對你來說，下定決心這件事，可能比其他交點族群的人更爲困難。你老是想去分辨別人所想要的東西、自己所想要的東西，以及在任何情況下最公平的方法。

要評估所有的考慮因素，當然是需要相當時間的。如果牡羊座北交點的人允許自己在受到壓力的情況下，做出匆忙的決定，通常都會對結果感到不滿意。你無法允許自己處於慌亂驚恐的情況之下。當情緒因素介入某種情況時，你會無法保持清晰的思緒，而且很容易會朝未必對自己有利的方向前進。

你必須學習如何不在情緒受到壓力時做任何決定，或對任何事表示同意。當你感到這種能量出現在某種情況時，最好的辦法就是說：「我不要在有情緒壓力時做這個決定。」這樣可以爲你爭取一些時間，重新獲得平衡感及清晰的思緒。或者你應該說：「我需要花一點時間搞清楚剛才說的是什麼。每一件事聽起來都很對，但我需要時間去釐清這個問題。我想過幾天再繼續這個話題。」

特別是在個人關係方面，你需要誠實且直接地表達自己，「現在有情緒上的壓力。這不是我做決定的方式。」你的這種反應，可以讓另一個人有機會了解你在做什麼。這也可以證明牡羊座北交點人自我的特質——對別人敏感，對人際關係的發展亦了然於心。以這種方式直接面對自我，可以幫助牡羊座北交點的人獲得力量以及自信。

☆自私

在我們的文化之中，自私被視爲負面的特質。但是，牡羊座北交點的人過去無數個前世之中，已經過度發展無私的特質，所以現在必須有意識地練習自私，以便能回到中心。有趣的是，當你採取自認爲是「自私」的行動，然後相信自己，並根據自己的第一直覺，做一些讓自己覺得快樂及強壯的事之後，你會發現，這實際上是對所有相關的人都有利的決定。

對你來說，把自己放在第一位可能是非常困難的一件事。例如，如果你參加一個宴會時，覺得不太舒服，你需要極大的勇氣才能說出：「我需要離開。」或是「你能帶我回去嗎？」你心中所想的是：「如果我離開了，別人會怎麼想？他們會不會需要我在這裏，以維持良好的氣氛？」你會過度執著於別人的反應，所以有時你的軀體會眞實地反應，逼迫你將注意力轉移到自己的身上。

當牡羊座北交點的人承認自己的感覺，並表達出自己的直覺時，不需要理性也能有利於每一個人。畢竟沒有人能說自己看得最遠。在前述的例子之中，由於你需要回家休息，所以其實你是使另一個人免於在萬一留下沒走的情況下，必須面對一個沒人可以預見的可能嚴重後果。

牡羊座北交點人誠實、直覺的反應，會自動爲你附近的環境帶來正義。例如，你可能會因爲對某一種情況感到不舒服，而說：「爲了某種理由，我覺得不高興，我不知道爲什麼。」另一個人可能會說：「噢！我猜是當我提到……時，讓你覺得不高興的。這眞是不公平。」當牡羊座北交點的人以非對立的方式進行溝通時，也給另一個人承認自己所做的事，以及改變行爲的機會。

你的目標

發現自我

牡羊座北交點的人今生最大的喜悅之一，是來自於發現自我所帶來的歡愉。你發現自我的最佳方法就是遵循自己的衝動，這種說法聽來似乎有點不合邏輯，但卻是能激發你生命活力的最佳方式。你的風格可能有點類似白公羊（Aries Ram，有時會悶頭亂撞或冒一些風險，或因而受傷），但這正是你找到自己的方式。

在發現自我的過程之中，你會經過冒險或是體驗自己的各種不同面，但重點不在結果。如果發現自我是出自自己的意識，或在任何行動的背後都有潛在的動機，那麼你就永遠不會輸，因爲不論發生什麼，你都能進一步地揭開自己神秘的面紗。

☆自我反射

當你從別人的眼中看自己時，可以看到的是別人心中的自己，或是別人希望自己成爲的樣子。但是這些都不是眞實的你。不論別人怎麼看待你，你一定要是你自己。在你開始表達內在的衝動，並讓人知道你眞實的狀況之前，是無法找到自我的。

對牡羊座北交點的人來說，以別人的觀點看待自己，就等於掌握了「輸」的關鍵。這麼做會降低你根據自己的天性做決定時的信心。當你開始透過自己的眼睛看待自己時，才可能做一些讓自己喜悅、增加自己能量的事，並鼓舞自己，使自己感到信心大增與獲得滋養。你必須了解自己的行爲不需要永遠都是「符合邏輯」的。你不需要爲自己或自己的決定做合理化的解釋。

你也要學習如何將敏感的焦點由別人的需求及情緒的起伏，轉移到自己的身上。在你發展出這樣的技巧，並開始以對自己公平的方式生活時，就可以找到長久以來自己所追尋的正義。你必須尊重自己，才能讓別人以公平的方式對待你。你尊重自己的方式是讓別人知道你的需求，以及對雙方關係的期待。

當你誠實表達眞實的自己，以及自己的期待時，就會吸引與你擁有相同的價値觀，同時可以滿足你的需求的人。

☆鍾愛自己

牡羊座北交點的人要學習將自己浩瀚的愛轉移至愛自己之上。你之所以會遲遲不敢以眞面目示人，讓別人知道自己的立場，最主要的理由之一是你覺得沒有安全感。因此，今生你的一大挑戰就是如何證明自己、肯定自己。

你需要藉允許自己被別人看清楚，來支持自我的觀念。當你開始將自己展現在別人的眼前時，會發現展現自己的方式的確具有相當的效果，信賴亦得以因而建立。

爲了要鼓勵自己去嘗試新的方法，你可以回顧過去的經驗。你會發現過去所嘗試的各種平衡關係的方法（妥協或逃避）都無法帶來任何效果。所以結論是，如果要改變結果，就必須改變與自己關係密切的人的相處模式。

鍾愛自己，就是支持自己，使自己的夢想能夠成眞。當你對自己的愛到達充分的程度，讓自己眞的希望理想能夠實現時，會發現坦誠是成功的唯一途徑。「我怎樣才能讓這個想法發揮功效？我唯一能做的是將不誠懇所造成的障礙清除。」如此一來，人際關係的能量就可以發揮支持的功能，而不是阻礙的效果。

在一開始的時候，你的畏懼使你以爲將會遭遇阻礙，但是爲了自己的理想，你必須堅持走下去。

之後，由於沒有任何隱藏，所以你可以把自己所有的能量貫注到想去的方向，甚至要求別人提供協助，以使自己的計畫能付諸實行。

當牡羊座北交點的人把自己放在第一順位時，很自然地，就可以達到雙贏的境界。什麼樣的行動可以讓你覺得更強壯、更快樂、更完整、更滿足？鍾愛自己可以讓你做一些支持自己的選擇。你可以從問一些基本的問題開始：「什麼可以幫助我生存？什麼可以幫助我朝目標前進？那一條路最能減少壓力並有益於我的健康？」

☆堅持

牡羊座北交點的人在確認富建設性的目標時，必須放棄下意識想做一個「好好先生」的執著，這也是過去幾世中你的自我。爲了要讓你新的、眞實的自我能夠成形，你必須沒有任何「該怎麼做」的預設立場，淸楚地表達自己，掌握第一個衝動，並說出第一個進入腦海的想法。誠實的堅持可以讓你脫離別人的主觀認定，認淸自己是誰，並確認你眞實的自我。

你應該允許自己的內在衝動來驅動你採取立即的行動，而不是等待別人表示。當你藉著實際的行動去實現衝動時，你的衝動會變得更強，更具能量。

牡羊座北交點的人也在學習堅持的另一面，那就是讓別人了解你的自我界線、爲自己說話，以及不讓別人輕忽自己。你認爲別人會因爲愛而對你的反應保持敏感，但實際的情況未必如此。你今生的工作是對自己的需求敏感，對自己有足夠的愛，使自己不致受到傷害。

以下是一個關於啓蒙大師在印度旅行的故事。他抵達一個村莊，發現那裏沒有任何孩子在外面玩。他問：「所有的孩子都到那兒去了？」一位村人回答：「大師，昨晚有一條巨蟒從森林裏出來，把孩子都吃掉了。請幫助我們。」

於是大師就走進森林，對著森林說：「巨蟒，在我面前現身吧！」由於萬物都受到啓蒙大師的管轄，所以這條巨蟒就遵從大師的命令，自藏身的黑暗之處爬出來。大師對巨蟒說：「巨蟒，吃掉村裏的孩子是不對的。你以後一定不可以再吃任何一個孩子了！」巨蟒很羞愧地回答：「是的，大師。」

大師繼續他的旅程。十年之後他又回到了這個村莊，村莊中有各種年紀的小孩。但是大師發現在某一個角落，有一群小孩正在進行激烈的活動。大師走上前去，發現在這群孩子的中間，是那條巨蟒，牠已經遍體鱗傷，被孩子們折磨得半死不活了。

大師把孩子們趕跑後，對巨蟒說：「我的朋友，你爲什麼會讓這種事情發生在你的身上呢？」巨蟒回答：「但是大師，你不是教我不要再吃小孩了嗎？」大師回答：「噢，愚笨的巨蟒，我教你不要咬，但可沒教你不能發出嚇人的嘶嘶聲啊！」

這正是牡羊座北交點的人需要學習的：在關係即將出現惡言相向的時候，立刻發出「嘶嘶」的聲音。當你敏感的情緒受到傷害，或是你覺得自己的付出不平衡，或是你需要更多的援助時，應該讓別人知道。你必須在覺得被占便宜，致使實體或心理上自現存的關係退縮之前，讓別人知道這種情形。如果你讓別人對自己有不當的行爲，每一個人都會輸去這場遊戲。

信賴

☆相信自己

牡羊座北交點的人要學習的一個主要課題是，相信自己以及做自己」。找出一個與別人建立關係的健康方法，使自己不致被人際關絆住，並再度成爲別人的支援系統。

在你的關係之中，除非願意冒險嘗試誠實且完整地表現眞實的自己，否則最終的結果不會是愛及公平。這就是表示，你應該相信自己最原始本能的智慧，由於它是來自於極爲強大的愛，所以如果你眞正表達出這種內在的火花，那麼每一個有關係的人都可以受惠。

這是需要勇氣及意願去實驗的，但是當你有足夠的信心去冒險時，就必然會發現，這種方法是有用的。因爲你過去不習慣做爲一個領導者，所以在別人一開始反對自己的方向時，往往會退縮。你會以爲這是表示脫離軌道的一個徵兆。實際上，由於你的想法是極爲獨特且具有創意的，所以他人最初的反應通常都是抗拒。人們大概十之八九都會反對新的想法，因爲新的主意就代表改變。

這是一種自然反應，要做一位領導者就要了解這種情況。當牡羊座北交點的人繼續「表現出自信」、並遵循內在的衝動行事，會發現其他的人通常都會接受自己的想法，並依著你開創的方向前進。

你今世要學習如何體會發現自我的喜悅。生命本身就是一項冒險，當你從這個角度去看待生命，並根據自己最本能的直覺及想法行動時，你的內心會產生充實及快樂感。但是你必須下定決心相信自己直覺的衝動。

例如，我有一位牡羊座北交點的客戶，她曾對某次的奧斯卡下賭注，因爲她直覺地知道那一個人會贏。但是當她向別人說明自己的想法時，受到別人的影響，失去了對自己這個選擇的信心，最後決定改成與別人一樣的選擇。最後她輸了，覺得十分受挫，悔恨當初爲什麼不相信自己的直覺。

你應該停止懷疑自己，而且應該開始做自己。你要接受的挑戰是遵從自己自然的衝動。當你勇敢擔起創造自己幸福的責任，積極追求可以協助你達成目標的方向時，就會被引導到可以滿足你需求的活動或人的地方。在踏出第一步後，通常下一步該怎麼走的正確方向，會自然出現在你眼前。

例如，以前有一位牡羊座北交點的客戶，多年以來，一直在追尋一位生命中適當的伴侶。然而，在一片空白之中，點綴著的卻是幾次可稱爲浩劫的悲慘關係。不快樂及沮喪讓她失去活力，甚至迫使她必須仰賴抗憂鬱的藥物才能稍稍獲得紓解。最後，她終於放棄追尋白馬王子的幻想，並開始進行一些可以讓她建立自信心、讓她快樂的活動。

在她實際投入一些活動之後，開始覺得比以前好了。例如，她覺得慢跑是愉悅的來源，但是她又不希望把慢跑的時間定在大清早、天還沒亮的時候，雖然這個時間最適合她，可是遇不到幾個同好。她想，與其等待一個會在相同時間慢跑的人出現，不如採取主動，於是在當地的報紙上刊登了一個徵求清晨慢跑同好的廣告。

廣告登出來之後，有四個人給她回音，她開始與他們在清晨一起慢跑，而其中一個人最後竟成了她的白馬王子。這個結果是在她不再希冀別人來完成自己的需求，並開始以比較直接且理性的方式，主動滿足自己的需求時出現的。

☆相信負面的情緒

牡羊座北交點的人老是希望假裝所有的事情都沒問題。你會對所謂的負面情緒會產生罪惡感。由於前世缺乏與自己的個別性接觸的經驗，在事情發生的時候，常常會不清楚自己情緒上的反應。有時候，當你發生情緒上的波動時會不願承認，直到好幾個星期過去之後，仔細回想時才會發現：「我當時眞的很生氣。」如果一個朋友問你：「今年一月過得怎麼樣？」你會回答：「經你一提，我發現當時覺得很寂寞，而且很沮喪。」但是如果是在一月中問你當時的心情，你多半會回答：「很好啊！」

所以對你有利的方法是，在很規律的時間給自己一個「暫停」的機會，讓自己能傾聽內在的聲音。當你搞不清楚自己的情緒時，通常會以連自己都很訝異的不理性方式對事情做反應。當這種情況發生時，較可能採取的方式是自己解決，重新再體驗一次這種情緒，把事情想清楚，這樣才能比較理性。

這種方式的效果很好，尤其是如果可以讓別人知道：「基於某種理由，我覺得不舒服，但是我不確定是爲什麼。」藉這種方式，誠實地承認自己的感覺，但不致遷怒於別人身上。即使你忍不住爆發了，也可以在事後說：「由於某種原因，我覺得心情不好。我不確定是爲什麼，但是我會好好想一想，再告訴你。」即使是在實際情況發生時，這仍是有幫助的過程。

有時你是非常殘酷及極具傷害性的，而且會覺得這麼做很好。因爲你很生氣，而在過去好幾個前世的實體之中，你都犧牲自己以維持「好好先生」的形象，所以現在，你反過來會對自己親近的人做出最殘酷的傷害，包括不論在什麼情況之下都可以仰賴的至親好友。你會發洩出你的憤怒，之後再道歉。

潛意識中，你希望能藉此確定，這些至親好友在任何情況下都仍然能愛你，就好像你接受別人一樣，因爲這樣，你才比較能接受自己。

在今生，牡羊座北交點的人正在學習如何整合自己負面的情緒，包括憤怒、怨恨等等。讓你表現出來是健康的。這是過去許多前世之中，你爲了與別人維持良好關係，一直壓抑的力量，今天這些感覺有被關注的需要。這些所謂負面的情緒，就是你的力量，但是這種力量是處於粗糙、未經精練過的形態。

憤怒、生氣等情緒，都是陽性能量的一部分（潛在的、堅持的、領導的能量，是在你之中屬於男性的部分），而這個部分，過去曾受到極度的壓抑。現在牡羊座北交點的人必須進入這種能量之中，並將它與前世實體中所獲得良好發展的溫和、敏感的能量整合起來，這樣能使你具防衛性的本性部分，得到健康的表達。

可以幫助你順利進行這項過程的絕佳技巧，就是規律的體能訓練。上武術課是放鬆及整合這種激烈能量的理想方式。如果這種能量能持續性、富建設性地被釋放出來，就不會在不恰當的場合爆發。這個族群的人需要激烈的體能訓練，諸如有氧舞蹈、拳擊、迴力球，以及網球等可以表現好戰本性的活動，做這些運動會讓你覺得棒透了。

牡羊座北交點的人厭惡競爭，但是實際上競爭對你而言，是非常好的。你在看別人競爭的時候，常會感到緊張，但是當你本身處於競爭的情況時，可以完全發揮自己的最佳實力，而且可以處理得常漂亮。這可以加強並實現過去幾世之中被壓抑的部分。

如果你輸了，可能會覺得失落，但是如果回顧過去的經驗，你總是可以把不愉快拋在腦後，然後慶幸另一個人贏了。如果你贏了，會覺得很棒，而且會以極佳的風度處理自己的勝利。所以只要你決意要贏，總是可以達到「雙贏」的境界。

要讓你享受競爭，必須有你認爲值得競爭的目標。你也可以藉著與自己競爭來建立自己的力量。你應該試著再往前走，而不是走了五哩之後就放棄。你需要做一些可以證明自己是如何強壯或如何有能力的事。同時，也可以去觀摩別人，這樣可以激勵你去嘗試新的事物。從這個觀點來說，你是以積極的方式去比較自己與別人，而這種方式則可以激勵自己的成長。

主張自己的力量

牡羊座北交點的人正在學習如何主張自己的力量，以及與別人發生關係時如何站穩自己的立場。你必須練習獨立。有時候，當你看到自己歸屬於這個軀體，能堅定地掌握住自我，而且竟然可以具有如此驚人的力量時，會感到害怕。這個族群的人還是蠻害羞的，而且對於表達自己還是會感到害怕。當你無法站在自己的力量之中時，通常是因爲你的心靈令你對犯錯感到畏懼。

其實，「犯錯」對你來說，並不構成問題。你總是害怕自己是錯的，害怕你的力量很可能會因此被削弱，但是如果回顧以往的經驗，你會發現即使坦白說出自己的想法，而且錯了，還是會覺得獲得肯定，因爲你表明了自己的立場，發現了過去所未發現新的部分。對你來說，掌握自己的力量並表明自己的立場，是遠比結果來得重要的多了。

你一定要根據你的衝動行事，這樣才能使你對自己感到不同於以往的滿意。之後，你就可以眞正掌握自己的力量，並因成爲自己的主人而對生命感到喜悅。當你將自己的需求說出來，並依據自己的想法前進時，你會非常的興奮。

☆領導

牡羊座北交點的人過去幾世中，都扮演支持別人、跟隨者的角色。但在今生這個實體，你是居於領導者的地位——首先是領導你自己，然後領導別人。所以讓你內在的武士出現是有利的。

從幼年時期開始，你就會在不尋常的領域中找到自己的快樂。你會做一些其他人通常不會做的事，並從中找到樂趣。這種方式會讓你做一些難度比較高的工作，但是在做這些工作的過程之中，你會變得極爲熟練，而從個人成長及發展的角度來說，可以藉此得到很大的收穫。

你不太願意去做一些普通但是可能有極高物質回饋的工作，因爲這些工作只能使你成爲「另一個數字」。對你來說，做一個獨立的個體比任何事情都重要。當你在分析事情的時候，會有與絕大多數的其他人略爲不同的觀點，而且你會喜歡這樣的「不同」。

對牡羊座北交點的人來說，掌握領導權的一項主要「福利」是，你可以利用自己的個別性去造福其他人，並享受因之而來的愉悅。如果你是領導者，可以掌握工作時的氣氛，並爲自己身邊的人創造一個極爲正面的情緒。

由於你有許多前世的經驗是支持別人，所以你天生就知道如何伸出援手。你很敏感，也知道別人需要什麼才會快樂。你會下意識地認爲每一個人都與自己一樣，以爲其他人都了解什麼是支持，而當你開始居於領導的地位時，將會不明白別人爲什麼沒有提供適當的支援。因爲所有的領導、點子、環境，甚至好的情緒，你都已經提供了。

其他人之所以沒有支援性的反應，主要是因爲他們不知道如何成爲一個好的支持者。因此，當你以領導者的角色出現時，牡羊座北交點的人必須要有意識地將焦點集中在你需要別人付出什麼，才能讓你覺得獲得支援。你應該採取直接且主觀的溝通方式，表達出自己眞正想要的東西，而不是靜靜地坐在那裏，期待別人會很敏感地了解自己的需求。

牡羊座北交點的人必須積極地指出方向，讓別人可以在適當的時候有所表現，而不是告訴別人他們做錯了什麼、以及他們多令人失望。這麼一來，你就可以讓別人也有成長，以及學習如何支持別人。

牡羊座北交點的人今生的任務是教導別人如何愛人，以及如何敏感地了解別人的自我，教導對象主要是他們的搭檔。你要學習如何以富創造性的方式教導人們成爲一位可提供支持的人，而不是獨自坐在那裏對別人不知如何去做充滿怨恨。一個扮演支持者角色的人，必須時時意識到別人的存在。

這是需要努力的，但也是讓人們覺得受到支持的方法。這是牡羊座北交點的人與生俱來，且可以傳授給別人的特有知識。藉著做自己的主人，你可以教導別人如何運用愛及熱情去成爲一位支持者。

☆交互依賴（interdependence）

牡羊座北交點的人很容易成爲傳統「相互依賴」典型的人。你過去的歷史就是依賴別人滿足你的需要，之後又會覺得別人讓你失望。在今生這個實體之中，你希望發展獨立的自我，但又不自外於主要關係所帶來的好處。

爲了要達到成功的目標，你需要從「獨立」的角度去檢視自己的人際關係。藉這種關係，兩個人可以彼此協助，發展各自的力量，以獨立的立場彼此鼓勵，並保護自己。在內在感到完整之後，你可以根據各人個別不同的特質，分別展開適合自己、但不同於他人的探索活動，而兩人又可以分享兩種不同的體驗。

健康的人際關係是兩個人朝同一個目標努力時，雙方的自我可各別以獨立個體的方式獲得成長。而眞正的重點在於，不受困於人際關係爆發力的能量之中，每個人都可以明確地在搭檔參與的情況下，保有自己的力量。

這個族群的人，前世的實體常常爲了支持別人而忘了自己存在，所以常常會忽略掉自己的直覺，告訴自己付出是否已經超過足以讓自己生命的能量被榨乾的平衡點。只要在別人還存在的時候，通常你都不會注意到這種能量消失的現象，但是當你獨處時，就會感到精力耗盡。今生你要學習的是重新調適自己，允許自己的內在調整你的付出。分享能量的過程需要雙方的重新認知。

畢竟，要想有金蛋可以送人，先決條件是那隻下金蛋的鵝必須是活著的，而且是健康的。這個族群的人前世會把所有的金蛋都送給別人，最後甚至連那隻鵝也會送出去。今生你要學習維持這隻鵝的強壯、健康，才可以在不傷害貨源的條件下，把金蛋送人。

在一對一的關係之中，避免相互依賴是表示不要在搭檔有需要時代他出征，應該是鼓勵對方，並讓對方了解：(1)他有足夠的能力及能量獨自處理問題；(2)他還可以與別人合作，並獲得別人協助。例如，你的搭檔可能希望他的畫可以在當地的畫廊展覽，你就可以建議他去請求朋友的協助，或聘請一個助理，甚或找一位經紀人，而不要自己接下這個工作，打電話給畫廊。這樣牡羊座北交點的人才能有餘裕去追求自己的興趣。

從相互依賴到交互依賴，必須經過三個階段，分別是：(1)相互依賴階段——兩個人完全了解對方，彼此彌補對方的不足，如此這個小團隊才能生存。(2)獨立階段——每一個人都能完全地依賴自我，每一個人都爲自己的計畫、錢財及每天的生存，負完全的責任。(3)交互依賴階段——一個獨立、自足的人與另一個獨立、強大的個體聯合，形成相互支持的關係，並朝共同的目標前進。

當牡羊座北交點的人達到個人成長的階段，也就是為進入交互依賴關係做好準備時，就會開始發出耀眼的光芒。

治療音樂 Music

音樂有一種獨特的功效，那就是可以在情緒上支持我們冒險去做一些以往未做過的事，所以我寫了一首針對每一種交點族群的治療歌，希望能協助人們將能量轉移至正面積極的方向。

通過審判的那一天！

這首歌中所傳達的訊息，是希望能鼓勵牡羊座北交點的人，將互相依賴的傾向轉變為對自己直覺的依賴。這種直覺是堅實地扎根於愛中，而這種直覺也可以帶領你走向正確的方向。

節錄部分歌詞

你可以讀遍所有被寫成文字的書，
你可以要求身邊的人告訴你應走的路，

你可以研究早已不爲人所知的神秘故事，
但是你是唯一能帶領自己通過審判之日的人！

你不能靠別人給你榮耀，
不要依賴外力指引你方向……
拋開書本，超越大腦，
相信你內在的那盞明燈，讓它指引你度過痛苦，
而只有你才能知道
必須付出什麼代價才能使你成爲一個完整的人……
那盞心中的明燈會帶領你通過審判之日！

第2章

如果你的北交點位於金牛座或北交點位於第二宮

星座箴言

不必理會別人怎麼想。

總論

♉應發展的特質

針對這個部分的努力，應可幫助你找出被隱藏的天賦及才能。

★忠誠
★對界線的意識
★做事按部就班
★自我價值
★意識個人的價值
★耐心
★尊重自己及他人所表達的需求
★享受五種感官
★感激
★感受大地所提供的滋養

★原諒
★堅持

應擺脫的傾向

努力降低這些傾向所造成的影響，可以使生活更輕鬆、更有趣。

★追逐危險情況
★對別人的事情過於關切
★缺乏耐心
★不恰當的激情
★批判傾向
★對別人心理上的動機存有預設立場
★不願合作追求別人想要的東西
★過度反應
★爲了要消除某一部分，會毀滅某樣東西
★強迫性行爲的傾向

應避免的陷阱

金牛座北交點的人應該要避免的陷阱是，不要想透過別人尋求對自我的肯定，不要抱持「只有在別人肯定我的時候，才會覺得放心」這種心態。因爲那將會使你陷入「如果我擁有這個特定的人的能量，就可以感到完整」這種永無止境追尋心靈伴侶的深淵之中。

事實上，金牛座北交點的人只有在自我之中才能感到完整。這種感覺絕對不是某個關係的副產品，即使是心靈的伴侶也無法給予你。不論你從別人那裏得到多少支持及肯定，永遠會覺得自己需要更多。實際上，對你來說，別人的肯定，是查看你是否正確的一個不確實指標。根據你自認爲正確的標準生活，不要管別人怎麼想，才能幫助你自我肯定。

從某一個角度來說，你必須停止過度投入別人的事物，而只是單純地走自己的路。有趣的是，當你開始這麼做時，其他人就會支持你，不論是財務上或是能量上。

什麼是你眞正想要的

你眞正想要的是與某人的能量融合，並感到共同的力量。你所追尋的是完全的、永久的承諾。你想要的是一個在物質上可以完全仰賴對方，情緒上對方可完全依賴自己（反之亦然）的伴侶。這是一種聯合的關係，可以給予雙方力量、彼此完全依賴的關係。若要成功地建立這種關係，你必須辨識、找出與自己擁有類似能量及價值觀的人，而雙方的共同目標對彼此必須是具有價值的。

要達到這個結果，金牛座北交點的人必須先了解自己的價值觀。你的內在必須堅強，清楚知道自己想要的東西，之後再進一步了解，對你來說什麼是眞實且有意義的。你必須面對的挑戰是建立自己的能量體系，並想清楚就一個個體而言，自己是誰。當你的能量轉強時，自然會吸引擁有類似能量的伴侶出現，並可以與這個伴侶建立成功的合作關係。

你的才能及適合職業

你是絕佳的建築者，不論是一棟房子、一個人際關係或是生意。當你願意遵守規則，你可以成功地建造任何東西。凡是你認爲眞正具有價值的行業，都可以有極佳的成績。例如，如果你認爲訊息除了是安撫別人的工具之外，也可以爲自己帶來好處時，你在這個範疇就能獲得成功。你對金錢也很有一套，把焦點放在靠自己賺錢、讓自己覺得自在的方法上，通常可以找到適當的職業。

任何強調生命中物質面及五種感官的欣賞範疇，都是令你感到愉快且可以有實質收穫的，例如農作、建築、工程、烹調或擔任體育教師等等。一般而言，金牛座北交點的人最佳選擇應該是「做自己的事」。你可以管理自己的工作計畫或是生意，也可以在一家能獨立作業的公司上班。你應該學習放棄追求立即出現的結果，採取按部就班的方式做事，而且對每一步驟都感到滿意之後再往前進。

金牛座北交點的人還擁有靈活有效解決危機的應變能力。你天生就很容易了解別人的心理，你對別人的需求及渴望的意識，可以幫助你推進目標。藉著公開承認並以可達到雙贏局面的方式運用別人的能量，金牛座北交點的人可以協助人際關係中的雙方，都達到各自追尋的目標。

但是，如果你所從事的是以心理學或危機處理爲主的行業，通常都不會覺得滿意，而且最後往往會感到空虛。只有當你運用你的才能去建立某些有實質價值的東西時，才會感覺比較好一點；這些東西可以增加你的穩定感。

♉ 正面肯定的信念

- 「我應該穩扎穩打、堅持目標、按部就班，才能掌握勝利。」
- 「當我根據自己的價值標準生活時，我會對自己感到滿意。」
- 「大自然提供我所需要的能量。」
- 「當我滿足自己的需求，以及別人所表達出來的需求時，可以建立人際關係的穩定基礎。」
- 「如果我覺得舒適自在，就表示自己是正確的。」
- 「別人怎麼想我，不關我的事。」

你的個性

前世

☆與別人融合

前世，金牛座北交點的人進入的是一種不可分離的、緊密結合的人際關係，而與你相關的人多是有權、有勢的人。

前世，你是國王身後的皇后或是寵妾，你知道許多不爲人所知的「秘聞」，但是最後所有的決定都是由別人做成的。你是首長的幕僚、總統的主要助理或是將軍的心腹。你將自己所有的權力、能量及魅力，完全貢獻給更有力的心靈伴侶，相對地，你也可以從伴侶身上獲得肯定及賞識，並藉以做爲自我價值的背書。

前世，這個有威權的人給金牛座北交點的人衣服、食物，並縱容你。而金牛座北交點的人只需要乖乖地跟在這個大人物的身邊，幫助他滿足他的渴求，這樣你就可以享受最佳的生活形態。所以現在，金牛座北交點的人常會忽略金錢的問題，例如總以爲有人會爲你付信用卡的錢，但是今生的戲碼不是這麼寫的。

金牛座北交點的人前世對另一個人的依賴，使你無法發現其實可以靠自己的能力，走出自己的路。因此，在今生這個實體，你應該負起自己財務上的責任，並以此做爲重新獲得自信的方法。一旦你忽略自己是如何花錢的，很可能就會陷入嚴重的債務問題之中。

你的前世可能是「名聲不佳」的，例如從事色情交易等。在前世，金牛座北交點人的成功都是依附在別人之上，或是沒有自己的界限，所以可以成功融入別人的能量範圍，產生任何人單憑一己之力所無法得到力量。你發展出可以洞察他人需求的能力，這種能力在過去的幾世，對你發揮了極大的作用。

但是這種密集與別人融合的方式，已經使金牛座北交點的人失去了自己，失去做爲一個獨立個體所必備的需求及價値觀。在今生這個實體中，當你與別人太過於親密，或是太快與別人建立關係，常常會被人背叛。其實這也是一個警訊，告訴你應該保有自己的界線、價値觀，以及精神道德。

前世，你曾經是洞察人性的專家。你可能是策略家或是顧問，你會仔細研究別人的心理，以了解別人的動機及需求，並預測別人的行爲。過去你會在一些不穩定的人身邊，協助你打開精神上或情緒上的結，撫平你的心靈，並接受財務上的保護做爲回報。你對心理的敏感使你得以預測敵人的思考模式，同時也可以關照到你心靈伴侶未曾說出口的需求或渴望。

但是，今生這個實體，你這種配合別人的習慣，會使你無法有效地，以紮實、持續的方式，追求自己的方向。現在，不再與別人產生太深的糾葛，而將注意力集中在自己的事物上，對你而言，是最好的一個選擇。

某些金牛座北交點的人前世曾經有濫用權力、以暴力相向的情況。在今生的實體中，你要學習不濫用權力；對某些人來說，是不要苛待自己。對這個族群的人而言，今生的課題並不容易。你可能會體驗到生命中各種極端，從嗑藥、酗酒、遭遇極爲嚴重的心理問題、坐在企業的董事長室中，或是處於嚴格的精神追求等。你的生命好像一個光譜，從最深的黑暗到亮度最高的光明之中都有。

☆危機意識

過去由於時常處於權力鬥爭中，所以會造成一種去招惹危機、重創，以及「生活在邊緣中」的意識。金牛座北交點的人喜歡那種因爲危機而使腎上腺分泌旺盛的感覺。爲了體驗這種亢奮，你會忽視自己的身體、健康及安寧，而這些都是維持健康的必要因素。

即使在沒有必要的時候，你還是會冒險嘗試一些可能使自己進入危機狀態的事情。之後，你會輾轉反側、掙扎，並允許你毀滅性的激情破壞生命中的每一個部分。有時候，你會濫用藥物或酗酒，爲你的日常生活帶來新的危機。或許，你還會有一個處於這種狀況中的搭檔，這個人在你眼中是一個受傷的人，而你認爲自己可以治癒他。

當你面對一個很顯然地毫無轉圜餘地的情況，且與原來所希望創造的狀況相反時，金牛座北交點的人常會很激情地做出過度反應，製造出危機，而從未有人可以在這種狀況之中生存。這種過度反應的情況，最可能發生在金牛座北交點的人面臨與共存關係分離的時候，或是覺得別人可能不是百分之百與自己契合時。

由於你缺乏對自我的肯定，所以會完全依賴你「最主要的另一個人」（提供你金錢或是能量的人）經常性的肯定；這種依賴代表生存。你會對另一個人的精神狀況保持「密切注意」，以便隨時可以根據對方的標準來調整自己的行爲。這麼一來，你認爲自己就可以成爲不可或缺的，而自己的生存亦得以獲得確保。

如果你擔心對方做一些傷害自己的事，你的第一個反應是採取報復行動。但是，如果報復是你的動機，你必然會輸。你需要將焦點放在藉實際的方式，與人們交涉及處理當時的情況，使自己的需求獲得滿足。之後，你可以放棄你的防禦工事，並對對方說：「你看，這對我來說，眞的非常重要。」訴諸於力量所達到的效果，遠不如利用謙和的處理方式來得好！

重點是維持將焦點放在你想要創造的正面結果上。照顧你的需求，對你來說是正當的，如果你擔心會受到傷害或是遭到背叛，應該做一些保護自己的防範措施。問題在於，你常會出現過度反應，並使整件事情完全走調。

金牛座北交點的人極爲熱情，所以有時你會爲了想要去感受激情，而忘記自己在做些什麼。你今生所要面對的一大挑戰是，爲那種熱情的能量負責，並重新將這種能量引導到比較具有建設性的方向。

爲了熱情本身而去追求熱情，並將熱情帶到最高極限，將會導致毀滅。在今生這個實體，你要學習的是建立而不是毀滅。成功的建築需要較多的時間，而不是你過去所習慣的激情。

當你的出發點來自於畏懼時，你會毀滅；當你的出發點來自於愛時，你會建立新的東西。你要學習奉獻自己的熱情、能量，以及精神的力量，以創造某些有價值的東西。當你這麼做的時候，你會覺得很棒！你要學習除了固執地沈迷於足以引導你陷入危機，並摧殘自己身體的冒險（財務、個人或性）之外，生命其實還有很多其他的選擇。

有時候並不一定是你所做的事使你的生命遭到摧殘，而是你處理事情的激烈方式。你應該放慢腳步，並肯定如果慢慢地、穩定地自己來，還是可以建立腳踏實地、實質的感覺，這是以往你無從了解的。

你在經驗過許多次不斷與人爭鬥的前世之後，對和平有極大的需求。當你執著於刻意造成的情況時，整個狀況就會崩潰。相反地，當你加入一點祥和的成分，情況則會在對所有相關人等都有好處的方式下，轉變爲對你有利。

自尊

今生，金牛座北交點的人要學習去感受自己的價値。過去的實體，你放棄了對你而言極爲重要的東西，以使自己的力量能與別人的力量整合；當你成功地授權對方時，你會藉由別人的肯定，來做爲是否「正確」的一個評斷指標，這種方式前世一直很管用。但是後來，你變得對那種肯定極爲依賴，並開始做任何可以得到這種肯定的事，有時甚至會違反自己個人的道德倫理標準。因爲你已經消除了自己的價值體系，所以進入今生之後，在沒有來自別人的回饋時，是完全沒有自我肯定可言的。這使得你對你身邊人的價值觀，完全不具抵抗力。

雖然這種做法以前算是對的，但是今生這個實體的設計中，這種方法在你有以下動機時，是不管用的：暗中希望對方能在經濟方面照顧自己，或是在某些其他的方面給自己肯定，因而專注於如何使搭檔力量增強。今生，你要學習如何根據自己的價值體系生活，直接建立自尊，只有在你眞正希望的時候，才給予別人權力。這將符合你自己的價值觀，而且不會期待得到回報。

☆肯定

金牛座北交點的人常會有自吹自擂的傾向。你常會以別人所說的話做爲跳板，並把談話的焦點轉到過去的光榮勝利、你如何幫助別人，或是描述你是多麼「夠力」的故事等等，你會開始喋喋不休！潛意識裏，你所追尋的是別人的肯定。

在與別人交流的過程之間，你開始感到不安，所以會嘗試將焦點轉移至自己身上，尋求外在的肯定，以此做爲彌補。你希望別人看到你的價值，感激並尊敬你，這樣你的不安才能消除。

不幸地，這只是「治標」的辦法。你必須不斷這麼做，而在現實世界中，以自己爲談話焦點，將會使別人逐漸離去。有趣的是，金牛座北交點的人這種自己不夠好的感覺，只有在當你開始評斷自己，或是將自己與別人做比較時，才會產生。

你會帶著大量的憤怒。但是，如果你再仔細地看一看，你會發現，其實自己的憤怒是因爲畏懼而產生的；你害怕不被尊敬、不被喜歡、未被當人看待。所以當你在一個特別的情況中感到生氣時，你可以問問自己：「我到底在怕些什麼？」這可以幫助你找出一個解決的辦法。

金牛座北交點的人當沒有獲得你認爲自己應得的肯定時，常會覺得沮喪、被奪去自我肯定。你所有的恐懼都是繞著以下這個主題：「我怎麼樣才能被肯定或被承認？」你會覺得害怕及生氣，因爲你一直在付出，但卻沒有得到你所需要的。但事實上，這種需要永遠無法自外部得到滿足。

不管你有多少財富、威望或權力，別人的肯定永遠都不足以讓你在更深的層次，感到自己很棒。要解決你的憤怒，你應該學習以一種符合自己價值體系的方式，過自我肯定的生活。當你不再依賴別人提供你的自我肯定，並開始認清自己的內在時，你的憤怒會突然轉變爲具有生產力的能量。

有時候，金牛座北交點的人會去追求其實不是你眞正想做的事，而是你認爲可以獲得別人肯定的事。你不能抗拒那些在別人眼中極爲「崇高」的職業，因爲這些行業可以讓你獲得掌聲。若你覺得並未受到別人的感激，完成一項工作所帶來的喜悅，將會被破壞殆盡。

當這種情況發生時，你最佳的選擇是回想這項工作：那一個部分你覺得很棒？這個工作是否提高了你所認爲重要的價值？你是不是運用了足以讓自己對自己滿意的技巧？你所做出來的成果是不是十分傑出，令自己信心大增？你賺到的錢是否是你認爲這項工作應得的？你應該了解自己、欣賞自己工作的那個部分，並因自己可以符合這些價值標準，而給予自己肯定。

因爲自己就是自己而肯定自己，不是因爲自己迎合別人需求，這正是你可以持續依賴的肯定。

對你來說，來自別人的肯定就是「能量糧食」。你永遠都會對朋友的一通電話或是造訪感到愉快，因爲這代表肯定你的存在。你需要建立可以爲自己輸入能量的方法，這樣你才能獨立自主。之後，你才能因爲自己想要，而不是出自需要，去與別人交流。

爲自己設計一項財務計畫，是正面、自我肯定的一種方法。另外，每天花一點時間把能量放在對自己而言是有意義的事情上，例如準備一頓飯，也可以達到自我肯定的目的。重要的是從事一些有規律的活動，不論別人給自己什麼樣的反應，這些活動可以促進自我成長，並幫助自己發現自己是很棒的。當你這麼做的時候，就是「走在正確的路上」。

☆**界線**

在童年時期，這個族群的父母，會試著將他們自己的價值觀灌輸到金牛座北交點的孩子心中。這是父母親「典型而正常」的行爲模式，絕大多數的孩子會在發現父母親的價值觀與自己內在天生的價值觀有顯著不同時，忽視父母親的價值觀，但是金牛座北交點的孩子，卻因爲沒有既定的內在價值觀，所以會完全接受，並吸收父母親的價值觀。

你不了解其實你與父母是分離而不同的個體。今生你所面對的挑戰之一就是，打破潛意識中與父母親的緊密相連。

你今生要學習表達自己的需要，並避免把別人的需要放在第一位。你常會覺得自己的生活一直都是對別人的情況做出反應，並「陷入」某事之中，這些都相對於有意識地肯定自己在那裏、想到那裏去。

你常會過度注意別人的動機。潛意識中，會在了解別人想要的是什麼之後，再去追尋自己所需要的東西。但是當你這麼做的時候，通常都會步入歧途。你可能會以爲自己完全了解別人的動機，並據此採取行動或是做出反應，然而你往往會發現自己的評估是不正確的。

當你避免去配合別人的渴求或是意見時，對你最有好處。另外，你可以用：「這是我所需要的……，這些是我的理由……。」取代將焦點集中於你自己的需求。爲了要建立不可動搖的安全感，及成功地達成目標，金牛座北交點的人需要隨時注意你舒適自在的層次，並決定界線何在。當你在考慮某個目標時，應該自問：「我對這個目標覺得可以嗎？這種感覺對嗎？」

你也可以利用自己內在是否覺得自在，來查看你的動作是不是太快，如果是的話，你需要放慢速度，並以令自己覺得舒服的速度前進。當你穩穩守住自己的界線，對你而言眞的極爲重要的部分有顯著進展時，你會發現其他人更願意爲你做調整，以配合這個族群認爲重要的事物。

☆自我毀滅

金牛座北交點的人有「搬石頭砸自己的脚」的傾向，也就是做一些讓自己始終無法獲得成功的事。你的目標對你來說是很重要的，你也全心全意地想去達成。但是你又覺得不值得，而且下意識會自設路障，使自己無法達成目標。之後你又會在明知大門不會開啓的情況，不斷地拍打大門。

通常你自己並不知道爲什麼會有想打敗自己的動機，因此這個族群的人有必要做一些內省或心理探索的工作。或許是爲了過去某種眞實或想像中的經驗，或是你覺得自責的某事，而對自己做的懲罰，這種自我懲罰會使你無法成功達到目標。例如，當你五歲時，可能曾經推過弟弟一把，這一推使弟弟的頭撞到地上，因此必須送醫，這件事情使你潛意識裏一直存在罪惡感。

要達到一個目標，必須經歷證實、系統化的步驟。但是這個族群的人由於擁有過多的內在抗力，所以會遺漏某一個極爲明顯的部分，而這個部分往往就關係著成功與否。如果你想上醫學院，且各項條件完全符合，成績也達到水準，你可能會只申請那些頂尖的醫學院，而放棄那些較容易進去的醫學院。然後，如果沒有任何一家頂尖的醫學院接受，你就會把整條路都封死了。

金牛座北交點的人還有另一種在潛意識下擊敗自己的方法，那就是讓自己處於孤立無援的狀態，而不準備一張安全網。這就好像跳傘時沒有準備一張備用的降落傘，或是開車不繫安全帶，你會在完全沒有保障的情況下冒險。

重要的是你應該依靠自己的能量以達到所追尋的目標。你是可以期待別人的承諾會實踐，但最後還是要靠自己，才能保證不論發生什麼預料外的事，所有的基礎都堅實無虞。你需要的不只是邏輯，你還必須運用普通常識，並好好地規畫你的生活。

關鍵在於採取實際、按部就班的前進方式，這種方式重點是放在下一個應該做的步驟，而不是執著於達成目標的方法。由於你的前世並沒有什麼經驗，所以你可以與別人核對自己的策略；這裏所說的別人，是指曾經成功得到金牛座北交點的人所希望結果的人。

這個族群的人有時候會希望做一個比眞實自己「好」的人。你喜歡讓別人留下深刻的印象，但這種做法往往會造成問題。你應該學習接受並喜歡自己的真實面。自我毀滅往往是因爲你想要前進的速度過快，或是希望成爲比實際的自己還「大」的人物。你需要與自己相處，在自己的體內確實地扎根。

做判斷

大部分金牛座北交點的人都不知道，當你做出魯莽的決定時，會對別人造成多大的傷害。在毫未考慮別人感覺的情況下，你會粗心地以自認爲正當的熱情，將別人的信仰體系撕成碎片。由於你自己並沒有什麼神聖的東西，因此在摧毀對別人而言極爲神聖的東西時，也不會覺得不安。

不用說，批判的態度並不能爲你贏得任何友誼。事實上，這種態度也讓你很想接近的人，與你愈來愈疏遠。由於擔心被批判，所以人們都不相信你。你要學習不再破壞別人已經建立的東西，相對地，你應該將重點放在如何建立對自己而言，重要且極具價值的東西。對抗「惡魔」的最佳方法就是積極發展「善良面」。

其實，別人的行爲中會讓你生氣的事情，可能就是找出你自己價值觀的一條線索。例如，如果你批評別人同時與兩個人發展性關係，或許這就表示你重視一夫一妻制；「一夫一妻制」應該寫在「我認爲重要的價值觀」的清單中。當你開始根據這些標準生活時，就會建立自我肯定的觀念。當你堅守自己的價值觀，對擁有不同價值觀的別人，就會變得不那麼富批判色彩。

金牛座北交點的人還會對自己做嚴苛的批判，這種傾向甚至可能危及你的自我肯定。你有一套正確行爲的標準，且據此去評量每一個人，對自己尤其嚴苛。你會是自己最大的敵人。當事情未能如你預期般進行時，你會責怪自己未能配合。因此，你會受苦兩次：一次是擁有暫時性的壞心情，另一次則是責怪自己不應該有壞心情。

你常拿自己和別人比較，並對別人所擁有的東西感到嫉妒。這種心態會讓你的生活比較複雜、不快樂。對我們任何一個人來說，如果生命中所做的事讓我們感到快樂，那就表示我們走在正確的道路上。但是當我們將自己與別人做比較時，我們就輸了。總是有人比我們高或比我們低，這完全看我們是使用那一套標準。

金牛座北交點的人要學習的是批判不是你的工作，你今生的工作就只是盡自己所能，妥善處理生命中的每一種狀況，並一步一步走向對自己而言最具意義的一個方向。

☆閒事莫管

由於你常會對自己的界線搞不清楚，所以金牛座北交點的人會有愛管閒事的傾向。你常會自由地介入別人的事情，但是當別人插手自己的事時，又會感到極爲震驚。你可能會極爲頑固。當你猜測別人潛意識的動機時，會對那個人做出各種結論。之後，當這個人並沒有如你所決定般地行事，你又會感到憤怒。

問題是，你會把自己的價值觀投射到別人身上，而在別人沒有符合自己的標準時，加以批判。

另一個人的目標可能與你全然不同，但他所選擇的路，對他而言，可能是完全正確的。

例如，如果金牛座北交點的人希望婚姻及承諾，對一位還在享受與不是「結婚對象」男人約會的快樂的朋友，她可能會做出極嚴厲的批判。但是，這位朋友或許在當時，並不想安定下來，才與那些可以共同擁有一段美好關係的人約會，對她來說，可能這樣才是正確的。

金牛座北交點的人必須懷著一顆謙和的心，去了解他人有不同的價值觀及目標。你需要置身於別人的事務之外，將重點放在促進自我的發展上。

金牛座北交點的人也常在無意間以緊張而富有批判意味的方式，與別人溝通，這種方式通常會讓你周遭的人感到不舒服。你會指出別人某方面的功能失常，但不承認自己也有同樣的問題。你必須學習承認自己的特徵，並原諒自己，這樣就不用企圖定義別人行爲是否正確，並以此來爲自己的行爲合理化。一旦明白你所重視的特質是什麼，你個人的行爲會變得更爲穩固，並感受到寧靜，看到別人身上有一些自己所不欣賞的特質時，也不會那麼富有批判色彩了。因爲你可以得到自己所需要的知識，你會知道自己是誰，以及自己所支持的是什麼。

從另一個角度來看金牛座北交點的人愛涉入別人事務的傾向，會發現那是來自於前世做爲精神治療者的經驗，如精神醫生、心理學家、顧問、巫醫。你曾經專精於探索別人潛意識的深度，但是今生對這個族群而言，最有利的方式是將自己與別人精神能量的範圍區隔出來，並專注於自己的事務。

你對於別人的批評極爲敏感，如果某人對你的能量範圍做出負面的影響，你就不會花太多時間在那個人的身上。前世你已發展出良好的適應力，使你能與另一個人盡可能地接近。你很淸楚對方對自己的看法，所以可以隨時調整自己的行爲，以符合這個小組的要求。

但是如果今生這個實體，你仍利用你的敏感去了解別人對自己的觀感，會失去做自己的力量。你的任務是離開別人的心靈及事情。對你來說，「別人怎麼想我，不關我的事！」是一句具有不錯效果的話。

☆黑暗面

有時候，金牛座北交點的人會被放到一個極重要的位置。你可能是陣容堅強的律師事務所中的律師，也可能是大企業中的主管，或是類似的職位。居於這樣的職位，有時會激發出你天性中不道德的那一面。當這一面出現時，你可能會不忠於你的員工，或是你的道德標準，或是你自己。你會執著於自我的獲得。

當你選擇投入完全的自我時，會願意做任何可以讓自己超前的事；你會開始覺得，自己在「出賣靈魂」以期能在金權世界有所進展。通常你會因爲允許別人在附帶條件的情況下給自己東西，而把自己「賣光」。很快地，你就會跟著別人的節拍起舞，並根據別人的價值標準生活。

你非常習慣於將自己的力量給別人，所以當誘惑出現時，你很容易就會屈服，並希望藉以得到權力及特殊的待遇。你在那樣的職位時，通常都會擁有極大的權力；可以決定雇用或開除某人；可以塑造一個人，也可以毀滅一個人。這種情形會令你的自我膨脹。你可能會濫用這種權力，「壓榨」

員工，同時又擔心自己的工作是不是朝不保夕。這種計謀最後將摧毀員工的士氣，而你會失去員工的善意、信任及忠誠。

你要學習去抗拒濫用權力的誘惑。畢竟「風水輪流轉：十年河東，十年河西」，當你濫用權力時，報應永遠會回到你身上。你若違反自己的價值觀，一定會嚴重危及自我肯定；這是非常嚴重的問題，因爲獲得自尊是金牛座北交點的人今生的主要目標。

即使當你已經選擇走光明的路，還是會意識到「黑暗面」。例如，我有一位金牛座北交點的客戶，她的工作是女侍。她高層次的自我非常了解，最難纏的客人是最需要關愛的。當她有意識提供關愛及正面的能量時，絕大多數的時候，這些客人會變得比較可愛。但是她一回到廚房就會做出想打某人的動作！這個動作是釋放出前世傾向。

之後，再回到這位客人身邊時，她還是會以她所知「正確」的關愛方式來對待這位客人。不過，也有時候這個族群的直覺反應，是讓自己前世的那一面出來，「好好地修理」某人。

金牛座北交點的人有時候會生活在黑暗面中，懷疑別人的動機，並把身邊的人看成惡魔（在身邊的人之中找尋一個惡魔）。然後觀察自己所看到藏身於別人之中的惡魔，做爲自己潛意識的反射，藉此進一步了解自己。另外，當你尋找惡魔時，你會變得無法抗拒使你退步的負面能量。

爲了避免自己成爲這種傾向的犧牲品，最好不再將焦點放在別人的「黑暗面」，並多關注你在自己生命中累積的力量。你應該像一匹帶著眼罩的馬一樣，只專注於希望證實的、具有正面意義的事情。當你運用有力的心靈專注於光明面時，將會吸引正面的力量。

你的需求

建立一個舒適區

金牛座北交點的人之所以對別人如此依賴，主要是由於你脫離了自己內在的舒適感。因此除了與別人的關係——這充其量是一種脆弱及不穩定的關係——之外，你沒有什麼可以掌握的東西。如果你有意識地維持與自己舒適層次的接觸，你的人際關係將會更好。

由於你的前世已經經歷過太多劇烈的變動，所以今生這個實體的設計是要來休息、累積所擁有的東西，並享受生命中的簡單之美，如好的食物、美好的性關係，以及舒適、穩定的居家環境。內在的「舒適」感是測量自己所走的路是否正確的精確指標。如果你對自己舒適區的界線維持眞實，你就可以掌握勝利。

☆**欲望及需求**

嫉妒常常會成爲金牛座北交點人的一個問題。你看到別人的財物會垂涎覬覦，你常常因爲對別人財產的嚮往，而有毫無止境的「欲望」。當你看到鄰居的新車，心中的機械師就會立刻說：「我要那個。」但是當你的欲望是因沒有安全感而產生時，就永遠不可能對你造成正面的效果；因爲那是一個無底洞。爲了獲得你所追尋的豐富感，最好能把自己的注意力從自己沒有的東西轉移開來，而開始對已經擁有的東西表示感激。

今生對金牛座北交點的人而言，是一段累積物質的時間，所以對事物存有欲望並不是一個錯誤。但是，你必須願意以自己的努力去獲得。當嫉妒的情緒昇起時，先確認這種情緒是否是因你眞正想要某樣東西所引發的。之後，再判斷追求這樣東西是不是値得。與其做個「欲望」的犧牲品，不如認清一個事實：那就是你只要願意去爭取，就可以得到任何東西。

金牛座北交點的人很容易受到他人欲望及動機的影響。骨子裏，與生存相關的問題是你與別人發生關連的動機。你應該將各種事情予以簡化，應該停止「介入別人的心靈」，只與自己接觸。「『我』在這裏需要什麼？若想對這種情況感到舒適，『我』需要的是什麼？」

你眞正想要的是解決自己沒有安全感的問題，希望你所有的需求都將獲得滿足。今生是你對宇宙所賜給自己的資源表示感激的時候，而不是掠奪別人所擁有的東西的時候。如果你驚慌並嘗試加快獲得生命中的資源時，你會失去自己掌握自然時機時的自在。

金牛座北交點的人今生注定要來累積足以增加內在充實感的東西。你要面對的挑戰是，如何將速度放慢到足夠的程度，以便接收生命所贈送的禮物。你可以不再視某個特定的人爲自己的「資源」，以直接參與生命本身等方式，克服對生存的不安全感。你會發現生命帶來了正確的人，而他常會在未預期的情況下出現，在每一個新的需求產生時，使自己的旅程變得較爲輕鬆。

☆時機及價値

金牛座北交點的人做每一件事情時，都很「匆忙」，即使是開車的時候亦然。你不會欣賞沿途的風景，只希望趕快抵達目的地，還會覺得奇怪，怎麼需要開這麼久。你希望能看到立即的結果。你極度熱情。你要學習如何控制自己，維持自己在舒適區之內，並與自己的力量保持相連的狀態。你要學習如何穩定但緩慢地建構基礎，使基礎得以確保穩固。要你放慢速度是很困難的事，因爲你不習慣這麼做。不過，今生你就是必須把過去快速激烈的習慣改掉，緩慢而穩定的進展。

試以下面的例子說明你所需要的轉型。當一棟摩天大樓要被更新的時候，需要兩組人馬——摧毀組與重建組。摧毀組會以炸藥、起重機、推土機去摧毀並移除現有的摩天大樓，這大約只需要一個星期；但是重建組重建一棟新的摩天大樓，卻可能需要一年的時間。

在前世，金牛座北交點的人是屬於負責摧毀的那一組，但是今生你則是被編列入重建組。建構需要更多的時間，而在建構的過程中，任何一個階段都不能匆忙草率，也不能被省略，否則整個結構都會瓦解。

你今生要學習如何放慢速度，以及小心地建構對你而言重要的東西。絕對不能匆忙。這些重要的東西可能是人際關係、生意，或是實現一個夢想。如果你覺得不舒服自在，就是警告你在建構的過程之中，可能疏忽了某一個必要的步驟。你要學習相信自己，以及從緩慢、穩定的過程中得到平和與安詳。這個過程必須完全由你獨力來完成。

雖然你應該放慢速度以創造成功的結果，但是金牛座北交點的人也需要相當程度的刺激促使自己採取行動。只有在危機出現時，你才會有所行動，而且沒有危機能量時，你往往無法朝目標前進。若目標附近沒有危機埋伏時，爲自己設定一個時間限制可以刺激你採取行動。

時間限制可以具有「人工危機」的功能。金牛座北交點的人可以藉此檢視你應該採取的步驟，並將它們寫下來。若要達到最佳的結果，過程最好能寫成白紙黑字，包括目標爲何、步驟有那些，以及每一個步驟應完成的日期。這可以給你內在「危機能量」。

你應該將設定計畫視爲第一優先。抵達這個目標必須成爲你生命中最重要的一件事，而任何其他的事，都應該是附屬於這個目標。例如，如果你想要減重三十磅，應該找出最重要的一件事——預定達成時間；這也就是你的「第一個價值」。任何其他的事都是次要的，如工作、休閒等。

在工作時，你的飲食排在第一位，不管別人在做什麼，你一定要吃食譜上所列的東西，因爲那是你的第一優先。如果你下午覺得有點能量不足，可以喝一杯咖啡或中國草藥茶，或是任何不致破壞你減肥計畫的東西。如果你覺得累了，可以早點上床，但是不可以違反減肥的計畫。所有的事情都是以這個計畫爲重心而運作。

對金牛座北交點的人來說，現實一點，並選擇達到「第一優先」的實際時機是很重要的。例如，如果金牛座北交點的人在一家會計師事務所工作，在報稅季節把減重三十磅列爲第一優先是非常大的一個錯誤。因爲在那一段期間，第一優先的事應該是你的工作。所以選擇一個適當時機，可以避免為自己帶來不必要的壓力。

一旦金牛座北交點的人決定某個方向，可以利用承襲自前世的執著能量，專注於你的第一優先，之後不論如何，你都可以按照計畫達成目標。

自我接受

☆尊重需求

金牛座北交點的人，邁向自我接受的第一步就是承認自己的內部有一個貧困的人，同時應負起責任滿足這個人的需求。如果你嘗試扮演自足的樣子，並壓抑那個貧困的部分，它會發展為更大，來使自己被肯定。由於你在許多前世的實體中，否認並忽略自己的需求，所以現在這個貧瘠的部分已經充滿過度的能量。你已經得到擁抱並包圍這個內在部分的權利，這對你是有利的。

如果你在自己的生活中不表現眞實及誠實的行為，就不能期待自己能體驗人際關係中的眞實及誠實。這包括了「疏忽之罪」，例如別人說了讓你受傷的話，你卻不承認自己已受傷，或假裝附和的就讓它過去了。

當別人所說的、所做的，造成你的不舒服或傷害時，應該表達出來。你一定要揚棄舊的，才能辨識並建立新的行為模式。揭露自己可以使別人了解自己的眞實面、辨別自己的需求，以及幫助自己邁向目標。

金牛座北交點的人會配合別人隱藏的渴望。你通常在幫助別人了解自我，以及減少受到自我摧毀或潛意識中動機的傷害時，具有非常敏銳的洞察力。但是你有一個盲點：你可以非常清楚看到別人是怎麼「搬石頭砸自己的脚」，但是卻看不到自己是怎麼做同樣的事。更糟的是，你會對自己潛意識動機的反饋，具有強烈的抗拒。

對於關心你的人來說，很明顯地，你是在傷害自己，並令自己退縮不前。但是當這種行爲引起自己的注意時，你會去否認它。若要在今生有所進步，你就必須意識到這點，並釋放潛意識中的罪惡感及自我毀滅式的行爲。

你不願意接受協助的部分理由是，你一向是幫助別人的那個人。你不習慣接受別人擁有可以肯定，以及使你最珍貴的東西趨於完美的力量的事實。你對批評極爲敏感，所以常常會把別人的意見看成否定你價値的東西，而不是足以鼓勵你更完整表達自己的力量。你必須學習將焦點放在你想要建構的東西上，例如你自己的想法與目標。金牛座北交點人的任務是允許別人做出改變的力量。

這個族群的人還有一個特徵，就是當你投入時間及精力到你認爲重要的計畫上時，不會因爲別人認爲重要的東西而轉向。例如，我有一位金牛座北交點的客戶，她很愛買自己喜歡的書送人。這實在是非常慷慨的行爲，她會找一本自認爲適當，而且可以傳遞某種她認爲極爲重要資訊的書。但有一次，她送書的對象恰好是我的朋友，而這個人從來不看書。

這個例子說明了你是如何將能量由追求自己的目標，轉移到那些並未要求你幫助的人身上，而那些人對你的好意，可能根本就不領情。

在今生的實體，金牛座北交點的人是要來拿回你的力量。當你站在自己的力量之中，就可以提供別人關愛及協助。這並不是因為你覺得需要這麼做，而是基於你的滿足感，這個滿足感使你有慷慨的能力。因此，你的第一個責任是對自己負責，做一些可以承認自我價值、享受生活而產生滿足感的事。

現在已經沒有戰役要打了，沒有什麼好放棄的了，也沒有任何一個屬於你的部分必須被丟棄了。這是屬於重新建構的一生，透過與自己的關係，建立舒適的生活。

☆原諒

為了要達到完全的自我接受，你必須藉著原諒的過程，釋放過去曾經傷害過你的人。這包括存在於今生的人，也包括起源於前世實體的懷疑及憤怒。要維持自己力量的完整，原諒是極為重要的。而你原諒的動機最好是出自關照自己的需求，而不是慷慨。

前世，金牛座北交點的人保護自己的方法是報復。如果某人丟一顆石頭到你身上，你除了會回敬一顆石頭之外，還會附送另一個石頭，以確定那個人會停手。過去的實體，對抗別人的力量是極為快樂的一件事，但在今生，這種行為則是能量的浪費，會使你新的、和平的方向受到干擾。你的目的是要在地球上，建構一個舒適而穩定的生活。

但是若要達到這個目標，在你處理被虐待或傷害事件時，金牛座北交點的人應該面對原諒的必要。這是你能將另一個人自你心靈上洗滌，並重新得到內部平靜的方法。不論那個人曾對自己做過什麼事，你應該原諒過去造成的傷害，同時也原諒自己允許別人傷害你。如果你能辨識出這次經驗所帶來的力量，對自己是有所幫助的。

如果某人所做的已經超過值得原諒的程度，你可能需要在結束這種狀況之前，與那個人當面談談。金牛座北交點的人要完成這個目標有一種方法，就是去一個不會受到別人干擾的地方，閉上眼睛，想像無法原諒的那個人就坐在前面的椅子上，想像可以與那個人面對面，並讓對方了解自己的感受，然後用直覺傾聽對方的反應。

在你的心中，如果對方以誠摯的道歉做為反應，自然會獲得你的原諒。但對方的反應如果是傲慢、找藉口，或是很顯然不了解自己不當行爲的嚴重性時，你可以在心中與對方爭辯。你可以利用自己的想像，將傷害你的人帶到自己受虐的經驗中，讓對方親身體驗當時對你所造成的傷害，然後原諒他，並將他從自己的生活中釋放出去。

原諒對你而言，是極爲必要的，那是讓自己脫離痛苦童年回憶的一把鑰匙。如果你生某人的氣，而且一直不能原諒他，那麼你和他之間就會存在負面的精神關係。

你不願意原諒的理由之一是畏懼。因爲你不知道原諒對方之後，對方會對自己做出什麼事，而且也擔心不能保護自己免於被憤怒記憶攻擊。你認爲對於曾經虐待過自己的人，你可能仍無法抵抗。但是實際上，如果你能眞正做到原諒，就會解開與那個人的結。然後，不管那個人做任何事情，你就再也不會受到影響了。

建立自己的基礎

金牛座北交點的人有許多世的實體，都陷在自己與別人之間彼此相連的能量範圍之中，所以失去了自己實際的基礎，失去了與自己的身體接觸，與享受生命中肉體的觀點。前世，你總想要體會較高層次的領域，不斷的想「飛」，所以你通常會抬起一隻脚，以體驗其他眞實的部分，甚至會把兩隻脚都自地面抬起。

因此，在今生這個實體，你沒有穩定的基礎或內在的穩定感。你要面對的挑戰是把雙脚再次拉回地面，並重新得到內在的力量。

☆感激

這個族群的人今生想擁有滿足，最主要的關鍵之一就是刻意激發出感激。就算只是一種練習，也可以令你的生命出現極大的不同。前世，花時間去感受感激，是你最不可能想到的一件事。你的意識是配合危機處理的，你對刺激的事物有成癮的傾向。你的欲求永遠無法獲得滿足，你永遠都要求更多。爲了要平衡這個實體過度活躍的欲望，你需要練習一項對策：那就是感激自己早已擁有的事物。

培養感激的能量，牽涉到肯定你生命中既存的恩賜。當你對生命已經帶給自己的東西覺得感激時，就可以輕鬆下來，感到平靜及愛。感激的能量會將你拉回到自己身上，當你以感激為中心時，就可以接受生命所賜給你更多的東西。

例如，不論你有多少錢，也不管你擁有的是什麼，或許是頭頂的一片屋頂，或許是餐桌上的食物，都說：「謝謝你，宇宙！謝謝你供應我足夠的錢，使我可以維持生活。」如果你沒有搭檔，你也可以說：「謝謝你，宇宙！謝謝你將會讓朋友、家庭、工作夥伴、孩子、寵物等等，進入我的生命來愛我。」

這是通往你所追求的充實感的鑰匙。它與外在所發生的事無關。請你優雅地接受並感激自己所擁有的。當你花時間，以開放的態度及感情去感激自己眞正擁有的事物時，你的內在會體驗到完整的愛，這種愛就可以取代以往經常感受到的心煩意亂。

☆與大自然的關係

每一個人都需要收到成長的能量，這樣才能有煥然一新的感覺。前世，金牛座北交點的人會依賴心靈伴侶提供自己這種成長的能量。今生，只要你依賴別人來滿足這些需求時，總會覺得失望。今生的設計本來就是這樣，你的人生課題是在滿足自己的需求時，變得獨立。

在今生這個實體，你與大自然及土地之間，擁有極奇妙的關係。這也是你成長能量主要的來源。配合大自然可以使你直接與大自然的能量相連，並以治療及再度給予活力的方式吸收這種能量。

為了心靈的平靜及內在的力量，金牛座北交點的人應該每天都投入若干的時間於自然之中，有意識地感激大自然所給予的支持。很奇妙地，這個過程將會使你的情緒轉化為平靜。由於你不良的人際關係常使你缺乏安全感，當你刻意加強內在的寧靜支持，這種情況的發生頻率會降低。

金牛座北交點的人很多都有綠手指。你在種花蒔草時，心情會覺得十分舒暢。吸收大自然的能量，摸摸植物、碰碰樹，讓土地滋潤自己，對你最為有利。對你而言，擁抱一棵樹和擁抱一個人一樣，可激發相同的能量及快樂。擁抱一個人也不錯（感官上的熱情對你一直都很有利），但是如果你對應該擁抱誰，或是對於你的動機覺得有點疑慮時，一棵樹永遠可以提供你所需要的「歸屬感」。

接收大自然能量的能力，是你可以與別人分享的一項天賦。例如，如果你與一位朋友在公園裏散步，且將自己對「樹的能量」的知識，與朋友分享時，這位朋友會因為你，而更清楚地意識到大自然能量所給予自己的禮物，同時他也會永遠受惠於這個經驗。

☆感官的享受

若要使你持續將重點放在你的目標上，你需要面對自我肯定的問題。你可能會覺得把時間及能量花在自己身上，是不值得的，但這種感覺是完全錯誤的。金牛座北交點的人必須花時間去做一些自己認為重要的事，因為這可以建立你以自足的基礎體驗生活，以及人際關係所需要的資源。

事實上，為了達到精神上的平衡，今生這個實體的命運，注定要去體驗感官的享受、深深扎根，並重新獲得對自己純樸物質的感受。前世，金牛座北交點的人發展出對精神、心靈深層享受的感受。現在是你發展對五種感官進一步意識的時候。在今生這個實體之中，你的感官通常極為敏感，並有良好發展。

關注你的感官所提供給你的樂趣，例如春天的氣息、佳餚的美味、喜愛的香水味或情人的碰觸。即使是舉重或是其他的運動健身活動，也可以是感官上的享受，任何可帶來愉悅、自尊，以及與自己肉體相關的事都可以。

音樂對你而言，是愉悅的絕佳來源，它可以紓緩你的精神狀態，使你進入和諧的形態。維持欣賞音樂的喜好，對你有好處，尤其是大自然的聲音極適合你，例如海浪沖擊沙灘的聲音，或是蟲鳴鳥叫的聲音。享受你的聽覺，對你是極爲「正確」的。你也可以從視覺中獲得快樂，如注意自己身邊的美景、欣賞藝術創作，或是花點時間去享受夕陽。

金牛座北交點的人通常都擁有發展良好的味覺。你可以充分享受美食，出入豪華的餐廳對你而言，是「正確」的行爲。發現自己的觸覺也會對你有好處。撥出一點時間去碰觸一棵樹、一片葉子、一塊木頭，或是一塊布，去感受肉體上的舒適感，對你都是適當的。即使感覺到雪在腳下碎裂所造成的聲音，也可以是一種感官上的愉悅。

另一個加強你基礎的方法是對你的服飾多花點心思，以服裝在身上給自己的感覺做爲取捨的標準。這件衣服讓你覺得性感或是舒適？你喜不喜歡這種布料的觸感？穿這些衣服是爲了關照並寵愛自己的。

服裝也可以是建立自我價值的一項有力工具。在赴一個重要的約會時，如果有兩個選擇，一件是自己覺得穿起來很舒服而且自信十足的衣服，另一件是你認爲會給對方留下深刻印象的衣服，你最佳的選擇應該是讓你覺得舒適的那件。不論別人有什麼反應，穿那件衣服可以讓你心中覺得自在、舒適。

其他可以帶來「好運」的感官體驗，還包括為別人或接受別人的按摩、讓別人為自己修指甲、做臉、瘦身、洗三溫暖、泡按摩浴缸等等。當你花一點時間讓自己接受肉體上的獎勵，或是享受感官的樂趣時，你就不會那麼需要別人了。

你的人際關係

搜索心靈伴侶

金牛座北交點的人一直在尋找心靈伴侶。這可能會使你在年輕的時候有雜交的現象，你很容易太快一頭栽進一段關係之中，這是因為你想與別人結合，建立密切的關係。你今生的挑戰是不要過於關注結合的問題，把焦點集中於建立自己的價值觀上，這樣才會吸引適當的伴侶。

過去幾世以來，金牛座北交點的人一直習慣付出所有，並要求對方給自己回饋。但是今生這個實體，令這個族群吃驚的是，你的命盤並不讓別人以過去那種相互依賴的方式來照顧你。這是宇宙幫助你破除過去濫用的相互依賴，並學習更為獨立的方法。

在你內心深處，對一個心靈伴侶的渴求，高於世界上的任何一切事物。你希望與一個特別的人，在互相扶持、彼此承諾並加強雙方力量的狀態下，共度一生。要讓這個理想實現，首先應該讓自己感受到內在存有的完整感。只有在你不再需要別人來令自己覺得完整時，才會吸引那位最適當的生命伴侶。

金牛座北交點的人有時候會有強烈的孤獨感，為你的伴侶而心痛。你嚮往因擁有固定、可靠的伴侶而得到的舒適自在感。的確，今生是你得到一個忠實伴侶的世代。但是就像這個實體的每一種東西一樣，你一定要先有付出才能獲得。當你靠自己的努力去創造自己的完整性及方向，並成為一條澎湃的大河時，就可以與另一條有同樣流向的大河匯流成一條新的河，共同流向大海。

☆侵略性行為

對心靈伴侶的渴求，會驅使金牛座北交點的人去探測別人的心理。前世，這項技巧能帶來極好的效果，而你對別人心理結構的了解，可以促進彼此力量增強。但是，由於你過於習慣介入別人的心靈層面，所以逐漸失去了自己的界線。

現在，當你進入別人的勢力範圍時，常會超過警戒線，變得富有侵略性，而使雙方都失去了各自的主權。同時，對方會感覺到，金牛座北交點的人想要的是結合的能量，而不只是單純地感激，或視對方為一個單獨的個體並給予力量。

你認為每一個人與自己一樣，都想要相同的情緒方面的東西，如愛、肯定、感激等，所以你會給別人這種情緒上的支持及鼓勵。但是如果你匆忙地闖入，並試圖改變別人的心情，就會因別人憤怒的情緒反應而感到吃驚，因為你覺得自己的界線被侵犯了。

另外，金牛座北交點的人常常會不自覺地深深陷入別人的勢力範圍之中，而開始覺得不舒服。如果你過度被別人的情緒所吸收，自己的能量就會逐漸消失。當這種情況發生時，最好離開現場，休息一下，讓自己可以找回自己的根基。你可以在附近走一走，或是摸觸一棵樹，允許大自然滋潤的能量灌輸入自己的體內。當你感到平靜、自信，並集中於自己的能量時，就可以重新回到那個人的身邊，這時你會知道自己應該怎麼辦。

在這一生之中，金牛座北交點的人必須在試圖與別人結合之前，讓自己的能量範圍維持獨立完整。當你眞正與人連結時，應該在人際關係之中留一點「空間」。你常會在搭檔的面前做一些平時是私下才會做的事，這並不是一個好主意，因為你的搭檔可能會覺得自己是你的附屬品，而不是獨立的個體。

建立支持你的個別性及自我價值的界線，在金牛座北交點的人促進人際關係、發展所需空間時，是極為重要的。由於你過去一直不習慣界線，所以最初在承認別人的界線、建立自己的界線時，會遭遇困難。但是只要維持冷靜，你就會了解如何定義自己的界線，增強生命力，同時會對別人的界線更為敏感。健康的界線可以增進自信，以及對別人的尊重。

☆**凌辱**

在金牛座北交點人前世的實體中，凌辱——不論是凌辱別人或是遭人凌辱，都是因爲在結合的關係漸趨毀滅時，進行權力鬥爭所造成的後果。你今生最主要的挑戰之一，就是將你的自我從父母的自我中分離出來。你必須建立自己的界線，以打破這種連結，否則將持續製造權力鬥爭的狀況。

你要學習不濫用權力，有時候你會在成爲自我虐待的犧牲品之後，才能學會這件事。如果童年時期你曾遭到凌辱，可以有兩個選擇：其一是當你長大成人之後，去凌辱別人，另一個選擇則是打破這個模式，不因爲自己曾遭遇凌辱而報復。你今生要學習如何去愛及寬恕，你可能會在對自己造成不公平的傷害之後，才能學會這些課題。

有時候，金牛座北交點的人不願承認童年時所遭遇的困難，即使當時遭到虐待的情況，看在別人的眼中是十分明顯。你會把自己的父母描述爲和善，並將自己遭到凌辱解釋爲因自己不乖所得到的合理處罰。你非常願意扛下所有的罪惡感。

我曾有一位金牛座北交點的客戶，她有兩個孩子。她的父母在她幼年時期曾非常嚴重地虐待她，不論是性、身體，或是精神方面。但是她一直認爲他們是很好的父母。最後她還必須尋求精神治療。有一天醫生問她：「妳的孩子做什麼事時，妳會認爲應該受到與妳小時候相同的處罰？」這句話點醒了她，把她從死胡同裏拉了出來，因爲她發現，孩子不論做什麼都不應該受到那樣的待遇。

當金牛座北交點的人在成年以後才受到凌辱，首先應該承認這種情況的確是在進行之中。之後，你需要把自己從那種情況解救出來，並以原諒打破這種心理上的連結。在接受心理治療或是其他形式的干預，以使你揭露並釋懷前世與童年期受虐的記憶及罪惡感時，你通常都能有很好的表現。

你容易認爲自己本質很「壞」。不受別人喜愛的傾向，正是你過度敏感地探索別人，以得到別人肯定的理由。當你停止尋求別人的肯定，就不會再擔心自己不受歡迎。有時候，曾凌辱過你的人會迴避你。理由很簡單，那是因爲當某人欺侮另一個人時，會有強烈的罪惡感產生。

金牛座北交點的人是優秀的建築者。當你將焦點放在建立一個人際關係，並以自己的方式，也就是配合自己的舒適感進行時，這種人際關係可以持續到永遠。你要面對的挑戰是，不要讓別人的能量干擾了你對任何事物的舒適感。允許自己被粗暴地對待，是不能爲自己帶來任何好處的。

☆區別

由於你不是生來就知道，對你來說生命中什麼是重要的，所以金牛座北交點的人常喜歡去偵測別人的價值觀。但是這種行爲一點用處都沒有，因爲當別人與你分享對別人重要的東西時，金牛座北交點的人會說：「這不重要，因爲……。」這種行爲會讓對方覺得受到否定。這麼一來，金牛座北交點的人不僅是輸掉了自己所追尋的東西，而且過程會使另一個人在追求他的價值時失去方向感，最後使對方因而感到憤怒。

金牛座北交點的人過去幾世中，都是附屬於別人的價值體系，所以有時候當你認爲自己想要的東西可能不會爲社會所接受，或是獲得自己親近的人的肯定時，會把自己的想法隱藏起來。但是今生的實體，爲了要建立自我價值的觀念，需要區別出別人與自己的價値觀，並尊重自己的想法。

你只有在追求自己眞正想要的東西時，才會覺得自己不錯。例如，如果賺很多的錢對你極爲重要，你會傾向讓別人的價值觀來否定自己：「這實在太物質化了，你不是一個講性靈的人嗎？」一旦如此，你會覺得很糟糕，並試圖壓抑自己內在的欲望。這是你破壞自我價値的一個典型例子。

但是如果你因爲別人的不同意，而嘗試去壓抑對財富的渴望，最後往往會遭遇到財務問題。如果試著解決你的財務問題，又會有一些不利於你的情況發生，因爲財務方面的成功，會令你產生罪惡感。這樣一來，你會「進退不得」，完全不知道爲什麼不能整合自己生活的每一面，並因而感到難過。所以，如果你渴望財富，最好就直接去追求。

由於金牛座北交點的人常會吸引「有麻煩」的人與你建立親密的關係，所以如何辨識適當的人選，對你來說也是非常重要的問題。或許應該歸咎於前世常爲有情緒障礙的人解決問題，或許是因爲你喜歡「生活在邊緣」，所以金牛座北交點的人常會被不易親近的人所吸引。當你與這類人建立關係，並付出信任時，最後總是會覺得失望。

當你和一個很麻煩、無法給自己任何回饋的人交往時，你是很清楚的，但是你還是會被這種人吸引。你認爲自己可以幫助對方、治療對方，你期待對方會對你表示感激，並提供相對的支持。但是這種做法，無疑就是金牛座北交點的人「邁向失敗的不二法門」。你的任務是去辨識出心理狀態健康的人，並與他們建立關係。

你之所以會與不恰當的人牽扯不清，可能是發生在你企圖以自己的價值觀去得到別人的肯定時。舉例說明：即使你未服食毒品，你也可能會公然地討論有關毒品的事，並擺出彷彿自己是箇中老手的樣子，因爲你認爲這麼做可以讓你看起來很酷。其實這種行爲會讓自己及別人都感到混淆，不但嚇跑原來會被你吸引的人，還吸引了支持你表面顯示出的價值觀的人。如果深入了解對自己最重要的東西，並清楚表達出這些價值觀，你就可以吸引眞正會與自己發生共鳴的人。

在今生的實體，金牛座北交點的人需要穩定性，而不是危機。要在人際關係之中做到這一點，你一定不能讓你的搭檔否定自己。如果搭檔說了一些讓自己不舒服的事，你可以讓他知道：「我對這件事感到不舒服。」讓對方了解自己的界線，並給對方一個適應自己的機會，來配合自己的需要。這樣的人際關係一旦開始運作，就能清楚看出對方是不是你「眞正」的搭檔。

結合

金牛座北交點的人喜歡與別人結合所產生的能量；藉著這種能量，你可以完成一個人獨力所無法做到的事。這個過程本身沒有問題，問題是：金牛座北交點的人會執著地把自己「設定」於坐在蹺蹺板一端的B，而B的角色是注意另一端A的價值，並幫助A達成他的目標。

這種做法今生是不管用的。今生是金牛座北交點的人做A的時候，也就是允許B被自己所吸引，並來幫助自己達成目標。但金牛座北交點的人並不自私，當自己完成夢想時，也希望對方能受到妥善的照顧。想擁有一個成功緊密的合作關係，金牛座北交點的人必須是受人支援的那個人。這表示你應該表明自己的價值觀及目標，並允許別人聚集在自己身邊。

由於你非常習慣把與他人分享的能量及彼此的力量，視爲生存的關鍵，所以潛意識裏，認爲需要另一個人的能量，自己才能生存下去。這正是你早年時期常常會做出錯誤決定的主要原因。你會很迅速地跳進一個高度密切的結合關係，並盡快達成目標，而你的急切往往會破壞精確評估另一個人的能力。

在你早期陷於人際關係這種緊張能量時，並沒有紮實的基礎。所以當你允許這種情況發生，會變得脆弱，並需要完全的信任。這時，如果另一個人對你施壓，要求你做一個決定，你很容易會對這個關係過快做出承諾。

但是，動作快並不能爲你帶來好處。今生你必須採取緩慢、穩定的方法，以確保獲得正面的結果。你「一頭栽進去」的人際關係，因爲根基上只是暫時的能量結合，所以一開始便已經注定要失敗。而且，如果金牛座北交點的人動作太快，與另一個人之間原本或許適合的關係（如果有一點時間去做調整的話），也會因爲搭檔省略了必要、溫和適應的步驟，而變得不適合。

☆性趣

金牛座北交點的人通常都很有「性」趣。你會追求性的激情、刺激，以及可以透過性關係而達成的結合。在年輕的時期，你可能會有雜交的傾向。如果你想與某人建立關係，會立刻想與那人上床，以展開結合的過程。然而如此一來，你的關係就會如同開始般很快地就結束了，因爲你們彼此之間並沒有穩定的基礎來支撐這種激情。

你窮畢生的精力，都在追尋一個性靈上的伴侶，這個人就好像是完成拚圖時獨缺的那一片。當你感到不耐煩，並以性做爲一段關係的序曲，而不願花一點時間去建立彼此的關係時，通常是因爲你過度地渴望一個心靈的伴侶，以爲性可以告訴你誰是最適當的人。有趣的是，如果你願意多花一點時間，性方面的能量將會更爲熱烈，也會更令人滿意，因爲你已爲這段人際關係建立了一個有意義的基礎。

然而，你在精神上或情緒上與別人融合的經驗極多，所以通常會在性的過程中，省略了享受自己身體的部分。你會在一個關係之中「耗盡」「性」能，但卻不知道爲什麼。今生你該有的規畫是：自別人的能量範圍中撤離，並在自己的軀體之中，建立「基地」；這才是令你得以擁有快樂性生活的重要關鍵。你應該在人際關係中刻意放慢慢脚步，不要還未與另一個人的感性關係有充分的發展，就立即展開性關係。

金牛座北交點的人需要大量肉體上的熱情接觸，如親吻、牽手、碰觸、按摩等等。眞正感受另一個人的手，碰觸到自己的皮膚時是什麼感覺？自己的神經系統對另一個人的反應又是如何？這純粹是在肉體上的層次（不要藉你想像之助）。之後，你需要了解另一個人的身體給自己的感覺，在碰觸對方時，自己會有何種生理上的反應？

建立這種身體對身體的敏感度，可以使你所有的感官發揮作用，同時爲你的性生活提供穩定的基礎。如果金牛座北交點人的身體沒有與另一個人產生共鳴，是一個重要的訊息：你不應該追求除了肉體層次外，不具有長期性實質內容的浪漫關係。

一段時間之後，金牛座北交點的人與長期伴侶之間，可能會產生性方面的問題。發生這種狀況時，通常是因爲你利用性做爲交換的工具。例如，如果一個金牛座北交點的女人想要鮮花或是珠寶，她可能會利用性去驅使她的伴侶買這些東西送她。如果一個男人想要他的伴侶做某些行爲，他可能會藉壓抑性，或利用性做爲交換的條件。

如此一來，性衝動會被其他的動機所稀釋，一段時間以後，兩人之間的性關係也會變得不如以往親密。一旦某一方發覺了對方想透過性來達到控制的企圖，便會開始失去興趣。最後，曾經熱情如火的關係，會變成柏拉圖式的朋友關係，或是導致性無能、性冷感。藉著尋求精神上操縱自己的性衝動，金牛座北交點的人會失去自然的能力。

今生的實體，你要學習如何在沒有任何其他動機的情況下，感激自己可以與搭檔分享性愛。學習生命中簡單、自然愉悅的價值，如食物、性、感到舒適等，這些都是肉體所附帶的歡愉享受。

☆忠誠

忠誠及承諾對金牛座北交點的人來說，是非常重要的事。通常你是不會「鬼混」的，你會想與某人走完這個人生，想擁有一個和你感覺相同的夥伴。你希望能有充實感，所以當你結婚時，會在肉體上配合你的伴侶，並提供他力量、肯定與能量，並期待你的伴侶給自己回饋。

但由於金牛座北交點的人看事情總不從他搭檔的觀點，了解對方眞正想要的是什麼，所以這麼做並不會成功。實際上，你所做的是將自己的價值觀投射到伴侶身上，而不是眞想滿足搭檔的需求。你會根據自己的想法，推測搭檔的渴望及需求，然後去滿足這些需求，然而對方實際的需求及渴望，幾乎從未被肯定過。

對金牛座北交點的人而言，紮實的人際關係應該是每一個人負責滿足個人的需求，並自這個人際關係以外的活動獲得能量。這樣，就可以產生共同的力量，並互相給予健康的結合關係，而不是耗盡彼此的能量。

你今生要學習的是，人際關係中彼此的忠實是以雙方都對自己忠實爲基礎。在期待自己以健康的方式對別人忠實之前，必須先建立對自己的忠實，例如，誠實地溝通。你應該直接地表明：「我對這個感到不太舒服。」不要否定自己的個人需求，而以搭檔的需求爲需求。你必須採取誠實的立場——以自己內心對是非的判斷爲根據，並堅持這樣的立場，而不是像投機份子一樣，以最可能受到肯定的方式做爲自己的選擇。

根據自己的價值標準生活，就可以吸引「正確」的人對自己有所反應，並來支持你。這意味著願意冒失去搭檔的危險。如果你對自己保持誠實，眞實表達內在舒適指標所告訴你的事情，對方可能會藉接近你來予以肯定。也或許你會離去，爲另一個更適合你的人留下空間。

當困難在婚姻中製造壓力時，金牛座北交點的人會認爲忠實是維持兩個人在一起的特質，而爲婚姻努力，直到克服危機。「忠實」牽涉到兩人誠實並承諾努力解決問題，而不是放棄。金牛座北交點的人需要有對方隨時會在旁邊的感覺，這樣當你完全投入這個關係時，力量才不會被削弱。

由於這對你而言，是極為重要的問題，所以當你開始一段親密的人際關係時，最好能肯定：「忠實對我來說是非常重要的，而我的搭檔不論發生什麼事情，是否都會在這裏？」一開始就把事情弄清楚，也可以讓對方了解你所提供的人際關係。

這是關照自己內在貧瘠部分最有效方法：自己去發現你的需要是什麼，肯定這些需要是重要的，然後清楚表達出這些需要，以了解對方的反應。將人際關係中的妥協自預期的範圍轉移至開放的揭示、以言語表達彼此關係中你認為重要的東西，可以決定你們是否希望滿足彼此的需求，並以你所需的持續基礎來使彼此快樂。

壓抑

金牛座北交點的人會有壓抑別人需求的傾向，因為你自以為知道別人眞正的需求。例如，對方可能會說，每星期要抽出一個晚上的時間和朋友玩橋牌。金牛座北交點的人可能會反對：「需要嗎？那些人又不是你的對手。」否定對方所表達的需求，將危及雙方的關係。你最好能眞正設身處地為對方設想，而不要加上自己的渴望。

由於金牛座北交點的人很清楚自己的需求，所以當搭檔要求某樣東西時，你的第一個反應可能是抗拒。你不想不斷付出，因為你會覺得空虛，所以你會刻意壓抑搭檔的要求，並藉批判對方的希望來捍衛自己的立場。在這種情況之下，雙方都會是輸家。對方會覺得受到剝奪，而減少對金牛座北交點人的付出，或心懷怨恨地付出，做為報復。這種情況會嚴重傷害你所想建立的關係。

改變金牛座北交點的人壓抑搭檔的傾向，對你是有好處的。通常關鍵在於辨識。對方所表達出的需求，是否侵犯了金牛座北交點人的自我價值觀，如果不是，你理應給對方所需的。正如同你不應根據別人的價值觀生活一樣，期待別人根據自己的標準生活，也是不恰當的。

☆對需求的意識

需求有具體與不具體之分，兩種有極大的不同。「想要某樣東西」就是具體的需求，如對方要求每天獨處一個小時、做某項計畫的時間、每週聚餐一次等等。當金牛座北交點的人很大方地配合這些需求時，對方會很高興，並以滿腔的關愛及感激回應。至於不具體的需求，就如某些投射到另一個人身上的東西，不能滿足實際的需要，還可能造成雙方的不滿意。

有時候，你會不敢告訴別人自己的需求，因爲怕自己看起來太自私。實際上，當你不明白說出你所想要的東西時，其實就是剝奪了讓搭檔令自己快樂的機會。如果你不讓別人了解自己的界線，並讓別人知道自己的需求，人們會開始失去對你的尊重。由於你不會表示反對，不會說：「不，這樣不好！」沒有足以讓你爲自己辯護的自我價值，因此別人常會占你便宜。

對金牛座北交點的人而言，他人就好像是握有可滿足自己需求鑰匙的神祇。事實上，是你高估了別人，低估了自己，而這種不平衡的現象還會讓你心碎。承認這一點，開始讓你的搭檔知道你的感受，以及可讓你快樂的東西。

不要嘗試去揣測是否有別種滿足自己需求的方法。沒有藉口，沒有妥協，只要表明你在人際關係中所需要的是什麼。公開地說：「這是可以使我在這個人際關係中快樂的東西。」這樣就可以給別人適應你的機會。有趣的是，當金牛座北交點的人根據這種方式對自己誠實時，其他人行爲上的改變，通常也都是有利於金牛座北交點的人。

有時，你會覺得自己不停付出，現在已經沒有東西可以再付出了。這是因爲你一直著眼於對方的需求，一個人的專注力若長期放在另一個人身上，是需要大量的能量。事實上，空虛感對你是有好處的，因爲它可以提醒你，應該先轉向自己的內在，滿足自己的需求。否則不論對方給你多少，空虛感仍會持續存在。

☆揭露你的需求

在人類的歷史中，有許多負面的想法或情緒是源自於前世的經驗，尤其是缺點、罪惡及羞恥感。這些感覺不是個人的，而是集體無意識的一部分（由前人的經驗所累積，普遍存在於人類心中天生的無意識精神要素）。雖然這些並不能以個人的角度，精確描繪出我們個別的面貌，但如果我們認同其中某種感覺，會有將這種感覺隱藏起的傾向。然後，我們會以爲自己是唯一擁有這種可怕感覺的人。

發生在金牛座北交點人身上的這種過程，非常極端。當負面的情緒閃過時，你會抓住它、執著於這種感覺，並試圖將這種感覺隱藏起來。爲了隱藏這種感覺，你必須把它深深埋在心底，但這需要極大的能量，而那種擔心別人會發現的憂慮，會造成極強烈的焦慮。

由於你極為敏感，且在心理上與別人是密切結合的，所以常常以為大家一定都知道在你內心發生的所有變化。而這又使你變得更緊張，並企圖隱藏這些感覺。

要克服這種焦慮的心情，最好的辦法是一層一層地剝露出自己的感覺。當你公開自己的感覺時，就可以釋放它。你應該練習在不具威脅性的情況下，表達自己的感情，對相關的人感到某種程度的信任。當然在你剛開始嘗試的時候，任何情況看起來都是危險的。

你可以這麼說：「我有一件事情想與你分享，但是我不太敢說。」這就剝開第一層了。之後，「我內心感到焦慮，我不確定是為什麼。好像在這種焦慮的情緒之下還有某種感覺，我不確定是什麼。」另一層面紗又掀開了。當內在隱藏的各層逐次被剝開並被釋放時，下一層就會自然顯現出來了，「嗯！我想情況是這樣的，基於某種理由，我好像覺得自己能力不足。」

就是這樣。一旦揭露出這種畏懼，它就會消失，焦慮的情緒就不再存在，不再覺得自己能力不足，整件事情都被釋除了。透過這樣的過程，金牛座北交點人內在的負面感覺，會永遠被釋放，而你在與別人交流時，也不再會有如以往般的焦慮。

你的目標

自我依賴

金牛座北交點的人今生不可以依賴別人獲得成功，應該學習依賴自己。當你藉著別人的能量創造自己想要的東西，但卻無法達到自己極高的預期水準時，就表示宇宙藉此再次提醒你，不得依賴別人去追求自我價值。有趣的是，一旦你學會依靠自己，他人就會聚集在你身邊，協助你達到目標。你會充滿自信，因爲你知道這個成功完全是由自己在每個階段的努力而得到的，沒有人可以奪走。

☆建立自我價值

當金牛座北交點的人企圖讓別人肯定自己是擁有能力的時候，通常都感受不到自己所擁有的能力。所以，當你發現你的力量根本是存在於自己之中時，就眞的擁有很多。

主張你的能力與了解你自己的價值有關。你不需要努力成爲有價值的人，你的價值是與生俱來的，你實際的樣子就是你帶到這個星球來的禮物。你的自我價值觀，就是當外界的公衆意見不斷改變時，你仍能堅持的東西。當你讓別人來決定自己的價值時，你就好像坐在雲霄飛車上。

我有一位屬於這個族群的客戶，她的工作是照顧瀕臨絕種的動物。她每天都必須帶一套替換的衣服，因爲照顧動物很容易弄髒衣服，而且身上會有味道。有一天，她忘了帶替換的衣服，所以必須穿工作時穿的衣服回家，還帶了一隻關在籠子裏的動物。當她等待渡輪時，發現其他的人都離她遠遠地，還以鄙視的態度對待她。

之後，她的一位負責新車銷售的朋友來了，那位朋友需要把三輛新車開上渡輪，所以問她是否能爲他開其中的一輛車上船。當她坐進那輛全新的林肯車時，又發現渡輪上的人態度出現顯著的改變，變得很友善，並對她微笑、招手。其實她的價值（她的內在）一直沒有改變，你可以從此了解，讓別人來決定自己的價值是毫無意義的。

今生，金牛座北交點的人最重要的目標是立志堅持自己的價值標準，並肯定自我價值。你要明白跟隨別人的價值以獲得肯定，並不能建立自己的價值；一味地抗拒別人的價值標準，也不能讓你獲得自我價值。這兩者，都會讓你輸去這場遊戲。只有在你發現對自己而言，眞正重要及珍貴的是什麼（就是你自己的價值標準）時，你才能獲得眞正的勝利。自我價值是根據這個標準生活所產生的副產品。

在你了解自己的價值標準時，可能會覺得有點迷失。這沒有關係。你有一個獨特的機會可以去接觸自己靈魂的最深處，重點在於有意識地發掘對自己具有重要性的東西，以及什麼樣的價值觀能讓你覺得基礎穩固、有自信，可以在沒有任何焦慮情緒下面對這個世界。你應該自問：「我要根據什麼原則生活，才可以對自己感到滿意，才能獲得自我價值觀，來指引一條可以遵循的道路？」

例如，如果金牛座北交點的人決定與人溝通時，誠實是一個價值標準，那麼你就應該讓別人知道，什麼狀況可以讓自己感到舒服。如果你決定開拓自己是很重要的，你就可以開始有系統地分配自己的時間，朝目標前進。

一旦你確定了自己的方向，就會有自己的紀律。當你走在生命的旅程中時，萬一不確定應該選擇那一條路，可以自問：「採取這個行動，不管外在世界的結果如何，我是不是都能對自己感到滿意？」如果答案是肯定的，就可以充滿自信地往前走。

若要進一步釐清，可以再問自己幾個問題：

「選擇這個方向讓我覺得舒服或是焦慮？」當你選擇令自己舒適的方向前進時，可以掌握勝利，如果選擇令自己焦慮，又沒有安全網設備的方向，你就會輸掉這場遊戲。

「這條路可以引領內在的平和，或是創造更多的危機？」內在的平和可以帶領你邁向勝利。

「我的動機是肯定自我，或是取得別人的肯定？」肯定你所認為極為珍貴的原則，加上那些帶給你自尊的小徑，勝利就在不遠處。

☆賦予自我力量

金牛座北交點的人過去習慣賦予別人權力，所以已經忘了該如何增強自己的力量。今生，你必須把聚光燈轉向自己，讓自己成為有力量的人。你可以先從過去的經驗中，看看自己是如何給予別人力量，再以同樣的方法用於自己身上。

例如，你會感覺到別人眞正想要的東西是什麼，並鼓勵他去追求。你會爲了別人而在你固有的力量之外灌入更多東西。反過來看，什麼樣的計畫或方向可以給你能量？你想要建立的是什麼？一旦你知道那是什麼之後，就應該給自己支持及鼓勵。

這是一個取回自己力量的時代，將這種力量用在自己身上，而不是送給別人，或是以對自己不負責的方式，與別人分享。例如，如果你在每個月償還貸款都成問題時，還將自己的能量花在慈善計畫上，就是在爲自己製造更大的問題。

你要學習如何不浪費能量，不論能量是以時間、金錢，或是個人天賦的形態出現。你要學習如何有意識地運用你的資源，因爲你很容易就將你的能量自創造自己的幸福及安全中轉移到別的地方。你在做一些爲了滿足自己需求的事時，總會缺乏自信，所以你可能會分散自己的注意力，花時間去做別的事。然而只要你以實際的方法處理，按部就班地朝向你的目標前進，就可以獲得自信。

金牛座北交點的人通常都不願意做百分之百的奉獻。你退縮的原因是害怕失敗，而且不希望進一步傷害自己的信心。實際上，即使你眞的付出百分之百，卻無法達成目標，你對自己還是會覺得滿意的，因爲你知道自己已經盡力了。但是如果你退縮而且失敗了，你永遠不能確定：「如果我盡自己的全力，到底會不會成功？」這才會危及你的自信。

有時候，在你身上可能發生最好的一件事是，碰到可以迫使你發揮最大潛能的事情。當你被迫一路開放所有的閥門，全速前進時，就是能夠眞正觸及自己能量的時候，而這時會有極大量的自信隨之而生。

金牛座北交點的人要學習去肯定自己的力量，這種力量是來自於自己的內在，而且不依附於任何其他人。重點在於如何做一些可以讓內在力量自然釋出的事。

將時間投入於可以爲你帶來財富、舒適感，或是安全感的事，就是增加自己力量。當你有勇氣走過困境，並體驗積極正面的結果時，就可以得到力量。當你在不論別人有什麼意見時，都讓別人知道對自己眞正重要的東西是什麼，就可以獲得力量，並發現最後的結果是不錯的。當你踏出社會的價值標準之外，採用自己的價值觀時，你會發現每當對自己誠實時，你都會得到力量。

實際運用

☆目的

金牛座北交點的人是絕佳的建設者。一旦你學會如何放慢腳步，確實走每一步，以確認每個腳步都很紮實，且不超過自己覺得舒適的速度時，你所建立的東西，都可以永遠持續下去。

你前世的生命都繞著別人的計畫打轉，所以今生你要學習自己下決定，以及推動計畫的進行。貫徹執行計畫所需要的力量，是因你目的明確而產生。如果你藉著每一個步驟，使你的目的更爲明確，如我打這通電話的目的是什麼？安排這次會面的目的是什麼？這可以幫助你將焦點放在你的方向上，同時使事情的進行有穩定的發展。

你的首要工作是，找到一個可以讓你感到安全及快樂的計畫。如果那是一個有關財務的計畫，你的力量應該放在找出一個公衆的需求，並想出自己可以做什麼以滿足這種需求，在此同時亦達到豐厚自己荷包的目的。

這麼一來，因爲這是「你的」計畫，所以當你負起責任時，你的能量就會大增。而來自成功的能量可以使你成長，並創造具有正面意義的回饋環圈，這種環圈可協助你對目的保持明確，並集中心力於目標上。

由於你前幾世中，都習於付出自我價值來增加別人的力量，所以金牛座北交點的人會特別害怕別人的想法進入自己的世界。但事實上現在情況是相反的。今生，在你選定目標之後，就應該允許自己去幫助別人。

你常會讓邁向成功的過程變得過於嚴苛。你認爲別人應該提供你所有的東西，支持你、滿足你所有物質面的需求。否則你就得完全靠自己，獨自在沒有任何協助的情況下完成。這種「全部否則全不」的方式，既不正確也不實際。

的確，金牛座北交點的人應該自己去爭取成功。但是，一旦你確定一個目標，而且願意投入心力，一步一步去達成這個目標時，別人給予你支持、賦予你力量，並幫助你達成目標，也是極爲恰當的。別人可以藉開放機會、指出陷阱、擴大接觸範圍，以及幫助你以實際的方式保護你的基礎，而使你前進的路線較爲簡單。

你不應該依靠別人的幫助，但是你應該學習在別人提供主動的協助時，也歡喜地接受。

☆按部就班的過程

當金牛座北交點的人發現在抵達目的地之前必須走多遠的路時，都會感到驚慌。所有相關的工作，所有必須去克服的障礙，都會令你懷疑自己永遠沒辦法達到目標。所以你會擔心遭遇到失敗，而放棄較大的目標，因爲那看起來實在太遙不可及了。

如果從你的角度來看，的確任何人都會覺得如此。要達到長程目標的唯一方法是：把過程分割成好幾個階段。

例如，對一個高中生來說，當一位醫生的想法實在很嚇人，但如果那是一個眞正的夢想，克服所有的障礙是值得的。你可以先把目標放在完成四年的大學教育，之後再把四年的醫學院研讀當做下一個目標，再來就是實習醫生。這是一段極爲漫長的過程，但是可以藉著一次達成一個階段性目標，來達到最後的目標。如果每一個階段都可以投入完全的注意力，那麼目標必可達成。

經營一段重要的人際關係，也是同樣的道理。如果這個族群的人碰到一個「對眼的人」時，強烈想與這位心靈伴侶重新結合的意願，會形成不可抗拒的力量，讓你不顧一切地就直接跳了進去，但這種方式常會造成極爲悲慘的結果。由於你會省略必要的步驟，導致所夢想的事常無法實現。有時你會忘記要達到目標必須完全靠自己的力量，以及對努力的意願，甚至會因爲擔心自己是否值得這個目標，而出現情緒化的反應。

但是這就像望著一座山，唯一讓你感覺值得的方法是實際去爬，在沒付諸行動之前就一味地考慮自己是不是值得爬上山頂是無意義的。你只要擁有適當的裝備，選擇一個符合你的經驗及能力的實際路線，並實際地踏出脚步，就可以達到山巔。

金牛座北交點的人不習慣制定達到目標的策略，因爲以前步驟的設定都是另一個人的責任。不過，你現在必須學習如何設定自己的目標，例如爲家庭規畫一次露營、開創一個事業等等，並做一個實際的計畫來達成這個目標。當你一步步進行時，就會很有效率，而且充滿信心。只要有系統地按部就班去進行，這種感覺就可以一直持續下去。

然而，即使如此，想明確知道自己生命中最想要的東西是什麼，往往不是那麼容易。你可能需要大量的自我反省，以及心靈的探索，才能決定想要建構的是什麼。而當你眞的決定時，必須記得配合自己內在的感覺，以自己的舒適感做爲這項決定是否正確的評估標準。

記得，不管你的心怎麼告訴自己，如果內在感到不舒服，但你仍執意進行時，終究會失敗。只有眞實去感覺這種舒適感（這是你的界線的投射），任何事情都會有利於你的。

金牛座北交點的人需要藉以生活的價值標準及道德觀，是可以一步一步達到寧靜的一條道路。當你找到可以產生共鳴的性靈原則時，最佳選擇就是將這些原則運用在實際的日常生活之中。實際運用會比純粹理論對你有利得多。例如，一個有十二個階段的計畫對你就很好，像酗酒者戒酒協會、成人兒童戒酒協會等，因爲這種計畫的焦點是以實際、按部就班的方式，去達到性靈的原則。

要建立堅實的自我價值觀，你應該跟隨一條做「正確事」的道路，也就是說，你所根據的標準是自認爲在道德上正確的事，而不是「隨著」別人的價值標準去做。你引導的方式可能不是最令人愉悅的，但是如果你跟隨這種方式，它可以引導你從黑暗、迷失、沒有完整及自我價值感的狀態中走出，進入光明。

感到羞恥或是罪惡，可能是你應該重新評估自己行爲的一個指標。不論社會的意見爲何，你知道什麼才能讓你對自己感到滿意。當你跟隨內在的引導系統前進時，堅實的自我價值感就可以獲得確保。

善於理財

由於前世的實體你多行善事，所以金牛座北交點的人今生就獲得賺取個人財富的權利。從事慈善事業對你來說極爲自然，因爲前世你的帳單是由他人付的。所以今生這個實體，你會將自己的能量放在對整個社區有益的事上。但是你最好能從事一些有回饋性的事，因爲賺得財富的過程可以幫助你建立自尊。

有時候，你會過於相信金錢。你知道「相信宇宙」是正確的原則，但是，「天助自助者」也是千眞萬確的。相信宇宙並不意味可以逃避個人責任，或可以盲目的信仰，做出不理性的事。例如朋友說：「你可以借我三千塊嗎？」如果這三千塊是金牛座北交點的人必須拿來負擔自己生活各項支出所有的錢，「相信宇宙」並不表示你就一定要拿錢出來。

金牛座北交點的人需要對自己的財務問題負責。只有在這個時候，你可以讓別人加入而不用擔心失去個人的力量及自我價值。當你覺得很有安全感的時候，可以相信宇宙會令你了解生命所提供的東西。

☆負起責任

接受以金錢的形態出現的責任，並接納個人的財富時，金牛座北交點的人需要刻意地關心錢的問題，如記錄必要的事項、追蹤你的支出，以及錢花到那裏去等等。這樣可以增強你的力量，使你把錢花在有意義的方向。累積財富是一種遊戲，這個族群的人擁有眞正的天賦。一旦你把心思集中在這件事之上，就能使一點點的錢發揮意想不到的功效，而且還可以輕易就致富。

有時候，你會對於必須負責錢的問題感到討厭。你會因爲不能擁有前世已經習慣的「輕鬆生活」而生氣。但是眞正地照顧自己是必要的，如擁有一份固定的工作、穩定的收入、存款帳戶，以及爲未來設計的財務計畫。重點是創造安全的財務基礎，使你可以無後顧之憂；嘗試別的冒險，讓你對生命感到輕鬆、自信，並對自己感到滿意。

對於繼承他人的錢財，有些人懂得如何善加運用，但絕不是金牛座北交點的人。仰賴前人遺留下來的錢財，或是他人的財務支援、政府的救濟計畫，都將不利於你。任何使你財務上依賴別人的情況，都會降低你的自我價值感。在今生這個實體，務必要確認金牛座北交點的人必須賺自己的錢，所付出的能量才能獲得回報，這極爲重要。

如果你繼承了他人的金錢，最好用其中的一部分去開創自己的事業，或是做一些可以建立自我價值的事情。如果你在財務上依賴配偶開創一個屬於自己的事業，或是找一份家庭以外的工作，即使你並不需要這筆錢，或是「賺的錢並不多」，都算是有益的。你需要在與另一個人的關係之外，建立自我。定期做一些朝向個人的目標或計畫，是另一種建立自尊的方法。

如果你處於接受政府救濟的狀態，可以從事副業賺錢。如果金牛座北交點的人有孩子必須養育，或許可以從事兒童照顧服務。問題不是在於賺多或賺少，而是透過工作找到自我價值。

金牛座北交點的人天生就了解金錢是如何地運作，並擁有金錢必須流通的觀念。你今生的挑戰是讓金錢在有意識的情況下流通。一旦開始藉此累積財富，你會變得非常有錢。前世，你非常習慣使用別人的錢，所以失去了對金錢價值的尊重，因爲你不需要自己去賺錢。今生，你要學習對錢的尊重，並聰明地利用錢，使錢能增值。錢是你的老師。一旦你的直覺告訴你錢的運作方式，錢本身會告訴你怎麼賺更多的錢。

☆債務

金牛座北交點的人可能會在辨別財富與負債時，發生問題。我有許多屬於這個族群的客戶，就是因爲誤解而累積了極爲龐大的債務。例如，一位金牛座北交點的客戶，她與她的先生，及另一對夫婦共同開創了一個化妝品事業。這個事業起飛的速度超出任何人可以想像的程度，訂單如雪花般大量而快速地湧到。爲了配合這種預期外的需求，這位客戶以信用卡貸款來雇用更多的員工、訂更多的原料……。有一天，她發現已累積了高達六萬美金的債務。之後合作夥伴間發生了一些爭執，公司解體了，她的婚姻也以離婚收場，留下的是六萬美金的債務。她花了十年的時間才把這筆債務還清。爲了這筆債務，她住在廉價的公寓，不允許自己有任何享受，斷絕所有的社交生活，找兩份工作，忍受極大的壓力及貧苦。當初，在他們生意開始起步時，她這種嘗試對外來的需求給予立即反應的舉動，正是陷自己於困境的原因。她其實應該順其自然、有組織地展開這個事業，利用公司的盈餘溫和地擴充公司的規模。

另一位金牛座北交點客戶的情形是，她想拍一部有關新時代團體的片子，重點是討論新女性及男性於我們社會中所扮演的角色。她認爲這部片子有很高貴的使命，而她「相信宇宙」可以提供這項計畫所需要的錢，所以就借錢（累積了一大筆債務）來拍這部片子。

我的這位客戶相信時候到了，錢自然會出現，因爲「宇宙希望這個計畫能成功」。當她爲了這部片子嘗試去籌措更多的款項時，生活陷入一片混亂之中，而對於先前借的錢，她只好採取「拖延策略」。最後整個事業崩潰了，她也宣告破產，這是她這輩子第二次破產。這一次，不僅是她的財務狀況遭到嚴重的打擊，曾經借錢給她的親朋好友，也全受到極大的創傷。

累積債務不利於金牛座北交點的人。當你使用普通常識、沒有「盲目的信心」或走底下設置了安全網的高空鋼索時，你可以是極爲優秀的建設者。但是有時候，你就是不尊重金錢，且有輕忽金錢的傾向。雖然你在意識層次並不會考慮太多這方面的問題，但是你因爲前世缺乏財務獨立的經驗，所以對於錢的問題會感到畏懼。

你一旦了解必須刻意地注意錢的問題，就會接受必要的責任。但是，有時候你會失去控制，忘我地花錢，買一些現在不需要但以後必須付款的東西。前世，錢是一項娛樂的工具。所以今生當你覺得煩悶的時候，你會有逛街購物的衝動，下意識覺得可以這麼做，而且會有人爲你付錢。理性上，你知道這是不正確的，但是你幾乎無法控制自己。

金牛座北交點的人無法忍受財務上受到限制。但有趣的是，一旦你開始努力工作，並接受預定的責任時，很容易便可以得到足以讓你放心花用、不需擔憂的財富。做到之後，記得要繼續負起處理的責任，今生你不可以再對錢「沒有意識」。

治療音樂 *Music*

由於音樂是可以在情緒上支持我們去冒險的有效工具，所以我分別爲各個族群的人寫了一首治療歌曲，希望能協助你以積極的方法提升你的能量。

先找尋你

這首歌所要傳達的訊息是：輕鬆地將焦點轉移到自己的內在，以接觸自己天性中的自信及平靜。如此，你所需要的安全感及自我價值，就會在你的內在發生。

節錄部分歌詞

我的他生病了，需要照顧，
所以我戴上護士帽……
當他說那是「瘋狂」時，我的心墜入萬丈深淵，
那不是我原來所在的地方！

後來我記起來：
先尋找你，天堂的王國，
當我回到內在時——
很快地，我的心又開始強而有力地跳動，
外在的世界也再次恢復秩序！
先找尋你……
因爲你的內在就是天堂的王國！

第3章

如果你的北交點位於雙子座 或北交點位於第三宮

星座箴言

如果有任何地方不懂，必須勇於發問。

總論

應發展的特質

針對這個部分的努力，應可幫助你找出被隱藏的天賦及才能。

★健康的好奇心
★問一些可以了解別人想法的問題
★從一事的兩面進行觀察
★謀略
★邏輯
★內在二分法的溝通
★對生命及其他人的正面接觸方式
★用心地鼓舞別人
★以不具威脅性的方式表達意見
★傾聽

★對新觀念及新經驗的開放
★在下決定之前尋求眞實的資訊

應擺脫的傾向

努力降低這些傾向所造成的影響，可以使生活更輕鬆、更有趣。

★自以爲是
★冷漠
★以爲別人知道「你在那裏」
★沒有眞正地傾聽，就以爲知道別人在說什麼
★希望自己永遠是對的
★自發性的大意
★走捷徑
★對自己過於嚴苛，對生命的處理方式過於呆板
★未檢視事實之前，就憑直覺行事
★抗拒與自己信仰體系不同的新觀念
★以過去的經驗判斷眼前的情況

應避免的陷阱

雙子座北交點的人應該避免的陷阱是你的自以爲是。「如果別人可以肯定我是對的，並感謝我，我就會覺得自己是被了解及被接受的。」這一點會帶領你走向對「眞理」永無止境的追尋，「如果我有所有的正確答案，每一個人都會重視我。這樣我就可以放鬆並覺得與別人有所相連。」

但這是一個無底洞。由於一個人不可能永遠都是「正確」的，所以你永遠不會對自己感到滿意。而當你與人爭執，並試圖說服別人你是正確的時，其他人就不會願意與你發生關連。

但是，如果你擁有足夠的謙遜及開放態度，願意傾聽各種意見，即使是不符合你過去經驗的觀點，也能使你與別人的關係更爲密切，進而去了解人們。重點在於，某些時刻你必須放棄對絕對眞理的成見，並以眞面目與別人建立關係、傾聽別人的話，並自別人身上學習。

在這種更公平及放鬆的交流過程之中，事實可以較成功地獲得溝通。當雙子座北交點的人眞的去傾聽什麼才是對別人眞正重要的事時，你的反應會更爲恰當，且較有幫助。這樣，人們就會眞的感激你，並希望能與你建立關係。

什麼是你眞正想要的

你眞正想要的是完全自由地去追求眞理、有冒險的機會、保持主動，並能永遠百分之百的正確。你想要完全根據你的眞理及直覺說話，並讓每一個人都能了解你、學習你，並感激你的幫助。

要達到這個目標，雙子座北交點的人必須不再把焦點放在「你的眞理」，而轉移至四周的人身上。你應該要傾聽，並了解他人所提出與自己分享的資訊。當雙子座北交點的人以這種方式傾聽時，就會有所領悟，完全洞悉另一個人的需要，而別人也將會感激地接受你的幫助。

你的才能及適合職業

當你眞正傾聽時，可以很容易地就了解他人特定的思考過程，並提供他人從較宏觀的角度看問題的資訊。銷售、寫作、教書，以及各種形態的溝通工作，都能爲你帶來快樂及物質上的成功。

雙子座北交點的人，在哲學及宗教方面有特殊的天分。你還有與生俱來對倫理、道德的意識。你可以運用精神及直覺方面的意識，去了解別人的想法，而不致失去自己的眞理。然而，如果你選擇追求眞理的職業或宗教做爲最後的目標，很可能會因此感到被孤立。當你運用天生的才能，在日常生活中與別人深深相連結時，會有更好的結果。

♊ 正面肯定的信念

・「這是一個以人爲導向的生命。」
・「我可以放慢腳步，並花一些時間與別人連結。」
・「當我去了解別人怎麼想的時候，就會知道該怎麼說。」
・「當我願意去傾聽別人的話，以及了解別人時，我就贏了。」
・「如果我不懂，問些問題也沒關係。」

你的個性

前世

雙子座北交點的人有兩種極爲不同的前世體驗，但是這兩者之間有一個共同點，那就是對眞理的追求。你有許多次的前世實體是自己一個人追求眞理，就好比印度的苦行者，或是沙漠中的遊牧民族、隱士，或是進入蠻荒地區想了解大自然奧秘的普通人。你也曾有些前世實體，是追求團體共同理想的眞理，而後被宗教團體所吸收。

不論是兩者中的那一種，對眞理、靈性、道德或啓示的追求，驅動了你的整個生命，而社會及人類的關係則被忽略了。

☆ **哲學家**

你有些前世的實體曾經是哲學之王。一世經過一世，不論你是佛敎徒、希伯來人、回敎徒或基督徒，你會離開身邊的每一個人，獨自去追尋眞理。這也是你即使到了這一世，還是會有避開人群獨自生活的傾向。在你整個前世過程中，你都在追尋啓示；你登上山峰，希望能達到眞理的頂點。但是在這麼多次具有同樣焦點的實體之後，你找到了！今生，你不再需要去追尋了。前世，你在最後登上山巔時，是孤立而寂寞的。今生，你最大的挑戰是分享你的眞理，重新加入社會，保持與別人的連結。

自以爲是，可能是雙子座北交點的人在與他人交往時最大的障礙。你會因此無法有效地與人建立關係，也無法感受到眞實關係所帶來的和平及愛。

由於你前世曾經是哲學家及僧侶，所以別人會遵循你的指示。你前世習慣被視爲永遠「正確」、毫無疑義的，所以進入今生這個實體，你仍保存一點傲慢，這是可以理解的。但是，別人會感受到你這種自覺高人一等的態度，以致不願傾聽你的話，而雙子座北交點的人則會認爲，別人因不願傾聽而低估了你的智慧。這就是你所遭遇溝通問題的一個例子。

☆溝通問題

基於前世寂寞及孤立的關係，雙子座北交點的人看起來好像可以自言自語好幾個鐘頭。你常會問別人一些很普通的問題，如：「怎麼樣，你好嗎？」但是如果這個人把注意力轉移到你身上，你就會立刻掌握機會，開始大放厥辭。

你可以不斷述說大大小小、所有發生在你身上的事，重新檢視自己的記憶力，說上十幾個故事，讓別人一點都插不上嘴。別人找不到任何與你交流的機會，或是分享他自己的故事，最後就會對雙子座北交點的人失去興趣。

經過這麼久以來的孤獨生活，你感受到必須不斷說話的需要。你對寂靜感到不安，因爲你會聯想到孤立。現在你希望能與別人建立關係，所以如果在交流過程中出現靜默，你就會以爲有「問題」，然後不斷說話，以打破僵局。

你今生要學習與人交談時的技巧，這需要在分享自己的觀點時，亦對別人傾聽時的反應保持敏感、引導對方有所反應，並對回饋持開放的態度。你應該記住，時時要把聚光燈的焦點轉向他人，問他人一些關於他們的生活問題，並與他們分享你對他們生活的觀點，希望藉此能有所助益。

如果雙子座北交點的人讓燈光打在自己身上太久，就會失去別人加入交流時所產生的能量。當你感到能量流失時，就表示應該輪到別人說話了。談話就好像是呼吸一樣，要吸入，也要呼出。雙子座北交點的人要學習的是，不論那一個人是注意力的焦點，雙方應該都有加入的機會。

例如，當你在告訴某人有關自己與合夥人之間的衝突時，可以說：「你認爲怎麼樣？你認爲我對這件事的判斷是正確的嗎？」在某人做出回應之後，可以問：「你今天如何？是平靜的一天，或是也碰到衝突？」如果你認爲這個人不想講話，應該確認一下：「你是不是不太想講，還是你有什麼其他的心事？」爲了要讓談話持續下去，雙方都必須主動參與。一旦你了解了談話的運作情況，很快就會成爲專家的。

雙子座北交點的人要學習將溝通視爲好奇心的一種工具，藉此對另一個人有進一步的認識。你應該要對別人的竟見表示歡迎，因爲當別人的意見與自己的想法及認識結合時，會產生比兩個人原來所持眞理力量更大的眞理。

有時候，你看起來鬥志極爲旺盛。你認爲有很重要的事要說，但很怕別人不了解，所以在與別人溝通時，會注入極大的熱情及能量，希望確定你的重點可以很清楚地表達。但你可能會過於尖銳及堅持，讓別人覺得受到攻擊，因而產生防禦性的反應。又因爲別人對你的溝通表示抗拒，所以你又更堅持己見、毫不讓步，直到這種交流演變到不理性、過於情緒化的地步。但是你必須了解，被拒絕的是你的表達方式，而不是你的觀點。

雙子座北交點的人很容易會以非常直接的方式說話。你表達自己意見的方式，會令人以爲這個意見是不容更改的眞理，而且任何針對這個眞理的討論，都可能會導致爭執。事實上，你可能還滿喜歡這種方式的，認爲這是激發腦力的好方法，但是對方則可能會認爲這是一場沒有意義、空洞的鬥智。

你可能每天都會與朋友進行這種交流，但朋友不久之後就會對這種戰鬥感到厭煩，所以雙子座北交點的人這時應該停下來，更仔細地傾聽對方的心聲。你需要確認自己的力量是一種安靜的想法，而不是情緒。當你聽到正確的問題時，你的洞察力通常可以找到解決問題有力且正確的辦法，當你以不那麼誇張的方式表達自己的意見時，你所持的想法就可以眞正清楚地被聽見。

你應該相信他人的智慧，並相信他人會主動接受眞理，而不是被迫接受。你如果眞的希望自己的意見能傳達給對方，且成功地與別人建立關係，務必要學習如何以尊重取代不耐煩。

你常常以極爲熱切的態度表達自己意見的另一個理由是，你希望別人能肯定你所說的眞理是「正確」的。別人的肯定可以加強你的自尊，並使你得以放鬆。但是你應該要承認，眞理本身就是站得住脚的，它不需要你以自我的能量去促成，或是大肆宣揚以表彰它的正確。事實上，眞理以愈低調的方式表達愈好，這樣才能讓別人在接受眞理時感到寧靜。

不論你的動機是如何高貴，都不可以使用個人自我的激烈能量，去強迫別人接受你的觀點。別人在這種情況之下是不會傾聽的。

☆耐心及沮喪

雙子座北交點的人在解決溝通時所遭遇的問題時，一定要學習對自己及別人有耐性。你不習於交談，畢竟你以前多半是獨自住在山巓的，你對溝通實在知道的不多。你就好像在一群說英文的人之中，一個人自顧自地說拉丁文。你需要有耐性，並放慢腳步，多花一點時間去了解，並眞正仔細地聆聽別人所說的話。

你在溝通方面所產生的問題，大多是因不當的反應而起，這種不當的反應則應歸咎於你並沒有眞正地聆聽別人所說的話。以下就是一個簡單的例子：

一個雙子座北交點的人有一位朋友，在農產品展示會負責一個攤位，她需要挑選一百個蘋果出來。當她數到「67，68，69，70……」時，不斷有人經過並干擾她，以致忘了數到多少。好了，這位朋友有問題了，很自然地，雙子座北交點人就會神奇地出現，因爲他是什麼答案都知道的人！

這位朋友說：「這些蘋果是要送到農產品展示會的。我需要數……。」雙子座北交點的人只聽到前面幾個字，而沒有注意底下的重點，就以爲知道問題是什麼了，所以他的心就「飛了」，等到對方停止說話時，才又再「回來」。由於沒有聽到眞正的問題，所以他給她一個不恰當的答案：「噢！不用擔心，展示會場裏的蘋果兩個二十五分錢。」

這位朋友聽了反而很生氣，因爲她的問題沒有得到需要的答案。而雙子座北交點的人會因爲自己熱心地來幫朋友的忙，朋友卻不感激他，而感到沮喪。在這個案例中，兩個人都輸了。

雙子座北交點的人在這個時候，不應該覺得沮喪，而要停下來想一想：「好吧！既然她不接受我的答案，就表示我未能有效地溝通。或許我沒有完全了解問題之所在。」然後回到這位朋友的身邊向她道歉：「我很抱歉，或許我沒有搞清楚妳的問題。妳可以再說一次嗎？」

這位朋友會很感激你因爲很關心又回來，她可以再度溝通：「我需要數一百個蘋果給展示會。」這時雙子座北交點的人就可以仔細地傾聽，並清楚了解問題到底是什麼。然後可以建議：「爲什麼妳不十個十個一堆，堆成十堆呢？」此時朋友定會立刻輕鬆下來：「謝謝你！這就是我需要的答案。」當對方感激地接受這個答案時，雙方都會感到興奮，這才能夠達到雙贏。

☆眞理的媒介

通常你不了解自己所表達的訊息會造成的影響。以上面的這個例子來說，這位朋友當天回家以後，可能會突然想到：「原來這就是我整個生活一團混亂的原因！我讓所有的事情全都擠在一起，我應該要做的是，把生活中的各項事情按照類別分成比較小的單位，並加以組織起來，讓我可以較容易處理！」

雙子座北交點的人不可以去斷定那一個主題是不值得討論的。如果某人眞的很感興趣，並積極去搜尋資訊，你應該協助對方去尋找他要的東西。雙子座北交點的人是眞理的媒介，而在協助別人找尋所需要的資訊時，你往往可以揭露出更大的眞理。

☆「自由錄音帶」

前世，自由對雙子座北交點的人而言是極爲重要的，爲了要發現眞理，你必須是自由的。現在在你的潛意識之中，有幾捲錄音帶不斷地重播：「我一定要自由。我一定要自由。」但是，今生之中，如果你不斷去聽這捲錄音帶，對你是完全沒有好處的。

如果你正處於一段人際關係之中，眞的了解另一個人所說的話，並創造出極豐富的和諧感，而這時突然這捲錄音帶又開始在心中播放：「我一定要自由。我一定要自由。」你可能會因而把自己抽離到這個交流之外。你會自己一個人走開，以爲可以感到自由，但是相反地，你只能感到孤獨（另一個山巔）：「怎麼了，這裏怎麼一點能量也沒有？」

對你而言，退一步對自己說：「噢！我改變主意了。」是非常有益的。這一生，你不需要永遠都是正確的。你在對某件事情產生兩種反應時，應該誠實面對這種情況。例如，你可能希望保持某種關係，但同時又擔心會因此無法做自己想做的事。這個時候，雙子座北交點的人需要誠實地溝通自己的兩種想法：「說眞的，現在我有兩種想法。我想留在這裏，又擔心如果太接近，會沒有辦法獨自做我應該做的事。」

另一個例子是，你可能會對孩子說：「我了解你現在的問題，我也知道你需要很大的空間，但是在這個家中，我們必須建立相當程度的紀律，才能使整個家庭有正常的運作。」當你分享一個問題的兩面時，答案就會自動出現。關係中的另一方會了解你所說的話，並與你合作。

只要了解自己有一捲「自由錄音帶」，這個問題的一大部分就可以獲得解決。這捲錄音帶就好像潛意識中過度訓練的肌肉一樣，它會在一個最不適宜的時機主張自己的權利。所以，如果你可以知道這個聲音是來自何處，就可以選擇不要對它太在意。

內在的衝突

☆懷疑及恐懼

在前世之中，雙子座北交點的人一直都是心靈輔導人員、良師及顧問，在別人表達懷疑及恐懼時，你必須站在一個確定的立場之上。你的潛意識告訴你：「你應該要知道所有的答案。」你的目標要求完全的信心及信任。所以今生，你的潛意識會嘗試去否認所有產生的恐懼或疑慮。

你常會藉著否定自己感覺的方法去比較自己與別人。例如，一位雙子座北交點的人可能會說：「你知道嗎？我對我的工作眞的不太滿意，但是我不知道現在想做什麼。其實我有一份工作就已經夠幸運了！而且本來就沒有人會對自己的工作滿意。」

你表達自己的方式，就好像自己已經完全分析清楚了。你不會說：「我完全不知道我的人生應該怎麼安排。」你會說：「我計畫去讀法律。」之後，你會提出六個你想讀法律的理由。你甚至會把所有的缺點都條列出來：「我已經想清楚所有的負面因素，但是我想這還是我希望做的事。」

然而，當你以這種方式表達意見，好像已經有了所有的答案，這時往往會阻絕雙方的溝通、交流或分享，而不是引導。事實上，你所阻絕的那些都是提供你新的資訊及觀察的來源。

你不願意引用別人的想法或意見，因爲你不希望自己覺得虛弱。你不想面對自己其實並沒有每一件事情的答案的這個事實，因爲你怕另一個人會告訴你一些自己不想聽的事情，所以你會不經意地採取造成反效果的方法，例如讓別人氣餒、使別人不願對雙方的談話做任何的表示。你也害怕與別人眞正的溝通可能會暴露出更內在的自己，這種狀況將使你的畏懼、疑慮及內在的混亂升高。

☆生活在社會之中

雙子座北交點的人要學習的是，社會中有選擇的自由。未必每一個人都是遵循同一套規則。由於我們每一個人所追求的是各自不同的道路，所以有不確定的感覺、疑慮，或是謙虛地請教別人的意見，都是沒有關係的。事實上，這應該是受到鼓勵的。合作可以使人們能利用你的才能去表達自己，達成你的渴求，做一些有利於自己、他人，甚或整個社會的事。

在山之巓，雙子座北交點的人完全是孤獨的，但是在社會之中，每一個人都有他堅強及脆弱的地方。人們聚集在一起，分享資訊，例如伐木工知道如何伐木、律師懂得法律等等。但是，雙子座北交點的人不習慣向別人尋求幫助，你認爲這是缺乏智慧的表現。然而，社會的運作是以「世上沒有人能無所不知」爲基本前提的。我們都是身處於同一艘船上，所以擁有最多專業知識的人，就負責駕駛這艘船。

雙子座北交點的人可能會使自己孤立於交互依賴所帶來的愉快及友誼之外，這是因爲你不願意接受由別人來告訴你該怎麼做，尤其是在別人對眞理的認識似乎沒有你來得多時。但是，今生你一定要學習如何在社會中成功地生活，許多人對這一點的了解程度是遠超過你的。

雙子座北交點的人應該記得，謙虛是有百利而無一害的，它可以使你傾聽別人的聲音，學習別人的長處，而且可以使你了解：眞理是宇宙的力量，它可以透過任何人而來。所以你應該對所有的觀點都採取開放的態度。

☆雙重性

你要學習去接受事物的雙重性，例如別人矛盾之處、你自己天性的雙重性。前世不斷追求眞理的結果，是使你缺乏做爲人類的經驗。在今生的實體之下，你的任務是重新學習人類的本性。

地球是根據陰陽、日夜、冷熱、接納及開創、女性及男性等原則而運作的，這些看起來像是相反的事物，構成了一個完整的畫面。雙子座北交點的人會在看到銅板的另一面時，更了解生命、人們及各種情況。

你還在學習如何觀察，並接受一件事情的兩面，而不是以「那不過是個銅板罷了！沒什麼大不了」的態度面對。你正在體會因眞誠、關愛地接受自己本性中矛盾部分，所產生心靈上的和平，而不要一味地否定內在的衝突。

因此，雙子座北交點的人不應該擔心自己不了解整個狀況。「不知道」是沒有關係的。事實上，今生「不知道」是更好的。認爲自己已經知道任何事，往往會阻礙你接受新的資訊，而這些新資訊有可能會讓你更加了解整個情況。

你也不太願意告訴別人自己的想法，因爲你會主觀地認爲別人不希望聽到殘酷的事實。所以當某人告訴你「我離職了」、「我與某人分手了」，或是「我決定不讀法律了」等等時，雙子座北交點的人就會說：「我當時不想告訴你，不過我從來沒有喜歡過那個人。」或是「我本來就不認爲法律適合你。」對方可能會說：「你以前爲什麼不告訴我？」其實你是擔心「說眞話」會傷害他。但你應該明白，即使只是表達自己的意見，仍可能會對別人帶來幫助的。

但是，你的建議將如何被接受，你隱藏在意見背後的動機，扮演了極重要的角色。如果你的動機是爲了提供愛及支持，別人會感受到你的好意，並願意接受你的意見。但如果你的動機是爲了批判，或是表現自己的「正確」，別人將會有防衛性的反應。

如果雙子座北交點的人眞的希望幫忙，彼此間的交流就會非常順暢。你應該了解，你所提供的只是另一種觀點、一種關心，你應該讓對方自己想淸楚，這個觀點是否適用於當時所面對的情況。

☆樂觀

雙子座北交點的人有盲目樂觀的傾向，這種傾向會使你在未了解所有的事實之前，便妄做判斷或貿然行事。有時候，你會直覺感到某人不太實在，但是你自己可能又會推翻這種想法，而對未來的美好結果充滿期待，或以「一切都不會有問題的」的態度去面對。當你意識到這種不平衡時，你需要強迫自己去承認其他的選擇。這可以重建你的自信。

當你確認自己並不是處於合乎邏輯的情況下，應該求助於自己內在的力量。但是你並不是永遠都會覺得自己有處理事情的能力。你很可能會盲目地相信那些你認爲在這個眞實的世界中，可以更妥善照顧自己的人。而因為你自己是值得信任的，所以你也會認為他人都是值得相信的，這種想法可能會為你帶來極大的麻煩。

你應該依賴別人來幫助自己，但是不能盲目行事。你今生的挑戰是去了解身邊的人，並且不要只因為擔心沒有其他的選擇，而隨意相信任何一個人。你需要去傾聽別人所說的話。由於雙子座北交點的人基本上是很眞實的人，所以當別人對你不夠眞誠時，你就會有所感覺。

正直

雙子座北交點的人未必會寄望與自己在一起的人，一定會告訴你眞話。你認為，他人基於個人的需要而不誠實，或說一些善意的謊言，或藏私房錢，都是可以接受的。但由於你不會做這些事，所以會覺得別人在正直這方面，水準是不及你的。再一次地，這是你前世嚴格道德規範的經驗，又產生作用了，因而當你與心目中「不誠實及詭計多端」的人相處時，往往會遭遇困難。

你應該承認，你的功能是將精神道德原則及眞理，重新灌輸到別人的思考模式之中。如果你判定別人因為不「道德」而是「錯誤」的，自然而然地，別人會抗拒你的意見，因為沒有人會希望自己是一個罪人！你需要協助別人將精神生活的途徑整合到日常生活之中。同時，你必須對其他的觀點持開放的態度，並抑制對自己立場的堅持。

當雙子座北交點的人做出承諾時，一定會遵守諾言。對你來說，這是一個道德的問題。你也希望自己身邊的人，根據雙方同意的規則行事。當別人談論要做某事，但不論基於什麼理由，後來又不去做時，你會極為憤怒。你希望最初的協定受到認可，若需要做任何改變，你也希望能被知會。

例如，如果你與某人講好一起清理閣樓，但後來發生一些事情必須先處理，你會說：「我們說好今天要去清理閣樓的，但是現在似乎沒有時間了。每一個人都同意嗎？」你最討厭事情說好了以後又沒有做。但是你不知道怎麼樣讓別人注意到這種特性，你不希望讓別人不高興，也不希望讓別人否定已經有矛盾產生。對這個族群的人來說，這可能是會發生嚴重混淆的一個區域。

當發生前述的矛盾時，通常是因為以下三種原因的其中之一：

(1)可能是因為一開始的誤解所造成的結果。可能是在一開始的時候，雙子座北交點的人雖然覺得不舒服，但當時就讓它過去，而未深究。但若想將以前的事弄清楚，你需要實話實說：「昨天我聽到你說……，現在我卻聽到你說……。我不知道為什麼兩者之間會產生差異。你可以解釋給我聽，讓我搞清楚你在說什麼嗎？」如果你的動機真的是要了解，而不是凸顯對方的錯誤，這種方式會有用的。否則，對方可能會覺得不自在，而產生防禦性的反應。

(2)別人所說的可能不是雙子座北交點的人所以為自己聽到的。在你的生活中的確充滿了溝通不良的例子。如果雙子座北交點的人可以清楚記得對方所說的話，就可以說：「昨天我聽到你說……，你的意思是……嗎？還是……？」

(3)也可能是某人某天對某種情況的感覺極為強烈，但之後，基於環境、想法或所收到的訊息等因素發生改變，他的方向也因而在第二天出現轉變。在社會中生活的一部分，就是學習在接收到別人的回應後，如何調應並改變自己的方向。人們會把自己的想法釋放到外面的世界，並根據他人對這個想法的反應，決定是否持續這個想法或加以改變，以達到預定的目標。

例如，某人相信在雜誌A登廣告可以擴展業務。當登了廣告之後，他只接到極有限的回應，會馬上認為A雜誌的廣告效果並不好，並轉而在B雜誌刊登廣告，或使用完全不同的媒體方式。

雙子座北交點的人可能會把這種情況視為矛盾。其實這只是有智慧地調適環境給予自己回應的一個過程罷了。由於你前世是來自宗教氣氛濃厚的環境，所以習慣尋找永恆的眞理，及永遠不變的宇宙絕對律法。但是今生，要學習在社會中生活，你需要擁有願意傾聽，以及學習在這個環境中規則是如何運作的謙虛態度。這種認知亦可協助你對他人更為開放。他人的反應可以幫助你判別，你是不是眞的在做出貢獻，以及有效地注入正面的能量。

你的需求

接受及分享

雙子座北交點的人很急切地希望自己的意見能傳達給對方，並被對方「聽見」。但是在這種急切渴望的背後，你眞正需要的是被接受。接受對你來說，是評估自己是否位於正常軌道中的一個精確指標。當別人接受你所說的內容時，就表示你所進行的是有效的溝通。如果別人不接受你的意見，就代表你需要退回原地，重新整理你所想傳達的訊息，將訊息的內容調整爲別人所能夠了解的語言。

對你來說，眞理就好像神聖的踏腳石，也就是你觀點的基石。你對於與別人分享你的眞理有點遲疑，因爲你擔心，別人會認爲自己發瘋了，或是批判自己整天只思考眞理的問題，而不去想該如何賺錢或其他實際的問題。

你希望在別人面前表達自己，但是由於你神聖的眞理是無形的，所以也很難與別人直接討論這個問題，而別人通常也會對這個話題失去興趣。雙子座北交點的人常會因爲不知道如何以簡明的數個字來說明自己的人生哲學，而感到沮喪不已。

這就好像在牙痛的時候上牙科。病人想知道的是：是不是該補牙，還是拔牙，還是裝牙套，或是做根管治療。病人並不需要知道牙醫在學校讀牙科時的所有經驗。由於牙醫花了許多年的時間在學校讀書，這些知識使他了解應該如何處理這顆痛牙，而病人也可以從牙醫簡單但實際的意見，看出醫生多年來累積的學養。

同樣的，雙子座北交點的人需要學習對別人即刻的需求，給予即時的回答。你可以給一個看起來好像很簡單的答案，而不要給人一整套自己的人生哲學。學習這個部分會爲你今生帶來相當大的助益。

眞理是一種能量，而不是一種觀念。你其實是在追尋眞理的能量，但是你需要記得，眞理的能量不是來自呆板的方式。當你與別人交換意見，以解決日常生活中的各種問題時，就會與追尋已久的眞理不期而遇。即使在你協助別人突破一些表面的問題或誤解時，眞理的能量還是會出現的，而每一個相關的人都可以分享這個結果及心靈的平靜。

在今生的實體之中，雙子座北交點的人是要透過簡單、日常的交流，以及與別人眞實的連結，而得到眞理的。

停在現在

☆當下的解決

雙子座北交點的人常會對遙遠、整體的解決辦法極爲關切，以致不允許自己去感受當時的愉悅心情。你仍在搜尋「永恆的眞理」，然而，在今生的實體，你應該對「當下」的解決辦法更爲關心一些。你必須承認，如果你和你身邊的人在每一個時刻都感到快樂，這些時間會累積起來，而快樂則會持續下去。

你的事業也是同樣的情況。你可能會對「較大的格局」過於關切，而失去創造一個立即成功的機會。你應該更意識到時間的問題，而將你的計畫分爲特定的幾個部分，並分段完成，千萬不要以爲你有「永遠」的時間可以處理具體的問題。

例如，我曾有一位雙子座交點的客戶，他擁有一棟兩層樓的房子做爲出租用。當樓下租戶搬出去時，水管有一些問題需要修理。這位客戶沒有立即處理這一小部分的水管問題，也沒有再將房子出租，因爲他覺得這是做一次水管大翻修的好時機。

然後，他又認爲這是一個粉刷房子的恰當時機，粉刷房子需要大量的時間和金錢，但他兩者都沒有。要粉刷房子之前，當然要先將原來的油漆全部清除，才能做得更完整。他不斷地想，這些工作遲早都要做（你總是考慮到永恆），所以不如現在就處理好。但他並沒有資源可以立即完成這份工作，所以房子就這樣空了好幾個月。

當住在樓上的那戶人家也搬走時，他甚至將原來的計畫擴大到樓上的水管工程，「反正遲早總是得做的。」當他來找我時，整棟房子已經空了九個月之久。由於少了房租收入，他甚至已經瀕臨失去這棟房子的地步。

你要學習認識暫時性解決方法的價值，在問題出現時立即處理，而不要把實行計畫定在一段時間之後。否則，你會失去可以提供未來擴展的堅實基礎。在地球上的生命是短暫的，永恆只存在於意識之中。你應該縮小你的視野，並將目前所面對的事整理出一個次序。你需要觀察情況中最顯著的事實，不論是上方或下方。你需要運用你的邏輯。

☆目的

雖然在生命中的某些部分，雙子座北交點的人過於有耐心，但在不同的區域，你卻可能會嘗試走捷徑。然而不合邏輯的捷徑，往往會帶來長期性、更繁複的工作，因爲你必須回頭，放慢腳步，並重新再做一遍。你急著把每一樣東西或每一個人，由自己必經的路上排除，希望這樣就可以「自由」地做更重要的事。通常這種內在的浮躁不安，伴之而來的是失落。

事實上，你的確需要一個目的，給你的生命一個方向。但是，如何定義這個目的，完全決定於你自己，這必須是除了追求眞理之外的目的。你必須有一個個別的、「屬於現在」的目的，那是可以連結你與社會的目的。在你定義這個目的之前，你都會有失落感。

這是這個族群的人更換工作頻率偏高的一個主要理由。如果你目前的工作不能滿足你內在的目的，你會選擇離開去嘗試全新的事物，看看是否適合自己，而不覺得有任何不安。爲了對可能「適合」自己的工作做好準備，不論需要接受多少正式的教育，你都會願意。

召喚著雙子座北交點的人去追尋「目的」的，是前世追求眞理的延續。但是，今生你的目的則是學習與社會連結的過程。例如，如果你與另外四個人坐在餐桌上，你在談話一開始時，會表現得非常好。但是如果你與這四個人每天都在一起，就會開始覺得緊張，因爲你認爲該講的話已經全部講完了。

或許的確如此，但是你並沒有聽到別人的反應。而這就是下一步！你需要傾聽別人的聲音，並學習如何以別人的反應爲基礎，進一步發展彼此的關係。這種分享會創造出可使彼此了解進入新境界的極大能量。當這四個人有新的經驗時，你會有新的觀察可以與他人分享。

改變

雙子座北交點的人前世一直「陷在」以眞理爲焦點的宗教性組織之中，正因如此，你進入今生這個實體之中時，會抗拒讓自己只受限於一件事情。你渴切地盼望向廣大的外界探索，嘗試生命的各種滋味，體驗不同的關係、不同的職業、不同的地方。你對生活於這個世界之中可以得到的益處，極爲飢渴。

然而，你對於那些可以安於一份固定工作、婚姻或生活形態的人，又感到羨慕不已。你常會想：「哇！完全投入一種生活方式的選擇，不知道是什麼感覺？」但是，你潛意識裏又知道，如果你眞的只全神貫注於單一的目標，生命會變得枯燥乏味，你是做不到這一點的。今生，你需要擁有很多的選擇，以維持生活的趣味性，並使能量繼續流動。

這種永遠把生命看成是一種冒險的方式，具有潛在的負面效果，那就是：這種方式會讓你與別人相處時，只能得到膚淺的經驗。你很可能會錯過別人的深度，例如你的過去或個性、你如何成爲今天的樣子等。你只是與別人分享自己的探險，之後拍拍屁股就走人了。

但是只有在你願意花時間去了解別人時，才能體會自己追尋已久、與別人相知相連、心靈平和的那種感覺。因此，放慢自己的腳步，對自己身邊的人有耐心，並花時間問其他人一些眞正可以連結彼此的問題，都是有利於這個族群的方式。

☆隨性

你最愛隨性的行爲，這可以使你覺得輕鬆及快樂。但隨性的行爲有時行得通，有時則會成爲創造更親密關係的阻礙。例如，你可能會在最後一分鐘才試著要與別人相聚，而通常你想見的人都沒有空。你如果了解許多人的生活方式都比較有計畫性，對自己是有好處的。若眞的想與某人相見，應該事先讓那個人知道，萬一對方有事不能與你見面，就不會以爲那是「故意的」。

你對於計畫喜歡隨性，因爲你不能預知是不是眞的想與某人在一起。你喜歡自由地朝任何一個有能量引導你去，或是任何一個你希望嘗試的方向前進。但是你應該知道，有時候這種對隨性的熱愛，是行不通的，例如在商場上，或是與不玩這套隨性遊戲的人相處時。

☆浮躁不安

雙子座北交點的人多多少少都有點浮躁不安。但是由於前世的訓練，你仍然具備百分之百投入任何自己所選擇行業的能力，即使爲時未必長久。對你來說，這是正常的。你覺得你不能將一生的時光都投在任何單一的事情上，因爲你必須透過各種不同的經驗，才能學到如何在這個世界上生活。

但是，你有時候會「困在」某一種行業之中。你的事業可能相當成功，經濟狀況也很好，就某一層次來說，你是滿意的。然而，你知道，要做改變的最佳時機就是當你覺得自己眞的很棒的時候，也就是當一切都很順利的時候。

由於今生的課題是學習及成長、蒐集及傳播資訊，所以你如果不主動在恰當的時機做改變，生命也會協助你做改變。你絕對不缺勇氣。你通常對生命都充滿自信、樂觀及信賴，所以勇於下注，並主動改變現況。

通常雙子座北交點的人所做的改變，都是以直覺爲根據。你知道下一個要嘗試的東西。雖然你的直覺引導著你，但是眞的做改變時，應該認眞思考符合邏輯的路徑，包括別人的反應。否則你的旅程可能會出現不必要的困難。對你來說，這並不是一個「自己動手做」的時代，你需要擁有較多社會經驗的人給你建議，以協助你達到目標。

你必須注意，不要因爲你所具有「做的多於實際需要」的傾向，而「陷在」某處，動彈不得。你要學習對「權宜之計」滿意，而不再苦苦追求前世所執著的永久性的解決之道。在一個社會之中，所有事情都會不斷改變。重點是藉著與他人彼此協助的方式，維持生命朝正面的方向前進。

如果你的生命沒有動作，你需要振作起來，並以合理的方法（或許是來自身邊的人的建議）去解決你的問題。這就可以使你重新獲得能量。

孤獨曾經爲雙子座北交點人的前世帶來自在舒適，但是你應該知道，這種方式現在已經行不通了。這也是你回到社會的理由，你要把自己所找到的內在和諧，透過交流的方式傳達給別人。你要學習如何在與人交往的同時，仍能維持這種和諧，甚至進一步將和諧擴展到自己以外的地方。

但是，你在社會上是如此的內向，要做到上面的境界實在很難。於是，你會嘗試透過內部的電腦發展。換言之，你不問別人問題，卻會試圖藉著連結，歸納出某種相關性，這種內在平和及和諧的連結，你在前世已堅固地建立於自我內在之中。

所以，有時候暫時的表面關係對你是有好處的。與別人交往只到達某一深度時，可以讓你更容易維持自己的和諧。一旦你學會如何在一個較表面的層次與許多不同的人相處，就可以學習如何與別人在較深的層次維持關係。

放慢速度

雙子座北交點的人覺得自己有許多資訊要傳達給別人，因此所有應被傳達的訊息遂成爲你的負擔。然而你生命運作的速度，卻不如前世當你孤獨一人時般迅速。你需要放慢自己的速度，畢竟今生是人類的世代。

如果你想走捷徑，最後你必會繞一個大圈子，因爲你必須回頭重複做一些事情。你應該記住，你現在所在的地方，正是你所應該存在的地點，而站在你前面的人，也可能正是應該聽你訊息的人。這可以大大減輕你所感受到的負擔。但是如果你未能有效傳達第一個訊息，那麼它的重量仍會壓在你的肩上。

另一個問題是：雙子座北交點的人覺得，除了有責任要去傳達訊息之外，還應該確定別人是否了解這個訊息的內容。從某個角度來說，這樣是正確的。你是今生的導師，你的工作就是以別人能了解的方式，去傳遞訊息。但是如果不耐煩的情緒占據了你，你會不經意地試圖強迫別人接收這項訊息，而不會放慢速度，以其他人的「語言」表達出來。

你應該弄清楚一件事：十二項訊息正確無誤地傳達給十二個人，遠勝過傳達出一百項沒有人懂的訊息。

☆對言語的尊重

比起其他族群，雙子座北交點的人在年輕時比較容易有口吃的問題。這是因爲你腦筋運轉的速度過快，加上你許多次的前世都是處於沈靜及冥想的情況下，所以你不太習慣說話。你腦袋動的速度比發聲器官快了十倍。你很急切地想與別人溝通，因爲你已經離群索居太久。你對能重回社會感到雀躍不已，但是又因爲不知如何與別人建立關係而感到畏懼。所有前述的因素加在一起，就造成了口吃的結果。

又一次地，請你放慢速度，配合別人的「波長」，讓你可以在短時間內，用較少的言語，傳達豐富的訊息。

口吃可以在別的方面達到有用的目的。它可以強迫你，在第一種表達方式效果不佳時，找一些替換的字句。這可以讓你更意識到放慢速度、將自己的意思表達得更精確一點的重要性。你可以藉此學到尊重語言，以及利用語言正確無誤地表達自己意思的方法。透過強迫自己使用正確的詞句表達意思，可以把你高度原創性的精神能量，以建設性的方式，灌輸到與別人的關係之中。

你擁有極大的精神上的能量，所以如果你不尊重言語的力量，會遭遇沮喪的後果。對你來說，不模糊焦點是非常重要的，多花一點時間，找到正確的詞句，可以疏導你的能量，並點出你所需要的焦點。

你完全知道自己想說什麼，但是讓別人了解你的意思卻有點困難。你看到別人可以清晰表達自己的意思，但卻不知道為什麼自己在表達想法時，會遭遇這麼多麻煩。事實上，你很喜歡看風趣、複雜對白的電影，因為藉著觀看電影中的人物說什麼及怎麼說，可以讓你學到很多。

對你來說，最重要的是記住「放慢脚步」。你需要確定，相關的每個人都可以完全了解自己所說的每一點，而不是在第一個重點被接受之前，就將一連串的焦點模糊掉。例如，你說：「我從來沒有愉快的海外旅遊經驗。」這時就應該暫時停下來，看看身邊其他人的反應。如果別人否定你的說法，並指出你上次到大溪地旅遊時，應該玩得很愉快，就更需要停下來，澄清你的原意。

或許你可以說：「我不是說海外旅遊對每一個人來說都不好玩，但是就我個人而言，那不是我覺得最快樂的事。」沒有人能否定另一個人純屬個人的體驗，只要你說清楚，你的意思不是每一個人都一定如此。花點時間去澄清第一個重點之後，你會發現可以從別人不同的經驗中學習一些事情。你可能會問：「你海外旅遊的經驗如何？」當你試著了解別人對生命的觀點，以擴展自己的視野時，可以得到更好的結果。

☆時機

雙子座北交點的人要學習「三思而後言」。你也要了解等待適當的時機發表意見，是多麼的重要。

即使雙子座北交點的人可以提供解決別人問題的完美辦法，但是若對方還沒有準備要接受時，仍是一點用也沒有的。

如果對方不願接納，這個族群的人應該暫時放棄，等到下一次機會來臨時再說。你應該以和諧及善意爲重點，而這是只有在你未於雙方的溝通中摻入個人意圖的情況下，才能提供的。當你汲汲營營於令某人接受並承認你所必須說的事時，這種投入會造成具有破壞性的緊張氣氛，某人可能會覺得這是說教或是戰鬥。

你是願意幫助別人、充滿關愛的人，你最大的關切會在支持他人的意願上顯現出來，即使對方並不怎麼了解你。

你的人際關係

對自由的需求

雙子座北交點的人在今生對自由有極大的渴望。如果這種動力驅使你去認識新的人，對你而言是健康的，而且會增加你的活力。然而，如果你對自由的渴求是以傾聽你「自由錄音帶」爲根據，或者自與別人建立關係的挑戰中逃離，則結果將是不安及孤獨。

☆對建立關係的畏懼

當別人「先動手」，並讓你生氣時，你的反應是立刻「關機」，並立刻回到你的「山頂」。你覺得與別人建立關係會讓你變得脆弱，你在下意識裏害怕別人會了解自己更深沈的一面。同時，對你來說，與別人分享眞理的過程，往往是令人沮喪的。雖然你很輕易就能得到眞理，但是要以可以讓人了解或欣賞的方式詮譯出來，對你而言，卻是極爲困難的。

由於雙子座北交點的人今生要學習如何傾聽別人所說的話，所以對你來說，發問是一種好習慣。做一位好的傾聽者，就是要去問一些問題，並對別人的生活感興趣。當你進入這樣的過程時，你是快樂而和平的。你對與別人建立較深且眞實的關係，一直感到畏懼，但當你這麼做時，因而產生的接受及完成的感覺，是極令人滿意的。你可以重新得到前世一直努力想獲得的那種平靜。

爲了要成功擁有親密的人際關係，第一步，你應該承認自己一直處於「繭居」的狀況之中。你需要突破恐懼，並宣示你的意圖，這個意圖就是：你希望破繭而出，並與別人建立關係，不只是在希望和夢想的層次，恐懼及疑慮的層次也包括在內。那麼當你於談話中表達自己時，就可以眞的以誠相待。

你不只會與別人分享自己對事情快樂、樂觀的看法，你還會願意分享自己生活眞實的一面，並談論自己所面對的挑戰。接受別人眞的可以幫助你在日常生活中達到勝利，而這是你永遠無法單獨完成的。

☆承諾

絕大多數雙子座北交點的人，都希望能夠在永遠、彼此承諾的婚姻關係中，「安定」下來，但是你內在的一部分同時又害怕這種永遠。你想要維持成長、改變、移動及做不同事情的自由。如果你能與具有相同氣質的人建立關係，就可能擁有雙方世界中最佳的部分。但是如果你進入會限制你自由的關係，通常都不會有好的結局。

雙子座北交點人的關係中，不太容易會出現「承諾」這兩個字。你會投入的是眞理的方向及內在的和諧。你不希望自己的哲學被亂搞，在未融入自己的信仰的情況下，應該如何完全對別人負責，你也沒有把握。你認爲，你的眞理是使你以今天面貌出現的理由。但是，你可以與不同信仰的人相安無事，只要雙方願意打開自己的心胸，並接受對方的哲學。

你也不願意去做任何會限制你交流的事。你正在學習如何與社會建立關係，以及如何使自己與社會結合，而你需要與許多不同的人接觸，方能擴大你對如何達到前述目的的認識。

你希望將自己對眞理的認識及內在和諧的感受，帶到社會上去，你也希望擴大持續的範圍，以將他人包含在內。而當你在不同的情況與不同的人「練習」時，就會更有信心一邊與別人交流，同時維持內在的快樂。之後，你就能允許別人接近自己，因爲你知道你仍能維持這種和諧。

因此，對雙子座北交點的人而言，進入一個彼此承諾的關係可能需要較長的時間，如果你進行的速度過快或程度過深，會很容易失去自己內在的平和。婚姻或是可能限制你與別人交流的某種承諾，其實對你更遠大的目標而言，是具有負面效果的。你需要一位可以支持你參與社會活動的搭檔。你需要很多「實際」經驗來充分證實你的潛能。這並不是說一夫一妻制不適合你，而是說你需要與很多不同的人做精神上的交流，這一點是絕對不能受到限制的。

根據臆測行事

存在於潛意識的「壞蛋」中，最常會破壞雙子座北交點人際關係的惡棍，就是根據臆測妄做評論的傾向。

當你還未蒐集到足夠的證據，或是與別人分享資訊之前就有所行動，會讓自己落入失望的陷阱中。你一旦有疑問，應該與別人談談，並仔細傾聽、不妄下斷語，因爲通常當你以爲別人「沒有問題」，就常會碰上麻煩。每天檢視事情發展的狀況時，聽聽別人的想法，讓別人知道自己的狀況，會讓你更快樂一點。要體驗成功的人際關係，你必須邁開脚步，維持溝通管道的通暢。

☆缺乏溝通

當你與人交往時，常會以爲他人應該知道你的感覺，而且與你擁有同樣的經驗。我有一位屬於這個族群的客戶，她與一位男士度過了極爲完美的一個夜晚之後，那位男士就再也沒有與她聯絡，她以爲對方沒有與她相同的感覺，不認爲那是一個完美的約會。

但實際上，他沒有再打電話給她，可能有一百種不同的理由。或許他目前還有一段尚未處理完畢的關係；或許發生了什麼事，他必須優先處理，然後因爲時間過了太久，不好意思再打電話給她；也或許她的推測是對的。但是她應該做的是，拿起電話，問問他的近況，並與他分享她對那個夜晚的美好感覺，弄清楚他沒有打電話給她的原因。

你應該將自己的信心運用在正面的行動上，主動創造你生命中的正面結果。

雙子座北交點的人在與人交往時，通常經過很長的一段時間之後，仍不會主動打電話給對方。如果你處於不愉快的狀況下，或是對你生命中的某些事情沒有把握時，更會不希望與任何人接觸，因爲你不願意讓別人知道自己的悲慘狀況，如「我剛和男朋友分手」或「我的信用卡被銀行取消了」等等。你希望等到情況好轉時，再告訴別人比較正面的消息。換句話說，你不希望在自己不是處於最佳狀況時與別人聯絡。

很自然地，有許多人會將這種疏於問候的行爲，解釋爲缺乏興趣。你常會由於缺乏溝通，導致對方以爲你興趣缺缺，遂另求發展，而無法成功經營一段戀愛關係。如果你眞的想維持一份關係，不能假設對方知道你「一切都很好」。

你應該定期打個電話，或是寄張卡片，以維繫彼此間的關係。如果你正處於不安定的狀態下，可以告訴對方：「嗨！我沒有打電話給你，是因爲我現在還沒有準備好要與你見面。我需要完成一些事情，但我想讓你知道我還是想念著你的，想知道你最近過得好不好？」

如果彼此之間存有一些誤會，你應該負起解決誤會的責任。你會發現，告訴對方你有可能產生的問題，也是很有幫助的，「有時候我聽不見別人說話，是因爲我的思緒跑得太快。如果你覺得我不了解你，請讓我知道，因爲我希望與你能有清楚的溝通。」

雙子座北交點的人常以爲別人知道自己腦袋裏在想些什麼。對你來說，發現自己詮釋這個世界的方式與別人不同，會造成極大的震撼。與對方確實的溝通，將心中想要說的話化做實際的語言，維持高度的意識，對這個族群的人而言，是極爲重要的。如果你能技巧地讓別人了解自己各種不同的想法，就會發現你的人際關係已經轉換到一個嶄新、正面的方向。

☆溝通感覺

當雙子座北交點的人願意花時間，精確地分享關於自己個人經驗的觀點時，他人會深深地受到感動。於是雙子座北交點的人就可以體會到接受及同理心所帶來的愉悅。當你在不需要「正確」或是證明某個論點的情況下，與他人分享事物時，成果將是眞誠的。你必須說出自己體驗的實際狀況，才能接觸到別人的靈魂層面。

例如，我有一位客戶是屬於這個族群的人，他的女朋友有一次在一家服飾店，用他的信用卡買了超乎預算的東西。雖然他早就知道這筆支出是花在服飾上面，但他還是質問她，要她坦白說明錢花在那裏。結果他的女朋友騙他說：「買了一些家用品。」他也很固執地要逼她說出實情，而這種態度使她決定結束這段關係。

你最恨謊言，當你發現自己被人欺騙時，會用自以爲是的憤怒態度做爲回應。但是，在前述的例子，這位男士的反應也不誠實。他當時應該說：「我想與妳討論一件我認爲非常重要的事。我發現信用卡有一筆計畫外的支出，所以查了一下，看看是不是有什麼錯誤。結果發現三筆有妳簽名的支出。妳知道我一向都很大方，我也希望妳有漂亮的衣服可穿，但是妳沒有預先告訴我，所以我有受傷及被背叛的感覺。」

透過眞誠的溝通，下一個層次的眞誠亦得以形成。藉表達實際的情況及他眞實的感覺，他可以更清楚、正確地了解她的性格。有兩種選擇，一個是她必須改變自己，使自己調整至與他擁有相同程度的道德水準，另一個是他應該看清楚，或許她並不適合與他建立親密關係。你應該給別人促進自我道德成長的機會。只有在你願意行事正直時，也就是誠實表達自己的感覺，而不是嘗試強迫別人誠實時，你才能有開放的心胸。

☆自以爲是

雙子座北交點的人對別人所謂的「眞理」，有強烈抗拒的心理，尤其是你每天接觸的人。或許這正是他人會覺得必須對你說謊的理由之一，因爲你可能並不眞的想了解他人的現狀。然而，你不願意傾聽的態度，很可能會在自己與你最關心的人之間，造成極爲痛苦的誤解。

即使你說你要的是「眞相」，但是當別人告訴你眞實的狀況時，你往往會生氣。而如果你不是眞的想聽眞相，往往會促使別人對你說謊。沒有人希望自己是「錯誤」的，而你對於誰是誰非，常會有自以爲是的成見，這種態度常會讓人不想接近你。

雙子座北交點的人今生要學習的是，珍惜與別人在一起時的快樂和諧，並將這種和諧放在對哲學眞理的追求之前。

你也必須學習慢點下判斷。當你評斷別人時，並沒有把別人的道德觀列入考慮。若想進一步了解別人，你應該去問別人一些：「你在學校裏讀的是什麼？你的第一份工作是什麼？」等問題。你很容易因爲看見他人現在的狀況，就以爲他人的生活永遠都是這樣。但是當別人告訴你，是什麼使他變成今天的情況時，雙子座北交點的人會覺得深深受到吸引。

如果你想在別人處追尋「眞理」，或是精確的事實時，應該要非常清楚自己的動機。是不是爲了更進一步了解那個人，以協助他表達自己，或者你的動機只是爲了要「正確」。如果你潛在的動機是傾聽，你就可以獲得成功，但如果你的動機只是爲了使自己正確，你就會是輸家。

雙子座北交點的人如果希望誠實地與別人溝通，必須給別人平等的機會。誠實會逐漸演變，它未必是在頭幾次的會面時發生。在這些給別人對自己誠實的空間中，你所追尋的誠實，將會出現。在個人的人際關係中，你應該以建設性的、不致令別人疏遠的方式，讓別人知道你是多麼地重視誠實。例如，你可以用溫柔但清楚的方式說：「我覺得，當我們彼此坦誠相待時，要比彼此嘗試互相欺瞞時有更多的樂趣。誠實讓我們更接近，而且幫助我們接受彼此。」

☆溝通二分法

如果你心中還存在矛盾、衝突，卻強迫自己給別人一個肯定或否定的答案時，不論你說什麼，都是在說謊，因為事實上你根本還不知道答案。所以這時的「答案」，也就是你應該告訴別人的正確現況是：「你可以看到兩種方案，但還不知道要選那一個。」讓別人了解這種情況後，你就可以先測試其中一種途徑，保留另一種可能，以便在第一種方案不成時進行第二種。

例如，我的一位客戶就是這個族群的人，她有兩個選擇：到辦公室上班；或在家中上班，做一位蘇活族。她其實很渴望在家工作時所特有的平靜及孤獨，但又害怕工作效率會下降。所以這時她應該告訴她的老闆：「我想在家工作，但維持高水準的工作效率，對我而言是極為重要的。所以請讓我試試看，如果我的效率下降了，希望還能回到辦公室上班。」

對於今生的實體，你隨時都可以「改變想法」。前世，你從未被允許這麼做，所以你會覺得：「本來就是這個樣子。」但是現在你要學習了解更多的選擇，而當你得到更多資訊時，自然就會改變路徑，以充分運用新輸入的資訊。

所以當你表達自己的決定或是當時的意見時，不應該太堅持自己的觀點，才能保留自己改變想法的機會。與其說：「這樣不對，而且永遠都會是錯的。」不如說：「這樣不對。或許以後我可能會改變想法，但目前我的看法是如此。」你的觀點可能會改變，所以即使沒有最終的答案也沒有關係。

戀愛

☆多樣性

雙子座北交點的人注定會與各種不同的人接觸，並產生關係，不論是多麼無趣的人、運動選手、中學輟學者，甚或是大學畢業生。與你產生關係的人，就好像一個袋子裏混入了各種東西。有時你會懷疑自己到底是屬於那一「型」，因爲你不論與誰都可以建立一種表面關係。不過，當你得到較強的精神自我意識，並想出如何與別人分享這個訊息時，與這麼多不同種類的人在一起的經驗，就會開始變得有意義了。

當你的「眞理」向許多不同的表面放射出去，並得到不同的回響時，可以幫助你從各種不同的角度去觀察，以了解你的觀念是不是眞的「正確」。而你也可以領略到，透過別人各種不同角度而得到的觀念，是令人愉悅的。

例如，你可以自問：「貧窮是什麼？」以這個問題去觀察在金錢方面窮困的人，然後你會發現，在某些時候，處於貧困環境中的人，往往會比處於富裕狀態下的人，有更正確的價值觀。你願意開放自己，比較自己的想法與身邊環境中實際發生的狀況，就不斷會有令人興奮的新發現。將他人的觀點與自己的眞理整合後，就可以得到所追尋的和諧。你所面對的挑戰是包含多樣性能量的肯定。

當雙子座北交點的人開始體驗性時，傾向與各種不同的人互動。由於你過去太多次的前世實體，都無法享受到人際關係所帶來的溫暖，所以到了今生，你就好像一個進了糖果店的小孩，每一種糖果都想嘗一口。實際上，就你的狀況來說，這其實並不是錯的，尤其是在你年輕的時候。你要學習的是，如何在與別人產生關係的同時，還能保有自己內在的眞理。多樣性可以幫助你與他人分享自己內在的眞理，而不致失去它。

你在前世已經發展出正直的特質，你絕對不會說一些誤導別人的話。你不會藉著說「我愛你！我會永遠與你在一起」，而達到獲得對方的目的。但是，基於前世宗教性訓練而產生的罪惡感，你會因爲聽到一個聲音對你說：「我知道這樣是不對的，我只應該與一個人交往。」而苦惱不已。

其實終究會有一條最適合你的路，而你做決定時的依據，應該是在還沒讓自己陷入孤立、自以爲是的情況中時，想想與某人交往是否仍能保有你的眞理。如果你與不同的人約會，會散發魅力並保持「端正的行爲」，以維持關係的進展，那麼當你只與某一個人交往時，若仍可以維持相同的「端正行爲」，就眞的對了。

在你仍與許多人約會的階段，動機必須非常清楚。如果你只是想藉著性來消除寂寞，雖然當天晚上會得到短暫的滿足，但第二天，孤寂空虛的感覺將會更爲強烈。爲了避免陷入這種具破壞性的循環之中，你應該繼續擴展與另一個人精神上的對話，並以其做爲親密肉體關係的基礎。在發生肉體關係之前，你應該先建立彼此情緒上的關係。這樣的話，肉體上的關係將是眞理的愉悅表現，你也不致感到空虛或罪惡。

☆執著

雙子座北交點的人可能會過度執著於某種想法或某個人，尤其是在愛情或性關係之中。你應該減低這種執著的傾向，以得到寧靜及富建設性的心靈狀態。如果過度執著的是某種想法，就應該想另一種觀點，以平衡你的思考。如果是對某人過於執著，可以與一位純神交的朋友來往一段時間，以平衡過度緊張的人際關係。這樣才能在主要的關係之中獲得成功，並發現自己擁有永遠有效的選擇。

相反地，你也可能會極端地、完全不與別人發生接觸。今生，你還是有希望再做哲學之王，但是當你登上山頂時，山巔還會有誰呢？你最危險的一種執著就是：把自己的想法封閉於自己的內在。這種傾向會使你的人際關係成爲次要的。

你可能會因爲過度專注於自己思考的過程，而無法肯定別人。「我的想法是極爲正當、合理，且有意義的。」你可能會完全忽略與別人的交流，這也是你眞正受到傷害的地方。如果你不開放自己去接受別人的觀點，是無法找到自己所需要的多樣性。

雙子座北交點的人需要學習更重視人類關係。

你應該花更多的時間及能量與別人接觸，而不是只專注於目標的達成。如果你可以不要過慮，會發現「人」才是你最後的目標。

☆**淺薄**

你在與人最初的會面時，表現都極爲出色，例如初次見面時一般性的談話、迷人的吸引力、表面的關係等等。但你就好像是餐廳裏的接待人員一樣，知道如何令賓客覺得受到歡迎，會說幾句可以與每一個人搭上關係的話，還會在一見面時施展迷人的肢體語言及微笑等，但是之後就不知如何是好了。

在一個充滿羅曼蒂克、浪漫氣氛的情況中，你常會感到緊張，不是臨陣逃脫，就是試圖把情況立刻發展到建立肉體關係的層次。你對自己的身體感到很自在，所以當你開始發展肉體關係時，就會放鬆下來。

不幸的是，如果在這之前，你和對方若尙未建立精神上的親近關係或是彼此間的共識，你的性關係通常是短暫的，也只能帶來暫時的滿足，無法進入更深或更有意義的層次。

你多次的前世中，曾有非常極端的冒險行爲。當你前往某處的山峰追尋眞理時，可能會在路上碰到一位很有吸引力的人，然後與他發生關係。但是這個族群的人對安定沒有興趣，你仍在追求眞理，發展富成長性的人類關係，與你的目標是相違背的。

今生，這種行爲會導致孤立，而你卻仍繼續逃避與別人產生進一步的關係。你希望與別人接近，但又不知道該如何做。這種覺醒可能會使你覺得非常沮喪，尤其是處在一種浪漫的狀況之下時。

然而，雙子座北交點的人必須知道，只要找到訣竅，你其實擁有極高的天分，可以順利與人們對你來說，什麼是重要的？你的興趣是什麼？你傳達給自己的是什麼？自己想給對方什麼訊息？建立良好的關係。關鍵在於你必須對另一個人眞正地產生興趣，或感到好奇。例如你有什麼想法？

有意識的交流

雙子座北交點的人常會太直接，而這種個性往往會爲你帶來麻煩。你應該要更深入了解自己眞正想要表達的是什麼，然後以負責任、敏感的方式去表達。

例如，我有一位客戶，與屬於這個族群的先生結婚了二十六年。有一天，他回家後，在沒有任何預警的情況下，向他太太說：「我碰到心靈契合的伴侶，我想離婚。」然而，他認識這個女人不到兩個星期。

他所傳遞的訊息讓他太太極爲震驚。他本人也花了大約一年以上的時間，和心理諮商師做極爲密集面對面的談話，以及靈魂探索，才找出讓他那晚做出如此震撼性宣示的眞正問題所在。事實上，那次出軌最後證實是一種轉移，這個男人眞正想要的是，使他與他太太之間的關係能夠再次充滿活力。

他們的婚姻關係一直很好，而且是以彼此深切的關愛爲基礎。事實上，在寫這本書之前，他們還是在一起的。他已經得到他想要的東西，也就是與他太太之間的關係得以轉型。但是，他的太太的情緒一直不能恢復平靜，她無法完全原諒他那次造成她椎心之痛的行爲。

雙子座北交點的人要學習的一件事是：如果你說話前沒有先考慮可能帶來的後果，可能會對別人造成不必要的傷害。尤其是在你所說的不是眞正的事實，而是有意去傷害別人或吸引別人注意時，情況更爲嚴重。

你必須在心裏先搞清楚自己在想什麼，之後再決定怎麼講最好。你必須想清楚你的動機是爲了重新提振這個關係，還是爲了讓另一個人感到罪惡感？通常，當你以極爲嚴厲直接的方式說話時，並不是眞正在表達自己的感覺。你應該以更負責任的方式，將焦點集中在如何解決問題。

在前述的例子中，這位先生與其在未經思考的情況下，貿然脫口說出一個結論，不如先與他太太談一談，他可以說：「我跟妳說，我碰到一位吸引我的女士。我還沒有與她發生任何糾葛，但是我有點動心，因爲我對我們的婚姻感到不快樂。」以眞誠、合理的方式說明實情，就可以得到自己想要的東西，使自己的婚姻再次充滿活力、朝氣，又不致對太太造成如此大的傷害。

他們應該可以共同合作，一起面對婚姻中所潛伏的問題。否則就像前述例子，雖然最後他們還是在一起，但是當時他對太太所造成的震撼及焦慮的傷口，卻再也無法完全癒合了。

雙子座北交點的人應該以己心度他心，設身處地爲另一個人著想，看看那一種方式可以讓對方感到舒適自在。以含有尊重語氣的言語表達自己，可以幫助你與他人建立正面的關係。這也是維持快樂關係的重要關鍵。

你的目標

傳達及接收訊息

雙子座北交點的人今生要學習的是，如何將想表達的訊息傳達出去，如何聽見你應該接收的訊息。要有效地達到這一點，你必須分辨心靈的各種不同作用，並強調可促進你朝眞實、合理方向發展的那個角度。

☆資訊VS.直覺

這個族群的人花了許多前世的時間，仰賴直覺來發展自已的哲學。在你一個人追尋眞理的那段孤獨路途中，直覺是你最佳的指引。但是，現在你回到社會之後，實際的資訊將可協助你以重建內在平靜的方式，與他人建立關係。只根據直覺就做判斷，幾乎每一次都會造成你與外界的疏離。因爲你很容易會產生誤解，別人根本沒有別的意思，你卻很快就覺得受到拒絕。所以，如果你對某種情況感到生氣或是不確定，應該蒐集更多的資訊。

但是，如果你對某事具有極強烈的直覺時，不應該把它推開。對你來說，最好的選擇是花點時間去問一些可以安定自己心緒的問題：「我聽到你所說的了，但是基於某些理由，我感到有點不自在。我希望能知道更多的資訊，這樣才能確定自己所面對的情況。」蒐集一些資訊來加強你的「眞理」所提供的可靠與溫暖，永遠可以令你獲利。

☆邏輯VS.隨性

根據自發性的衝動做決定，是不適合雙子座北交點人今生的這個實體。如果你突然產生想要搭飛機到秘魯的渴望，應該停下來，根據邏輯想一想。就長期而言，根據邏輯做決定，而不是根據對高度期望的相信，對你來說會比較好。今生，雙子座北交點的人不能不考慮所有的事實就選擇捷徑。

你也必須學習把邏輯思考運用到日常生活之中。例如，如果你的眞理之一是對友誼價値的信仰，則你需要把自己的目標時時放在心上，也就是「創造友誼」。之後，應該觀察何種行爲可以創造友誼。點頭之交如何可以發展成爲深厚的友誼？成功的友誼之間，存在什麼樣的共同特點？邏輯可以告訴你，什麼樣的行爲最能夠創造你所追尋的友誼。

最重要的，邏輯可以安撫你。它提供一種連續的過程，透過這樣的過程，事情可以成功，亦可以使你感到寧靜。當你使用邏輯時，會覺得與外界有所聯繫，還可以透過社會有效地運作。在有新狀況發生時，雙子座北交點的人可以藉邏輯的方式，來制定處理焦慮的計畫，這樣的計畫可以讓你感受到自己所需要的那種持續感。

☆**傾聽**

雙子座北交點的人今生到這個世界上來，是爲了透過社會散播眞理的能量。當你無法令別人看見更高層次的眞理時，通常是因爲沒有仔細傾聽那個人眞正在說些什麼，也沒有適當地做出反應。如果你可以精確地接收別人談話中所表達的意思，就可以找到適當的時機及適當的詞句，與別人建立屬於對方層級的關係，將你的眞理傳遞出去，使別人得以聽見。當你做出適當的反應時，那種脫節的感覺就會消失。這是需要耐心的工作，也需要你對潛在關係的可能性，感到足以令你投入時間及能量的興奮。

但是有時候，你對於誰「値得」你付出耐心是很挑剔的。有趣的是，你有能力與每一個你碰到的人，創造眞正的溝通。你習慣與一些也在追尋眞理的人交往，但是今生你不能只跟某一位哲學家說話。你需要傾聽一般人的話語，例如郵差或雜貨店裏的店員。你可以與各樣各式的人建立關係，但必須找出那些自己有訊息要傳達的人。

你必須相信，宇宙會把適當的人帶到你的面前。每當與人發生溝通不良的問題時，就表示那是你必須付出耐性的對象。溝通不良對你來說，是一面紅旗子，它所表示的意義是你必須放慢脚步。

☆**外交手腕**

雙子座北交點的人今生最主要的目的就是教導別人。如果別人不了解日常眞理的意義，那就是你可以溫柔教導別人自己所領悟的事物的機會。這個部分最有效的字包括「溫柔地」、「有技巧地」、「關愛地」、「圓融地」、「和諧地」、「社會性地」……。你應該與別人分享你的訊息，但不致令別人覺得自己是「錯誤的」。這樣別人就不會採取防衛性的措施，而且可以成功地接收訊息。

雙子座北交點的人是一個天生的幫手，當你看到某人碰到麻煩時，通常都是最早伸出援手的人之一。但是，你沒發現自己想法背後的確定性具有自以為是的特質，你的聲調、你表達的方式常會讓人覺得是在說教。

你眞的很希望給別人現有的答案。但是，你要學習的是，即使你有解決的辦法，如果使用的是富侵略性的表達方式，別人是沒有辦法聽得進去的。這就好像餵一個小孩吃藥，在苦口良藥外層加上可口的甜衣，可以讓每一個人輕易地吞下去。你需要學習一些策略，如何以簡單、資訊化的方式，讓別人願意吞下去。

☆尋求建議

雙子座北交點的人很不願意尋求建議，因爲你擔心求教於人會顯示出自己不肯定，同時認爲自己早就知道別人會說什麼。實際上，別人可能會告訴你一些你完全意料不到的事，而且或許這正是可以解決你問題的良方。不要忽略他人的力量，有人的確可以幫助你從不同的角度看事情，並讓你獲得新的見識。

每當你沒有透露自己正面臨問題，但卻發現別人竟然會知道時，總是十分吃驚。你認爲，如果你表現出樂觀的一面，別人就會相信一切都很好。事實上，別人對你的情緒通常都很敏感，而且經常會恰好擁有可以幫助你的資訊。

擴展及整合

☆教育

正式的教育對雙子座北交點的人而言，是有好處的，你會將吸取新知視爲一種享受。這種廣泛的學習可以幫助你擁有更「寬廣的視野」，並使你跟得上社會的脈動。它提供一個架構，使你接觸各種不同的觀點，避免你陷入自己的「眞理」之中。

閱讀也可以讓你練習以別人的思考模式去觀察生命。你就好像電腦中空白的硬碟，對資訊極爲飢渴。你希望自己所閱讀的東西，範圍涵蓋各種不同的主題，否則可能會感到厭煩。除了可以擴展視野之外，閱讀還可以提供與別人交談時的不同主題，這也使你對與別人建立關係更具信心。

☆新環境

對這個族群的人來說，讓自己處於不同的人之中，是一件有益的事，因爲每一個不同的人都可以讓你了解有關自己的新事物。你通常會以道德或精神的角度去觀察事情，所以會願意自別人身上學習。新的情況會迫使你質疑自己是誰，或你相信的是什麼，所以你必須去接觸人們、提出問題、閱讀等。換言之，你應該要盡可能地去學習每一種新的情況。這是你從別人的觀點去認識這個世界的另一個機會。

如果雙子座北交點的人嘗試安定下來，並避免個人成長，會發生一些外在的情況，促使你去迎向一個新的挑戰。由於這是「預示失敗或災厄臨頭的徵兆」，所以你應該選擇直覺所指出的方向，並心甘情願地前進。但是你對於自己想要精通的課程，可能會十分固執。

你需要意識到這種傾向，並刻意開放自己進行改變，才能避免必須被喚醒時所造成不必要的精神或肉體上的痛苦。當你選擇改變時，新的情況會驅動你，並使你重新回到生命的洪潮之中。

☆寫作

雙子座北交點的人體驗自己所追求的整合的最佳途徑之一，便是定期性的寫寫東西，例如日記、書、文章等。拿起筆寫下心中所想事物的這個實際過程本身，就可以增強你的信心、穩定性等。寫東西可以爲你帶來平靜，安撫內在的浮躁不安，並釋放緊張及焦慮。

這個族群的人是極富天分的作家，或許你要很久以後，回顧以往所寫的東西時，才會發現這個事實。你具有以簡明扼要的文字，清楚表達自己想法的能力，這種方式實際上比言語的溝通效果更好。另外，當你開始寫出自己的問題或經驗時，焦點會集中在你的潛意識，而你所尋找的答案，就會從字裏行間躍出。

寫東西對你來說，是極佳的釋放。如果你對某人生氣，或覺得被誤解，最佳的治療方式之一就是寫一封信給那個人。即使你從未眞的寄出這封信，只要把自己的感覺寫出來，就可以讓你覺得舒服多了。你甚至可以寫：「今天眞不順，我覺得壓力好大！」僅只是寫下任何當時你所注意到的事物的動作，就可以放出部分緊張的精神能量。這麼一來，就可以釋放沈重的精神壓力，帶給自己所需的平靜。

對你來說，寫作甚至可能是很不錯的職業。寫作有極大的彈性及成長的空間，因此可以是你所追求的「那個目標」。你不需要依賴任何企業或組織，在任何地方都可以做自己，並從事你畢生的工作。這是一份吸引你的工作。

☆說話

雙子座北交點的人非常習於安靜，所以在一個大團體中，很可能會不好意思分享你的訊息，但卻可以成爲一位極成功的演說家。在你仔細傾聽團體中其他成員所表達的想法之後，可能會發現所敍述的情況及實際狀況之間，存在若干的差異。如果有這種情況，你的任務是分享你眞實的經驗。你可能會被極大的能量及熱情所淹沒，以致不確定自己所說的是否正確。但是如果你覺得必須說一些話，使事情較有系統，就應該放手去做，並與別人分享。

要成功達到前述的目標，首先要確定你已經聽到並了解別人所說的，之後再給予正面的回響，以肯定這個人，例如：「你說的內容極爲動人，具有令人感動的眞誠，富有勇氣。」如果別人說的話可以讓你發生共鳴，將會更有幫助。只要你首先肯定別人所說的，別人就會肯定你所說的話了。

☆教導

雙子座北交點人今生的實體，是要教導別人。你來到這個世界是要帶給人們眞理、原則，以及如何將道德實際運用於社會之中。你了解宇宙的律法，並希望協助別人學習如何以實際的方式，運用於日常的生活當中。

你今生學習的是眞理就在言語之後，還有你必須仔細傾聽別人所說的話，以了解別人所問的問題。如果你放棄對眞理的觀念，並認眞傾聽，就可以自然而然了解別人的信仰體系，並藉誠懇的問題或新的資訊，自發性地說出可以將雙方觀點轉換爲對眞理新的認識的話語。

當雙子座北交點的人視自己爲教師而不是哲學家時，整個分享眞理的經驗會發生轉換，並成爲極大的愉悅。做爲教師，你並不期待別人應該知道你所知道的東西，因此你在傳達自己的訊息時，會有更大的耐心。當你協助某人發現他自己的眞理時，你可以體會到和諧，並分享眞理出現時所帶來的溫暖。

做爲教師，你必須放棄具有成見的觀點，並允許別人自由思考，不試圖引導別人做出與自己相同的結論。這是眞正的問句與反問句之間的不同。

一個眞正的問句，是鼓勵別人表達出與他內在眞理一致的答案，而反問句則是操縱引導別人，說出已經預設的結論。反問句對你來說是沒有用的，眞正的問句及邏輯是雙子座北交點人所帶來協助別人找到更高層次認知的禮物。當你表現出眞正的教師應有的風範，可以爲每一個人帶來雙贏的局面。

適應社會

雙子座北交點的人必須學習如何珍惜人類的關係，以及在平日與他人交流時維持善意。你很容易因爲過於注意自己的眞理及目標，而忘了應該對別人溫和的重要性。

由於你許多次的前世一直追求精神眞理，所以擅長誠實、坦白、毫無隱瞞的溝通方式。當你這麼做的時候，會有永恆的感覺，讓每個相關的人都獲得祝福及啓發，充滿心靈對心靈的溝通。之後，還會產生一種感覺：「今晚讓我們慶祝吧！……讓我們爲過去哭泣及歡笑吧！……讓我們計畫並夢想未來吧！……讓我們掌握現在並一起分享吧！」

雙子座北交點的人在願意表現眞實的自我時，擁有開啓全新層次的溝通能力。你不需要一定是「對的」，也不一定要當英雄。

☆問題

問題對你而言，是極爲可貴的工具。問一個問題比提出答案要好得多。如果你無法與某人發展出和諧的關係，應該詢問那人一個問題（不是一個反問句，而是一個眞的問題），眞誠努力地去了解另一個人在想什麼。通常對方在回答問題時，會對自己原先的想法感到遲疑，因爲雙子座北交點的人擁有眞理的能量。

只要你的動機是建立關係，那麼正確的溝通，也就是該說什麼、如何表達等等，自然會淸楚出現在你面前。在你掌握訣竅之前，這可能會很困難，並需要刻意的努力。你必須強迫自己傾聽並提出問題，對你來說，控制內在的煩躁不安是相當困難的。但是對雙子座北交點的人而言，提出問題、獲得更多資訊，是很重要的事。這會讓你覺得自己已進入情況，並能達到交流的目的。

會使你遭遇難題的誤解，主要是因爲談話有兩種：一種是日常會話，在這種會話之中，人們只談論日常生活的種種；另一種則是只有在討論性靈探索或極重要的主題時，才會產生更深一層的連結。有趣的是，雙子座北交點的人只有在話題不觸及生死、哲學或重大決定時，才能與別人進行眞正的溝通，做更深、更有意義的分享。

你的人際關係可以從談論生活中簡單的事物開始，但是這個族群的人必須眞正投入及提出問題。當你以這種方式投入時，會發現每一個人都想接近自己，因爲對他人來說，與你談話是極爲愉快的經驗。你也會想與許多不同的人接觸，因爲你可以享受從中得到的各種經驗。

然而，這個過程牽涉到放棄控制。雙子座北交點的人善於簡短的談話，但是當你問一位朋友：「你爲什麼要去芝加哥？」時，你不知道那個人會回答什麼。這也就是說，你不知道如何反應。所以基本上，你必須將談話的主控權交給對方。

在某一個層級上，你會覺得很好，但你老擔心自己會不知道下一句話應該說些什麼。不過，如果你眞的放手，並讓對方取得主控權，你想說的話就會自然而然地脫口而出，而你眞實的自我也會以正面肯定的方式呈現。

當你願意嘗試去釋出控制權、詢問別人有關生活上的問題，並對維繫關係保持開放的態度，彼此間的關係就會建立起來。你可以信賴大自然的力量，相信宇宙本身在將能量於兩個人之間移轉時，自然有它的道理。有趣的是，當別人問你問題時，你倒是一點都不會覺得畏懼，因爲這是與別人分享你的眞理的機會。

雙子座北交點的人希望能與對方達到更高層次的交流。你希望能將雙方的關係擴展至自己獨力就可以達到的境界之上。但是只有透過與對方眞正的溝通，新的、更開闊的觀點與解決對策，才會清楚浮現出來。

☆**社交禮儀**

因爲你獨自在山巔待了極長的時間，所以已經忘了與他人相處的微妙之處。你可能會像闖進瓷器店的一頭牛，只是匆忙衝向自己的目標，完全沒有顧慮到身邊的人的微妙感覺。你沒有意識到應有的社交禮儀，因爲你不習慣生活應有的社會之中。在社會中，人們通常是以能得到他人支持的態度，來達到自己的目的。

花點時間使自己不要與他人疏遠是很珍貴的，因爲孤立常常會爲自己在滿足需求的路上，製造不必要的障礙。你要學習如何讓社交禮儀增強你在社會中生活，並從中得利的能力。

☆**肢體語言**

你可以藉意識別人的反應及肢體語言而獲利。但你通常只會專注於所要傳達的訊息，而不是你的言語所造成的影響，往往在說完某件事之後才發現別人臉上吃驚的表情。在這種時候，你應該向對方確認：「我發現你剛才往後退了一步。是不是我說了什麼，傷害或冒犯了你？」

如果對方說：「是的。」你可以回答：「噢！我並無意傷害你，我想我們之間可能有誤會。你以為我說的是什麼意思？」幾乎你在人際關係中所有的問題，都可以歸咎在疏於溝通。

今生，這個族群的人要學習認識自己，並了解做一個人類的意義。當你體驗不同的環境時，對人類天性的了解就會增長。而且，所有不同的生活經驗，都可以給你教導。當你更了解自己，承認矛盾本來就是人類經驗中的一個部分，就會接受自己天性中的各種不同面。這可以打開一條了解並接受別人內在矛盾的途徑，如此一來，當你回到人類家庭時，就會受到歡迎。

治療音樂 *Music*

由於音樂是可以在情緒上支持我們去冒險的有效工具，所以我分別為各個族群的人寫了一首治療歌曲，希望能協助你以積極的方法提升你的能量。

在你我之間

這首歌的訊息是希望能輕易將雙子座北交點人的注意力，由自己對眞理的觀點，轉移到與身邊的人分享。以此為根據，你就可能得到與別人之間彼此的共識及眞實關係兩者的快樂結合，最後你還得以體驗自己一直在追尋的眞理能量。

節錄部分歌詞

你我之間有互信的回憶，
但最後又失去了。
你我之間存在誤解，
準備再試一次……

然而，你我之間有磁力相吸，
你我之間有通路及承諾。
你我之間有使我們結合的感覺，
你我之間——有愛！

第4章

如果你的北交點位於巨蟹座 或北交點位於第四宮

星座箴言

不要吝於流露自己真正的感覺。

總論

應發展的特質

針對這個部分的努力，應可幫助你找出被隱藏的天賦及才能。

★注意並肯定自己的感情
★移情
★教育並支持別人
★建立自己的基礎及安全感
★誠實表達感情及不安全感
★謙和
★接受別人的弱點，情緒波動但不帶批判
★維持對自己感情的注意力

應擺脫的傾向

努力降低這些傾向所造成的影響，可以使生活更輕鬆、更有趣。

★對每件事及每個人的控制欲
★未能完全了解情況就想掌控的衝動
★忽略過程，過度注重目標
★覺得應對每一件事情負責
★在親密的關係中隱藏自己的感情及畏懼
★做一些希望能獲得別人尊敬或羨慕的事
★關切別人的感覺卻忽略掉自己的感受
★做「社會可接納」卻不完全誠實的事
★認爲事情必須很困難才能表現它的重要性

應避免的陷阱

巨蟹座北交點的人應該了解自己的致命弱點，在於對掌握控制的需求，「我要是能讓你生活得很像樣，就能完全放鬆了。」但實際的情況是，你對於任何情況或任何人的掌控力，都不足以讓你感到放心。當你嘗試在未受邀請的情況下，去掌控別人的生活時，正是在不當地侵犯別人的責任。你最需要避免的陷阱是無止境地追尋肯定，「要是別人會以尊敬的方式肯定我的貢獻，我就會覺得自己很棒。」但這是一個無底洞，因爲他人所提供的肯定，絕對無法令你感到滿足。只有在你透過以支持的方式指導他人，並從內心肯定自己所做的貢獻是重要的，你才會覺得充實。

你永遠無法得到足夠的權威讓自己覺得放鬆是安全的。從某些角度來說，你一定要冒一點險，並讓別人知道自己眞實的一面，以及自己的感受，如你的不安全感、害怕被拒絕、擔心被放棄、自己無能等。

有趣的是，當你嘗試讓別人看清楚你的眞面目以後，你才能獲得完全的安全感，因爲在勇敢表現自己眞實的感覺時，你已經在更深一層的境界，掌握了自己。

什麼是你眞正想要的

你眞正想要的是在生命中的每一個時刻，對自己的生活有完全的掌控。你需要相信自己擁有成功的力量，而這種需求是永遠無法獲得滿足的。爲了達到這個目標，這個族群的人必須時時了解自己的感覺及不安全感，並與別人分享自己的眞實面。

承認你的不安全感可以爲巨蟹座北交點的人建立一個堅實的基地，根據這個基礎，你可以在外在的世界創造成功，因爲你不再需要以隱藏或壓抑自己感情的方式與自己戰鬥。這種做法可以給你足以達到目標的平靜與內在的信心。

藉著承認自己的情緒，你也會了解別人的感覺。只要你維持對別人的注意及支持，就可以得到你所需要的幫助。

你的才能及適合職業

巨蟹座北交點的人擁有指導及支持別人的天賦，所以任何可以幫助別人成長的職業，不論是肉體上、精神上或情緒上，對你來說都是愉快的。比較好的選擇包括與食物相關的職業，如餐飲、飯店等，或房屋修護、在家中工作。

你在銷售或投資房地產等業務方面，也會有很好的成績。不過在做這種投資時，必須利用你的直覺，而且遵循自己的直覺前進。

巨蟹座北交點的人也有極爲可靠及精確的生意頭腦，同時還擁有敏銳的與人磋商、談判的能力。你直覺地知道如何可以使事情完成，並在生意場上成功。然而，當你的職業所牽涉到的僅只是商場的「敏銳」時，你反而感覺不到快樂，因爲你所追尋的是，利用商業方面的直覺，實際的或在財務上給予別人幫助。

正面肯定的信念

- 「當我嘗試去控制時，我就輸了。」
- 「當我與他人分享我的感覺時，我就贏了。」
- 「只有在我肯定別人具有掌握自己生命能力時，我才是贏家。」
- 「讓我的感覺流露出來，是沒有關係的。」
- 「無法永遠都掌握住每件事情，也沒有關係。」
- 「沒有人可以不承認我的感覺。」

你的個性

前世

☆剝奪（deprivation）

許多巨蟹座北交點的人，過去幾世的實體都是生活在極有組織的男子修道院、女子修道院，或是一些富宗教氣息、管理嚴格的團體環境之中。你被隔離於一般的家庭交流活動之外。由於你過去所擁有交互依賴、處理人們的情緒，以及接受自己與他人自然的人類欲求等的經驗很少，所以缺乏對家庭關係本能的安逸感覺，這種感覺對其他交點的族群來說，是極爲普通的。

在以往的生生世世之中，你被訓練成壓抑感情、直覺、對性渴求，以及任何其他肉體感官上享受的人。節制及紀律是最首要的，而被剝奪了人類各種歡愉部分後，所獲得的回饋是尊敬及擢升。今生你仍然有與他人單純、世俗交流隔絕的傾向。你已經習慣將生命中的喜悅延後享用，而延遲往往會造成永久性的否定。

你擁有「崇高的目標」，在這個目標達成之前，你會擱置其他所有的事情。這個目標通常會附帶一種正直的感覺，你不允許自己被俗世的誘惑所分心。唯一的問題是，這是一個永遠的目標，你會因下意識想達到精神最高境界的渴望而無止境的追尋。但是由於這個目標是永不終止的，所以你總是處於奮鬥不懈的狀態中，永遠沒有時間經營人際關係、享樂，甚至眞正的生活。

巨蟹座北交點的人在前世，已經被訓練成習於壓抑對生活的「感覺」（指情緒上的），以使自己的焦點集中於所專注的更高的目的。但是你的心卻很渴望與他人有所連結。你期待能有所歸屬，並體驗與自己所愛的人創造一個家庭，卻又對這種感覺感到不安。

在你前世之中，由於受到太長的紀律訓練，所以根本不知道應該怎麼做——你羞於表現自己的感情。你對別人的遲鈍反應，其實是你生來就對自己的感覺遲鈍所產生的副產品。但是今生這個實體，以較高境界的目的爲名來壓抑你的感覺，是與你的靈魂對完成及實踐的需求背道而馳的。

☆尊敬

前世這個族群的人都能有極高的成就，你可能是政府高官、重要的社會人士或極具威望的名流。過去你曾是藩臣、政客、商人、家中總管。巨蟹座北交點的人前世大多具有「老闆」的功能，你管理別人，並扮演導正社會的角色。

由於你曾有許多前世都是處於鎂光燈之下，你今生仍在找尋你的觀衆。尊敬對你來說，是極爲重要的。你許多行動的動機都是爲追求別人的尊敬。你會做出個人極大的犧牲，爲堅持自己所相信的原則不惜放棄個人需求，但是你還是無法得到尊敬。你習於扮演權威的角色，但是現在沒有人會遵循你的方向，而你還搞不清楚爲什麼。你常常會因爲不知道發生什麼事情，而感到沮喪，當這種情況一再發生時，你的心也會愈來愈硬。

在現實中，你的成就是憑自己的力量達成的，也是給自己的回饋。但是巨蟹座北交點的人下意識仍在追求別人因你高貴的犧牲而給予的感謝。這種潛意識使你要完成一項工作時，會遭遇不必要的困難。如果你放棄「得到榮耀」的需求，就可以輕易達到你的目標，並在過程中享受屬於個人的愉悅。對你來說，今生的計畫並不是要藉個人的犧牲來贏得別人的尊敬。每當你將尊敬做爲評估自己是否處於「軌道」之中，就會「出軌」。

在你的前世，尊敬對你而言，是一個有效的指標。但是長久以來，你一直扮演公衆人物，擁有高度的權威，所以你變得很寂寞，也覺得被孤立。有這麼多的責任，個人回饋卻這麼少，這種情況會一而再地反覆出現。現在你的本命星圖是設計爲不讓你將成就、尊敬及榮耀等，放在較個人的角度之上。

巨蟹座北交點的人需要把更多的注意力放在重組自己的生活，使其可以同時滿足個人需求及達成長期的目標。這一世之中，你不需要爲了別人而維持某種形象。事實上，當你致力於達成目標時，即使只是做了一項不錯的工作，不但可以令自己快樂，也能滿足公衆的需求——這裏所說的公衆可以是你的家庭，也可以是全世界。你其實可以從這項工作中獲得回饋。但是如果你直接去尋找，就會脫離軌道。

你仍然是成功的大師。但是如果你追求成功的動機是爲了得到別人的尊敬，就永遠沒有辦法感到快樂，因爲你對尊敬的需求，是貪得無厭、毫無止境的，你永遠不能滿足。

令人感到諷刺的是，你要得到滿足的關鍵在於學習如何尊敬別人，而不是要求別人尊敬自己。當成功得來太容易時，你就會有自我中心的傾向，並會以爲自己很重要而得意忘形。你可能會變得非常大意，而且會在無意間將你曾經如此渴望得到的獎品推開。對你來說，以謙遜的態度去迎接成功是極爲重要的。這麼做可以放慢你的脚步，並使你有機會去接觸這個新開始的能量。

你需要學習如何尊重這個時刻——新的關係、新的工作、新的機會或新的家，並學習以溫柔的意識去對待這個初始的階段，如此方可爲成功奠定一個穩固的基礎。一旦你放慢自己的速度，就會很自然地知道正確的方法。

當巨蟹座北交點的人有意識地去尊敬並推崇自己之上的事物時，如生命帶來的機會、幫助自己的人等等，你的方向會發生改變，而且會以新的態度去接近別人。你會以愛心、關注、同理心，以及極度清楚的方式去對待別人，並創造對相關的每一個人都具有正面效果的情況。你眞正需要的是將自己導向給予別人尊重，而不是追求別人對自己的尊敬。如果你可以做到這一點，你的生命會發生奇妙、雙贏的轉變。

☆目標方向

爲了要達到一個重要的目標，你會無怨無悔地犧牲。辛勤地工作對你來說是很正常的事。你會很樂於一天工作十二個小時，你會放棄個人的樂趣，也會延後放鬆的時間。甚至，你會不計較所需花費的努力，親自全程監督，確定工作可以成功地完成。但是，由於你太習慣過去管理的職務，所以只要一有機會，就會希望可以把細節的工作分配出去。這倒不是因爲你對細節看不上眼，而是因爲你希望可以把注意力放在更大的目標上。

巨蟹座北交點的人是達成目標的高手。由於這種天賦是與生俱來的，所以一切似乎都是在無意識之間就可以自然、輕易的完成。當你心中有一個目標時，就會對任何機會隨時保持警覺。你會把每一件事物視爲達成目標的踏脚石。然而，如果你沒有一個可以投入的目標，你的天賦異稟就可能會逐漸退化，而你就會以控制別人爲目標，並繼續維持這種狀況。

這些需要更明確地知道自己想要達成的目標，以免在不知不覺中，基於不希望得到自己不想要的東西，又開始操縱別人。爲了達到這個目的，你前世的目標方向可以發揮一些效用。

例如，如果你有房子出租，而且不希望租金會遲交，你可以告訴房客你所想要的：「我會盡一切可能，讓你覺得住在這裏很舒適。我唯一沒有彈性的事情是，租金一定要每個月一號交到我的手上。如果我沒有在每個月一號付銀行錢，就會有麻煩。所以我必須在一號拿到房租。你可以接受嗎？」

在職場上，如果你不希望員工遲到，或是做事馬虎，可以藉以下的談話加深員工的印象：「請注意，我們是一個團隊。如果我們的工作沒有做好，公司就不能賺錢，我們也就只好回家吃自己了。所以我們應該遵守以下的規則：上班不要遲到、做事要……，這樣才能確實達成目標，而每一個人也都可以獲利。」

由於前世，巨蟹座北交點的人在達成高社會地位的目標之後得到回報，所以在這一生，潛意識下可能仍希望選擇可以為你帶來尊榮的目標，而不會選擇自己內心真正想要的東西。但是這樣會給你帶來麻煩。

你今生必須重新定義到底什麼是對自己而言眞正重要的東西。你對目標投入是很好的，但如果你是以人際關係做為代價就不妙了。否則，即使你能達到目標，也無法感到快樂。這就是你需要將自己的需求放在為別人「表現」之上的理由。現在是拋掉你的形象的時候了。企圖透過「扮演別人」的方式來贏取尊敬，最後會失去你自己的滿足及幸福。

固定格式

☆嚴肅

在這一世之中，巨蟹座北交點的人很容易把每一件事情都看得很嚴重。因為你在前幾世中，把「整個世界」的重量都放在自己的肩上，所以到了今生，還是覺得自己負有重大的責任。你會被能激發出自己使命感的人或狀況所吸引，最後還覺得應該為自己身邊每一個人的命運負責。即使當你還是孩子的時候，就常常為父母其中一人的幸福負責；這種狀況通常是母親。

你生來就非常「老成而嚴肅」，即使是開玩笑，你還是很嚴肅。你可能要到晚年才會了解，或許

「輕鬆一點」對你是有好處的。

由於你嚴肅的舉止，常會錯誤地發出一種能量，讓別人以爲你是不易親近的。這主要是因爲你前世的實體的確是不易親近的，而在無意識的情況下，今生你仍會繼續表現這種態度。現在你的態度被別人視爲冷漠、「高人一等」，而且不需要也不想要任何人的任何東西。但是，一旦你突破「迴避」的藩籬，會發現你其實是非常脆弱，也是極爲樸實的。

不幸的是，最懂得欣賞巨蟹座北交點的人，往往會因爲你冷漠的外在武裝而卻步。有時，巨蟹座北交點的人會吸引那些汲汲營於名利但不眞誠的人，因爲你希望能控制他們。你最深切的渴望是接近能與你眞誠相待的人，所以承認並放棄令人望而卻步的冷漠態度，對你來說是百利而無一害。

你正在學習如何以較輕鬆的態度去面對生命及自己，但是這並不容易。你對嚴肅的處理方式極爲執著，你認爲這樣才能幫助你達成目標。但是實際上，你可能會驚訝地發現，當你不那麼嚴肅、認眞時，工作反而能夠比較順利完成。當你放輕鬆，以較有趣、開放的態度去面對生命時，你的能量會獲得平衡，你會變得更有效率。他人會想要「跟隨」你，而你則可以從中得到許多樂趣。

☆遲鈍

由於巨蟹座北交點的人在過往的生命中都扮演權威的角色，所以你還是會習慣去掌握控制權。查看田是否耕好，生意成不成功，其他依賴你力量的人是否達到目標，這些都是你的責任，因爲你必須確定每一個人都能生存。因此，你會站在統治階層，並於了解如何達到目標之後，開始分派工作給別人，但又不花時間去解釋每一個人所扮演的角色。

你常常會將焦點過度集中於達成目標之上，所以會忘記眞正的成功不只是推動一些促銷活動，或是累積帳戶內的數字而已。那些幫助你的人，不應該被視爲物品。巨蟹座北交點的人一定要花時間去了解別人的情況，並建立情緒上的關連。

如果你肯花一點時間去表現對另一個人的興趣，這個人將會支持你的目標。例如，一個員工遲到時，與其去譴責這名員工遲到的事實，不如去了解他家中是否發生了什麼事，是不是有什麼問題造成員工經常性的遲到。你要常常記得站在別人的立場去思考，並以一顆易感的心去對待別人；這也正是你希望被對待的方式。

巨蟹座北交點的人不論任何事情，最不願意自己看起來不是處於最高階層的狀況，但是你常常覺得自己沒有解決情緒上困擾的能力。你忽略了感情的重要性，你會把任何感覺視爲要完成一項工作時會遭遇的干擾。當你自己的情緒影響到實際的成果時，會對自己有極爲嚴厲的批判。當別人的問題干擾到工作的進行時，你也會以同等嚴厲的方式去批判別人。這種態度常會使你看起來像是不關心別人，同時也會使別人很不容易與你建立關係。

有時候巨蟹座北交點的人對於不知如何處理自己沮喪情緒的人，會以「大罵」的方式對付。這種方法會壓過相關人等的感覺，導致別人在你面前不敢表現自我，因爲別人不知道到底什麼事情可能會觸發巨蟹座北交點人的怒火。

他人在巨蟹座北交點的人學習如何以新的方式與人們相處之前，都會覺得「如履薄冰」。這個族群的人將會發現，其實你只需要以關愛的方式，承認並接受別人情緒上的困擾問題，你就可以解決問題。之後，亦可以協助別人重新將焦點轉回手邊的工作。

巨蟹座北交點的人在你對感覺，不論是自己的或是別人的敏感度方面，缺乏持續性。你不是過度敏感，就是全然遲鈍。如果你能在比較持續性的基礎上，意識到與他人維持融洽關係，你的行爲舉止就比較不會傷人，而藉此亦可以避免在最後傷害到自己。你正在學習如何把持續性的意識與個性中其他部分相整合。

☆抗拒

巨蟹座北交點的人抗拒去接受他人提供的建議，喜歡做自己的事。有時候，你會有一點狂妄自大，因爲你認爲你無所不知。別人若想獲得你的尊敬，必須擁有你想不到的點子，這樣才會讓你留下深刻印象，覺得終於找到可以給自己些什麼的人了。

你只會在某位眞正成功於某事的人告訴你成功的經驗時，接受他的建議。你只會對眞正身體力行的人，而不是只會空口說白話的人付出敬意。這也是你可成爲成功生意人的理由之一。你不會被別人的想法所影響，也不會受到「快速致富」秘訣的誘惑，你永遠會查看表面以下的部分。

或許是由於受到前世宗教價値觀的影響，巨蟹座北交點的人通常不會因爲貪婪欲望而成爲祭品。你不會受到「以小搏大」、「以小錢賺大錢」等神話的誘惑，這也是你之所以成爲成功商人的另一個理由。你是實際的，而且願意努力工作，知道如何一步一腳印地朝目標前進。你擁有精確的直覺，可以將每一條小線索連起來，掌握整個大目標。

因爲你受到內在目標指引的程度極深，所以當你面對挑戰時，會在與別人共同面對之前，想出自己要走的方向。你通常會對這件事很執著。你想做決定，因爲你會對一切的結果負責。你很不容易接受別人的協助，因爲你認爲別人無法掌握整個狀況。

然而，其實一個最成功的管理者，是在做最後決定之前，知道如何誘導出他人的回饋，並將每一個人的觀點均列入評估。這個族群的人必須了解一個事實，那就是沒有一個人可以預見每一種可能，而且如果在採取行動之前，可以先尋求別人的貢獻，生活會更輕鬆一點的。

原則

☆工作倫理

巨蟹座北交點的人有時在人事管理方面會遭遇困難。你遵循嚴格的工作倫理行事，希望別人也與你有同樣的方式。問題是：以自己做爲標準，你沒有辦法激發其他工作夥伴的最佳潛能。沒有人可以勝任，因爲這個族群的人願意「不計一切代價」完成一項工作，但是別人可能根本不願意這麼做。他們或許一開始就會有挫敗感，導致無法發揮所有的能力，因爲他們知道，不論怎麼做，永遠沒有辦法達到巨蟹座北交點人的標準。

由於你有許多次的前世都是居於權威的地位，所以直到今生，還是有強烈的衝動去告訴別人應該怎麼做。你對規則、紀律及目標方向等，都有極強的意識。基於這個原因，最後你常會落單。

「老大」常常是孤獨的，這是美國前總統杜魯門「責無旁貸」（The Buck Stop Here）的哲學。前世這個族群的人，由於「老大」的角色扮演得太好了，所以也失去了自己的人性，以及對這個世界的歸屬感。因此，在這次的生命實體中，你最高的目標就是尋求重新得到歸屬感的方法。

爲了要讓自己擁有歸屬感，激發出員工或合作夥伴的最佳潛能，巨蟹座北交點的人可以嘗試各種方法。最重要的是，你可以試著在職場與別人交朋友，引導別人發表意見，對別人的生活產生興趣，並花一點時間從私人的層面去了解其他的人。這種方式對巨蟹座北交點的人來說，好像沒什麼意義，但是去了解你的工作夥伴，可以大幅強化你的事業能力。

另外，你還可以讓別人「放輕鬆一點」。藉給予別人肯定、注意到別人做得不錯的方式，巨蟹座北交點的人可以將正面的能量灌輸到別人身上，方式包括肯定別人的價值、讓他們知道這個工作沒有他們是不可能完成的。受到敬重的員工會在你需要他們修正時，較願意傾聽，並徹底完成工作。

☆走我的路，不然就從高速公路直達

巨蟹座北交點的人對於別人應該如何做事，有一個極理想主義的觀點。如果別人不能勝任，這個族群的人很可能會決定放棄他們，而不願意再縱容或花時間去誘導。這種方式正反應出你要求「做好，沒有任何藉口」的態度。

你不了解絕大多數的人跟你並不一樣。你應該發展對別人的敏感度，尤其是工作時。你一定要了解，因爲自己對工作表現的特殊標準，常會忽略了別人的感覺；而你這套標準，是非常刻板的。你應該允許別人不按照自己的標準過日子，你今生所要學習的是別人也有自己的做事方法。

有時候，你會由於不知道如何掌握控制權而產生沮喪，進而感到氣憤，甚或會選擇退出。稍後，當你重新思考之後，你又會回來尋求彌補。你可能會以某種方式表達你的歉意，你可能會說：「我知道我脾氣有點暴躁，不過脾氣發過就好了。」你也可能會以不同的方式尋求補償。

當你犯錯或是粗暴地對待別人，以致傷害到別人時，勇敢地認錯道歉是正確、有用的。之所以說勇於認錯是正確的，是因爲你可以藉此得到對謙和及相互關係的新認識，而且可以讓他人有機會發現：你其實不是鐵石心腸，你也會犯錯。這種行動可以拉近巨蟹座北交點人與他人之間的距離，所以不論基於何種理由，誠摯地道歉，是有百利而無一害的。

巨蟹座北交點的人過去的生命實體，一直都負起將工作完成的「最高責任」，所以今生你一定要讓別人負起這項責任，並體驗管理的經驗。要達成這個目標的方法是扮演需要者的角色，並將所需要幫助的問題提出，做爲別人的工作。這對巨蟹座北交點的人而言，也是一種學習。

當你採取「走我的路，不然就從高速公路直達」的方式，主要是因爲你不是很清楚如何找到居於其間的路。你會覺得很糟糕。你不知道如何才能得到正面的反應。由於你前世對目標的方向及達成，已經相當了解，所以今生這個實體要學習如何將你的知識，用增強別人能力的方式，傳遞給別人。透過這樣的過程，你才能獲得最大的喜悅，而你的目標也才能達成。

☆堅守承諾

不論你所扮演的是什麼角色，是老闆、情人、員工或朋友，巨蟹座北交點的人是非常值得信賴的。你總是能遵守諾言，你對自己能毫不動搖地堅持負責到底及遵守承諾，感到十分自豪。但是今生這個實體，對承諾的執著可能會偏向極端。這個族群的人會在根本沒有必要的時候也做出承諾，並堅持信守這個承諾，即使這個諾言早已不合時宜。你可能會只為了堅持承諾，而犧牲自己，並忽略自己對安全感的需求。

例如，如果你答應參加某項活動，即使覺得不舒服，而且明知出去會使病況惡化，你也可能會勉強自己去參加。或者，你會苦守一個具有破壞性的婚姻，而不願選擇具正面意義的關係，因為婚姻是你最初的承諾。你所說過的話，成為你的枷鎖，你不明白為什麼別人沒有與你相同的價值觀。你常會害怕與別人做協定，因為你擔心一旦做出承諾，就會受困。

守住承諾的觀念是正確的，但若過度執著於這個觀念就不怎麼妙了。這樣將使你無法與你的直覺及自然的脈動溝通，那是可以讓你體驗情緒滿足及個人進一步成長的重要關鍵。巨蟹座北交點的人絕不能為了承諾而犧牲自己對快樂的追求。你應該要重新衡量各種情況，決定那一件事對你而言才是最重要的事。有趣的是，當你跟著自己的直覺前進，並追求自己眞正想要的事物時，最後的結果也會對他人有益。

你的需求

肯定你的情緒

巨蟹座北交點的人有一種強烈的需要，那就是你的感覺可以被肯定；你需要藉以加強自己對感覺的意識，並給自己的感覺表現的機會。你即使到了今生這個實體，仍存在前世壓抑感情的習慣。你可能會無意識地建立你童年的環境，讓別人以爲你雙親之一不認同你的感覺，而且不鼓勵你讓別人了解自己的感覺。例如，在美國的文化裏，幾乎每一個男孩都曾經被這麼告誡過：「做一個男子漢，不能哭！」巨蟹座北交點的男孩子會對這種說法非常認眞。你的父母可能會給你大約一百種不同的指示，但是唯獨這一項你聽得最清楚。這個例子說明了你前世的生活形態如何延續到今生，並因而造成某些必須獲得平衡及解決的特性於今生再次出現。

☆冒險把自己的弱點表現出來

你務必不可忽略你個人的需求，或是假裝你的感覺並不存在。你的感覺已經被壓抑了好幾世，所以你擁有強大的「不可被否定」的能量。巨蟹座北交點的人今生應該要體驗從較親密的層次去關懷別人，以及被別人關懷的個人生活。然而，由於過去太多的時間你都處於壓抑的狀態之下，所以將自己情緒上的弱點暴露在別人面前，會令你感到極爲害怕。

「什麼？我應該讓別人知道我的感覺？你一定是在開玩笑！爲什麼我要將自己的感覺暴露在別人眼前，任別人宰割？」因爲你過去一直習於掌握主控權，所以這種情況會令你驚慌失措。但是誠實表達自己的感覺，正是今生對你極爲有用的方式。在今生，爲了讓你的個性可以比較圓融、柔軟，你的感覺一定要被肯定。

進一步的壓抑會讓你的感覺更強烈，且更具威脅性。你抗拒表達你的感覺天性愈久，你就會變得愈無能。巨蟹座北交點的人今生必須學習如何將自己的感覺與其他部分整合起來。有幾項最好的技巧可以利用，其中之一就是經歷具有威脅性的情況，並體會因而被激發出來的感覺。在認知你感覺的過程之中，被誇張的部分會消失於無形。

但是巨蟹座北交點的人已經發展出一種直覺的反應，就是不計一切代價避免產生任何感覺，所以你的情緒似乎被凍僵了。生命可以是枯燥乏味的，縱使有許多外在的成就，但卻缺乏內在的意義及滿足。因此，這個族群的人今生最大的挑戰，將是鼓起勇氣與自己的感覺接觸，並將這些感覺提出來與別人溝通。

誠實表達這些感覺，不一定要針對這些感覺去「做些什麼」。這樣可以肯定這個族群的情緒，並允許這些情緒與個性中的其他部分做整合。

另外，由於前世對情緒的壓抑，這些族群的人到了今生這個實體之後，會帶著一些羞赧。你會覺得自己沒有與別人在「感覺」的層次發生關連的能力，因爲你過去實在極度缺乏練習。不過，一旦你習慣了，會發現你比其他任何交點的族群都更有天分。這裏所說的天分是指以有利於雙方，且可加強雙方力量的方式，對他人的感覺做出反應。你只是需要一點時間，讓情況發展到可以對自己這個部分感到自在的階段。

☆支持鼓勵及熱情

或許由於前世如僧侶般的經驗，巨蟹座北交點的人對熱情有極大的抗拒，同時也有極強的自我控制能力。你被設計爲「永遠不會失去控制，永遠不會解放自己」，所以情緒上的熱情關係，對你來說，代表極大的挑戰，但這項挑戰最終可以讓你獲得自由。

你過去有多次前世是將自己阻絕於自然人類本能之外的，所以當面對熱情，也就是人類最強烈的感覺時，你會以畏懼的方式因應。自動「解除連結」的按鈕會按下，之後你會轉身逃向相反的方向，因爲你不希望失去控制。

當你與某位激發出你熱情的人交互作用時，你最原始的渴求會開始活動，並要求接管全局。由於這些渴求過去一直受到壓抑，所以現在看起來無法抗拒，而且極度強烈。有趣的是，巨蟹座北交點的人最怕的也正是你最想要的。

你渴望體驗來自與另一個人深刻關係的滋潤及成就感。生命中沒有任何其他的東西可以滿足你。遲早，你一定要放手，讓另一個人將自己的情緒激發出來，以體會今生的完整感。熱情可能會是痛苦及沮喪的最主要來源，也可能會是帶你超越內在限制，並破除你與別人之間所建立起痛苦的圍籬。

巨蟹座北交點的人極度需要穩定的基礎，你可以從這個基礎了解你是被愛的，且是安全的。你需要有可以依賴某事、某人的感覺，這些事或人可以在你有需要時，提供你棲息的處所。在內心深處，你所尋求的是與自己一樣強壯、可靠的人，會愛你及照顧你。

但是由於你對支持及保證的需求極為強烈，所以當有人提供時，你會因為擔心失去，而希望能掌握控制，以便保有它。有趣的是，當你試圖去控制時，反而會將自己最需要的東西推出門外。

只要你仍試圖從外在去尋找愛及安全感，就會遭遇失望。這也是為什麼最終你需要發展出能敏感了解自己需求的理由。你需要「擁抱自己」，在希望能從別人處獲得之前，先提供自己滋潤及愛。你需要重新給自己保證：「一切都不會有問題……，不要擔心……，我會照顧你。」在這個過程中，你向外的、以目標為導向的能量，會開始在你的內部沈澱，這時你就可以感到獲得滿足及滋潤。

當你自己的能量被放在中心時，對其他人而言，你可能會是脆弱及敏感的，因為你關照到自己的需求，而且在情緒上已經獲得安全感。當你不再迫切需要被愛時，他人就可能會愛你。當你給自己再保證時，可以得到足夠的內在信心，使你可以安靜地與別人在一起，而不必去控制，也不一定要「看起來很好」或是覺得必須「做些什麼」。當你可以保持在只是「存在」的狀態時，只要做真實的自我，就可以去滋潤他人。

肯定

由於過去的生命實體獲得許多成功及肯定，你來到這個星球時，便具有極強的內在驕傲。你習於生活在因你的成就而獲得的高度肯定之中，你希望他人能繼續提供你驕傲的理由。唯一的問題是，不論別人給你多少的肯定、讚許，你永遠沒有辦法感到滿足。永遠要下一個目標達成時，才能感到快樂。如果你仍然繼續這樣的模式，就無法獲得勝利。

從這個角度來說，來自前世的驕傲已經成爲孤立你的一道圍牆。由於你極爲習於達成目標，所以下意識地，你會看不起那些還不了解成就感快樂的人。這種優越感使巨蟹座北交點的人與別人的關係更爲疏遠。你今生的目的是教導他人如何達到自己的目標，只有在別人達成目標的前提之下，你才會認爲「正確」，並感受到不可思議的喜悅。

☆讓事情複雜化

巨蟹座北交點的人常常會因爲過度執著於追求別人的尊敬，所以會在無意識的情況下，讓生活變得複雜；而只有如此，你才能因爲你的犧牲而獲得別人的肯定。你常會認爲，一件工作必須非常困難，才能顯示出它的價値。你會不斷告訴自己某件事是極爲困難的，導致最後整個狀況眞的變得無法控制、無法處理。這是不利於自己的模式。

事實上，獲得成就對你而言並不困難。在童年時期，你可能會不費吹灰之力就做好一件事，因而得不到別人的肯定。正因如此，你會重新評估：如果工作比較困難，別人會比較注意自己、同情自己、肯定自己。所以現在，已經成年的你，可能會遭遇一些你也無法克服的問題，如體重、習慣、財務狀況等等。你眞的相信，這些問題是你即使盡全力也無法克服的，而你會因此覺得自己是這種情況的犧牲品。

例如，我曾有一位巨蟹座北交點的客戶，年紀約四十出頭。早在她二十來歲時，體重過重就一直困擾著她，然而她並不覺得食物會是任何問題。有一次，在失戀之後，她又增加了十磅。她立即開始第一份減肥餐，嚴格遵守所有的規則，很輕易地，她瘦下來了。她根本不知道減肥應該是很困難的一件事。

六個月之後，她的一位朋友，也是這位客戶很希望能得到對方尊敬的朋友告訴她，她所吃的這份減肥食譜是假的。這個人不斷地說，要減肥是多麼的困難。我的客戶聽到這番話之後，體重立刻增加了十磅，不久又增加了二十磅，而在她的年輕時代，她都一直處於高出標準體重三十磅的狀況。多年以來，她一直都覺得很挫敗，因爲對她而言，體重過重已經成了一個無法克服的問題。

當這位女士開始把她的目標想成非常「困難」，而且試圖達成這個困難的目標以希望能得到別人的尊敬時，她就失去了達成這個目標的能力。幸運的是，當我後來再看到她的時候，她已經減掉了三十磅，而且維持適當的體重已經超過兩年了。她只是決定面對這個問題，並將達到她所希望的體重做爲第一優先。她把前世所累積的完成工作的力量，完全拋諸腦後。她存了一些錢，到「胖胖農場」度假，回家後繼續遵守這個農場的食物、運動養生法。

當你最後終於決定去做某事時，總會遵守紀律去克服這個問題。你不要再對自己有過度嚴格的要求，你應該負起責任，將生活推向規律。這是很簡單的工作。不論別人是否會因而尊敬你，或是同意你的方式，你只要去做，而且不要小題大做就可以了。

你一旦掌握狀況，就會自動進入警戒狀態，並吸引有助於自己達成目標的人及想法出現。去完成長久以來期待的目標，對你是有利的，因爲你可以在達成這個目標之後，獲得自由，並在新的目標出現時，勇敢去追求。你永遠都會有新的目標。

☆界線

巨蟹座北交點的人在心中，存在非常明確的邊界觀念，超過這個界線之外，就是不容別人侵犯的區域。你的極限不是不可理喻的。你需要被關照，才能對自己覺得滿意。問題在於，別人不知道你的界線在那裏，所以有時別人會在不知情的狀況下，侵犯你的界線。

當這個族群的人覺得受到侵犯時，通常在侵入者的前面會維持緘默，但之後卻會在他人的前面不斷抱怨。你需要學習如何對那些讓你覺得不受到尊重的人，做出直接的反應。你應該說：「停下來，這是我的界線！」同時讓別人知道你的感受。

這可能會很困難，因爲你對別人情緒上的反應會感到害怕，也擔心別人生氣時，你會不知如何是好。這種心理使你不敢直接說出心中的感覺，因爲你不希望必須爲自己的感覺做合理化的解釋。

其實你只要說：「你看，當你這麼說的時候，我有受傷的感覺。」若是在商場，你可以說：「你看，這就是我的方式。」

巨蟹座北交點的人今生仍在學習如何不要讓別人忽視你的感覺。感覺是一件極爲個人的事，自己是唯一可以精確描述親身體驗的人。例如，如果我站在一群人之中，腳拇趾被刺到了，我可能會說：「唉唷！我的腳拇趾被刺到了。好痛喔！」旁邊可能會有人回答：「不會這麼痛吧？我的腳拇趾以前也被刺過。」但是事實上，我才是權威，被刺的是我的腳拇趾，而我是唯一知道我的腳拇趾感覺的人。

同樣的，沒有人可以抹煞掉一個人情緒上的感覺。當他感到失望、受傷、沒有安全感或孤獨時，只有當事人才能知道自己的感覺。就好像只有自己才知道當腳拇趾被刺到時，到底有多痛。

安全感

☆基地

這個族群的人需要將焦點放在如何與自己的基地連結。這麼一來，你就有一個安全的處所可以停留。這對你來說，十分重要，因爲唯有如此，你才可以體驗眞正、深入的分享。一旦你與自己的基地接觸，就可以將觸角向外伸展，並成功地與別人互動。

如果別人的能量逐漸傾向於過度集中或趨於混亂，你可以退回到自己安全的處所。但是如果你沒有建立與自己「基地」間的通路，可能會將別人的基地誤認爲是自己的基地，並試圖去控制別人，以穩定這種關係。當巨蟹座北交點的人與位於自己體內的「家」有所聯繫時可能與別人相處時會感到比較舒服。

買一間住宅是可以加強巨蟹座北交點的人對擁有基地意識的另一種方法。有時，當我們在物質層面做一件事，往往可以治療情緒方面的問題。巨蟹座北交點的人買房子，就是最好的例子。如果你的住家環境又安全又舒適，你在追求自己的目標時，就會覺得更有自信。擁有一個穩定的家，可以加強你的能量，讓你在表現自我時，覺得更放心、更穩定、更安全。

事實上，你對不動產投資有過人的天分，在這個領域可以有極出色的表現。當你成爲不動產經紀商或是銷售人員時，通常都會有「好生意」上門，而且你會有與生俱來的智慧，讓每一個與這項交易有關的人，利益均霑。

你可以從很客觀的角度來看一棟住家，你會把它當做一樁生意，而且不會因爲情緒上的因素，或別人對「你的家」的感覺，而受到影響。你會找出適合客戶最基本需求的房子，例如接近好的學區，或在某一個合理的價位區等等。你可以了解什麼對客戶而言是最重要的因素。你也精於以富創造性的方式去建立業務，使客戶願意在即使看起來極不可能的情況下，掏腰包付錢。

從投資的層面來說，你擁有極佳的眼光，可以找到一個「極佳的不動產投資標的」，重新裝修之後將它出租。你可藉此開展你的業務，並達到你所希望的水準。你知道如何將資產的經濟效益發揮至最高，例如將一棟大房子分割成數間獨立的公寓，並予以出租。但是，你對不動產的慧眼，只能運用在已稍有一些建築結構的產品。

☆歸屬感

這個群族的人在過去好幾次的前世之中，都為了外在的因素而努力，今生，在你的內在有一部分缺乏歸屬感。你永遠都處於前進、尋找下一個努力的目標、或承擔某項計畫的狀態之中。你最深切的需要是擁有歸屬感，讓自己舒適自在及放鬆。

但是對你來說，要眞正「屬於」某處，是極為困難的事，即使是與自己的家人在一起，你也常常會感到與這個家庭有點「格格不入」。要改變這種狀況，並於自己的內在取得歸屬感，你可以先從誠實面對自己內在的衝動做起。

例如，如果巨蟹座北交點的人聽到別人說朋友的閒話，他最好先了解自己的直覺。他「覺得」這項資訊是不是眞的，或是有沒有理由為這些閒話生氣。如果他感覺平靜，他大可以相信這種感覺。事實上，巨蟹座北交點的人在相信自己，且按照自己的直覺行事時，就可以得到歸屬感。

你也需要去體驗歸屬於他人的感覺。你可以藉著讓別人了解自己何時會感到脆弱，得到歸屬別人的感覺。這麼做可以給別人展開雙臂、擁抱巨蟹座北交點人的機會，讓你了解自己是如何地被愛。

今生，巨蟹座北交點人的感覺需要被注意，需要與敏感及支持自己的人在一起。對這個族群的人而言，必須發展出一種能力，以分辨那些人會給予自己關切，並在情緒上支持自己，而那些人則不會。最佳的方法是在別人的行為影響到自己時，誠實表達出自己的感受，之後再看看別人是如何反應的。

例如，如果巨蟹座北交點人的朋友主辦一個聚會，但沒有邀請你，最佳的處理方式是直接告訴這位朋友：「你沒有邀請我參加這個聚會，讓我覺得被遺忘了。」不要辯白、不要試圖操縱，只要誠實告訴對方你對這件事情緒上的反應即可。如果這位朋友說：「你不應該有被冷落的感覺，因為我去年邀請你參加過三次的聚會！」並忽略你的感覺，你就應該從這件事中，認清這位朋友並不眞正在乎自己的感受。

從另一個角度來說，如果你的朋友說：「很抱歉你會有這種感覺，我了解你的感受，但這次的狀況比較特殊……。」並解釋事情的原委，那麼巨蟹座北交點的人就可以知道這是一位會重視自己感覺的朋友。

你通常都會在親密的關係中，將自己的感情隱藏起來。但有趣的是，這麼一來，你就無法與別人發展出自己所希望的親密關係，同時也會阻礙你建立可讓自己感到充實的互動關係。親密關係是在表達個人感覺、使這些感覺為他人所了解及接受之後，所產生的一項副產品。「感覺」使生命更為充實，而巨蟹座北交點的人生來就有開放自己從較深、較個人的層面，體驗彼此關切所帶來滿足感的權利。

你的人際關係

控制

對巨蟹座北交點的人而言，想要掌控的傾向是你親密關係中的最主要陷阱。這種傾向自然而然地就發生了，你根本不知道自己在做什麼。你永遠會領先兩步，企圖壓抑自己的行爲以控制別人的行爲。例如，如果你發現你的搭檔陷入困境、想要脫離現有的關係時，你會休一個假，讓另一個人擁有較大的空間，並因此願意留下來。

你非常願意犧牲自己的感覺及需求，只求能讓周遭的人獲得滿足，並維持在「控制之中」。但當你這麼做時，其實沒有一個人是眞正的贏家。

☆控制自己

你其實對情緒是極度地敏感，不論是自己的或是別人的。他人以爲你是不敏感的，但實際上，你極爲敏感，你不知道如何處理發生於自己內部，或是與他人之間的情緒問題。在你仍無法有自信及輕鬆的體會與別人之間的「感覺」之前，最自然的反應是試圖去控制自己及別人，因為如此才能將感覺的問題壓抑至最低水準。你會試圖重組你的搭檔，以控制這段關係，但是這樣就會忽略掉關心的要素。最後，產生疏離感。

當巨蟹座北交點的人在無意識的狀態下行動時，通常會將維持圓潤的工作關係，看得比實際狀況發生時，每一刻的交互作用來得重要。

你可能會對自己的行為設下極為嚴苛的限制，按照你自以為搭檔所希望的模式行事，藉以掌控整個狀況。你下意識的想法是這樣的：「我允許你來控制我，因此你會成為我所希望的樣子。」所有行為的動機都是為了創造一種可預測的、穩定的狀態，而這種狀態是你所能依賴的。但是你必須付出的代價是，犧牲和他人之間真實情緒的分享、聯繫，以及維持親密關係的活力。

有時候，你會將情緒視為一種弱點。當別人變得情緒化時，你會退縮，並感到一股寒意，因為別人的情緒觸發了你想要掌握所有機會的直覺。當這種情況發生時，最好能盡量避免去利用這個機會。對你來說，這時的挑戰就是停在原處，不要嘗試去取得掌控權。如此一來，在你獲得放鬆之後，本能地就會知道該如何去做真正有助益的事。

由於你過度習慣承擔責任，所以很容易會認為應該為別人的感覺負責。你認為所有的事情都必須依賴你。此外，這種習慣會使你刻意去壓抑自己的情緒，以避免另一個人不愉快。但是把真實的自我及感覺隱藏起來，對任何人都沒有好處。事實上，隱藏自己的感覺及恐懼的情緒，會使情況無法完全恢復正常。巨蟹座北交點的人今生最重要的課題之一，就是為了另一個人，你要學習如何不壓抑自己的感情。

事實上，你是想確認自己的感覺可以受人肯定，而你的需求也能被滿足。而你如果不關照自己的需求，就無法幫助別人。其實，你做的事如果是爲了追尋快樂，以及內在的充實感，就能同時讓你的搭檔獲得自由，而你們之間的關係也能更蓬勃發展。

☆控制別人

在巨蟹座北交點的人建立屬於自己的情緒認知之前，會吸收別人的情緒反應，並將之融在自我意識中。當你周遭的人生氣時，你也會生氣。然後你會試著去控制別人，覺得這樣才能掌控自己。通常危機發生時，你都能提供即時的建議，事實上，你有幫助別人釐清狀況的特殊能力。但是，由於你有壓抑自己情緒的習慣，所以也有壓抑別人感覺的傾向。當一個人生氣時，這個族群的人最原始的反應是去否定對方，並要求對方保持平靜及理性。你有不可抗拒的衝動，想掌握主控權，並重新建立秩序，而且通常是在還沒有完全搞清楚狀況之前。

你必須盡量避免誘惑，不在別人還沒開口問之前提供不成熟的建議。你應該做的是，將焦點集中於可以與別人分享的教養、情緒上的能量。你必須肯定並接受人們波動的情緒，將之視爲是非常自然的現象。

有時候，你會過度耽溺於情緒上的發洩，例如生氣、大罵、覺得受到侮辱等等，藉此來逃避你內在的感覺，以讓狀況結束。在你破口大罵後通常會立刻恢復正常，但此時每一個人都已破你嚇到，並各自回到原來的位置，而你也就不需要去處理潛在的感覺問題了。

情緒性的宣洩是你掌控局面的另一種方法。由於他人皆不希望涉入衝突，所以你會覺得自己如履薄冰且被孤立，但是卻不知道爲什麼。

潛意識裏，巨蟹座北交點的人會試圖避免情緒發生波動，因爲你不知道如何去處理這樣的問題。你必須面對的一大挑戰是，學習在不動怒的情況下，面對並處理你認爲不適當的狀況。你可以做的是更有耐心地面對眼前的人，如此就會對另一個人感到好奇，並問一些可以幫助自己進一步了解狀況的問題。當你能以較宏觀的角度去看一個問題時，通常可以在不觸犯任何人情緒的狀況下，獲致協議。

有時候，你對另一個人立場的關切之情，可以紓解抗爭，而另一個人也可以幫助你搞清楚如何找到你想要的東西。由於今生，巨蟹座北交點的人是要來學習如何與別人在「感覺」的層面發生關連，而不是在精神的層面，所以你需要放慢腳步。

爲了提供別人願意傾聽的建議，你首先必須建立感情上密切的關係。這是需要相當時間的工作。當另一個人覺得他的情緒已經得到了解，自然而然地便會接受你所提出的建議。

巨蟹座北交點的人是長期的目標達成者，你會提供極佳的建議。當你聽到一個問題時，會極專注於如何達到成功及解決的手段。但有趣的是，你會吸引特定的一些人，而這些人所具有的問題正好與你今生必須學習的事物相同。藉著傾聽自己告訴別人的那些由內而生的解答，你會了解什麼是自己必須做的事，也可以使你覺得與別人建立了關係。

巨蟹座北交點的人面對的抉擇是控制與關懷。每當你以控制爲出發點，而對某種情況做出反應時，你就輸了。反之，每當你以關懷或希望能有所幫助爲出發點，你就能得到勝利。

因此，當你要打一通可能讓你感到缺乏安全感的電話之前，或是涉入某種狀況之前，應該先做一件重要的事：那就是暫停一下，想清楚自己的動機是什麼。這麼一來，你就可以知道自己的行動是不是立足於穩固的立場之上。如果你是以眞正關懷另一個人的立場出發，在你們有所互動時，對方可以感受到你的關懷，並做適當的反應。

☆目標修正

巨蟹座北交點的人不了解在別人的眼中，自己是多麼喜歡控制全局。今生，如果你仍執著於完成應該完成的工作，會因爲過度的投入，而完全忽略了身旁人的感受。當別人生氣時，你會覺得自己被孤立，但卻不知道發生了什麼事。

例如，我有一位客戶是巨蟹座北交點的人。她在一個社區買了一戶房子，由於希望能協助確保這個社區運作順利，所以自願出任廣場視察工作。工作內容是每星期「巡邏廣場」一次，並在發現住戶違反社區規定，如任意停車、播放收音機聲音過大時，開立罰單。

她非常認眞執行她的工作，很快地，她已爲自己製造了許多敵人。由於她的焦點只放在進行自己的工作上，所以完全忘了去考慮別人在接到罰單時可能會有的感覺。巨蟹座北交點的人今生要學習如何去了解別人的觀點，了解當與別人易地而處時，自己會有什麼樣的感覺。這可以幫助你，如何成功的與別人進行互動，且更具信心。

由於前世居於權威地位的經驗，有時候對別人而言，你看起來像是「公事公辦」的人。這對雙方而言，都是一種損失。雙方都會在與對方接觸時感到不自在。巨蟹座北交點的人以爲每一個人想要的目標，都與自己所希望的目標相同，所以只要目標可以達成，你會不計一切代價。

但是其實別人並不這麼想，這可是大大地出乎這個族群的意料之外。而且別人可能會搞不清楚爲什麼你認爲這樣的方式是正確的。你可能需要有更清楚的解釋，說明你的工作在整個計畫中所扮演的角色。別人不像巨蟹座北交點的人一樣，在過去的好幾次前世之中，一直以達成目標爲導向，而且可能也無法了解那些對這個族群的人而言，極爲明顯的策略。因此，巨蟹座北交點的人必須放慢自己的脚步，花點時間去做溝通的工作。有時候，你必須寧願不要知道答案。

例如，前面那位社區的女士，她或許可以不要在發現有人違規時立即開罰單，使自己成爲別人憤怒的標的，而是再一次向違規者說明社區的規定，並與他們討論這些爲什麼會是符合每一個人利益的規定。她可以請教「違規者」，他們會如何執行這些規則。

巨蟹座北交點的人需要願意不以「高高在上」的姿態出現，你應該允許別人提供意見，使工作圓滿達成目標。在這種狀況之下，「違規者」可能會說：「不要擔心，我立刻會把車開走，這樣妳就不用開罰單。謝謝妳讓我了解。」生命中有許多比「達成任務」更重要的東西，例如以雙贏的方法與別人溝通所帶來的滿足。

情緒危機

巨蟹座北交點的人在人際關係中，眞正想要的是感到安全無虞，而且知道別人愛的是自己眞實的自我。然而，由於你不願表達自己的感覺，所以別人根本無從了解你，甚或愛你，這幾乎是一件不可能做到的事。你所面臨最大的挑戰是允許自己軟弱，並願意冒險表達自己的感覺，建立屬於自己及別人的情緒特質認同感。

但對你而言，這麼做好像會使自己的生存陷入危機，而且這種感覺極爲強烈。不過，這些都是讓自己快樂或成功地與別人建立關係，且讓自己覺得自在所必須採取的步驟。

☆溝通感覺

你可能是眞正孤獨的人。由於你非常害怕承認自己的感覺，所以也不敢冒險讓別人親近。你不希望受到傷害。不過，你現在要學習的是，擔心受傷比實際去體驗自己最緊張的感覺要來得糟糕。你因爲不習慣，所以遠離自己的感覺，但是實際上，只要試著練習表達，你會發現生命更深的層面，以及極大的滿足感。感覺讓生命增添許多色彩及內容；這是一個個人私有的喜悅泉源，沒有這道活水，在這個星球上的生命會是枯燥無光、平淡無奇、孤獨無依的。

巨蟹座北交點的人擔心會被感覺所壓倒，並因而失去控制。但是，你根本不需要擔心會永遠被自己的感覺打敗，因爲你沒有逃避責任的想法。即使你發現自己被沖向反面的方向，也永遠都可以藉著內在的能力而掙脫。你正在學習相信感覺是短暫的，就好像海洋中的潮汐一樣。當實際去體驗並放手之後，就會經常有不同的情緒及感覺。

感覺會爲生命增加另一個層次，這個層面可以使你與他人完全相通。只從心靈面與別人互通，將使彼此的關係呈現不足。今生，你必須學習當你開始重視別人的感覺時，可以欣賞到對方各個微妙的層面。而藉著與別人分享自己的感覺，巨蟹座北交點的人會讓對方更能欣賞自己。

例如，如果一個巨蟹座北交點的人對某人充滿熱情，但卻又不表現出來，兩者之間就沒有溝通。但如果他勇敢表達自己的感情，那麼兩個人就可以有溝通的機會。感覺除了可以透過肢體語言表達之外，亦可用言語傳遞。如果你覺得熱情澎湃，那麼根據自己的直覺去擁抱別人，或是牽他的手，是沒有任何問題的。

你下意識的控制欲常會使你處於「檢視」的狀態之下，希望你所做的永遠都是「正確」的，但這只會擱置你真正的感覺。你可能會花許多時間做操縱式的思考：「如果我這麼做，會發生這樣的結果；如果我那麼做，會發生那樣的結果。」所有的事情都成了一種策略。但是你終將會變成操縱自己，並錯過享受生命中「感覺」的部分，除非你懂得相信自己的感覺，讓它帶領你在人際關係中遨遊。

在今生這個實體之中，巨蟹座北交點的人必須以誠實做爲底線，而不是所謂「可容於社會」的事物。你必須明白當感覺無法溝通並發生作用時，就沒有所謂的「無窮的機會」。你的情緒必須獲得認可。你絕對不可以認爲自己無法表達感覺。這可能是一條孤獨的路，絕大多數的人都不會建議誠實說明在這條路上所發生的狀況。但是對這個族群的人而言，眞誠是唯一正確的途徑。

☆親密

巨蟹座北交點的人需要自問：「如果一種關係不是以眞誠的溝通做爲基礎，在艱困時期應該從什麼角度去看待搭檔。」這個族群的人希望、也需要體驗親密的關係，而要建立這種關係的方法是呈現自己脆弱的一面，不是試圖去控制。

或許表達正面的感覺會比較容易，但是你必須記得，你表達畏懼、悲傷、關切、沮喪、憤怒或不安全感等感覺的動機，並不是要爲這些感覺找一個合理化的解釋，或是延後它們的產生，而是將眞實的自己呈現出來，使自己能被釋放出來。當這個族群的人壓抑自己的這些感覺時，是沒有用的。

其他交點的人在做自己或讓別人了解自己的感覺方面，可能不會碰到什麼問題，但對巨蟹座北交點的人而言，這卻是需要極大勇氣的一項挑戰。你需要透露並溝通自己眞實的感覺。你必須以言語表達出自己的感覺。你的動機必須只是揭露你內在的自我。之後，如果另一個人不論以任何一種方式表示否定，你就可以知道，他是不能與你分享眞實親密關係的人。但是這個方式卻會給那些可以與你一同成長、提供你溫暖支持的人，一個認識你的機會。

前世，由於巨蟹座北交點的人一直都是那個負起責任的人，所以必須能夠將自己所說或所做的每一件事情，予以合理化。你會在考慮清楚所有可能出現的反應之後，再開口說話。今生，你不再需要為每一件事情找合理的解釋，你從宇宙獲得一項特權：你只需要做自己，並分享你的感覺即可。你不需要為其他人可能有的任何反應負責，你甚至不需要知道為什麼你會有某種感覺。但有時候，溝通感覺的過程可以讓你清楚知道所發生的狀況，或者也可以讓另一個人對你更加了解，這都能帶來具正面意義的回饋。

所有巨蟹座北交點的人都必須做的一件事就是：說明自己當時所知道的事。例如，「你所說的話讓我覺得不太自在，但是我不知道為什麼。」「當你這麼說的時候，我覺得很生氣。我不知道為什麼，但我希望你知道我的感覺。」「我覺得很緊張，這好像讓我變得話很多。」「我知道這是我們雙方同意的事，但在事情逐漸發展之後，我卻開始感到不自在。」

不論你害怕會發生什麼，當這個族群的人真的願意冒險與他人分享自己的感覺，並讓別人了解自己產生這種反應的背景，問題會以對雙方都有利的方式獲得解決。巨蟹座北交點的人過去的生命模式極為複雜，但是今生對你來說，做正確的事是易如反掌的。

支持與平等

☆父母角色

對你來說，安全感及信心是來自於自覺地支持別人的動機。當這種支持是明確地以平等為根據時，你的人際關係會有蓬勃的發展。但是，由於前世你幾乎沒有什麼傳統家庭的體驗，所以很容易會被困於只能扮演一種角色：威權、獨裁的「父親」型。因爲你過去習於責任、組織及控制，所以會以爲別人沒有辦法做得像你一樣好。當緊急狀況，甚或只是可能有緊急狀況的徵兆發生時，你會立即投入，並開始組織動員每一個人；這是一種自動的反應。

巨蟹座北交點的人老是希望知道別人到那裏去，或別人在做什麼，因爲你太過於習慣爲每一種情況負責。但是今生你要學習的是，支持與剝奪別人生命中的責任，是不同的兩件事。你今生最大的挑戰之一是了解別人的弱點、不要妄下斷語，或試圖去糾正某種情況。

爲了抵銷扮演「父親」角色的傾向，不論是男性或女性，都可以嘗試扮演一個負責教養、支持的「母親」角色。你需要學習扮演較具女性化的角色，以達到平衡的目的，接收能量並眞實地自心底發出反應。這麼做可以使你較爲柔和，並讓別人接受並獲利於你的能量。

巨蟹座北交點的人需要從自己的不安全感中去了解其他的人，而不只是從權威角度去看。如此，你就不會覺得受到威脅，還能以平等的地位與別人建立關係。

以下是一個父親與母親對比的範例。當別人生氣時，巨蟹座北交點的人所具有「支配的父親」傾向的部分，會告訴這個人怎麼做才能驅除負面的情緒。你會在無意之間否定別人的感覺（這也是你對待自己的方式），讓別人覺得自己不受肯定、得不到成長。

在今生，巨蟹座北交點的人要學習發展自己的同理心。你一定要傾聽別人的聲音，並了解別人的痛苦，就好像一個母親了解孩子的痛苦一樣；你的了解可以協助療傷。對一個孩子說：「我親一下，會讓痛痛不見。」其實不如下面的這句話符合邏輯：「下次，你不要讓自己處於這樣的狀況下，就不會受傷了。」然而，安慰的第一個訊息應該是別人所需要的，以及別人希望從自己身上得到的東西。

先肯定痛苦的存在，讓這個痛苦的人知道你的關心之後，就可以做一些有用、實際的建議。前世，他人會因爲你的成就而給你肯定及讚美。今生，你需要將這個過程倒轉過來，並提供別人支持及鼓勵。你今生是來滿足別人的需求的，當你這麼做的時候，自己也能獲得成長及安全感。在走出去幫助別人時，你的需求也會自動獲得滿足。你在滋潤別人的同時，自己也可以獲得滋潤及充實。

在所有的感覺之中，巨蟹座北交點的人絕對無法處理的就是拒絕。雖然你正在學習如何對別人的感覺敏感，但是由於你來自一個對自己感覺過度敏感的星球，所以對任何含有拒絕意味的暗示，都會產生極爲誇張的反應。你應該更客觀一點，將焦點從自己本身轉移一部分出去，並更了解應如何對他人的立即需求做出反應。

例如，我曾有一位巨蟹座北交點的客戶，他是一家牛排店的股東。如果有客人因爲牛排做得不好而將牛排退回時，他常會把這件事看成是個人的問題。他的立場是：「我烹調的方式沒有錯呀，這個客人是不是有問題？」

當你將任何情況下的焦點都放在你的能力上時，你總是充滿防衛性。你一定要跳脫自我，並更清楚了解你能如何使別人獲得成長。當你把焦點放在如何使別人覺得受到支持及關懷時，每一個人都是贏家，而且能量會大增。

感覺在我們的自我認同之中，是極為重要的部分。造成你哭泣的原因，可能與令你的姊姊或朋友落淚的理由完全不同。我們的感覺是一種個人特質，當巨蟹座北交點的人表達出自己的感情時，也正是開始讓別人認識眞正自己的時候。

通常你會認為別人不能了解你，也不允許你做自己。其實是你不給別人眞正認識自己的機會，因為你擔心自己看起來會與別人不同。奇妙的是，當你最後終於可以顯現出眞實的自我，而且願意冒被排斥的風險時，會發現自己眞正歸屬的地方。

當你說出心底的話、說出內在滿溢的情緒時，對別人而言，那是極為迷人的行為。所以別人通常會以同理心及支持做為回應。有趣的是，對巨蟹座北交點的人而言，最個人的感覺實際上卻是最不具個人色彩的。

世界是以何種角度去看待事物，或是別人眼中的你，對你來說似乎是極為個人的問題，因為自我是這些問題的中心點。但是當你表達自己的感覺及直覺時，自我其實是完全置身度外的。這完全是一種直覺，所以你怎麼能夠居功呢？這不是在你思考的過程之中獲得的結論，而只是誠實的反應罷了。

你的目標

相信感覺

☆微調

巨蟹座北交點的人在前世累積了大量的正直。你需要堅持這種誠實，但必須透露你內在思考的過程，並讓別人了解你的感受。由於過去曾有許多次的實體在社會中扮演極爲重要的角色，你很習慣自己「是一號人物」的狀況，假裝「擁有一切」，以滿足社會的需要。但是今生，你的感覺是如此的強烈，因此你非常要求能被肯定。

對別人來說，你可能看起來很冷漠或非常認眞，但這是因爲你下意識試圖去否認自己的感覺，希望使自己看起來能夠「高人一等」。直到現在爲止，壓抑你的感覺是非常自動的一個反應，但是爲了要使今生這個實體快樂，你的反應程式需要重新設計。

要達到這個目標的方法是：放慢脚步，花些時間去傾聽自己的聲音。一般而言，你在開始有所感覺時，會忽視這種感覺的存在，也可能會採取直接反對的行動。現在你應該重新訓練自己，不要迫使自己立即說明自己的感覺，而是等待足夠的時間，讓感覺出現之後再進行溝通。

這對巨蟹座北交點的人而言，是全新的經驗，就好像練習走路或講話一樣，所以你一定要有耐心。當你進行測試時，會發現身邊的人，很奇妙地，都會對你的新行爲表示支持。這種方式可以刺激別人，並拉近彼此間的距離，創造眞正的親密關係，而不是一種膚淺、長期的關連。

由於巨蟹座北交點的人過去許多前世之中，一直會因爲壓抑自己的感情而受到鼓勵，所以很容易就把感覺視爲一個弱點。但是感覺其實與脆弱之間，一點關係也沒有，它們所反應的只是肉體的反應罷了。巨蟹座北交點的人可以說「因爲我快樂極了，所以我是脆弱的」嗎？當然不，因爲這只是另一種感覺罷了。

直覺絕對不會誤導這個族群的人脫離軌道。通常你情緒上的反應會促進你與人互動的一致性，或是預言未來。巨蟹座北交點的人害怕無法掌握主控權，或自己是錯的。但是你不應該讓這種畏懼感阻止你，你應該說：「這是我目前的想法，這是我所感覺的東西。」

你的直覺永遠都是對的。當你允許自己表達情緒時，就是一種好運。對你來說，情緒是正面且具有治療作用。讓自己的感情流露出來，可以使你產生迷人的魅力，使所有相關的問題迎刃而解。

☆溝通

巨蟹座北交點的人對成就有一種直覺，所以可以將設定的目標視爲最大的挑戰，或是誠實透露出自己的感覺、畏懼、弱點，而充分利用這種直覺。你一定要學習這麼做，因爲如此方能建立與別人之間的同理心。如果最初你不好意思讓別人知道你的感覺，可以嘗試用寫信的方式表達。或者，如果在具關鍵性的時刻，突然「忘了」應該說些什麼，可以做一些筆記幫助記憶。

你的目標必須是以負責、不埋怨的方式，將你的感覺反應誠實表達出來。如，「你昨天沒有如約打電話給我，讓我覺得沒有安全感，並感到沮喪。因爲我告訴你我會等你的電話，所以我拒絕了另一個邀請。」這個族群的人需要說明實際發生的狀況，然後再轉達自己在這些狀況發生後所產生的感覺。之後，你應該閉嘴，讓另一個人有反應的機會。

你一定要放慢速度，並給雙方的互動一個適當的開始，那是一個允許兩個人互相調適的空間，而不是立即將焦點集中於結果之上。

通常巨蟹座北交點的人會因爲自己每次都必須扮演強者的角色，其他人都仰賴自己的幫助，而覺得很煩。你可能會由於自己有所需要時，卻找不到人可以給自己一些建議，而忿忿不平。讓自己一直處於「高人一等」的地位，會使你覺得距離別人愈來愈遠。你必須允許自己接受別人的協助，同時也允許自己去幫助別人。

然而，當你眞的接受協助時，通常都是以極富戲劇性的方式呈現：「好吧，我今天想用你的車子，但是不要擔心，我一定會在兩個小時之內把車子還你，絕對不會遲到。」你過度強調對歸還車子的強烈責任感，而沒有注意到自己正在接受別人的幫助，也沒有對這些協助表示感激。

你要學習如何以感謝及愛去接受別人的幫助及關心。你要學習的是交互依賴並不表示脆弱，相反地，它可以幫助你建立與別人之間的歸屬關係，並增加生活的深度。

如果這個族群的人不告訴別人自己的不安全感，其實是剝奪了別人提供自己支持及回饋的機會。只有在你願意將自己的恐懼及不安的感覺告訴別人時，別人才能了解你的需要。這時人們才有機會協助你、照顧你、寵愛你，這些都是巨蟹座北交點的人今生最需要的經驗。

對於其他交點的族群來說，被別人照顧是一次自我之旅。但是對巨蟹座北交點的人而言，這其實是一次眞正的滿足自我之旅。改變這一點可以讓人體驗到謙卑，以及達到所有相關人等都能受惠的能量交換。

在接受協助時，巨蟹座北交點的人可能會覺得不太自在，因爲你認爲自己並沒有完全地負責。實際上，藉著把別人包括在內，以及允許別人協助自己，就是肯定別人存在的價值。一旦了解別人願意幫忙，你整個世界觀會發生極大的轉變。

將焦點集中於過程

巨蟹座北交點的人在前世，有太多達到目標的經驗，所以今生你往往會忙著追求一個接著一個的目標，完全忽略過程所帶來的喜悅，以致不論得到什麼，都不能從中獲得滿足。你的表現永遠會超過預期的水準，但你總會忽略對這一刻或是對身邊的豐富事物投以激賞的眼光，就不斷向前追求下一個目標。

你在前世已獲得最高境界的成功，所以今生的重點並不是希望經由達成目標而得到快樂。今生，過程是最重要的，快樂會從抵達目的地之前的愉悅過程之中獲得。你一定要對開始、成長及觀察過程等多付出一點關心。你還是可以達到遠超過別人所能達到的水準目標，但是要以「正確」的方式完成，而這種方式既充滿樂趣，也可以促使自己及身邊的人成長。

☆結果與手段

今生不是巨蟹座北交點的人「結果使手段合理化」的世代。要有安全感，你需要時時觀照過程，而不是掙扎著去達成目標。這麼做可以避免讓你在無意之中不當地利用、剝削他人，或是在情緒上傷害他人。或許有時候，企圖掌握控制權的欲望會占據心頭，你會嘗試以自己的心意去管理你的生命，但是你應該要記住，這麼做會帶來多大的痛苦。

巨蟹座北交點的人犧牲過程以換取結果的傾向，也會造成缺乏能量、活力及個人快樂。例如，與其將焦點放在如何得到一個成功婚姻的目標，不如將重點擺在創造一個成功婚姻的過程。你需要花一點時間去了解你的搭檔是不是能享受彼此的關係。目標可以是透過表達感覺、製造親密關係，讓彼此都清楚了解對方等方式，來擁有一個彼此支持、快樂的婚姻。最後的結果（成功的婚姻）就是你每一天的生活過程所帶來的自然成果。

你今生會學到的是：如果你關照小事，大事自然而然也會有很好的發展。別人可能不會了解你爲什麼要全神貫注於過程中的每一個步驟（別人要學習的可能是如何達到長期的目標），但是巨蟹座北交點的人一向是可以成功達到目標的高手，你的目標是必須對自己及過程坦誠。當你關照「小事」時，例如坦誠表達感覺、了解別人的感覺、情緒上保持與狀況聯繫、以關懷的方式一次進行一個步驟，你就眞的走到正確的道路上了。

巨蟹座北交點的人必須時時刻刻記得，不論你所做的事能不能被別人了解、肯定或尊敬，你精神上是正確的。只有你了解要呈現脆弱的一面是多麼的困難，而當你以這種方式眞實面對自己時，不論別人的意見如何，還是可以得到自我尊重。這可以培養新的力量，爲你帶來不可思議、平和的勇氣，以處理俗世的生活。只要你可以在過程之中保持眞誠，你達成目標所帶來情緒上的滿足，將遠超過原本的想像。

☆滿足的目標

由於巨蟹座北交點的人擁有極強的能力去達到目標，所以對你來說，如何區分自己的目標及社會或早期環境所加諸於你的目標，是非常重要的。你的目標可以藉由過程本身讓你感到快樂，承認「一鳥在手勝於兩鳥在林」，可以幫助你以快樂取代沮喪，並欣賞已存在於生命之中的事物。

你下意識目標導向的傾向，經常會促使你在「下一個目標」之中尋求滿足，結果是你往往不能享受已經擁有的東西。當你有意識地承認並欣賞所擁有的東西時，自然而然就會得到足夠的能量，使你能以平衡的方式邁向進一步的成就。

另一個可以爲巨蟹座北交點的人帶來深刻滿足的目標是：致力於達到人際關係中情緒上的連結

及親密的關係。這可以使你放慢朝目標進行的腳步，並使你時時意識到自己及其他人。這表示，隨時意識到生命充實的感覺，是非常重要的。

可以幫助你做到這件事的一個方法是，將注意力放在轉移體內的能量中心；這可以讓你在不熟悉環境中，也能擁有強烈的安全感。巨蟹座北交點的人通常會將你最主要的能量集中於肩膀以上至頭的部位，這是「頭重腳輕、不穩定」，而且缺乏內容的。你應該將能量轉移到較下方的部位，例如腹部（肚臍眼以下的部分）。白天在行進時，隨時意識到能量中心，可以使你的價值觀成爲一個內在、安靜的因素，這個因素在你之中是持久、滋潤、完整的。當你把能量由上方移轉至下腹部時，就更能集中，而你的心也會因而開展。

這是使你學習如何對別人沮喪的情緒做出反應的全新方法。你總是對負面的情緒感到不自在，而且不知如何去安撫別人。你的第一個反應是去忽視或壓抑這些負面的情緒，並直接果決地朝目標前進，所以你會回到「高高在上」的狀況。但是最奇妙的是，如果你把目標設定爲去確認別人的感覺，或是肯定並強調情緒的存在，那麼你就可以看到適當的反應出現，這種反應可以眞正地支持別人，並加強彼此之間的關係。

例如，我過去曾有一位巨蟹座北交點的客戶，她與一位非常心儀的對象約會。他們兩人都住在社交活動十分多的紐約。有一次對方出差到明尼阿波里斯時打電話給她，當時他是處於煩悶、沮喪的心情之下，她不知道該說什麼來令他開心，所以說不到幾句話，電話就結束了。

當時對於煩躁的他，她應該可以說：「聽你這麼說，我替你感到很難過。」只要這個族群的人確認並重視另一個人的感覺，立刻就會知道該說什麼最適當的話。她還可以說：「或許我這個週末應該搭飛機去找你。」這種反應必可創造出雙贏的局面。但是這個族群的人永遠不會知道當牽涉到情緒問題時，應該說什麼才是「正確」的，除非你先承認並肯定其他人的感覺。

遺產

巨蟹座北交點的人要學習如何以安撫及支持的方式與別人進行溝通。你必須對別人的失誤不預設立場，並朝好的方向去解釋，這樣才能使你發揮最大的潛能。例如，我的一位巨蟹座北交點的客戶就曾有過類似的問題。這位客戶是美國西南部地區一家餐廳的股東，而他餐廳的主廚有酗酒的問題（當初雇用他時，這個問題並不明顯），在上班幾個月之後，這名主廚竟被關到監獄拘禁了三天。

當他被釋之後，又回到餐廳工作。好廚師很不好找，所以我的客戶很需要他，另一位股東看到這位主廚時，也極熱情地歡迎他：「嗨，約翰！很高興你回來了。」但是我的客戶卻冷漠地站在一邊。如果他希望這位廚師回來，爲什麼不讓對方覺得自己受到重視呢？這個族群的人應該要學習當自己需要某人時，如何承認這個事實。

☆教導

巨蟹座北交點的人先天就非常清楚應該如何在物質世界中達成目標，清楚該具備什麼樣的條件、社會的趨勢走向、生意該如何運作等。你也常常以為別人會有同樣的認識。但是事實上，沒有任何其他交點族群的人，對於如何達到目標一事，擁有與你相同的認識。巨蟹座北交點的人今生在這個星球上的一大使命，就是教導別人如何達成目標。

由於在這方面，這個族群的人擁有許多前世累積的經驗，所以只要別人無意識地出現防礙自己前進、沈迷於具有反效果的行為，或是允許自己被微不足道的事情分散注意力時，你都會立即察覺。你也可以很清楚地了解應該如何去解決問題，而別人又該做什麼樣的定位以達成目標。當你看出另一個人的需求時，可以運用自己先天的實際性，去協助別人實現夢想。

當巨蟹座北交點的人發現某人的行為具有反效果時，不應去「懲罰」他，而是以正面積極的方式，教導他如何達成目標。這個族群的人可以參與的最佳行動是，協助別人確定他們的目標，之後再鼓勵他們去「追求目標」。當你以這種方式敏感地感受別人的需求時，你就從一位「獨裁的父親」轉換成「教養的母親」，同時可以更有效地與人們接觸。當你更能諒解及支持他人時，你的信心可以使別人發揮最大的潛能。

在前面所提過那位主廚的例子中，我的客戶應該可以花點時間進一步了解他。為什麼他會當廚師，他想達到什麼目標，他在這家特定餐廳工作有沒有希望得到什麼。如果這位廚師的動機是希望提供自己的妻小一個更好的生活，而他在這家餐廳工作的理由是希望建立良好的聲譽，那麼我的客戶應該可以知道如何以具支持效果的方式去激勵他。

耐性是巨蟹座北交點的人應該增進的另一項特質。你的工作是以示範的方式去教導別人，去鼓勵身邊的人。由於你的前世是達成目標的大師，所以當你扮演一位善體人意的導師時，別人都會願意傾聽。

☆敏感及分享

由於前世對個人感情的壓抑，巨蟹座北交點人「感覺」的天性已經被淨化。你沒有「隱藏的事項」，你的情緒是天眞、自然的反應。往往在你表達自己的感覺時，其他的人都會頓時感到輕鬆起來。你「感覺」的天性非常開放，也常常「了解」周遭人的感覺。

這正是爲什麼你與別人分享感覺是有益的。「我在這種情況下會感到不自在。」「當你那麼說的時候，我覺得不舒服。如果考慮每一個人的需求，感覺上不是適當的反應。」當你鼓起勇氣說出自己心中的感覺時，每一個人情緒上的壓抑都可以因而獲得治療及釋放。

在一個團體之中，其他人可能會走上前對他說：「我很高興你這麼說！這正是我的感覺，但我一直不知道怎麼表達。」當這種情況發生時，就好像整個宇宙都在肯定你是「走在正確的路上」。適時用言語、不帶責備的口吻表達你的感覺，正是排除存在於邁向目標路上的障礙時，最需要的要素。

巨蟹座北交點的人在前世否定自己情緒的一面時，也使自己失去了成爲一個人類應有的優勢。從某個角度來說，你甚至會覺得自己不是人類的一份子。你了解目的、成就、責任，但這些都所爲何來？做爲一個人類所得到的經驗中，回饋及眞正的價值在那裏？

它其實存在於一個人從情緒面所體驗到的成長及微妙的感覺之中。每一種外在的經驗若沒有內在情緒的充電，將是空洞的。而與另一個人分享這些感覺，是各種經驗之中最強烈、最令人感到興奮的經驗。

當這個族群的人與自己的感覺隔絕時，就會失去在肯定自我主張時必然會產生的滿足及歸屬感，也就是與人類在情緒面的連結關係。你已經得到做爲人類家族一份子應有的益處及喜悅的權利，但不用對它負責。對你來說，放慢脚步，享受因擁有人類肉體而獲致的豐盛成果——感覺的經驗，是再恰當也不過的事了。

治療音樂 *Music*

由於音樂是可以在情緒上支持我們去冒險的有效工具，所以我分別爲各個族群的人寫了一首治療歌曲，希望能協助你以積極的方法提升你的能量。

我已經上路

這首歌所要傳達的訊息是：鼓勵巨蟹座北交點的人勇於冒險及呈現自己的弱點，表達自己的感覺，並讓自己對所希望、可充實情緒的交流活動更爲開放。

節錄部分歌詞

看起來，我唯一可以找出自己所在地點的方法，
就是誠實告訴自己的親友，
自己眞實的感覺。
這種改變可以使一切事情都更爲清晰，
冒一個險，看看會有什麼奇妙的事發生！

回家是一條漫長的路；
回到我所來的地方。
但是我已經上路了！
過去，成長一直是推翻
所有我以爲自己早已知道的事，
再次匯入潮水之中……
走上回家的路！

第5章

如果你的北交點位於獅子座
或北交點位於第五宮

星座箴言

自己的快樂必須自己創造。

總論

♌應發展的特質

針對這個部分的努力，應可幫助你找出被隱藏的天賦及才能。

★個別性
★願意站在「舞台中央」
★遵循自己心中的渴望
★加強自己的意志
★熱情
★自信
★冒險
★與別人內在的赤子之心起共鳴
★享受生活、開懷
★視生命為一場遊戲

★發展「取決在我」的態度

應擺脫的傾向

努力降低這些傾向所造成的影響，可以使生活更輕鬆、更有趣。

★屈服於同儕的壓力，以得到「歸屬感」

★脫離情緒化的狀況

★冷漠

★等待別人來促使自己行動

★「忽略」實際發生的情況

★在採取行動之前等待「更多」的知識

★過度沈浸於白日夢之中

★逃避正面對抗

應避免的陷阱

對獅子座北交點的人而言，你最大的問題是希望同儕接受自己的需求過高。「只要我與孕育生命的力量合作，並『順勢而爲』，我的同儕就會自動給我支持，並帶給我快樂。」但這是一個無底洞，你的朋友永遠無法給你充分的支持，使你能夠突破個人的角色，並享受生命所帶來令人興奮的機會。你應該成爲自己最好的朋友，鼓勵自己去追求可以爲你帶來幸福的目標。

你需要避免的陷阱是對知識漫無止境的追尋，「如果我有足夠的知識，就能採取富有創造性的行動，且會更具信心。」你永遠覺得自己擁有的知識不足以確保成功，以及提供你富創造性的行動力，所以你會繼續「順勢而爲」，等待快樂來找到你。但從某個角度來說，你必須開始冒險創造自己的快樂。有趣的是，你一旦採取行動，要達到成功所需要的知識就會自然來到你手邊。

什麼是你眞正想要的

獅子座北交點的人眞正想要的是得到愛。你對於體驗別人愛的能量的需求，幾乎是無法滿足的。若要成功將這種能量帶到你的生命中，你應該以鼓舞他人的方式先付出自己的愛，因爲你知道如何利用聚光燈來令別人快樂。運用你的創造力使別人快樂，將會創造出支持你、接受你、愛你的「觀衆」或同儕集團。

獅子座北交點的人要判斷自己是否處於正確的道路上，最好的指標是來自別人的讚賞及掌聲。在令別人快樂的過程中，只要你能維持與自己人道主義理想一致的路線，就可以得到報酬——了解自己是生命潮流中一個重要的參與者。

你的才能及適合職業

最適合你的是，可讓個人富創意的努力得到回報的職業，如演唱、表演等娛樂事業或經營企業，只要是可以讓你位於舞台中央，以積極的方式釋放你富創意能量，並爲別人帶來歡愉的職業，都很適合。還有一些其他不錯的選擇，如與兒童有關、投機、遊戲、運動等活動，亦頗適合。

獅子座北交點的人也具有客觀的天賦，可以精確掌握職業的內容。當這項能夠客觀觀察事情的能力，被用做達到娛樂別人目標的背景時，就成爲一種資產。但是，如果做爲主要目標，如科學家、發明家、工程師、X光技術人員等，你的生命會變得缺乏活力及歡愉。你最好是將這種自然的才能，運用於高度創造性的計畫上。

正面肯定的信念

- 「唯一能爲我創造快樂的人，就是我自己。」
- 「如果我能感到有趣，就表示走在正確的路上。」

・「當我跟隨著體內那個孩子的衝動走，就能成功。」
・「當我積極創造自己想要的結果時，我就成功了。」
・「當我與別人體內的那個孩子連結時，每個人都能成功。」
・「當我爲別人帶來喜悅時，會有參與感。」

你的個性

前世

獅子座北交點的人曾有過許多次的前世，都站在一旁觀看別人交流。你過去曾是科學家、觀察家，或是犧牲個人自我以促進人道主義目標及理想的人。你習慣將富創造性的能量，與別人的夢想或靈感連結，而完全不顧自己的需求及渴望。

因此，在過去的生命中，你無法接觸自己體內那個孩子的重要能量。今生，你仍會潛意識地去選擇否定這個內在孩子的環境。你最好能夠重新獲得與你重要能量的連結。

也許你會出生於一個有暴力傾向的家中，在這樣的環境中，能否客觀觀察父母親的行爲，是攸關你生存的大問題。或許你是出生於雙親之一或兩者皆有酗酒問題的家庭，由於這種父母的喜怒非常不易掌握，而且你無法相信照顧你的人，所以唯一安全的辦法就是壓抑自己的感覺。也可能你經歷早年失怙的經驗，所以讓你產生強於他人的責任感，而且覺得「只是個孩子」是不行的。

你有許多次前世都是非常客觀的人，而且會以科學的角度觀察事物，所以很怕與別人發生任何關係。因爲你擔心會失去客觀性，潛意識裏，你覺得那是唯一使你的過去維持安全的東西。但是今生是參與及學習如何玩耍的時間。你有太多次的前世實體是投入於刻板、科學的研究，你在這個星球上，幾乎不知道應該如何去享受，所以今生你應該要學習如何享受人生。

當你與孩子們在一起時，隱藏在你自己體內的那個孩子，會重新反射在你身上。當你看見孩子們玩耍，表現出眞實的自我時，這個族群的人會受到鼓舞，開始玩樂，並投入生活之中。而你所要面對的挑戰就是：回到生命活力的中心。

由於你前世科學的傾向，獅子座北交點的人進入今生時，仍具有「實驗室的客觀性」。你會持續觀察，而不尋求改變，或以任何可能的方式去干涉數據。這種特質使你可以對當下所發生的事物，有非常清楚且精確的了解。但是，如果你過於認同「重要觀察者」的角色，今生就只會爲了個人名利的追求，凡事皆退在一旁，只懂得批判別人，並覺得自己高人一等。

你可能會以下面的方式處理事情：「我們廢話少說，直接切入主題吧！」然後，當你看到別人臉上的表情時，又覺得很不舒服。但是你的心會說：「嗯，我已經說了！我就是支持這個論點！」然後堅持自己的立場。

今生這個族群的人要面對的挑戰是，以正面的方式告訴別人當下所發生的事。這種方式可以讓你發噓、幫助你改變觀點、減輕你的負擔。今生獅子座北交點的人應該不只是「看到」當下發生的狀況，也應該積極參與將「現況」轉型爲對所有相關的人（包括自己）具有正面效果的事。在今生的實體中，你生命的目的是透過密集地參與，而不是透過超然的態度，去學習如何得到自己想要的東西。

☆觀察VS.行動

獅子座北交點的人有時候會覺得，自己被捲入別人演出的戲中。雖然你可以明顯地看出預兆，但卻只能做壁上觀，毫無力量可言。你認爲別人可以調整你的行動方向，「搶風行船」，並使著優越的條件獲勝。但是你又常會覺得自己彷彿看到風向改變，也注意到浪頭，卻無法使出所有的力量，並利用自己的優勢。

你會「受困」於你創意性的變動。如果要成功實現一個夢想，過程必須包括觀察及行動，有時候還必須用力去拉船上的繩索，才能實際操縱這艘船。在這艘船改變方向時，你又必須努力維持平衡，如移動沈重的物體使船進入平衡的位置，或「以板條抵牢艙口，防備危急的情勢」，爲改變做好準備；這將使你耗費極大的能量。

對優勢力量的精確觀察，在創意過程中具有相當的重要性，因爲它能讓你將所有的能量使用於正確的方向。獅子座北交點的人有極出色的觀察力，但是必須記住要付諸實行，才能在眞實的世界創造改變。

☆科學研究VS.創造性

有時候，獅子座北交點的人常會想事情想到「絞盡腦汁」的程度。你對每一件事情都會加以分析，找出每一種可能出錯的因素，了解身邊每一個人的情緒，並盡可能獲取各種知識，使自己在決定做某件事情之後，不會犯錯。但是，有太多不同的事情需要思考，所以你會感到被淹沒及癱瘓。

你這種透過「特定知識」去追尋安全感的傾向，會使你無法嘗試一些可能會增加你的活力的事，而且常會使你陷入停滯、被動的生活之中。

你要學習如何更富變化。你一定要相信你的直覺，而不應該執著於邏輯策略。你應該願意承認自己的基本前提還是存在錯誤的可能。不過，你常會以爲自己擁有過人的知識，即使所謂的「知識」無法實現你的夢想，你可能還是會固執地堅持己見，「爲了讓我能遵循心的方向，並嘗試創造我想要的東西，我必須先滿足x、y及z等條件。」但是實際上，這些條件從未符合過標準。

你應該要放棄你所執著的觀念，那就是：你可以完全掌控自己夢想的成敗。其實，生命與你是站在同一邊的，當你放下憂慮，開始在每一刻做自己能做的事時，一步一步地，你必能使自己的夢想成眞。如果你不願意這麼做，而你所謂的「適當的條件」又不符合時，就可能會拖延做任何嘗試的時間，直到來不及了，或是機會之窗已經關閉時，還沒有任何動作。

獅子座北交點的人今生要學習如何突破科學方法的限制，並達到眞正富有創造性的目標。事實上，創造性並無法加以規畫，或是列入計畫之中。那是配合存在於每一個時刻中的直覺及能量，並運用手中的每一種資源的一個過程。這與決定要往那兒去，以及配合宇宙的脈動以達成目標是相關的。雖然最後的結果未必是你所預期的，但你仍可以歡愉且成功地得到滿足。

獅子座北交點的人必須接受宇宙帶來協助你實現理想的事物。如果你對宇宙說：「這個問題，我想要一個解答。」每當宇宙提供你一個答案時，你的心靈又會說：「不！這不是答案。」你會因爲不據此行動而否定了自己的答案。你會不斷繞圈圈，並覺得與你的生命力量疏離。

當這種情況發生時，就表示你應該採取行動。你需要以某種形式對生命做出貢獻，如拿起電話撥給某位朋友、寄一份禮物給自己喜愛的人、登記參加某種運動或是活動，使你可以與自己的能量再次連結。當你與自己的能量搭上線時，你會有參與感，而且在情緒或智能等兩方面，都可以與他人相連。你會覺得棒透了！

順勢而爲

獅子座北交點的人缺乏對個人力量的肯定，這種個人的力量正是足以爲你生命製造出創意性改變的力量。你認爲潮流本身就擁有所有的力量，所以會覺得自己沒什麼力量。你甚至常常會忍受一些過分的情況，相信「事情本來就是這個樣子」，這是因爲你不認爲自己有力量去做任何改變。

你今生最重要的課題之一，就是肯定自己的確擁有能以宏觀的了解爲根據，進行具建設性改變的力量。事實上，你擁有的是一種特殊的才能。

前世，這個族群的人會使自己調整到順應宇宙能量的流向，並讓自己接受它的指引。以往這麼做的效果很好。今生，只要你積極追求自己的目標，以及可與內在孩子產生共鳴的目標，就可以再次相信「潮流」會帶領你朝正確的方向前進。

當你無法感受到自己內在與這個目標有任何聯繫時，就會產生危險。由於你今生的命運，就是要學習如何與他人以富創意的方式建立關係，所以你所選擇的潮流，其實就是別人的能量，而不是「宇宙的指引」。在這種時候，當你「順勢而爲」，這個「勢」就是別人所渴求及希望的，而這些渴求及希望可能是根據極爲自私的考慮。

獅子座北交點的人有時隨波逐流是爲了取悅他人。這是你與別人合作及被接受的方式，這樣你才不會涉入事件之中，也不會有受到情緒干擾的危險。唯一的問題是，當你順勢而爲時，通常最後會在別人的堅持之下，扮演副手的角色。

當你感受到別人強烈的欲望旋渦時，最好是退後一步，暫時離開現場，讓你可以承認並肯定你自己當時的感覺，之後只要相信自己的想法就可以了。你今生的工作就是跟著可以讓自己體內那個孩子快樂的步伐走。當這些感覺轉強時，你就會知道自己正走在正確的路上。

你的頭腦一向都是利用「科學評估方法」來判斷何者對每一個人都好，但是今生，那卻不是獅子座北交點人的最佳指標。你需要將焦點放在內在的那個孩子身上。當你選擇朝某個方向走時，某些依賴你以滿足個人需求的人，可能會覺得受傷或失望。但是你應該要記住，從事情較宏大的架構來看，這或許正是那個人需要學習如何負起他個人應負責任的時候了。

獅子座北交點的人不知道別人今生的課題是什麼。你唯一眞正知道的，只有你內心中純粹快樂的感覺，而這種感覺是標示你正確方向的唯一指標。

當獅子座北交點的人根據自己的頭腦，而不是心中的渴望行事時，就會遠離今生到這個世界的主要目標——讓自己快樂。過去許多次的前世之中，這個族群的人所做的工作一直都是以人道主義爲目的，所以你內在的孩子非常純潔。任何令你內心感到快樂的事，就是你需要追隨的目標，這是唯一可以帶領你走出別人自我能量所造成的混亂，並進入你自己鮮明個體的光輝之中的聲音。

這個族群中絕大部分的人，都願意付出一切的代價，以得到今生的這份處方：玩耍並開懷享受！因爲你會自動採取負責任的行動，所以可以這麼做。但現在，你通往「正確行爲」的道路，是去追尋個人的自主性，以及在不讓別人造成阻礙的情況下，實現你的夢想。

☆同儕

你今生的「朋友運」可能不怎麼理想，這可能會導致你與別人的能量混淆。你在前世，常會與一票一票的人在一起，但是你也因此失去了個人的特質。在今生這個實體之中，你可能還是會先決定要成爲那一個社會團體的一部分，之後，再「讓自己」歸屬於這個團體。你會仿傚那群人的穿著、使用相同的表達方式、模仿他們的行爲舉止、採用他們的觀點等等。當這個團體眞的接受你之後，你卻因爲致力於使自己與這個團體的人同化，而失去了眞正的自我。

你最大的問題是你進行的過程是反向而行的。你用頭腦決定自己要與誰做朋友，而不是做自己，也就是說你不是以表達自己的特質，根據自己內在眞實的喜好來選擇朋友。即使是在兒童時期，你也會有類似的問題，很容易就與「速成」的同儕建立關係，但很快地，又陷入相當大的麻煩之中，因爲你只是人云亦云，沒有根據自己的判斷行事。

在所有的團體生活中，獅子座北交點的人要面對的挑戰是如何表達自己的特質。就像前述的狀況，通常最後你眞的會成爲某個團體中的一份子，別人也會認爲你屬於這個團體，但是在極爲關鍵的時刻，你的僞裝會被識破，你身邊的人會發現你並沒有表現出眞實的自己，因此他們會覺得無法與你建立彼此的信賴。

去了解一個團體眞實的特性，對這個族群的人而言，是有好處的。一個可以眞正提供援助的團體，各個成員都是自然而然聚集在一起的，而且這些成員都了解各自的固有天性，並對於重要的事物，擁有個人的看法。這種團體是因爲彼此間自然的吸引力而形成的。這也是獅子座北交點的人若想要有健康的人際關係，就必須隨時與你的內在接觸的理由。

在主張你的自主性的過程中，你會發現且尊重別人的個別性。你的聯合是以彼此對個人獨特特質的尊重爲根據，而不是放棄自己的意願及期待來屈就對方。

☆白日夢VS.實現

獅子座北交點的人常常會讓自己迷失在對未來的白日夢中。這是由於你對自己未能創造追尋已久的活力，而感到悲傷所致。你對每一件事情都會做白日夢：「稍後」情況會有何種演變？你可能再次碰到的人會如何？你認識的某人當時或是未來又會如何如何？一個接著一個的白日夢，塡滿了你的意識。但是，浪費太多的能量在做白日夢上，會澆熄你的創意之火。你應該花比較多的時間在行動上，而不是將時間浪費在做白日夢上。

這一生你自己做決定會對你有所幫助：「我想創造的是什麼呢？我覺得什麼是有趣的呢？」你可以從中得到許多點子，而你內在的孩子也會說：「好耶！我們來做那個！」唯一的問題是，你可能會坐在那裏花上好幾年的時間去想這個問題，卻什麼都不做。當你浪費了好幾年的時間，還搞不清楚自己的夢想是什麼時，內心深處會感到深沈的悲哀。

實現夢想是非常重要的一個問題。在今生的實體中，獅子座北交點的人有力量創造自己的命運，但是否對自己的生命負責，並採取實際的行動，都完全取決於你自己。你一定要選擇一個可以讓自己發生共鳴的夢想，並在外在的世界採取行動，以使這個夢想成眞。

或許這可能是一個令人沮喪的過程。在你的夢想與現實之間，可能會存在極大的差距，從表面看起來幾乎不可能讓兩者合而爲一。但是你就是擁有那種獨特的能力，可以在物質世界裏實現你擁有的任何夢想。第一步就是肯定參與這場創意遊戲是有趣而令人滿意的。你應該要享受創造夢想的過程，而且不要延後快樂。

不過，獅子座北交點的人有時候又會對自己的夢想感到不耐煩，並急於強迫這些夢想成為事實。但由於你的夢想往往都與實際狀況間的差距過大，過於急躁常使你遭遇挫敗，最後終致放棄。這對你並不好，因為你的心仍然繼續嚮往著自己的夢想，並對身邊的各種現實感到不滿。

你一定要放慢腳步，允許富創意的過程來引導你前進。當你成功邁向目標的第一步時，第二個步驟就會自然而然出現在你的眼前。如果你在行動之前一直「等待」，希望能掌握較完整的狀況，那麼你永遠無法獲得足夠的「知識」，使你有行動的信心。對你而言，活力就存在於冒險之中。

☆專注 VS. 分心

獅子座北交點的人今生要學習的是將目標放在腦海中。你很容易會被生命中的多樣化色彩分散掉注意力，所以無法繼續將焦點放在最早曾令你興奮的目標上。你要學習發展你的意志，無視於任何令人分心的事物或障礙，堅持同一路線。要做到這一點，你應該把自己看成下場的球員，而不是置身場外的觀眾。

有時候，在你一開始看到可以體驗夢想的機會時，就會馬上陷入快樂的能量中，並開始朝那個方向前進。但是之後你可能又發現，從你當時所在的地點到你想要抵達的地點之間，並沒有一條筆直、易行的路。當事情開始變得不穩定，且未能如你所想像般地演變時，你很可能會選擇放棄。你會因為其他就長期而言只能帶來較低能量的路徑，而分散注意力。

獅子座北交點的人要學習的是，若要創造出對生命所憧憬的快樂，不一定能夠超前。當你朝目標前進時，通常會出現「第二力量」，那也是對抗你夢想的一種力量。這時，你必須退回，並突破這種阻力，如此方可享受能帶領你進入新境界個性上的成長。這有點像神話故事，在獲得戰利品之前，王子必須通過各種個性上的測驗，如殺死惡魔等。

你所遭遇到的第二種力量，實際上就是你個性中的一部分，這個部分一直阻礙著你前進，但是只有在你努力爭取自己想要的東西時，才會凸顯出來。如果你想要得到獎品，就必須經歷個性上的各種測試，如獲得力量、自我紀律、克服最大的畏懼等，而且要能不退縮。

創造性

獅子座北交點的人要學習的主要課題之一是，感受在創造性過程中所產生的喜悅。但是你可能會遭遇的最大挫折，而這個挫折可能是存在於你夢想與現實之間的極大差距。雖然你已經習於遵循別人所創造出來的模式「順勢而爲」，但是今生你理應要創造出自己想要的環境。不過，你不知道應該從那裏下手。

誠然，一個向來是如此習於跟隨別人脚步，從來都處於旁觀立場的人，要如何突然做一百八十度大轉變，成爲一個創造者？他應該從那裏著手？對無知的畏懼，正是使獅子座北交點的人陷入不斷追尋更多知識，並尋找一個可以促使你採取行動的理由。

不過，最後你會發現你所找到的答案，就在於你的意圖。當你將焦點完全集中於你想創造的東西時，你所需要的知識，就會在你積極創造自己想要東西的過程中，自動向你報到。在今生這個生命實體中，你的任務就是創造夢想。

☆知識VS.經驗

獅子座北交點的人總是希望可以得到足夠的知識，使你覺得有採取行動的信心。但是你可能一直活到兩百歲，還覺得你的知識不足以支持自己的行動。你絕不可用知識做爲延後行動的藉口，你應該明白，即使有時會出錯也沒有關係。事實上，透過犯錯，我們才能「眞正」了解有關生命實際運作狀況的更多知識。

在某些特定的情況之下，獅子座北交點的人其實是擁有極堅強的自信。但是你的自信是根據對自己資訊的信心而建立的。對於你所知道的事物，你會擁有完全的自信，但是你對「了解」的定義，多是以過去的經驗及觀察做爲根據。當你只根據過去的知識建立刻板的想法時，也會同時對未來的可能發展設限。

你必須願意「不知道」，願意自己像個孩子一樣，放手去做各種測試。你需要跟隨你的心，雖然別人並沒有這麼做，但你還是要去嘗試，去發現實際發生的事。這樣可以使你的生命再度充滿活力，而且你會發現，即使你不「知道」應該怎麼做，還是可以創造出正面積極的結果。

你喜歡等待知識所帶來的確定性，以避免犯錯所造成的痛苦。但是你需要學習去遵循內在那個孩子的原動力，這種動力可以帶領你進入充滿喜悅、刺激、探索、浪漫，以及創造性的、新的、未知的領域。如果你不這麼做，你會覺得不滿足、與世隔絕。同時會對你所跟隨前進的鼓聲，爲什麼沒有引導你進入更快樂的境界，而感到困惑不已。

任何以「知識」或「條件」做爲指南的執著，將會成爲你的障礙。例如，我一位獅子座北交點的客戶，過去二十二年來，一直試著離開他的太太，以便開創新生活。但是他執著於一個想法：如果要離開他太太，必須賺很多錢，先在經濟方面滿足他的太太。在這二十二年之間，他賺的錢愈多，她花的錢就愈多，而他永遠都無法累積到符合他預定目標的水準。

但是他的太太其實是很富創造性、獨立，且具有高度智慧的一個人。由於他不給她自立的力量，而且在採取任何實際的行動之前，他只是一味地朝自己的「條件」努力，以致深深地陷入這個不愉快的婚姻之中，而無力自拔。

若想增加你生命的活力及樂趣，獅子座北交點的人必須勇敢地跨向未知，並直接透過經驗去找尋自己的眞理。在不知道所有可能反應的情況下冒險，需要信任；而要得到創新的知識，則需要內在那個孩子天眞無邪的勇氣。你一定要相信你內在的活力，只要你持續將目標放在腦海中，就可以了解在朝目標前進的途中，應該做那些調整，以使自己可以到達想要去的地點。

☆技巧性致勝訣竅

獅子座北交點的人非常精通於遊戲，並可以扮演好每一個你所選擇的角色。你的客觀性使你可以執行絕佳的策略。一旦你在心中有一個堅定的目標，就可以了解應該如何在另一個人亦投入的情況下，扮演好你的角色，並使你的夢想實現。這種能力可能會在當你覺得沒有安全感的時候特別有用。如果你允許自己將整件事情視爲一場「遊戲」，你天生角色扮演的能力，就會適時地出現。

一旦你認清自己的角色，就可以制定致勝的策略。這個策略可能會要求你，在不同的進展過程中扮演不同的角色。在某一個階段，你可能是「治療者吉姆」；在另一個階段，你則可能是「理想中的男人：吉姆」。重點在於了解你所需要扮演的角色，之後再精確地扮演這個角色。

你在這方面的能力很強，同時你也可以從中得到極大的愉悅。你唯一需要小心的是，要記得公平的重要性，以及只扮演可以對每一個相關的人都有利的角色。

獅子座北交點的人還能利用戲劇天分，強調自己所想表達的重點，以使別人清楚地聽到你的聲音。由於你很好相處，所以人們常常會利用你這種隨和的天性。而你會因爲別人都不把你的話當一回事而感到生氣，也會憤怒別人沒有給你適當的尊重。

所以你在表達重點時，一定要很堅定：「我現在有一通非常重要的電話，不能與你說話，我會在十五分鐘後結束。」其實重要的不是你所說的，而是你說話的態度，這才能引起別人的注意。你也可以運用戲劇方面的天分，以滿足日常生活的立即性需求。

你是個出色的賭徒，因爲你在情緒及自我中心的層級中，並沒有如此地熱中於「獲勝」。由於你知道「潮流」所具有的更大、更優勢的能量，所以知道何時該大膽下注，何時又該停手；你在追求目標時也是同樣的情況。今生，你要學習的是，即使是一個「錯誤的」行動，如果是隨著內心快樂的能量前進，還是比完全沒有行動要來得好。然而，你一定要繼續認爲那是一場「遊戲」。你如果想要贏，就一定要在有新的動作之前，不斷重新評估你的策略。

你的需求

個人成長

你極度需要受人肯定。由於你有太多次的前世實體是處於分離的狀態，或只是一個「無名小卒」，所以在今生的實體中，你很害怕成爲一個「大人物」，也很怕成爲你自己。雖然有很多世，你是爲了更偉大的理由，將自己的自我昇華，但是你也因此失去了自己的方向。你願意扮演別人，以獲取你極爲渴望的肯定，因爲那正是使你成爲極佳演員的主要理由。事實上，因爲積極參與而被肯定，對你而言是極爲有益的，它可以使你立足於自己主動的個性中。

☆發展自我

自我的功能是要清楚表達渴望，將自己的希望及需求與世界的其他部分交織爲一。自我以言語表達個人想要去的方向；它是決策者，也是意志的執行者。

獅子座北交點的人過去有很多次的前世，都熱中於「超自我」的思考模式，這種模式是以「應該」、「義務」，以及社會、家庭、宗教或對人道主義的認識所闡述的道德觀爲基礎的。結論是，你失去了與個人自我的接觸，以及感覺自己是一個獨立的個體，擁有個人的需求及方向的機會。

你很清楚自己的「本我」（對事物自然的「直覺反應」），以及超自我的心靈，但是你並沒有以中間調解者的立場與你的自我接觸。因此，你可能會有兩種極端的表現：不是太過於屈就，允許別人爬到自己頭上，就是覺得自己的「公平原則」受到了侵犯，而突然暴跳如雷。你常常不知道到底發生了什麼事，也會發現不論是想對自己或別人解釋你憤怒的原因，都很困難。

如果不是靠自我觀念協助自己做好決定，你往往會變得特別頑固。即使在你的直覺告訴你，繼續留下來是無益的，但如果你是根據某種知識，如義務、道德或精神上的信仰，而認爲自己不應該離開某種情境時，不論如何，你還是會繼續留下來。這種固執若可以被轉化爲積極追求目標的決心，還是可以發揮正面的效果，但是如果你仍任自己處於停滯及限制的情況下，這種固執則會爲你帶來負面的效果。

你停留不前的另一個原因，可能是基於安全、保證及擔心改變的考慮。通常你會藉著在舊環境中找出新挑戰，使你覺得自己富有創造性，並促使你的遲緩轉化較積極的行動。但事實是，如果你只能達到這樣的水準，最後將會限制自己的發展。

如果你爲自己設定一個時間限制，或許可以找到突破現狀的勇氣。你可以利用預定的時間讓自己做好躍入新生活的準備。當你下定決心，並拒絕考慮其他任何的選擇時，將使你的意志活動起來，而且突然地，你就能擁有做改變的勇氣。

在今生這個實體之中，獅子座北交點的人必須有意識地發展健康的自我。你要面對的挑戰是經由肯定自我、以言語表達自己、從超自我的觀點中所得到訊息，以及在自己的本我（你的直覺反應）中所得到的體驗，來加強自我。

例如，你可以說：「我知道我不應該爲這件事情生氣，因爲你今天上班很辛苦。你很累了，也不想再與任何人有任何瓜葛。但是你一回家，就拿起報紙、坐在電視前面，一句話都不跟我說，這種態度讓我感到很不愉快。我希望我們每天晚上都可以撥出一點時間，彼此關懷的談笑，重新建立我們的關係。」一旦這個族群的人說出自己心中的話，表達出自己的感覺及希望，而不時時批判自己，就可以發展出自己獨特的特質。這需要極大的勇氣，但這是你可以在一個重要、堅固層級立足並整合自己的唯一方法。

當你以關愛但堅定的方式，與自己的超自我及本我的觀點溝通時，你的自我會變得比較強，而他人亦會開始注意你所說的。如果你不以強而有力的方式，把自己的感覺告訴別人，別人怎麼能眞的了解你，並給你所想要的東西呢？

藉著有意識地透過你的成就發展你的自我，可以維持你正確的行爲，同時可以讓別人更接近你的超自我。藉著與別人分享你所看到較寬廣的角度，及說明自己本我的直覺反應，你可以幫助別人擁有以每一個人的最佳利益爲考量更廣闊的展望。

☆開發意志

獅子座北交點的人今生還有另一個使命，就是發展你的意志，激勵、建立你內在的力量，並積極追尋你的夢想。你所擁有的內在力量，是遠大於你所想像的程度，你要學習的是肯定並整合這種力量。

不過，你必須先有個認知，想實現有價值的事物是需要時間的。如果你希望某個夢想能夠實現，你一定要願意給這個夢想一點時間。相關的其他人需要在一段時間之後，才能與獅子座北交點的人達成共識，而預備的步驟必須在實際的領域中完成。所有的事情都需要時間，所以你必須做好長期抗戰的準備。

如果你願意放慢動作，一步一步完成每一個階段，並同意揭露下一步驟時，你將可以達到心靈的夢想。如果你專注於目標，並隨時關照內在快樂的感覺，這個過程將可以加強你的性格力量，這種性格可以處理並完全欣賞你努力得到的成果。

但是若要與內在的力量連結，獅子座北交點的人必須先越過自我懷疑的一座高山，「如果我失敗了怎麼辦？如果我做不到怎麼辦？」你不需要考慮失敗的問題，只要去嘗試。你會花相當長的時間，才能肯定你內在的力量，但是你一旦接受了，就沒有什麼可以阻擋你了。

意志是你實現夢想時所需要的工具。你所追尋的東西，其實也在找尋你，你應該記住這件事，這樣你的力量才能增強。在你持續努力追求夢想的同時，夢想也在召喚你，並拉著你往前走。

☆自我驅動

獅子座北交點的人若要有採取行動的動機，通常都必須「被推動」朝某一個特定的方向前進。你會感受到來自某人或某種情況的推動，當你跟著這種力量行動時，會發現自己走在正確的路上。但是在今生這個實體之中，你一定要記得隨時了解自己內在的動機，而不是只做別人想做的事。

有時候，你會因爲過於執著及懶散，而不願與任何事情發生關係。這對與你分享相互責任的人，如配偶或事業上的搭檔而言，特別困難。因爲當危機發生時，這個族群的人常常會突然消失不見，而把問題留給身邊的人去處理。當發生家庭危機時，你可能會不願介入，你是眞的什麼都不想做。別人會覺得必須去驅策這個族群的人，給你當頭棒喝，或是威脅你，才能迫使你伸出援手。

然而，這些刺激通常會使獅子座北交點的人退得更遠。你可以感受到身邊的人的所有情緒能量，但是你會不知如何是好。你應該做的是，只做短暫的折回，並與自己的內心來一番談話：你希望看到當下的情況發生何種變化？怎麼樣可以讓你感到快樂？一旦了解狀況，你就必須負起自己所應該負的責任，並盡自己的力量去創造一個好的結果。

當你根據自己內在的鼓勵而行事時，並不需要任何人來逼迫你或激勵你，因爲你已經開始積極追求自己的目標。就一個個體而言，你可能會希望處理人際關係中的某一個部分，而不是其他的部分；或是解決某一種形態的危機，而不是其他的危機。若要能對每一個人都有幫助及公平，你應該界定自己願意參與的部分，並讓人知道何時他們可以或不可以依賴自己。

例如，你或許很喜歡與孩子玩，但也希望能在每天晚上下班後一個小時內，擁有獨處的時間，以找回自己的中心。那麼，你應該找出配偶的需要，並找出可以滿足雙方需求的解決之道。

由於你正在學習如何與內在的自我對話，並清楚界定自己所想要的東西，所以你必須記得：只做與自己所希望，或是自己眞正覺得公平的承諾；而一旦做了承諾，就必須遵守。如果你說你將介入某一特定的層次，那麼你就應該貫徹實行。從另一個角度來說，如果你選擇不參與某件事情，就應該誠實與另一個相關的人做溝通。在開放溝通的過程之中，更高程度的秩序會因而產生，而這將爲所有相關的人帶來更多的歡愉。

牽涉

獅子座北交點的人對於來自他人的愛十分依賴。當你冒險去分享自己的感覺及渴望時，如果別人未能立即給予肯定，你通常就會放棄。你很快就會變得靜寂無聲。但是你可能必須在你的溝通中注入一些能量，一些戲劇效果，這樣別人才會了解這件事對你而言是重要的。

你表達自己的需求時，一定要非常堅定，這樣別人才會正視你的需求。而你的動機不應該只是「堅持己見」，而應該是表達自己的完整性，使你的特質及自我得以發展。你的自我表達是你內在界線的自然設計師。當你沒有誠實及堅定地表達內在眞實的反應時，無意之間就是對別人不公平，等於否定了讓別人眞正了解自己、與自己交流，以及滿足自己需求的機會。

你在激發出別人的熱情，以及令別人快樂等方面，具有不可思議的天分。你可以將這種天分運用在事業及人際關係等兩方面。關鍵在於你是否願意參與，例如願意涉入別人的事務，並願意以你的心及頭腦進行溝通。當你因爲某種情況而感到失望並退縮時，每個人都會失敗。但是當你提昇自己的興趣，並持續注入具建設性的能量時，每個人都可以成功。

獅子座北交點的人非常了解周遭人的情緒及意志。你可以感受到別人所想要的是什麼，以及在這種情況下，每個人不同方向的意志，還有別人努力想創造的。然而當你涉入所有情緒所產生的能量中時，你會不知該如何處理。你往往會逃離現場，最後選擇不參與。

但是實際上，你擁有處理別人的意志與情緒的極佳能力。因爲你的意志上並沒有附帶自我，所以你可以客觀地看清楚，某種特定的情況可以如何達到公平的效果，使每一個人不同的需求及希望都可以獲得認同。

你應該要學習只短暫地脫離，而脫離時間的長度，大約是可以讓你了解目前發生什麼狀況的程度，之後，再運用你的力量精確評估當時的情況。這時，你就可以運用自己的能量，扮演某個可以創造出正面積極結果的角色。

你必須願意介入某種情況之中，並開始與人們「玩耍」。藉此，你可以創造正確的能量，聯合每一個人不同的意志，爲整體情況帶來正面效果、正義、公平、平等及和諧。這是你利用超然能力的方法之中，最快樂的一種方式。這種超然能力可以將之轉化爲有意識的參與，以眞正富創造性的方式訓練你的意志。你也必須記住，要將你的意志視爲平等的一部分，否則就長期而言，將無法發揮效果。

獅子座北交點的人對於介入某種情況有時可能是自覺的，但這也可能會削弱你的能力。實際上，當你的焦點是向外、企圖提高周遭人的精神的時候，是你最有自信，也是最快樂的時候。而且當你開始投射自我，就會「陷入」缺乏安全感的情況中，你的能量會開始在你的四周打轉，而不是向前移動。這時，介入情況之中，就成了你快樂及活力最重要的因素。

☆承諾

獅子座北交點的人在做承諾時，會出現嚴重障礙。當你讓自己深深涉入某件事情，尤其是浪漫愛情關係時，通常就會發生問題。

如果突然間，有一個極具吸引力的人進入你的生命，你會說：「好吧，我要冒險試一試。」你是眞的想試試。戀愛的能量對你來說，是很健康的，它可以刺激你基本的活力，使你希望能活著，並使你充滿喜悅。所以你會「勇往直前」，並進入所有被激發出來的情緒能量之中。

由於你可以洞察另一個人的思緒，淸楚知道對方心中所想要的東西，所以你可以扮演對方理想伴侶的角色。你可以吸引另一個人，並說她所想聽的每一件事情。你會創造許多快樂浪漫的能量，而對方則以愛及熱情做爲回應。在開始的那段時間中，雙方之間存在的是共同的歡愉，每一件事情都會非常順利。但是一段時間後，當對方開始鬆懈，或更堅持自己的主張，並執行她自己的意志時，獅子座北交點的人就會很容易發怒。

你會覺得，如果你努力做一個「理想伴侶」，你的搭檔也應該為你做同樣的努力。當你的搭檔開始表現自我時，你會變得非常生氣，而且通常會因此退縮，繼續飄流。你永遠不會真的做出承諾，以維持可以長期為彼此帶來能量回饋的關係。

獅子座北交點的人應該要在比較深的層次做承諾，而不是只在事情很順利的時候做承諾。當獅子座北交點的人改變心意，並決定在情緒上或肉體上離開時，讓另一個人成為唯一心碎的人是不公平的，尤其是當這個人是對他的行動做出回應，並因而開放自己，使自己處於脆弱狀態中時。由於這個族群的人對公平擁有強烈的意識，所以你必須願意仔細監督你的人際關係，並利用你的創造力去使它成功。

你要面對的挑戰是如何將你想要創造的情境，與別人創造性的意志交織成一幅清晰的景象。要達到這個目的，第一個步驟是了解另一個人真實的面目。對方的理想、夢想或目標到底是什麼？對他來說，今生要創造及經歷的事物中最重要的是什麼？另外，這個人對獅子座北交點的人，願意在那一個部分讓步，以配合獅子座北交點人的個人需求？這些都是必須經過討論的事，以確定雙方的個性特質是否可以進行混合。

如果獅子座北交點的人可以附和另一個人的價值觀及渴望，雙方之間就可以存在具支持性的互動。這兩個個體亦可以共同朝你的目標前進。你應該要肯定浪漫關係的活力，那未必只存在於兩個擁有相同理想、希望及需求的人之間。事實上，通常你所追尋的那把火，有時是由兩種迥然不同的氣質所創造出來的。透過鼓勵個別特質的過程，這把火會燒得更旺。

☆**負起責任**

獅子座北交點的人可能會忽略很多自己身邊所發生的事，因為你很容易受到外界的干擾。你最大的問題是：當你忽略某種情況中的特定角度時，就不能了解事情對你所可能造成的影響。

你會忽略任何不愉快的事。因為這樣你就不用負責任，也不需清楚表達自己的感覺。你並不誠實，也不夠清楚，所以有些問題會無法解決。這種傾向通常會對你的親密關係造成最壞的影響。

當你忽略了別人所想要的東西時，別人會感到失望或生氣，而獅子座北交點的人則會因為沒有預期到對方會有如此激烈的情緒反應，而感到窘迫。這時，你會遭到打擊，你根本不知道自己到底做了什麼，竟會使對方如此地憤怒。根據你的想法，你只不過是忽略了整件事情，並繼續你的日子罷了！

然而當你回顧過往，你就會覺得不應該忽略你的感覺，而且會希望自己當時曾以真誠的溝通方式給別人回應的機會。為了避免類似的問題，你需要對另一個人真正想要的東西付出關心。你不應該以草率、取悅或安撫的方式去付出關心，而應該真正了解人際關係中，另一個人的價值及夢想。

你可以學習開放你的心胸，並負起個人的責任。

☆**信任**

許多與負責相關的問題都與信任有關。獅子座北交點的人常會因為非蓄意的情況，或是不承認自己曾經做過的行為，而傷害了別人對自己的信任。這也是別人有時候會激烈地與你衝突的主要理由。如果你可以看到別人內在的赤子之心，就可以了解每個人都是根據某種信任在運作的。這裏所謂的信任就是指相信每個人都會遵守他們的諾言；如果違背了這種信賴，必然會遭到嚴重的後果。

你一旦做出承諾，就必須像對孩子守信一般，遵守這個諾言，以加強別人對你的信賴。如果你改變計畫，就必須讓那些依賴自己的人，事先明白可能會發生什麼情況，而不是自顧自地走下去。

你還需要讓別人明白你在玩什麼「遊戲」，而且彼此都知道遊戲的規則。你一旦接受這些規則，或是讓別人以為你已經接受這些規則，就應該負起責任，並遵守這些規則。例如，如果你處於某種關係之中，而遊戲規則之一是一夫一妻制，你就應該遵守一夫一妻制。你不能只是「隨波逐流，順勢而為」，並讓暫時性的混亂引導自己進入另一個方向。你必須眞實地信守自己所說過的話，並創造你說要創造的東西。

由於你前世已經學會如何保持超然，可能無法了解別人是如何與自己連結的，但是當你未對自己的行為加以注意時，他人往往會產生極為激烈的反應。獅子座北交點的人今生要有一個認知：屬於其他交點族群的人，對生命的看法遠比你要來得個人化的多。

☆刻板VS.活力

獅子座北交點的人常會「受困」於自以為「知道」的事。你會採取幾個客觀的事實，之後就根據你對這個情況、你的目標及你自己的需求等的了解，而推算出一個結論。通常你會刻板地執著於你的位置，並拒絕做任何改變。然後，你會開始根據你的決定，爲未來做計畫，因爲你認爲這個決定是「客觀、不可改變的事實」。

這個過程中最大的問題是，你常會在還未與另一個相關的人討論之前，就得到你的「結論」及「特定的知識」。你可能會記得另一個人曾經說過的一句話，並以此做爲你「知識」的根據，而不是與對方坐下好好談一談，並在彼此的交流之間發展出新的事實。你應該要以一顆開放的心，與別人分享你的感覺、你的畏懼，以及你歸納出來的結論，並願意接受新的意見。

敏感地去了解別人的感受，可以使獅子座北交點的人在不引發預期外阻力的情況下，有展開行動的能力。如果你在事前可以意識到別人對自己的感情，讓自己從另一個角度觀察、了解別人的感受，就可以用別人能接受的方式，提出自己的決定。如果你願意放棄邏輯，並進入感覺與熱情的領域，會發現自己擁有提出計畫的獨特能力，並可以讓對方了解你的計畫是可以獲得成功的。

例如，有一個獅子座北交點的人正在與一個人交往，但是愛情的火花逐漸熄滅，或根本還沒開始，他會不提出任何解釋，就自這段關係離去。這種行爲可能會造成另一個人情緒上受挫的反應，如混淆、對異性失去信心、對自己的能力失去信心等等。

有時候，獅子座北交點的人根本不知道自己的行爲是多麼不公平，對人造成的傷害有多大。公開承認你的想法，可以爲雙方帶來力量：「我感受不到熱情，所以我認爲該是我離開的時候了。我對你坦誠相告，因爲我希望你知道是怎麼一回事。這樣你今後就可以打開大門，讓一位可以使你更快樂的人進入你的生活。」

你擁有極為出色的能力，可以藉深入了解別人的感覺而去「提升情緒」。當你以可激發別人以熱情的方式表達事情時，所產生的能量會促使你採取行動。他人的感覺及情緒能量，實際上眞的可以成為你力量的來源，那也是可以推動你促使夢想實現的燃料。

你的人際關係

原動力

☆參與

獅子座北交點的人不喜歡爭鬥。你可能很精於激發戰鬥，但是當事情演變為白熱化，並牽涉到情緒上的問題時，你的傾向就是退縮。

你可能會安靜地坐在那裏，讓另一個人搞不清楚當時的情況，而這會使你的搭檔感到憤怒；你也可能會離開這個環境，以避免去處理這個問題。你可能會像鴕鳥一樣，把自己的頭埋在沙堆裏，希望問題會自行離去。你認為，因為你並未參與身邊所上演的戲碼，所以如果這段關係不能成功，那也不是你的錯。然而，你不願意參與的態度，往往會傷害那些希望愛你的人。

當你脫離某種情況時，你會變得不易接近。之後，當你認爲情緒上的緊張已經消失時，你會再回來，並假裝彷彿從來沒有任何事情發生過。問題在於，你已與身邊的人累積一段不好的記錄。未解決的問題不斷增加，最後，你的搭檔會因爲這些沒有解決的壓力，而選擇在情緒上或肉體上自這段關係退出。他人可能會因爲你並未熱情地回應他們情緒上的需求，而認爲你對他們並不關心。

有時候，這種情況會發生是由於你認爲理想的人際關係應該是：「沒有戲劇效果、沒什麼好討論的、沒有需要解決的問題，這樣的人際關係沒有任何問題。」你不認爲危機會使兩個人因彼此了解而更加接近。願意協助另一個人克服憤怒及沮喪，可以帶來彼此欣賞、開放式的付出及高忠誠度的結果，這是無法刻意製造出來的。

的確，當兩個人承諾在較深的層次分享彼此的付出與接受，並願意將起初看起來極爲不利的情況，扭轉爲比較有利的情勢，就會發生奇妙的結果。如果你把退縮及令自己悲慘的能量，轉投入積極及創造快樂，那麼每一個相關的人，都可以成爲贏家。

☆公平

對獅子座北交點的人而言，你超然的態度有部分是來自於你與生俱來對公平的觀念。你會支持別人的個別性，而且不希望干涉或壓抑別人。但是，今生你應該要學習畫出界線，學會說：「不。」或學會說：「這種行爲傷害了我。如果你繼續這麼做，我就會離開。」

你必須掌握自己的命運，並給另一個人改變的機會。這很簡單，對你來說，誠實表達自己的個別性，遠比未經通知便結束一段關係，要來得有益的多了。

由於你非常了解如何能取悅對方，所以會以為別人也了解該如何取悅你。當別人沒有「回饋」、令自己高興時，你會認為這是不公平的，並開始撤退。事實上，他人並不如獅子座北交點的人一般具有客觀或敏銳的觀察力，而且除非給對方一點線索，否則他人通常不知道應該如何取悅你。

獅子座北交點的人有許多次的前世，都是很了解自己及別人渴望的人，所以當你想要某樣東西時，會考慮到這個東西將有利於自己及身邊所有的人。因為一般人常會以為別人的想法與自己差不多，所以你認為別人的渴望中，也會考慮到每一個人的最佳利益。但是事實卻不是如此。

別人通常都不會檢視自己的渴望是否「公平」地照顧到每一個相關的人，而且他們的渴望之中，可能大部分都是自私而短視的。所以當獅子座北交點的人順著別人的渴望前進時，最後都會覺得失去了些什麼，這時你會怨恨對方為什麼沒有關照你。你今生要學習如何關照自己，當你發現自己處於某種不公平的情況中時，務必要讓對方了解自己的感受。

☆處理情緒能量

獅子座北交點的人不喜歡高亢的情緒。你可能會因為不希望遭遇正面對抗而逃避溝通。一旦你下了決定，如不願繼續維繫一段人際關係，就會去做。你甚至可能會逃避與對方的任何接觸，而對方會因此覺得懸在半空中，不知道到底發生了什麼事。為什麼獅子座北交點的人就這樣遠離了。

私底下，獅子座北交點的人非常清楚自己的搭檔內心的感覺，所以反而很難表達出自己的感覺。如果你能與搭檔客觀地分享你對事件較宏觀的觀察，同時也表達出你的感覺，將對你們之間的溝通有所幫助。但你通常不願告訴對方那裏「出錯」。你擔心這可能會傷害對方，但是實際上，你眞誠的溝通可以讓對方享受到擁有客觀觀點的好處。

每一件事都應視動機而定，你的意圖必須十分明確。如果你與你的搭檔分享彼此行爲的想法，出發點是爲了表達愛，以及眞誠希望能對這個關係帶來正面的影響，你的搭檔將可以感受到這種充滿愛的意圖。但是如果你是因爲生氣而提出這個話題，必將失敗。你客觀的觀點眞的可以爲另一個人帶來極大的幫助。但是如果你過於刻板地執著於你的認知，或是不論別人有什麼反應，都堅持自己是「對的」，這樣就會有問題了。

獅子座北交點的人常會有不將能量放在人際關係之中的傾向。你會否定實際發生的狀況，即使當這個關係變得有些惡劣，你還是會告訴自己：「本來就是這樣，每一個人都會經歷這個階段。」

你會繼續堅持你對人際關係應有面貌的理想、夢想及期待，你不會把能量投入於主動創造你所想要的，直到有一天，當你眞的覺得幻滅時，你就會放棄。你會「關掉開關」後離去。其實你必須學習利用你富創造性的能量，將事情改變爲你想要的樣子，而不是從當時實際的狀況中撤離。

當你忽略掉戀愛、玩樂及付出愛給別人時，就會失去生命中很多的機會。你在生命之中，常會被愛所包圍，但是最後又往往會失去所有的愛。通常都是因爲你不願意在所經營的人際關係中投入足夠的能量，使這個關係能夠成功，才會使你失去愛及浪漫關係。

對獅子座北交點的人而言，答案在於積極參與。尤其是在關係一開始的時候，你一定要願意百分之百地投入，以使自己與對方的理想能夠眞正地結合。在你了解另一個人想要的東西之後，你一定要表達自己所想要的東西。

特別是在談戀愛的時候，你需要了解另一個人理想中的浪漫關係是什麼樣子。之後，獅子座北交點的人才能決定，另一個人的想法是否能配合自己。如果可以配合，獅子座北交點的人就可以信心十足地展開這段關係，並運用自己絕佳的天賦去創造快樂。

☆孩子

獅子座北交點的人對小孩子很有一套，而孩子與你也很有「緣分」。與孩子們在一起，可以使你隨時接觸自己內在的孩子。事實上，獅子座北交點的人今生這個實體主要的任務是：允許體內的孩子盡情地玩耍及表達自己。玩耍所帶來的喜悅及活力，讓你感到悸動，並讓你與孩子產生共鳴。孩子們與獅子座北交點的成人在一起時，通常都會覺得比較好玩。

你會肯定每一個孩子的個別性，並了解孩子對外在的刺激會有何種反應。你會把孩子當做成人看待，在容許他們個別性的同時，還要求他們有所節制。你對孩子有特殊的天賦。如果你透過文字或語言分享你對待孩子的知識，或是選擇一份可以與孩子一起工作的職業，都對你具有好處。這可以幫助別人了解應該如何對待孩子，並讓每一個人更快樂。

付出與接受

獅子座北交點的人看起來可能會很冷漠，但是你其實很渴望擁有浪漫、熱情的關係，以充實你的活力。愛情關係是以付出爲基礎的；誠然，唯有彼此相互付出，才能維持愛情之火繼續燃燒。付出可以有很多種不同的形態：讚美、鼓勵、禮物、肯定、諒解、讓對方開心，以及其他數不清大大小小的各種方式。當你記得走出去，注意你生命中「非常特別的那個人」時，你會非常清楚應該付出什麼，以及應該怎麼付出。

☆記錄分數

對獅子座北交點的人而言，動機是極爲最重要的課題。如果你根據純淨的動機去付出，也就是貢獻及維持能量流通，那麼快樂就會是自然發生的一個副產品。但是如果你因爲期待得到回饋，或是「記錄分數」而付出，那麼你就會感到失望。

接受來自別人的禮物及支持，對獅子座北交點的人而言，是再容易不過的事了。你過去前世的實體，非常習慣於接受，因爲你當時的工作就是允許自己優雅地接受別人的愛及協助。但是，由於許多次實體都曾經歷這個過程，所以形成了一種慣性。你變得無法動彈，「受到過度滋育」導致你無法與活力、刺激及創造性等屬於個人的原創性連結，而這些都是唯有付出愛後才能獲得的結果。

今生，你會希望重新得到你的創造性力量。但只有透過付出，你才能體驗到這種高能量。

雖然不考慮回報的付出，並不是這個族群人的直覺，但是這種付出可以讓你得到更多。當你把焦點放在不論任何情況，都盡自己可能地付出時，其實是開放了一個管道，讓你可以接受遠超出你所能預期水準的回饋。但是，當你是爲了接受而付出時，你只能根據自己的期待得到回報，而這種回報自然是受到限制的。

對於別人應該如何回報的刻板想法，會形成一種狀況，就是別人不斷付出，但獅子座北交點的人卻沒有發現。例如，一位女士請她的朋友吃了一頓晚餐。一個月之後，當這位女士碰到一個嚴重問題時，她的朋友花了好幾個小時的時間在電話上和她談話，撫平她的情緒，並協助她以較樂觀的角度去看這個問題。

但是她會不認同這位朋友所投入的時間及精力，可能還會期待朋友回請她吃一頓飯。當這位朋友沒有這麼做時，她可能會覺得受到傷害。慷慨地付出，不期待回饋，可以讓她從沒有期待的來源，得到生命中各種美好的事物。這也可以幫助她感謝別人爲自己所做的任何大大小小的事情，而這些都是以往她所未曾注意過的事。

你可能還會捨不得讓別人得到自己所付出的東西。如果你突發性地付出，對你而言，可能是極爲不得了的事，而且還希望對方能感謝自己的付出。你要學習培養持續的、付出的精神，也就是以各種不起眼的方式付出，最後這種付出通常都會是最重要的。

如果獅子座北交點的人不斷注意自己的付出，而沒有發現其實在過程之中，你也獲得提升、重新被灌注活力時，就會覺得自己好像是一個犧牲品；而當你只注意自己的付出或是愛，這些動作就成爲自我的表現，而不是自我的眞實延伸。有時候，你會以爲自己正在把能量注入到另一個人身上，來使他快樂，但那其實只是記錄分數的另一種形式。若因此而得到他人回饋，你也不會感到興奮或有充實感。

眞正可以給你深深喜悅的，其實是你不求回報的付出，以及對方所回應的愛及感謝等，這才是你充滿活力時所需要的東西。當你學習付出的藝術，並感受到別人因自己的付出而產生的快樂時，就會覺得自己正生活在一個充滿成長性的環境中，並感到滿足。

☆肯定別人

獅子座北交點的人會在別人提供援手時以冷笑做爲回應。你常會低估別人的協助，抗拒可以幫助自己進一步達成目標的人。而別人也不會在自己的努力未得到感謝及肯定時，仍有繼續付出的勇氣。這個族群的人過於相信「潮流」會帶給你任何編織美夢時所需要的東西，因此你會忘記去肯定那些在自己身邊、爲自己做特殊貢獻的人。

如果從接受別人幫助卻不給予回報這方面來說，你算是很貪心的。你應該要慷慨地肯定並讚揚幫助你的人，這樣你就可以與對方有更密切的結合，令對方在你需要進一步協助或支持時，願意提供援手。

與其將注意力完全集中於別人沒有爲自己所做的事上，不如每天刻意撥一點時間去肯定別人對自己的付出，以做爲平衡。獅子座北交點的人，應該要知道別人給自己的是什麼，因爲這種思考模式可以爲你的人際關係帶來更多的歡愉。

獅子座北交點的人有時候會忘記去肯定那些啓動自己能量的人的特殊之處，以爲可以與任何符合你基本原則的人建立良好的關係。你今生要學習肯定這種「特殊」的內在吸引力，而不只是一般的天性。肯定這些特殊的結合也可以幫助獅子座北交點的人欣賞自己的特殊性。

低估那些與自己有特殊關係的人，常會使你疏忽所愛的對象。你可能會以爲「他們都一樣」（異性），與誰在一起都沒有關係，因此也不會因爲某人讓自己感到活力十足，而特別用心去經營彼此間的關係。相對地，你可能會選擇那些與自己距離較近的、背景較相當的對象。

從另一個角度來說，當獅子座北交點的人發揮你的能量，並投入百分之百的力量希望能讓這段關係成功時，會不計一切付出自己的所有，淹沒對方。對方可能會「掉入愛河」，但也可能會將你的付出視爲理所當然，不了解你爲了使這個關係能夠成功投入了多少的能量。你其實非常需要得到感謝的能量，來肯定你所做的努力，並激發你創作的靈感。

你的愛情

愛情對你而言是重要且健康的，但是你不能期待任何一個人提供所有維持你活力及歡愉所需要的刺激。要培養各類可以爲你充電、使你快樂的富創作性的興趣及計畫，完全要靠自己。例如與孩子們在一起，就可以提供你刺激，演戲、繪畫、雕刻、音樂或任何具創作性及趣味性的事情，也可以有同樣的效果。你最大的歡愉來自完全投入創作的過程，不論是某件計畫或是某次的戀愛。

由於你曾有許多前世實體深具客觀、敏銳的觀察力，獅子座北交點的人很清楚什麼可以爲你帶來歡愉，以及你對經過身邊的人會產生什麼樣的內在反應。當你碰到一個極富吸引力的人時，如果你的心弦被撥動了，你的肉體也感受到了，你就會變得無法思考。

通常你會被某個人所具有的活力，或某種生活中的火花所吸引。由於你也具有立即辨識眞正浪漫吸引力的天賦，所以會以爲別人也擁有同樣的天賦；然而，事實卻非如此。

當你感覺到心中有一股強大的力量時，你會去看看對方是否也有同樣的感覺，如果這種感覺不是相互的，對你就沒有意義。但一般而言，對方通常都不會注意到這種吸引力，而且一開始時，都會一副興趣缺缺的樣子。然而，如果獅子座北交點的人太快放棄，在對方還來不及感受到這種連結之前就放棄了，那麼兩個人都會失敗。

因此，你需要相信自己辨識眞愛的能力，並放慢腳步，讓對方有較多的時間去確認這種關係的深度。建議你接近對方時最好以不具威脅性的友誼爲基礎，並投入時間去建立眞正的關係。

你非常喜歡談戀愛，實際上，你需要戀愛來刺激你的活力及創造性。你非常清楚該怎麼去玩這場遊戲，該如何開始一段浪漫的關係，以及如何引發熱情，並讓這段關係充滿樂趣。問題是，在展開浪漫關係後不久，你的熱度可能會減退。你對於自己老是扮演點燃火花、激發對方最佳狀態的角色感到厭煩。你一直忙著肯定對方的特點，但卻忘了創造可以肯定自己特點的情況。你一直把對方放在「舞台中央」，而忽略了自己對創作性表達及注意的需求。

在你的戀愛關係之中，你一定要負起創造某種關係的責任。你不僅要付出愛，並尊重對方的特點，也要使自己被尊重及被愛，這樣才能達到雙方交流的目的。

如果因爲你的疏忽，而沒有表達自己的需求，會在無意之間製造出一種不平衡。當你發現這個人際關係完全繞著對方轉，沒有任何能量回到你這裏時，就會失去興趣。更糟糕的是，你可能會使當初自己所心儀的那個人轉化爲一個怪物，使對方產生自我膨脹的情況，自以爲擁有「神授權力」。

例如，我曾有一位屬於這個族群的客戶，她很努力地想使她的男朋友快樂，總是做一些對方喜歡的事，時時爲他製造小驚喜。她經常鼓勵他說出對彼此關係的期待，並放棄自我以配合他的需求。等到對方已深深陷入愛情的網中，她卻發現自己的興趣逐漸消失，因爲她沒有看到任何能量「回流」到自己身上。但她並沒有因此結束這段關係，這個族群的人通常不會如此就結束，相反地，她決定採取主動，讓他知道她需要什麼才會快樂。

她需要浪漫的感覺，所以她爲他買了一本《一〇一種說我愛你的方法》的書。她要讓他知道，對她來說一張充滿愛意的小卡片，或是一束美麗的花，都是維持愛的能量持續作用的重要方法。她告訴他當她情緒不佳時該如何因應：「只要逗我笑一笑，一切就都沒事了。」

實際上，她等於給他一本如何令她快樂的「說明手冊」。她所用的是正確的方法，她直接積極地去創造自己所需要的快樂。但是在這個例子中的男朋友，仍然無法了解她的想法，所以最後只好走上分手一途。由於她已經盡力了，所以算是爲這段關係畫下了美好的句點。

☆**選擇**

獅子座北交點的人認為擁有一個美滿婚姻，有一半的過程都是在選擇「正確的伴侶」。問題在於，你會從精神層面去選擇，而不相信你對別人能量結合的感覺。這種傾向會使你遲遲無法擁有婚姻，或是讓你深陷不快樂的婚姻之中，因為你不是根據你的心，而是根據你的頭所做的選擇。

你會對自己說：「這個人的社會背景很好，也有經濟基礎，而這些都是我希望我的伴侶所具備的特質。他很有吸引力，頗具為人父母的資格，年齡、身高、體重也都很適合。整體而言，他是『合乎規範』的。」你會因為這些條件而結婚。但是當你根據精神上的「邏輯」去做個人關係的選擇時，你的選擇幾乎從不能讓你維持長期的快樂。

在生命中的後期，你通常會變得比較能夠接受另一種關係，這種關係是建立在對另一個人所感受到持續性的快樂之上。當你找到這樣的人際關係時，這個對象可能與你心中所想要的對象，有很大的不同，但這個人才是真正可以使你快樂歡唱的人。

只要你與一個真正能在重要、真實的層次（不是以頭腦為基礎），激發出你創作靈感的人相連，就能獲得獅子座北交點人所追求的、人際關係中的浪漫交流。在這樣的關係中，你擁有維持愛情的絕佳能力，也唯有如此，你才能覺得自己是快樂過著生活。

若能與對方在較深的層次做交流，你會知道什麼可以讓自己快樂，而什麼不能。但是你一定要放棄那些限制自己快樂的事，對自己實際的體驗持更開放的態度。當你嘗試追求真正可以讓你快樂的目標時，別人最初的抗拒可能會令你不安，但最後他們還是會了解你的智慧，並配合你的選擇。

友誼

在獅子座北交點人過去許多次的前世中，友誼扮演了極爲重要的角色，而形成彼此的相互依賴。然而，在認同朋友的過程中，你卻失去了自己的特質。在今生這個實體，當你企圖尋求與自己有相同興趣同儕的協助時，常會發現期待落空。因爲你今生要學習的是，不要以自己的特性及創造性爲代價，去依賴你的友誼。

當你學習忠於自己時，朋友其實不是資產而是負債。例如，如果你在愛情的路上遭遇問題，並向一位朋友請求諮詢時，這位朋友通常會給你一些行不通的建議。他們並不是故意要讓你不快樂，只是他們所能建議的通常都是自己可能會用的辦法，但卻未必最適合獅子座北交點的你，那是非常不客觀的建議。這個族群的人應該學習不要依賴別人的建議。你自己就是絕佳的謀士，只要跟隨自己的直覺走，總是可以成功。

當你依賴朋友，而你的朋友卻讓你失望時，或是你覺得自己被利用的時候，就是宇宙在告訴你：「你不能這麼做。你不能妥協。你應該開始做眞實的自己。」由於你過於認同朋友，所以你的付出往往會超過友誼中適當的界線。之後你又會期待對方會有同等的回報，而若事情不像你所預期般發展時，你又會覺得失望。

你應該要認淸友誼的界線，那界線應該是在不預期別人的回報，不違反自己基本力量及能量的情況下，盡己所能地付出。當你朝自己特性的方向前進並成長，而且表達出自己的創造性並獨立起來，你會發現將吸引來更值得信賴的朋友。今生你最主要的任務之一就是，相信別人具有創造勝利的力量及潛能，這樣你就不會讓別人對自己產生不必要的依賴。

你常執著於別人沒有你就無法成功的想法中，而感到自滿。然而，如果你能肯定別人的個別性、力量及信心時，你也會對自己有能力成爲一個獨立個體更具信心，並追尋自己的夢想。接受內在那個喜歡玩耍、享受的孩子的領導，不要對來自集團的壓力或同儕是否能接受有太多的顧慮。

你的目標

自決

獅子座北交點的人今生不會再出現於別人的夢中。你要學習如何創造自己的夢想，而且這完全是由自己決定的。這並不是因爲找不到別人幫忙，而是因爲其他人不能掌握這種權力。

你能預知會發生什麼事，你會「看到預告失敗或災厄臨頭的徵兆」，而且你以爲別人也都能看到。

但是事實上並不是這樣。通常人們會過於投入自己所扮演的角色，以致無法了解造成自己與別人不快樂結果的模式。但是當這個族群的人掌握主控權時，每一個人都會有成功的結果。

你擁有特殊的天賦，可以預見可能發生的狀況，並轉化爲具建設性的領導。你一定要參與，而不是坐在那裏，眼睜睜看著自己早已預見的災難發生。你可以利用你的投入去改變事情進行的軌跡，以獲得更積極的結果。

☆自我接受

獅子座北交點的人要學習接受自己，接受並擁抱自己本性中的那個孩子。你要承認自己也是有需要的。同時，你也要學習肯定及追求可以令你快樂的事。一旦你承認你的希望及需要，而且接受自己，別人也會接受你，並幫助你取得你所想要的東西。

你多半會律己甚嚴，因爲雖然你可以預見即將發生的事，但是當事情眞的發生時，你還是會覺得完全沒有準備。你應該確定這是正常的一個現象。對一種新的情況，任何人都不可能事先做好準備的，這正是生命中刺激、歡愉及熱情的來源。處理完全不熟悉的人事物，正是獲得知識、考驗個人力量及創意的最佳機會。

☆召喚他人

一旦獅子座北交點的人決定自己要走的方向，就剩下如何召集身邊的人參加聚會。最好的辦法是直接表明自己的方向，與別人分享你做這個決定的根據，之後再邀請別人加入。例如，「從比較遠的角度來看，這是我認爲可能會發生的狀況。因此我已經決定要朝這個方向前進。在這種情況之下，你願意加入嗎？或是你認爲有還有更好的進行方向？」

我有一位屬於這個族群的客戶，他的工作是推動產業邁向電腦化。要達到這個目標，他必須得到工廠經理的合作。所以他到每一個工廠，說服每一位經理向他們說明電腦化是現代趨勢，已無第二選擇。當時那些經理都同意他的理論，但眞的開始安裝電腦並改變生產流程時，每一位經理卻又高聲反對，且仍然按照昔日的老方法行事。他慘遭各方的反對，在每一個環節都必須獨力苦苦奮鬥。

其實如果他少花一點時間在解釋上面，花多一點時間表達對自己意志的堅持，事情會變得比較單純一點。例如，他可以說：「我相信每一個人都很清楚，電腦化的時代已經來臨。因此，本廠將在明年的六月之前達成完全電腦化的目標。現在我們需要可以配合的工廠經理。你認爲你有能力適應並學習新的系統嗎？你認爲你有能力配合我們的需要，使你可以繼續與我們共同合作嗎？」這麼一來，工廠經理的能量會被引導至合作的方向，而不是反對。

☆未來方向

獅子座北交點的人擁有與生俱來的能力，可以在事情發生之前預見結果；在別人發現某項藝術品的價值之前就能鑑賞出它的特點；在別人還沒有想到之前，就預見某個不動產具有增值的空間；在蔚爲流行之前，就能注意到趨勢的形成。你所要面對的挑戰是如何利用你所預見的機會。

這正是你看起來常能掌握「良好時機」的理由。你可以預見事情會有怎樣的發展，若你走在正確的道路上時，你會讓自己處在利於情況發展的位置。

但是，你容易退縮的傾向會使你抗拒去利用你的潛能。一個機會可能會激發你的熱情，但你又因爲看到了「誇大的宣傳」，或是認爲相關的人動機不如你般純正而退縮。你要學習接受的是，你獨特預見這場「遊戲」的能力，可以增加你贏得這場遊戲的機會！由於你充滿道德及果斷的處理方式，你的參與可能會改善這場遊戲的品質。

對你而言，你注定是個領導者。你的工作是要加入，並透過健康的領導，以避免原來可能發生的不公平。獅子座北交點的人今生要學習訓練你的力量，並了解當你預見某些狀況發生時，可以進行調解，並在事情攻擊你之前改變路線。

利用創造性的能量

☆透過行動進行能量的轉換

獅子座北交點的人是天生的演員。由於你沒有強烈的個別性，所以扮演任何的角色時，都不會有強烈的自我色彩或是認同問題。你天生的客觀性使你得以注意到你所扮演的角色所有明顯的細節，你可以進入這個角色，並完全投入。不論你把演出看做一種職業或是嗜好，對這個族群的人而言，絕對是健康的釋放方式，對你的觀眾而言，則是一種感人、豐富的經驗。

任何形式的表演對獅子座北交點的人而言，都是很棒的。你是天生娛樂事業的好手。當你站在舞台上時，你整個人都會亮起來。你最愛會令別人快樂而出現的愛與能量。的確，以個人的層次給予別人關愛，正是你今生應該要做的事。由於娛樂事業與觀眾之間的關係是個人的，所以你可以在這個範疇有蓬勃的發展。

只要你可以找到一個讓自己位於「舞台中央」的方法，每一個相關的人都可以得到成功。然而，你常會擔心自己看起來很呆或因同儕的觀感而予以抗拒。你有許多次前世都是站在一旁，看著別人占住舞台中央的位置。今生，你對成功感到害怕，因爲你從未獨自達成目標過。

但是，總得有人站在鎂光燈之下，接受掌聲。如果你就是這個焦點人物時，每一個人都會覺得很美好。今生，你本來就屬於舞台中的主角，但你的自我需要培養，你需要這種能量以平衡自己。事實上如果你不站到台前，扮演主角，發展會受到阻礙。

獅子座北交點的人擅長藉著情緒傳遞來左右觀眾。你可以感受到觀眾的能量，同時也讓觀眾感受到自己的能量。不論你的心裏有什麼，你都可以把它向外投射出來。你可以控制觀眾的情緒，並引導他們進入新的方向，肉體上幾乎也可以感受到能量的流動，就好像觀眾的情緒是與你緊密結合一樣。

這是控制及力量的感覺，但它又可以製造熱情、同理心及情緒結合的正面效果。你會因爲這個過程而得到極大的能量。雖然事後可能會覺得被榨乾，但你還是會覺得自己生氣盎然。當你提供這些情緒上的經驗給別人時，雙方面都可以感到彼此連結所帶來的活力及安撫力量，而每一個人終至都能得到成功。

當你將這種才能運用於較小的範圍，如一個孩子或是一位搭檔時，你還是可以達到成功。即使是日常生活，獅子座北交點的人也是能令別人開心、以鼓勵或幽默來減輕負擔的人。但是有時候，你會低估自己的天賦。你可能會認爲做爲一位寫歌的人比較重要，但是事實是，唱歌的歌者才是選擇曲子、並直接影響觀衆的人，而且你很愛扮演這種角色。當你激發別人所蘊藏正面的能量及熱情時，會變得很興奮，並積極投入。

與天使連結的更高意識

獅子座北交點的人擁有與守護天使保持接觸的天賦，它是在你創造夢想時，向你顯示下一個步驟的意識層次。由於這個族群的人對未來具備清晰、客觀的看法，同時可以在事前預見事情可能的發展，所以關於未來可能會有的狀態，以及如何創造未來的想法，常會突如其來地浮現於腦海中。你必須選擇一件你想做的事，然後做出積極創造的決定。

只要你做好決定，要如何成功地實現夢想，自然會有一大堆的點子出現在你的腦海中，連行事步驟都會自然地依序出現。當你跟著一個步驟走時，下一個適當的步驟就會展現在你的眼前。各步驟出現的時機，絕對可以說是一項奇蹟。在你採取每一個步驟時，大門會自動爲你開啓，而正確的機會也會自動呈現在你的面前。但是，是否對這種天賜的恩典做出回應，則是完全取決於你自己。

這個過程非常類似衝浪。衝浪者在風平浪靜中準備就緒。不久，大浪會在你身邊形成。在大浪襲來前的瞬間，你必須做出是否迎向浪頭的決定。如果你及時做出決定，並掌握到正確的波浪，就可以踏浪而來，並享受極高的樂趣。如果沒有趕上正確的波浪，或許就不能站在浪上享受衝浪之樂，但是至少還是處於美妙的浪花之中，而且仍能感受到衝浪的刺激。然而，如果你整天都只是坐在衝浪板上，從不嘗試去乘風破浪，所能得到的將只是安全但乏味的時光，而且只能帶著充滿錯失機會的懊惱回憶回家。

獅子座北交點的人擁有極敏銳的眼光，然而是不是願意迎向大浪，完全取決於自己。你是否有成功掌握時機的能力及技巧？除非你願意冒險嘗試，否則永遠不會知道這個答案。唯有在你嘗試之後，才會發現自己擁有完全不該懷疑的創造性才能，這種能力是只有當你踏在浪上時，才能表現出來的。

你必須讓自己處於冒險、刺激或戀愛的緊張狀態中，才能眞的顯現出這種創造性的能力。只有在這種時候，你才會覺得自己最富有活力。

但是即使你掌握了每一次的波浪，獅子座北交點的人仍需要遵循某種原則或理想，這種原則或理想可以延伸至你個人生活以外的範圍。你需要一顆可以指引你方向的星星，那是可以增加你力量、引導你走過創造性過程，並達成目標的精神上的誓約。這個理想或價值觀，應該是適合你所有行爲的中庸原則。

例如，它可以是不論任何恐懼或不安全感，仍堅持「跟隨你的快樂」的一個承諾。它可能是不理會別人的反應，仍說出自己眞實面的堅持。也或許是與更深一層的理由有關，如人權、世界和平或改善生態環境等等。如果你的「目標」正確，不會令你產生悲哀或選擇緘默，就會具有提升情緒的效果。藉著使自己與延伸至個人範圍以外的理由聯合，你應該擁有更大的舞台，並願意嘗試冒險，做出眞正的改變。

獅子座北交點的人擁有透過想像力創作的絕佳能力，這是利用具體化及你與天使間關係的成果。你只要透過祈禱的力量，就可以吸引你所希望的人或情況出現。如果你眞的下定決心，不論向宇宙要求什麼（如果要求的是符合你利益的東西），都可以得到。你的生命會突然發生改變，新的人或情況會出現，並從不同的方向吸引著你，這可以使你祈求的事物實現。

你的任務就是接受提供在你眼前的新機會。如果你嘗試分析並判斷這些機會，問題就會產生，而且你也會錯過最佳的時機。你必須學習朝著夢想的方向前進，即使不知道前方的路線，也要願意承擔風險，並投入創造性的能量使其發生。

獅子座北交點的人就是應該全神貫注於你的目標，並做任何可以使自己突破創造性過程中「第二力量」（請參看「你的個性」）的阻力的事。

慣性是永遠不滅的，在創造新的、重要的東西時，慣性就成爲阻力。有時候，需要極大的努力才能突破第二力量，並超越這種古老、永遠不滅的模式。要創造新的模式，除了大量的能量之外，還需要意志、紀律及堅強的意圖。突破阻力以創造新的現實，可以使獅子座北交點的人眞誠地欣賞自己所擁有的夢想。

要實現心中的夢想絕對不是容易的事。事實上，這正是我們擁有夢想的理由，夢想就像是吸引著我們突破極限，並超越自己所設定自我的那根「胡蘿蔔」。當我們脫離自滿及自我的狀態，並努力去完成心中的獨特夢想時，我們就可以成長，並成為自由之身。你最終所想要的是自由及活力，有創意地追求夢想，將可以帶領你到達夢的樂土。

活力

獅子座北交點的人非常渴望能與內在的活力及歡愉再次連結。你渴望可以讓你覺得活力十足的事情，而宇宙會提供你足以刺激並重建你生活力量的情境。如果你接受這個機會並去經歷這個過程，那麼你在過程進行中，可以持續得到更多的成長、活力及愉悅。你直覺會去追求這些生活的經驗，但是通常你的頭腦會介入並否定你創造性的衝動。在這一生之中，你的任務不是去聽腦袋的話，而是跟著內在那個孩子的興奮前進。

☆做決定

這個族群的人常在「知識」與「心」之間產生衝突；在「創造熱情」與「安全」之間難以抉擇。但是如果你選擇了創造的熱情就可以成功，若是選擇安全就會遭遇失敗。回顧你過去的經驗，你會發現這是正確的選擇，因爲你的「知識」實際上是根據你過去的經驗而產生對未來的邏輯推論。不過，你若願意負起改變現在方向的責任，對於未來還是可以有許多不同的選擇。

獅子座北交點的人應該自問：根據你所「知道」的做決定，會使你覺得活力增加，還是減少？如果是根據你「知道」的正確方向前進，而個人活力卻覺得降低，那麼在虛擲多年的光陰之前，你應該要重新思考自己的方向。你應該接收來自我眞實的回應，而據此行動。也就是說，相信你的熱情足以推動你通過考驗，保障你的生存，提供你建構新生活所需要的能量。

我以前曾在「退休者之家」旁邊住過。有一次，我請教許多位資深市民，有關他們生活的問題。我問他們：「回顧過去，你認爲最重要的是什麼？有什麼事情是你希望當時能有不同做法的？」雖然對於這些問題，每個人有各自不相同的答案，但是每一個人都告訴我，他們從不會對已經盡力，但最後證實做錯的事感到後悔。他們最懊悔的事都是曾經想做但沒做的事，也就是未能有嘗試的機會。這就是獅子座北交點的人應該要學習的課題——如何掌握機會。

這並不是要你以不負責任的方式去處理你的生活。你可以做遵循自己活力方向的決定，然後以明智的，並將別人列入考慮範圍之內的方法，執行這種決定。例如，「爲了孩子」勉強維持一段具破壞及充滿凌辱的婚姻，就不是明智的做法。這種婚姻是在告訴孩子：「我可以忍耐、受苦。生活得不快樂沒有關係。」

但若以負責任的方式去結束這段婚姻，則更顯現出你的謹愼，例如在事前告訴孩子你的婚姻發生問題了，並與他們溝通目前的狀況。這樣，孩子才不致在最後關頭遭受到可能造成的震撼。獅子座北交點的人必須優先考慮別人的感覺，以負責任的態度實行你的計畫。

☆採取行動

有時候，獅子座北交點的人所要面對最大的挑戰是，採取可以讓自己感到快樂的行動。由於你過去習慣爲別人做事，所以往往會把自己體內的那個歡樂的孩子放在次要的位置。今生，你要學習爲自己做自己需要的事。

有趣的是，在你獨自採取行動之後，總會出現提供援手的人。如果你停滯不前、等待，或不敢在你得到所有需要的東西之前行動，將永遠不會有人願意幫助你。你所採取的行動可能對別人來說並不具意義，但是如果你的內心因此感到快樂，不論別人是否給自己援手，都應該放手去做。

對獅子座北交點的人而言，所有前世中累積的知識，都已經傳輸到你內在的那個孩子身上，這也是跟隨這個孩子前進可以令你擁有快樂生活的理由。相反地，當你追尋「知識」以確認自己選擇的是「安全」的路時，你是永遠無法得到足夠能量的，而且所有的機會將自你身邊閃過。

你內在的那個孩子是歡樂、嬉耍、冒險的，會做任何令自己快樂的事。例如，如果你有一種想法：「哇！我今天想去游泳！」你對此感到興奮，就應該跟隨著你內在孩子去行動。每當你跟隨有趣及興奮的感覺行動時，你自己內在的那一部分就可以獲得肯定，並變得更強壯。與內在孩子相連，以評估自己所走的路是否正確，正是你邁向成功的關鍵。

治療音樂 Music

由於音樂是可以在情緒上支持我們去冒險的有效工具，所以我分別爲各個族群的人寫了一首治療歌曲，希望能協助你以積極的方法提升你的能量。

做那個孩子

這首歌所要傳達的訊息，是讓獅子座北交點的人可以與內在的那個孩子保持連繫。從那個孩子身上，你可以得到開創自己命運所需要的自信及動力。

節錄部分歌詞

有時我會想：我們呱呱墜地時，是否能預知，
即將展開在我們前方的命運；如水晶般清楚？
有時我會想：在世界成爲我們的導師之前，
我們是否知道跟隨內在的那個孩子前進？

做那個孩子；那個有你原來面貌的孩子。
在世界湧向你，
告訴你一些不是眞實的事之前，
你要做那個孩子；那個有你原來面貌的孩子。

第6章

如果你的北交點位於處女座
或北交點位於第六宮

星座箴言

今生，你不是一個受害者。

總論

♍

應發展的特質

針對這個部分的努力，應可幫助你找出被隱藏的天賦及才能。

★參與
★爲混亂帶來秩序
★創造規律
★以當下爲焦點
★依據熱情行事
★爲他人服務
★分析及分類
★從經驗中獲得自信
★穩健
★即使畏懼亦勇於冒險

- ★關照並重視細節

應擺脫的傾向

努力降低這些傾向所造成的影響，可以使生活更輕鬆、更有趣。

- ★成爲受害者（或擁有被害者意識）
- ★混淆及迷失
- ★規避計畫
- ★逃避現實，有沈迷、上癮的傾向（如藥物、酒精、嗜睡、做白日夢等）
- ★激進派
- ★過度敏感
- ★自我懷疑
- ★覺得自己能力不足
- ★退縮
- ★含糊（不願承認）、懶散
- ★放棄

應避免的陷阱

處女座北交點的人最大的問題是你的受害者意識。「如果我沒有得到別人持續、熱情的注意及了解，可能會有人想占我的便宜。」但這是一個無底洞，因爲別人勢必無法提供你足以克服內在無助感及妄想的保證。只有在你檢視自己的內在時，才能了解自己需要創造什麼樣的外在結構，方能爲自己帶來力量及目的。

你必須避免的陷阱是毫無止境地追尋救世主及精神導師。你總是在尋找一位可以盲目相信或交付自己的對象，「只要我可以充分地降服，上帝會使一切都變得很有條理。」但是，你的生命會證實，內向式的放棄並不能使外在的世界變得更有秩序或更有生產力。你達到目標的唯一方法是，以自己需要的方式去組織你的生活，這樣你才能覺得安全與堅強。你永遠不會覺得擁有足夠的自信可以在這個世界做一些有意義的事。你就是應該從積極參與生活開始做起。有趣的是，當你眞的開始參與，了解什麼能爲自己帶來成功時，就可以得到追尋已久的信心。

什麼是你眞正想要的

你眞正想要的是沈醉在個人與宇宙間，可讓人感到舒適、安全的熟悉物品之中。你希望能被放在比自己大的範圍中，這樣你才能擁有較大的自主感。處女座北交點的人對平和及完整的體驗，有無法滿足的需求。但是爲了成功達到這個目標，你必須進入這個世界，並爲他人服務。當你把注意力由自己的畏懼移轉，並將焦點放在當下時，就可以很輕易地了解如何在混亂的情況中重建次序。

你的才能及適合職業

你可以是出色的醫生、牙醫、護士或助理護士，因爲這種職業提供你利用你治療的能量，並以實際的方式服務人群的機會。心理學家、信仰治療者、營養學家、會計師、創辦人及技工等，也都是很好的選擇。處女座北交點人的事業運不錯，你能與工作夥伴或員工合作得很愉快。你可以在一個小時之內，做好別人可能需要花五個鐘頭才能完成的工作。你應該可以在「完成工作」時獲得尊重，而不只是爲了每小時的工資而工作。

醫療性的職業之所以特別適合你的另一個理由是，這些工作的主要內容是與生命中肉體的各個細節有關。由於這是一個必須依賴巨細靡遺地專注力才能達到成功的領域，所以處女座北交點的人被迫活在當下。對你來說，在肉體上創造次序的過程可以減輕心理上的壓力。

處女座北交點的人亦擁有掌握全局的熱情及能力。這些承襲自前世心靈意識的天賦，在處女座北交點的人積極參與創造實質成果時，是一項資產。但是，以達到心靈意識及寬恕爲目標的職業，很容易破壞你需要藉以感到堅強及完整的基礎。

♍ 正面肯定的信念

・「我是唯一可以使情況恢復秩序的人，所以我最好這麼做。」
・「今生，我不是一個受害者。」
・「當我退縮時，就會失敗；當我參與創造正面的結果時，就會成功。」
・「當我集中心力並擁有計畫時，整個宇宙會打開通往成功的大道。」

你的個性

前世

你擁有與生俱來對生命、精神、性靈層面的意識，你同時也相當了解自己天性中較高層次、較愉快的區域。你極為敏感、容易受傷，也會非常小心不去傷害別人。事實上，你注意或關心別人的程度，反而比對自己更甚。

☆分解戕害自我

處女座北交點的人過去有很多次的前世，投入大量的時間於分解或戕害自我上面。可能是透過冥想及對性靈的追尋，也可能是藉濫用藥物或酗酒，或是藉在修道院、監獄或庇護所內的拘禁及思考，或是沈迷於音樂、陶藝或藝術等等。不論分解是如何進行，你今生必須應付的是結果。

如果分解自我是透過性靈導向，在你找到一條具有與自己前世實體類似原則的道路之前，今生將會處於完全混淆的狀態中。如果是藉由藥物或酗酒進行，你今生會有成癮的傾向，而這種傾向將再次造成問題，並可能必須透過性靈的角度來予以克服。而你在陶藝、音樂及藝術方面的天分，可能仍然是連結崇高情緒狀態的一種方式。

前世，你曾有靈妙的經驗及實體，而且你在其中一點一點地放棄了自己的獨立本質，以便與更高的能量匯合。但是你已經完成這個過程了，今生再讓自己繼續分解，將會具有反效果。在今生這個實際的世界中，你最大的希望是實現個人的美好憧憬。

☆謙虛

在前世的經驗中，你藉質疑自己的動機，以及確認自己所缺乏的美德，來淨化自己，因此你得到了極高的洞察力，使你得以不會對他人妄下斷語。今生，你認為自己在任何方面都不比別人「優越」，你的內省將令你擁有真正的謙虛。

處女座北交點的人因為曾在許多次的前世扮演受害者的角色，所以你常會太輕易地放棄。你在與別人面對面的溝通、競爭，或處理任何反對自己的強烈反應等，都不太靈光。你的心靈極為敏感，生命對你來說，可能會極為嚴苛。

整體而言，你不相信「東西」愈多，就會愈快樂。由於你生活的動機不是獲得實質的東西，所以如果你覺得世界像是在對抗你的努力，很可能你就會因此而放棄。

因為前世你常常被利用，所以當你做一些具有創意的工作時，常會發現自己允許這個點子在沒有任何報酬的情況下，被公開地銷售，或是任由別人掠奪原本屬於自己的功勞及財富。通常你根本一點都不會在意。畢竟，工作本身就已經達到服務的目的了。

另外，你在前世的修道院生活中，可能曾經承諾要過清貧的生活，所以當你今生的實體累積財富時，會覺得不太自在。潛意識裏，你可能覺得累積財富是「不純潔」的事。你應該要肯定金錢是服務的一項副產品，也是你參與貢獻度的指標。

處女座北交點的人真的非常熱情，而且希望能在任何可能的時候提供幫助。在這個生命中，你需要承認：藉由創造紮實的物質基礎，以及允許自己的生命茁壯，你才能提供範圍更廣的協助。今生，允許自己再度成為「被害者」的模式，已不再適用了。抗拒這種傾向對你而言，是更高層次的一條路。

擴散VS.聚焦

你曾有許多次的前世是遠離社會的。你不習慣處於這個世界之中。你可以試著想像，你在修道院中生活了好幾輩子，鳴鐘分別代表起床、冥想、祈禱、運動、吃飯、工作及睡覺的時間，且有專人負責敲這個鐘來提醒你。每一家修道院都是依循這種方式在運作，每一位參與者都可以感受到強調世俗生活細節的永恆、無定型及潮流。雖然這種方式在修道院可以發揮極佳的效果，但你必須了解的是，要如何在這個世界之中生活。

你必須學習爲自己設定規律的生活，如何自己爲自己鳴鐘。過去，你習慣有人爲你安排時間，所以在這方面常出現問題。不過，當你遵守社會所需的自我紀律時，將獲得在這個世界生存所需的極大力量及自信。對你來說，扛起責任、準時赴每一次約會是非常重要的事。這樣可以透過促進成長及支持的方式，提供生命中的秩序及穩定。

由於你前世的蟄居狀態，處女座北交點的人知道如何利用心靈及想像力去自娛。但是前世有用的因素，卻會危害今生的實體。你需要在今生的實質世界中，創造積極、實際及確實的成果。因此，各種型式的逃避對你而言，都會具有反效果。做白日夢、吸毒、酗酒、過度孤獨、嗜睡等自生活中退縮的任何形態，都會傷害你的信心。

這並不是說你不可以偶爾享受、放鬆一下，或在處理生活的各項細節問題之間，來個短暫的「休息」，但是你必須非常小心，不能過度放任，否則很可能會出現成癮的問題。

☆想像、白日夢和幻想

你承襲了前世對心靈及想像的領域，擁有非常敏銳的感覺。如果這種才能未能適當引導，它們就可能會造成你的偏執妄想、畏懼及焦慮。但是，當處女座北交點的人朝著一個目標前進時，你奧秘的才能就會被用來做爲使工作有效完成的工具。如果你富創意的想像力有一個宣洩的出口，例如提供別人服務，那麼你幻想的能力可以成爲一項絕佳的資產。

處女座北交點的人應該讓你富創意的想像力，藉服務他人及產生確實成果的方式，不斷向外釋出，而不應該在未經引導的自我檢視後，又流向內部。你需要經過必要的辛苦工作，使你的想像得以付諸實現，例如做研究、組織計畫、生產，以及觀察銷售的狀況等等。在今生，只要你確定自己的目標，那麼努力使工作做好將是很簡單，且非常愉快的一件事。

你需要避免的是做白日夢及幻想。由於藉著做白日夢，你可以與精緻、微妙的意識相連，那種感覺就好像你在洶湧的巨浪中，服下了「快樂丸」。但是這種狀況會摧毀你在現實世界中運作的能力。

如果你對現況不滿意，常會利用幻想逃回自己的世界裏，而不努力去改變現狀。如果加以節制，這些幻想其實可以讓你更清楚地知道，自己想要的是什麼。但是，要打斷與幻想之間的能量連結，需要極高度的自制力。因爲那是極易成癮的事，對你而言，最好盡量避免耽溺於更深的幻想之中。

你會極爲執著於超脫塵世的幸福感，這往往使你無法建立日常生活的秩序及成就，而這些都是享受眞實幸福所必需的東西。例如，你可能會沈迷於對家庭的幻想之中，致使無法在自己的生活中，創造令人滿意的家庭關係。

我有一位屬於這個族群、四十八歲的男性客戶，他心中有一個「理想女性」的美好影像，在他幻想的力量之下，這位女性幾乎已成爲眞實的人物。他曾談過數次戀愛，但最後都沒有結果，因爲這幾個交往過的女性之中，沒有一個人可以比得上他幻想中的那位女士。

這種情況持續了三十年，而他仍然獨自生活，且感到極度沮喪。由於沈迷在幻想中，很不幸地，他剝奪了自己學習什麼是眞正的男女關係。他從來沒有把焦點放在自己曾交往過的女士身上。幻想會使你無法採取具建設性的行動，阻礙你的美夢在現實世界中成眞。

☆混亂VS.協商

處女座北交點的人有時候會陷入混亂的意識狀態。對許多人來說，混亂可能是一件好事；它可能是邁向較高層次秩序的序曲。但是對你而言，混亂並不是「正途」。當你覺得混亂時，會開始質疑自己，並懷疑自己所做的每一件事，這種疑慮會危害你目前的行進路線。你應該自混亂的能量抽離，重新將焦點對準造成混亂的外在世界，之後再重新進入這種情況，並再次建立秩序。

例如，如果你對一堆尚未處理的文書工作感到混亂，最好坐下並開始處理這些文件，實際去處理這些工作，以自己覺得合理的方式去肯定這些工作。如果你對合作夥伴的行爲感到困惑時，必須正面地去面對這個問題，也就是找這個人談一談，並找出改變他行爲的原因。

當經歷問題時，處女座北交點的人若能找心理醫師或朋友傾訴，會很有幫助，因爲這種交流可以使你得到更實際、更透徹的看法。由於你擁有極爲豐富的想像力，所以如果你讓問題留在心中而不去處理它，就會把問題誇大，並想像出各種無法解決的狀況。

自己想像出來的畏懼，會使你沒有能力重整你的生活。所以獲得別人的反饋，了解自己的畏懼到底是根據現實，或只是過度活躍想像力的副產品，對你是很有用的。處女座北交點的人如果能在實際層級中，積極去測試什麼對自己有用，什麼又對自己不具效果，將會更成功。你不該企圖只在自己的腦袋裏，想出所有事情的原委。

如果你覺得自己在某個人際關係中失去了界線，與搭檔溝通時，也無法正確表達出自己的沮喪情緒時，可能會帶來第三者。你可能會因爲過於敏感、不願傷害你的搭檔，而避免採取較實際的處理方法。你的搭檔可能會需要聽到：「停止！我不能接受這種行爲！如果你繼續這種行爲，會迫使我到達必須離開的臨界點！」婚姻顧問可以在你與搭檔溝通時，扮演非常寶貴的同盟角色。

你自己其實就是極佳的諮商人才，不論是職業上或是朋友之間。別人可以感受到你豐沛的同理心，所以會自然而然地相信你。處女座北交點的人就是有讓別人信賴的能力，你卓越的分析能力，也使你可以提供別人實際的建議，你也擁有組合直覺與普通常識的出色能力。

☆含糊VS.清晰

由於你極爲習於從宏觀的角度去看一件事情，所以很容易忽略當下的細節。這可能會使你採取不符合你最大利益的行動。但是只要你注意實際的細節，通常就不會被欺騙。

當你允許自己生活在沒有焦點的狀態下時，常常會不明所以地感到焦慮。你甚至會覺得無法抵抗攻擊，或對別人感到過度的懷疑及畏懼。在這些時候，只要你記得把焦點放在自己身邊所發生事情的細節上，如某人穿的衣服、某家商店櫥窗中展示的東西、外在環境的溫度在你臉上造成的感覺等等，就會平靜下來，並覺得有安全感。

☆前世畏懼VS.活在當下

處女座北交點的人前世已經學到觸犯法律的後果，所以今生的實體你可能會有極強烈的是非觀念，而且對違反法律極度地畏懼。你一向很迷信，而且對於在某些特定預兆出現後，應該如何行事以避免遭受可怕的懲罰，擁有有很多看法。但是追尋預兆往往會誤導你忽略常識中的細節。

由於前世擁有太多心靈的「訊息」，所以當你進入這一生時，你仍會繼續追尋預感，並對當下實質層次所發生的狀況視而不見。與其守候各種徵兆，不如觀察實際的事實，並取得來自別人的直接反饋，以確定你是朝正確的方向前進。

如果你擔心「有東西出問題」，就不應退縮，更要勇敢向前邁進，並直接參與，設法得到別人的支持，面對恐懼，創造足以預防最壞情況發生的環境。舉一個最簡單的例子來說，與其坐著擔心自己的電話可能會因爲忘了繳費而被切斷，不如規定自己在一個固定的時間去繳費。

當你做一些可使你進入當下的活動時，將會有出色的表現。記帳對你頗有好處，因爲在任何時間你都可以知道自己的財務狀況。對你而言，隨時可以調出記錄，查看以往資料，並與現今的數字做比較，將賦予你極大的力量。你會因此感到紮實的基礎、明確的方向，以及充沛的信心。

任何可以維持處女座北交點的人專注於當下的事，都是你樂意做的事。你的工作對你應該要有這種效果，如果沒有，就應該重新考慮自己的工作路線。電腦對你極爲適合，因爲實際的介入電腦所需的細節，可以讓你專注於當下。你善於且樂於做任何要求細節，以獲得成功結果的工作。

自我懷疑及焦慮VS.信心及行動

處女座北交點的人，有非常內向及內省的一面。當你感到焦慮時，會轉向內在尋求安慰及了解。不幸地，你對這種內在的過程並沒有外在的檢視，而你可以接觸到的焦慮、懷疑及猜疑等情緒，並沒有終點。

你還有一種傾向，就是會陷入自苦的狀態，老是回顧過去自己曾在那裏「出錯」。但是這種傾向會導致與事實不符，而且產生極爲嚴重的挫敗感。當你退縮回去思考的時候，總想嘗試了解一些事情，但這種方式對你根本沒有效果。你應該盡一切可能避免自我懷疑。

處女座北交點的人所做最糟的一件事，就是去質疑自己目標的純潔。在你明確了解自己的目標之前，早就已在自己的心中經過極爲嚴格的審核過程，你早已確認自己的動機是純淨的、無害的，而且是對他人有益的。今生，你要找出如何讓自己的想法於實際的層次發揮效用。對你來說，嘗試錯誤的過程可以幫助你了解，在物質領域中什麼是推動事情發揮效果的原動力。

你堅決地相信，當你碰到混亂局面時，可以向內的自行克服問題，而情況會自然而然由內而外地獲得解決。這會讓別人失望，因爲別人總預期處女座北交點的人會積極地著手解決問題。別人不了解這個族群的人是在何時退出的。

同樣地，處女座北交點的人也會感到沮喪，因爲你覺得自己被誤解了，你也無法理解爲什麼你的系統無法作用。但是，今生你不能在內心自行解決問題。從占星學的角度來說，解決之道必須透過外在的行動產生。

處女座北交點的人還有因不適任的感覺而否定自己的傾向，這會形成惡性循環。有時候，你會在事前直覺「找出」問題，或是對自己與某人的關係，或某種情況的結果感到焦慮，但完全不知道爲什麼。

如果你把焦點放在這種焦慮的情緒，就會想像出各種「最嚴重的情況」，並開始有選擇性地去詮譯外在世界所發生的事情，以進一步證實自己的妄想。之後，爲了重新得到內在的平衡，以及對抗你的畏懼，會開始質疑自己直覺的反應。不論你是利用自己的心靈去肯定或否定你的畏懼，都不管用。眞正有用的辦法是：走出自我，展開觸角，以得到更多客觀的意見。

事實上，你的直覺通常都是一種警訊。例如，假設你上班時忘了關窗戶；這是你不會刻意注意，但會用眼角餘光瞄到的事情。突然開始下雨了，你可能會很不理性地焦慮起來，你會想像有一個小偷已經潛入你家中，或是家裏可能失火了。你很擔心自己的家，卻不知道爲什麼。這時最好的解決辦法就是：直接回家。回家後，你會發現原來是窗戶忘了關，而雨正從窗戶打進來。令你覺得焦慮的情況是一種警訊，當你客觀檢視細節時，就能給予自己解決的能力，把窗戶關起來。你不該否定你的直覺，耽溺於畏懼之中，而是應該實際面對這個問題，分析事實，如果需要進一步的資訊，就主動去蒐集。

處女座北交點的人應該對自己想做的事更有信心一點。對你來說，建立信心的最佳方法是透過行動。信心是你得自前世的禮物。透過你的臣服及宏觀的經驗，你可以從日常生活中的每一刻得到信心。今生，你內心知道「一切都很好，每一件事的情況都是正常的」，你會因爲記得這一點，而得到心靈的平靜及信心。

例如，我有一位北交點在處女座的客戶。她失業以後，利用焦慮做爲促使自己採取行動的動力。雖然她還有三個月的時間可以找一份新工作，但她幾乎是立刻就展開行動。於是她找到了兩個工作機會，選擇了其中一個可以實現自己想在郊區閒適環境中上班的理想工作。

但是，在那個地方工作了十天之後，她發現自己的選擇是錯誤的，所以又打了一個電話重新申請另一個工作。經過好一番折騰，那家公司終於願意接受她。她很高興自己經歷了這些。「如果我一開始便接受這個在城市的診所中工作，可能不會覺得感激。我一定會以爲，如果接受在郊區的另一個工作，會比較快樂。」你能夠了解每一件事情都會爲自己帶來最大助益，而這因爲你抱持著一個信念：「生命站在我這一邊，每一件事情都是朝可以爲我帶來最大快樂的方向前進。」

今生是一種「服務」或是「痛苦」

對處女座北交點的人而言，服務是解決內在痛苦的良方。你與人類有極密切的關係，你對別人的痛苦也擁有極深切的同情。即使當某人誤解了另一人時，你通常也可以了解雙方的立場。你生來就不具批判色彩，你的心很容易會與別人的痛苦產生共鳴。

你今生要學習的是如何根據同情心行事。你內心明白，今生到這個世上是要來服務別人的。然而，當你開始這麼做時，又會舉棋不定。當產生不安全感時，你可以提醒自己，你服務他人的動機是純正的，你唯一的意圖是為別人服務，並重建秩序。當你開始把焦點放在別人，以及自己可以如何幫助別人時，就會充滿平靜的信心。

你總是需要「修理」某些東西，才能維持自己的快樂。當義工，或是協助朋友及家人，可以讓你覺得自己是有用的，而且會覺得很充實。擁有許多外在導向的活動，對你而言是有益的。

通常你不會想去推動抽象觀念，例如結束世界的飢餓狀態、追求世界和平，或是支持環境保護等等。你的動機是去幫助別人。當某人說：「我很餓」或是「我對我家附近的環境會有過敏的反應」時，你無法向他說不。當某人進入你個人的範圍內，並令你感動時，你的心會充滿付出的喜悅。但是你需要直接的交流，你的「助人之泉」才可以因而源源不絕地流出。

有時候，處女座北交點的人會將渴望協助的焦點放在自己身上。你可能會變得過度專注於自己的事務，因而造成很多問題。你比較擔心的問題可能是某件事會對自己造成什麼影響，而不是那件事會對別人形成何種影響。例如，辦公室中的某人生氣了，你比較關心的可能是：「你想對我怎樣？」而不是「我怎樣才能讓你覺得好過一點？」

你以為其他的人總會知道自己的行為動機，你認為：「我處於不利的位置。別人必須盡全力來幫助我，因為他們比較聰明、比較強壯、比較世故，而且應該知道我是多麼地敏感。」其實，你以為自己「不如」別人的觀念，是不正確的。由於過去有許多次前世的實體，你是投入於淨化自我，所以從很多方面來說，你比別人都更具有整體感。

即使別人以優越的態度出現，也不表示那些人永遠都知道自己在做些什麼。因此當處女座北交點的人以為，別人明知你是何等地敏感卻又傷害你時，這其實是一個錯誤。事實上，絕大部分的人都不如這個族群的人敏感，而且他們根本不曉得自己很「粗糙」。

處女座北交點的人不該再將焦點放在自己身上，應將你關心的目標轉移到另一個人身上。試著利用你的能力去改善不良情況，因為別人需要且歡迎處女座北交點的人具撫慰性、療效的能量。

有時候，你會將「不如」的認知做一百八十度大轉彎，自認為比別人優秀。然後覺得必須盡全力去幫助別人。當你認為自己比較優秀時，就可以和善待人，當你覺得自己比較差時，會期待別人對自己和善。但是前述的兩種態度都過於極端，兩者都不管用，因為兩者都以「自我」而不是服務為中心。

你要學習的是基於同情去服務他人，而不是基於義務。當你因為愛的感覺而去做某件事時，就可以產生一種精神上的、你所嚮往與宇宙的關係。當你基於義務而行事時，根據的是你的頭腦，而當你基於同情做事時，根據的是你的心。如果你必須想著幫助別人這件事，那就不對了。

眞正想幫助的渴望是自動地來自於對自己的認識，以及與自己的感覺連結。這可以讓你洞察人類天性，與他人建立如家族般的關係，以及與所有人類產生連結。當處女座北交點的人處於這種精神性、同情的情緒下時，會有不可思議的事發生在身邊的人身上，那將是很神奇而具撫慰效果的事。

☆付出VS.受人壓榨

你的本性是非常敏感、脆弱、關愛、富同情心，以及容易原諒別人的，這些特質的確讓你處於容易被騙的危險狀態中。在人際關係之中，處女座北交點的人可以根據某次的交流是失去或獲得能量，來判斷那條道路是正確的。有時，他人感覺到你的同情後，會被你所吸引，就好像飛蛾被火吸引一樣。而你也會不帶任何批判眼光，只懷著同理心，傾聽別人的問題，但是之後你卻覺得自己的能量被完全榨乾。

你今生必須學習的是，辨別誰是眞正想找出解決之道，誰又只是想找一個可以靠在上面哭的肩膀。你應該讓那些眞正在找尋解決之道的人，進入你的生命。那些人對處女座北交點的人來說，具有正面的意義。他們可以讓這個族群的人相信自己解決問題的能力，而這種能力在你今生的生命中是不虞匱乏的。當你與眞正尋求解決之道的人分享自己的想法時，每一個人都可以獲得成功。

但是當你允許那些只是尋求同情，或只是邁向無盡問題單行道的人進入自己的生命時，這個族群的人就會開始失去能量及自信。另一個人通常會在感覺很棒（暫時性地）之後離開，但是處女座北交點的人則可能會遭遇能量大損失。你會因爲無法成功找到有效的解決之道，而無力把自己拖上床休息，這還會降低你去幫助眞正尋求解決之道的人的能力。當處女座北交點的人讓自己以這種方式剝削自己時，每一個人都會失敗。

允許你的能量被榨乾所傳達的訊息是：「可以將自己的快樂建築在別人的痛苦上。」當你不允許這種濫用情況發生時，別人就會停止、檢視自己的行爲，並學習對別人保持靈敏。

你在允許自己被別人利用的背後，其實存在一個秘密的動機。由於你許多次的前世是處於受害、自我犧牲、痛苦等情況下，你認爲：「沒有人眞正了解我經歷過怎樣的痛苦。」潛意識裏，你希望自己的受害能被肯定，所以願意忍受別人把所有的問題丟到自己身上，因爲你正在等待「輪到」討論自己的沮喪及焦慮的機會。

然而，別人通常不會以傾聽你的聲音做爲「回報」。所以當你終於找到一個願意傾聽的人時，反而會陷入無盡的畏懼及焦慮之中。尤有甚者，你會把另一個人也拖下水。的確，細細深究無法解決的問題，不論是自己的或是別人的，都不是你今生的課題。所有前世的痛苦、殉道、傷害，最好能緊緊鎖在潘朵拉的盒子裏，絕對不要打開蓋子。

☆把愛轉化爲服務

前世，處女座北交點的人得到了大量的理解及愛，希望能與別人分享。因此今生，你應該要專注、參與，並讓你的智慧可以供人運用。你要學習如何將愛轉化爲服務，以及如何重新與你內在無盡的愛及同情相連。

只要你能接上線，其實還是擁有撫慰的天賦，這種天賦是以強烈的信心爲依據。在你自己的生命之中，常常也會出現奇蹟式的治療效果。你了解肉體上的小毛病通常有比較深層的心理根據，或是更高的精神層面。當你知道造成這種微恙後面的「理由」之後，這個小毛病通常就會自動痊癒。這就是你的信心與對整體的了解結合所產生的力量，這種力量可以加快治療的速度。

你也是「實踐型」的治療者。這正是你實際參與生命、接觸物體、寵物或人，以幫助自己建立堅實基礎的理由。當你完全投入實質的領域中時，你所有的靈魂、精神上的能力，就可以顯現出來。

當你開始撫慰別人，也就是處於當下，並觀看能量流向何處、對方如何反應時，你的靈魂是開放的，而且你可以明確了解自己應該從何處著手，以達到最大的效果。當你進行撫慰的工作時，能夠看出對方與他的內在能量是在何處失去連結。你盼望能促進這些能量的活性化，使對方可以開放完整的自己。

透過深層的內省及自我檢視，你已經眞正成爲不會對別人妄下斷語的人。你深切地了解人類的苦境，知道每一個人在當下所擁有的「天光」之下，都在盡自己一切的努力。這種了解使你可以同情並接受別人。但是，你必須學習區隔兩種狀況：不在道德範圍內妄做批判及實際辨別的必要性。

有很多時候，你在基於同情或嘗試進行治療時，會產生退縮的情況，同時你也會屈服於更果決個性的意志之下。例如，我有一位屬於這個族群的客戶，她在工作職場遭到嚴重的騷擾已經長達九個月之久。她是一位助理護士，與醫院裏一位男士發生了一點問題。但她一直沈默地對他付出愛，試圖改善彼此間的關係，卻一點效果都沒有。

在極度的沮喪之下，她決定辭掉這份十分熱愛的工作。之後一個晚上，這名男子又跑來威脅說要取她的性命，最後她只得向外尋求援助。最後這名男子失去了工作，而我的客戶所付出的代價是：在長達九個月的期間，一直處於極度的沮喪情緒之中。

以上就是怎麼做對處女座北交點的人有幫助，怎麼做則毫無幫助的絕佳例證。這位女士讓自己遭到迫害長達九個月，不積極改善，卻沈默地傳送「天光」、同情、諒解及愛給那位侵犯者。在前世，這種方法或許可以達到效果，但是今生就不行了。當然，傳送「天光」給別人永遠是很好的想法，但是對你而言，眞正有用的策略是：採取實質的行動去改變負面的環境。

你的需求

自信

處女座北交點的人今生需要建立自信。由於你敏感的天性，常會感覺到潛在的無助感及持續的脆弱感，這些都很容易造成你莫名的焦慮。在沒搞清楚原因之前，你無法釋放這些感覺。而搞清楚之後，你通常會承認自己的憂慮幾乎與現實無關；或者，你會了解如何避免讓潛意識引發這種焦慮。這個過程在得到外在的協助，如顧問或值得信賴的朋友之下，會更爲順利，別人的觀點可以使你穩定，並避免轉向內在。

例如，我有一位屬於這個族群的客戶，非常急切想要接受一份看起來非常棒的工作。這份工作正是他所想要的，而提供他這份工作的人承諾了一切。但是，他不知道爲什麼就是感到有點焦慮。當他說明給我聽時，提到以前曾在那個地區工作過，結果是喜樂參半——他賺了很多錢，卻覺得自己孤立於社會之外，因爲那個地方的人對他的生活形態產生反感。

這個階段對他而言，社交生活與經濟上的成功，是居於同等重要的地位。一旦他了解造成他焦慮情緒的根源之後，就回到現實的世界，做了一個有自信的決定：拒絕這個工作。

對處女座北交點的人而言，自信並不是與生俱來的。由於你缺乏在俗世的實務經驗，所以會擁有極深切的焦慮。自信是成功經驗的副產品，而你前世的世間經驗，並不足以讓你了解自己可以達到何等高水準的效率。但是，你會發現對自己生命各方面的信心都有突飛猛進地增加，在這些方面你都設有目標。

當你避開你的情緒，並利用你強大的能力專注於達成一個目標時，可以精確地辨別對自己有用及無用的東西，而且可以在令人訝異的極短時間內達到成功。一旦你掌握重點，就沒有可以阻止你的事了。

☆透過世俗的經驗去建立信心

由於處女座北交點的人在下意識中，並沒有多少「世俗成功的記憶」，所以世俗的事物對你來說，並不是你的第二個天性。有時候，你會擔心如果「做錯某事」，就不能獲得自己想要的東西。實際上，這的確是事實，但卻與道德或倫理無關，那只是一個實際的問題。

對你來說，實踐是最好的方式。你的學習是透過自己實際去身體力行、實驗，以及找出什麼適合、什麼不適合自己。處女座北交點的人不是「以理論爲根據」的人，那些以理論爲根據的人視書本爲最高的權威，而這個族群的人所需要的是實際的結果。你希望完成你的想法，並使這些想法在現實世界中付諸實現，只有你能做到這一點。

你不會執著於自我必須是「正確的」，而且在尋找成功達成目標的方法時，你願意在過程中犯錯。這種自然的開放及謙遜的態度，對你是有利的，因爲錯誤是學習的必要過程。成功可以告訴你，你所使用的技巧與追求的道路是正確的，錯誤則表示你「偏離正道」。你通常都可以「迅速適應社會新環境」，所以不需要多久的時間，就可以掌握住什麼是有用，而什麼又是無用的事物。

前世在療養院的經驗也與處女座北交點人的命運有很大的關連。可能你靈魂的某個部分，在前世曾失去平衡，而這正是你處於目前這個實體時，會擔心「失去」或發狂的原因。工作是你今生的一劑絕佳解藥。當你把焦點放在你的工作，以及正面的結果時，不論你靈魂的那一部分失去平衡，都可以透過將工作做好的實際必要性，而獲得永遠的平衡。

你必須願意不惜一切代價，以獲得來自積極參與生命所產生的信心。例如，你可能會對找一份工作，感到惶恐與畏懼，但是只要你踏出第一步，就不會再感到害怕。你不可能單靠想像就解決焦慮的問題，唯有行動才能使你克服天生的缺乏自信心。

☆脆弱

處女座北交點的人極度敏感，也常會以爲別人與自己一樣敏感。當你仔細去看時，你可以看穿每一個面具背後的眞面目，並了解實際的狀況，例如別人的動機、欲望及不安全感。因爲你不帶批判的眼光，所以能做到這一點。你的同情心使你擁有了解別人內在世界的能力。

由於你擁有這種能力，所以你以爲別人也能做同樣的事。因此，當你進入這個世界的時候，會覺得非常脆弱。你必須明白的是別人無法洞悉你，因爲別人前世並沒有經歷過自我淨化的過程，而這正是要深入看清人們面具後眞實面的必要過程。你擔心別人會批評自己，但是批判的眼光及成見，正是使別人無法擁有這種能力的主要原因。了解這一點可以讓這個族群的人獲得解放。你可以表現得彷彿擁有極大的信心，而別人也會相信這一點。

當處女座北交點的人注視別人時，可以深入別人的靈魂深處，因此會對別人產生高度的同情。但是當別人看你時，只能在你身上看到自己的自畫像。所以處女座北交點的人可以藉富建設性的方法，也就是做出一個強而有力的「架勢」，去掌控你生命中絕大部分的事情。

你還會假設別人知道自己是多麼地敏感，或是明白你放棄了多少，以及你如何壓抑自己以避免傷害別人，然而這種假設是不正確的。這也是爲什麼你必須建立明確的界線，並在自己受傷時讓別人知道。你應該向對方清楚說明所發生的狀況，並設定清楚且富建設性的共同行動的路線。

外向式的焦點：參與

處女座北交點的人常會有過多的內向式焦點。我有一位屬於這個族群的客戶，他常愛說：「只要我能自己好好想一想，就可以克服這個問題。」我給他的建議永遠都是：「不！你要積極地參與，才能使情況恢復秩序。」

要了解你心裏在想些什麼是很難的事，因爲你的第一個直覺是退縮。別人可能不太容易了解這個族群的人，所以有時候，你的感覺並不會被顧及。若要有效地讓你參與，可能需要問你一些特定的問題，以確定你對這種狀況的看法、你的感覺，以及你想要的東西。一旦你了解自己所希望創造的東西，就會開始展開行動。

你向內的傾向，特別不利於你的社交活動。當你與某人建立關係時，如果只意識到自己，看不到另一個人時，會變得焦慮及畏縮。你今生的目的是爲別人服務，當你以如何提供幫助爲焦點時，會因爲自己處於「正確」的路上而感到信心十足。但是當你質疑自己的意圖，或是別人眼中自己的形象時，焦點就轉移到你自己身上，而你也會開始感到焦慮。

處女座北交點的人應注重與別人建立關係，並共同解決問題。經由協助別人積極的恢復秩序，你也幫助了自己。只要你記得自己的目的是要幫助別人，就可以充滿與別人快樂交流的自信。畢竟，如果你主要的動機是為了服務，就會立於不敗之地。隨時記住這一點，可以為你帶來力量。藉著專注於對方，並透過有秩序的結構去解決問題，你有力的焦點可以為你創造富生產力的結果。

你擁有將生命流向轉換為具組織形態的極強能力。一旦你設立特定的目標，每一件事情彷彿都可以「各就各位」。對你而言，最重要的事就是專注，只要專注於你的目標，在你眼前所展現出來的步驟，是完美、有次序的順序，這也是最有效達成目標的方法。在困難的情況中，你可以看到易變的部分，而藉著在開始時將能量灌注於創造更穩定的基礎，你可以避免事情在以後遭到失敗。

使事情可以在實際的領域之中趨於完美，是你與生俱來的天分。你可以做得比世界上任何人都好。但這是一種新的天賦，你可能根本不知道自己擁有這種天賦。這就好像在你內心中的一個「新房間」，房間裏存在著可以將事物重建秩序、分析，以及於物質世界成功運用精神道德的天賦。如果你可以打開這個新房間的門，就可以將精神上的愛及秩序的願景，帶入身邊的環境。

☆辨識

處女座北交點的人前世對生命有性靈上的了解。雖然你所學到的絕大部分都是正確的，但是仍有少部分的教義是不正確或不完整的。

你可以藉著在眞實情況下實驗什麼是眞正有效的方法，來學習如何辨識。例如，你可能被教導：對所有生物懷抱同情的愛是眞理。但你可能並沒有被教導：如何將這種眞理，以不致傷害自己及別人的方式，運用在實際的世界上。你必須自己學習如何去做，一旦知道這是自己應該做的事之後，就可以成爲實際運用的專家。

你今生要學習的是，在生命中每一個部分維持清晰及予以辨識，例如什麼是眞實的、什麼又是虛幻的；什麼是有益的、什麼是具毀滅性的；什麼人眞正需要你的幫助、什麼人只是想要同情；什麼時候你是在服務、什麼時候你成爲受害者。你需要做出區分，這樣才能搞清楚你的意識，並開始創造有效率的秩序，爲你的生命帶來力量、穩定及信心。

這個族群的人，通常都會有極準確的直覺，但是在其他細節可以佐證你的直覺之前，你都不相信自己。於是導致你呈現出「選擇性的觀察」——只能看到可支持你直覺的事物。例如，你認爲如果在某人身上投射某種看法，最後這個人將會做一些證實你的理論的事。這是你自己斷章取義的方式，而其實整個過程只是發生在你自己的心裏。

從另一個角度來說，如果你對某人感到不舒服，先把這種感覺放在一邊，並觀看那個人的眞實面，就可以了解實際發生的情況。但是你一定要維持客觀。例如，如果你認爲某人一直在貶抑你，最好先站到一旁，並觀察那個人對待別人的行爲。如果那個人同樣地貶抑別人，那麼你就會知道自己的感覺是正常的。

☆採取行動VS.放棄

處女座北交點的人必須與自己的放棄傾向對抗。克服「放棄」是你在獲得內在力量及自信時必要的過程之一。我們每一個人都會對自己缺乏經驗的部分沒有信心。差別在於，絕大部分的人都不會在面對反對時就立刻投降。處女座北交點的人今生要學習的課題之一，就是不要放棄。

有一種辦法可以解決這種退縮及投降的習慣形態，那就是認清一個事實：生命不會因爲你退回自己的內在並放棄，而變得比較美好。對象雖然可能不同，但是宇宙會不斷讓你碰到相同的情況，因爲唯有如此，你才能突破這個障礙，並體驗生命的活力。

與你產生關係的人們應該了解，當處女座北交點的人退縮時，並不是有意要去傷害別人。有時候，你需要你的搭檔把自己從自我孤立中解放出來。但是，這必須以溫柔的方式進行，並配合接納及愛，而不是以嚴苛的方式。有時候，接受援助對這個族群的人而言，是有好處的。

當發生危機時，你必須與自己的傾向對抗，並以具建設性的方式增加參與的程度。這麼一來，你就可以達到成功，而你身邊的人也都能成功。

我有一位處女座北交點的客戶，她與一位男士陷入熱戀已經五年了，這位男士也極爲愛她。他們看起來是非常匹配的一對佳偶。但是，她比男方年長七歲，這是讓他頗爲頭痛的問題，但是她並不知道這是一個問題。

有一天，這位男士來找她，痛苦地要求分手，他解釋年齡是他想分手的唯一理由。我的這位客戶受到極大的傷害，但是並沒有表示異議，且立刻退縮、同意分手。他去了歐洲，娶了一位比他年輕的女子，並生了一個孩子。有一次他從歐洲回來，邀請我的客戶同進晚餐。他的狀況極差，仍然深愛著她，但這時木已成舟，他不能攪亂所有人的生活。

其實，這位客戶當年不應該退縮，而應該勇敢面對，並共同努力、創造出她所期待的結果。她當時應該說：「讓我們試試看，或許可以解決這個問題。」結果可能會是雙贏的局面。

☆極端VS.中庸

處女座北交點的人有時候對別人的反應會呈兩種極端，不是過度注意，就是完全不注意；不是過度相信，就是過度懷疑；不是唯唯諾諾，就是完全冷漠或刀槍不入。你的情緒可能會過於緊張。爲了避免緊張，你應該要專注於每一種情況的實際面，對相關的人做精確的評估，之後再決定「適當的」能量及最富生產力的處理方式。

極端的問題也與你愛做白日夢，不注意當下不斷變化的細節有關。例如，如果處女座北交點人的人際關係令你受傷，往往需要花極長的時間才能了解到底發生了什麼事。你迷失在你的白日夢之中，而不存在於每一個時刻的基礎之下。當你「回過神」來，並了解發生了什麼事時就會退縮。但是你往往會退縮得太遠、太久，而沒有注意到是否情況已經變得更符合你的需要。

你在無意之間會發出錯誤的訊息給你的伴侶或合作夥伴。一開始時，你會讓別人以爲你是毫無異議地任憑他人利用，但是突然之間你又變得完全無法觸及。你可以藉著隨時關照當下發生的情況，調整對實際狀況的反應，並建立更積極的人際關係。

處女座北交點的人要學習如何以中庸之道經營生命中的每一個部分。當你以客觀的角度去觀察事物時，是一件非常容易的事。你只有在全神貫注於自己面對外界的刺激因素時，才會有極端的反應。中庸之道是將別人列入考慮範圍之內，將焦點放在當下所發生事情的細節上，並找出可以解決問題的實際對策。你必須學習如何在實際、目標導向的層次，經營自己的生命。

例如，如果你擁有一個事業，但對員工感到不滿意，你不應該基於同情而忽略實際的情況；或是採取自我犧牲的方式，讓自己成爲一個工作狂；或是對員工發脾氣。你應該客觀觀察問題的細微之處，並制定一套規則及規定，令這些規則或規定成爲工作環境的一部分。只有遵守規則的員工才能被允許留下來。

實際上，你的事業運極佳，你的員工或工作夥伴一定都很愛你。但是爲了要避免被占便宜，你必須畫分清楚工作的界線，並把各項規定化爲白紙黑字。這可以改變你對員工的觀感，並允許每一個人共同合作，朝共同的目標邁進。

秩序

☆重建秩序

處女座北交點的人常會被需要解決的問題所吸引。由於你擁有在混亂及被忽略的情況下解決問題的能力，所以你的工作是藉投入實際的世界，創造秩序以導正事物。當你看到身邊混亂的情況時，你的第一個反應（前世的傾向）是退縮，但是你一退縮，整個狀況就崩潰了。

今生，當某件事情無法順利進行時，你應該捲起袖子，多加一把勁去努力。當你放棄時，每一個人都會失敗，因爲別人潛意識裏，都要靠你才能進入狀況。當發生問題時，就是宇宙在對你說：「嘿！我們在物質世界中需要幫助！」

對於處女座北交點的人而言，不論是在家中或是在職場，維持有秩序的環境也是非常重要的事。維持身邊環境的秩序及組織，可以使你的日常生活更清楚，也更有活力。相較於其他任何族群的人，這個族群更應該花一點時間，使自己能於實質的外在層次維持有組織的狀態。

在心理層次方面，混亂及混淆是格外有害的，它們會危害你於這個世界運作時的信心。而維持你實質外在環境的秩序，也可以提供你心理上的秩序，這種感覺可以增強你的力量，使你在行動時更有信心。

實際上，促使環境邁向秩序化的過程，對處女座北交點的人而言，是很有利的。不論你是男性或女性，當你感到由內在產生的焦慮時，最好的辦法就是拿起吸塵器。對你來說，做一些簡單的工作，如處理文書工作、洗洗碗盤、撢撢灰塵、整理環境使其秩序化的工作等，都是極具心理療效的。在實質上以富建設性的方式向前邁進，可以使你內在的焦慮轉化爲生產力。

☆結構與計畫

在做計畫時，你偶爾會走向極端。你可能會花很多的時間規畫生活，卻忘記按照計畫過日子。這種狀況可能會以過度謹慎、工作狂的形態呈現。之後，你會完全不做任何計畫，做爲對自己的補償；你會失去力量，並融入沒有界線的生活。

這其實是一枚銅幣的兩面，一面是對迷失的渴望，不論是活動的或是無定形的狀態，另一面則是不願負起創造生命平衡的責任。造成這種傾向，絕大部分應歸因於前世的經驗；前世都是由別人負責制定你的路線。但是，今生一切都要靠你自己了。

處女座北交點的人應該有意識地去定義你的目標，並能據此調整你的時間，給予你的生命更恰當的結構及意義。最好的辦法是分配時間，比如每天早上一個半小時，或是每個星期兩個小時，如此不斷重新評估你的時間表。

例如，你可能會決定你需要工作、運動、交友、玩樂、談戀愛、冥想、欣賞音樂等等的時間。對你最有利的方法是：製作一張清單，列出對你而言，較重要的各種生活層面，並在有意識的狀態下做出每週的行事曆，爲每一種活動分配時間。這樣可以幫助你達成充實及平衡的生活。

另外，當你以實質的方式把自己組織起來，可以更清楚看到自己在生命不同部分中「所在的位置」。例如，我有一位屬於這個族群的客戶，她對她的股票經紀商隱隱約約感到莫名的懷疑。爲了消除這種恐懼，她拿出所有在他那裏往來的股票交易記錄，每一筆交易都仔細核算一遍，算出自己應賺的金額，以及對方應得的佣金金額。一旦她把所有的事實及記錄都擺在自己的眼前時，清楚掌握眞實的情況後，她的焦慮感就消失了。

你的人際關係

你這一生不是要來當受害者的。處女座北交點的人要學習如何說「不」，以及不讓自己在人際關係中遭到迫害。還有，當你說「不」的時候，不要太過於溫柔，以致迫害你的人接收不到這個訊息。這個族群的人在出現彼此付出失去平衡，或是當你需要更多的支援時，應該要讓別人知道，而且要在你自這個人際關係退出之前採取行動。如果對方接收不到這項訊息，那就表示處女座北交點的人應該要改變表達方式。我們每個人都有不同層級的敏感度，有些人很高，有些人則需要給予當頭棒喝！因此，如果迫害的情況繼續下去，處女座北交點的人應該繼續加強你說「不」的強度，直到對方聽到爲止。

你的愛情

在愛情方面，處女座北交點的人可能仍是走極端路線，不是完全冷漠、毫不投入，就是對另一個人完全臣服。同樣地，走中庸路線才能引導你走向成功。你無法找到中庸之道的一個主要理由是：當你第一眼看到令你心動的人的那一刻，你就開始讓步了。起初是一吋，再來是一呎，然後不知不覺地，失去了自我。

當你與某人發展出戀愛關係時，如果對方沒有讓你得到你想要的東西，你就會開始說服自己放棄自己的標準：「好吧，或許是我太呆板了。」然後，你會讓自己進入混亂狀態，隨波逐流，完全失去自己。

這種情況在你的友誼關係中並不常發生，因爲你並不那麼害怕失去朋友。而當工作干擾到自己的健康或幸福時，你也能做出正確的決定。唯有在親密、個人關係面臨危機時，你才會極度害怕會失去所擁有的。

另一個你所面對的陷阱就是放棄自尊。你對親密關係中的另一人，重視程度往往會更甚於自己。你讓別人成爲自己的中心，而一旦你這麼做時，就完全失敗了。若要使親密關係成功，你必須更重視這種關係，而不是關係中的那個人。

當你談戀愛時，也會傾向於將心中的理想形象投射在對方身上，自以爲那是眞實的，然後就此生活下去。這是讓別人成爲自己的「中心」時，所需付出的代價。你會藉著調適自己的心靈及豐富的想像力，創造出幸福的氣氛，就好像在自己心中談戀愛一樣。但是，當幻象距離現實太遠時，這種幸福的假象就會崩潰。所以，若想鞏固現實的基礎，以避免深沈的失望，你需要不斷邀請對方爲自己的幻想注入新的原料。

你應該只允許自己擁有適度的綺想，或者分配給幻想定量的時間。「你可以幻想五分鐘，之後就要做下一件事了。」這裏的「下一件事」是指與幻想正好相反，必須要求專注的事，例如計算收支、支付帳款等與數學有關的事;或洗碗盤、吸地板等勞力方面的事;或任何需要精確、客觀思考的事。這樣可以幫你切斷幻想的能量，回到平衡。

處女座北交點的人亦需要持續去監看你的人際關係。你是否投入太多或太少的能量?付出與接受之間是否達到平衡點?你的參與會讓你覺得信心十足或能力不足?你必須願意讓另一個人知道你的界線何在。這樣可以加強你的自尊，使你得以體驗參與及合作的樂趣。一旦你做了承諾，雙方都寫下對彼此關係的目標，將會很有幫助的。

你愈清楚你所希望創造的東西，成功的機會就愈大。這些目標應該隨著關係的變化，而時時予以重新評估。例如在婚姻關係之中，共同的目標可能包括彼此支持、每個月共進燭光晚餐兩次、在達成個人目標時給予鼓勵、以快樂的方式共同處理金錢、爲彼此建立信心、每年去看婚姻顧問一次，以隨時調整彼此的關係等。寫下這些目標，可以幫助你建立實際的處理方式。

當處女座北交點的人在某個人際關係中感到困惑時，可能是因爲實際發生的狀況，與你所期待的情況之間，發生了極大的落差。如果有這種情況，你必須先搞清楚對目標的想法，以及你希望在這段關係之中創造的東西。表明自己心中的極限之後，以所產生的力量做爲武裝，就可以接近你的搭檔，並得到明確的關係。

一旦開始這樣的對話，你最好不要先把自己的目標及極限說出來。相對地，你應該積極傾聽另一個人對這段關係的看法，這樣才能夠了解自己是否適合那個人。如果你先說明了自己的目標及極限，無疑是把自己放在一個可以讓人愚弄、誘騙、安撫的地位，因爲另一個人可能會在表面上迎合你，以維持雙方的關係。

如果處女座北交點的人判斷這段關係是「適合」時（雙方的目標確實一致），就可以表明自己的極限，並展開談判。但如果你認爲對方實際上並不「適合」時（雙方的看法及極限不一致），處女座北交點的人則必須拿出紀律，中斷這段關係，或是將它改變爲有可能成功的形態，例如以友誼代替婚姻。

然而你常幻想這個關係最後終將成功，所以往往會「堅持到底」，希望可以改變對方。但這是不會成功的。它所帶來的不只是時間及精力的浪費，甚至可能造成更大的失望及傷害。

當你眞的展開一段浪漫的關係時，在最初的幾個星期，一定要對彼此的交流格外注意。當你仍處於全力參與的過程中，如果發現這段關係不可能會成功，一定要立刻抽身。你一定要對自己誠實，承認這不是一個理想的情況，並判別你爲自己所設定的極限在這段關係的實際狀況下，是否能成功。讓你生活中的每一個部分都能維持與眞實面的接觸，將可使你的生命邁向成功。對你而言，不要生活在幻想之中是相當重要的一件事。

☆吸引

會吸引你的人通常都是擁有你自覺不足部分的人，例如力量、堅持、果決等特質。你會跟在這個人的後面，嘗試效法對方並吸收這些特質。你會強烈地以爲自己想要的是這個人，而不願承認你想要的其實只是那種特質。

有時你會允許他人惡劣地對待自己，以取得自以為想得到的東西。在你得到自己所「缺乏」的特質之前，你不敢去對抗對方，或冒可能會失去的危險。在進入一段親密關係前，你必須先意識到這些問題。一旦明白吸引你的是對方的特質，你就可以有意識地把這段關係的重心放在「發展自己內在的這種特質」，而不是那個人之上。這種處理方式可以讓你有更高的客觀性，以及充分的情緒上的距離，以維持你的獨立性，讓彼此的關係進展得更順利，也更誠實。

它也可以幫助這個族群的人時時注意供給的問題，這就好像有許多可能使你更充實的友誼，以及許多你可能會喜歡的工作一樣，你也可能會找到許多令你滿意的親密關係。因此，如果你所擁有的關係具有傷害性，就不應該忘記你絕對有能力去做其他的嘗試。

☆幻想VS.現實

在職場上，處女座北交點的人是實際而現實的。如果你可以將同樣的技巧運用在戀愛上，你個人的生活也可能會非常成功，進展也會很順利。但是，在你的個人生活中，你常會生活在幻想的世界裏，而且會過度發揮想像力，致使最後遭到失望的打擊。

當你發現某人看起來很對眼時，常會幻想對方的種種，塑造出一個幻想中的對象，再把這種幻象投射到那個人身上。之後，當與這個人發展關係時，就會以對方接近幻想中人物的程度，做為評估的標準；而你總是失望的。

在現實生活中，你可能永遠沒有眞正認識過那個人。其實那個人或許比幻想中的人物更適合處女座北交點的人，但是當那個人的行為距離你所塑造出的幻想人物太遠時，你就會縮手了。你會收回自己的投射，並變得完全無法溝通，而你的搭檔永遠都不知道為什麼你會突然變得如此不可接近。處女座北交點的人會感到迷惑及失望，而對方則會感到生氣及憤怒。

要跳脫這種困境必須藉助辨識。處女座北交點的人必須刻意延後幻想的時間，直到你已經有時間仔細了解對方的真實面之後。經由客觀分析對方的價值、行為及信仰等等，你就可以對那個人給予自己當下的感受做出反應了。就長期來說，現實比一層又一層的投射更能令人滿意。

☆浪漫的迷霧、鍾愛及盲目的信仰

你在展開一段戀愛關係時，都會戴上玫瑰色的眼鏡。你會處於「浪漫的迷霧」之中，使你看不到存在於彼此關係中的殘酷現實。對他人而言，這些「障礙」可能非常明顯，但對處女座北交點的人而言則不然。

你會把你的搭檔理想化，並與心中的理想對象談起戀愛，假想未來將是「王子與公主從此過著幸福快樂的日子」。你的白日夢與幻想極為真實，甚至會以它們做為制定實際計畫的基礎，直到理想與現實之間的差距愈來愈大方休。或許，有一天會突然發生某件顯示出實際情況的事情，而轉瞬間使你整個幻想化為泡影。

例如，處女座北交點的人在看到雙方關係進展極為順利時，會假設婚姻是自然的結果。對方可能從來沒有直接否定這種可能性，也可能會允許有關婚姻的話題在彼此之間討論，但從不表示意見。

之後，彷彿青天霹靂般，那個人會突然宣布，他並不想與任何人結婚，也從來沒有想過要結婚。處女座北交點的人此時會受到極大的震撼，感到手足無措，並開始懷疑自己。這個事件可以徹底摧毀她對自己認知的信心，而且需要花上好幾年才能走出這次的傷痛。

若要防止這種嚴重的後果發生，這個族群的人應該對當下隨時保持注意，觀察這段關係的發展，並在必要的時候加以修正。只要你把人際關係建立在堅固及實際的基礎之上，就可以享受浪漫及幻想所帶來的喜悅。但是你絕不能沈迷於浪漫幻想不負責任的觀點，以及缺乏反省的盲目依賴。

你擁有使夢想成眞，以及在實際的層級滿足自己幻想的特殊能力。浪漫的愛情生活如此，職場上的生活亦是如此。你應該在實際的層級去達成你的目標。

☆交流的實際策略

在過度沈醉於愛河之前，處女座北交點的人應該將對方的目標、目的，以及自己的目標及目的做出清楚地畫分。你一定要設定限制：「我要的是什麼？我願意接受的是什麼？我不願意接受的又是什麼？」在適當的時間詢問一些實際、重要的問題，以避免受欺騙的可能性（即使是無意的），對這個族群的人而言，是有好處的。

比如說，對方結婚了沒？有無與人同居？以前結過婚嗎？若有，爲什麼結束？他對做承諾的感覺如何？有些答案可能會因爲彼此關係的發展而改變，所以時間這類的問題，是有好處的。

你需要極大的空間及獨處的時間，以便能夠自俗世之中退回來。只是單純地「存在」，你就可以獲得重生，並與你的能量及洞察力再度結合。雖然你無法解釋，但你就是知道自己應該這麼做。

有時候，你會發現要讓自己親密的人了解這種需求，是相當困難的。當你眞的試著去表達自己退回原點的需求時，通常另一個人會想盡辦法說服你放棄，或是以另外不同的方法不尊重你的界線。這麼一來，你就會採取拒絕溝通，或是不做任何解釋就退出等對策。這種行爲會疏遠並激怒另一個人，而你根本不知道發生了什麼事。

這個族群的人最好將焦點放在有時間表的計畫，例如需要多少獨處的時間，何時可以再加入另一個人。這樣一來，你就可以帶著更淸晰的建議案去接近這位搭檔。

以下就是一個實際接觸的例子：

(1)分享觀點：「這是我希望能爲我倆創造的……一段讓我們可以眞正全神貫注於彼此的快樂時光。」

(2)分享實際的細節：「現在，我必須處理某些事情，之後就可以與你共度美好時光。在見你之前，我需要去買點東西、撥一些時間給家人，以及一點獨處的時間，以重新充電。」

(3)分享計畫：「所以，我需要三天的時間去做這些事情。我星期四會打電話給你，我希望週五能與你聚首。」

在做這種溝通時，處女座北交點的人必須位於一個由你所掌控的焦點上。你非常善於制定計畫。你了解如何組織所有的細節，以達到每一個人的最大利益。如果你是處於「主控大局」，而不是一個無助的立場，別人就都會跟隨你。

當處女座北交點的人被你生命中大量的事件所淹沒時，有時候會採取「中斷」的反應，也就是將自己由某種情況中抽離，等到你可以更清楚了解狀況，或是更有效率地處理，才會再回到這個環境裏。

但是，如果你沒有事先知會對方，就貿然自行進入「中斷期」，雙方之間很容易會出現信心危機，尤其是在毫無跡象顯示這個中斷期將會持續多久的情況下，彼此間信賴的裂縫會更大。但是，不論多麼困難，勇敢說明你的計畫，是掌握成功關係的關鍵。

由於前世你都是處於隱居狀態，所以並不是生來就知道如何維繫一段長期關係。做爲僧侶，你可能會知曉別人的私人經驗，但缺乏對人類反覆性的直接了解。因此，當人際關係「出錯」時，可能會避免對抗，或表達任何強烈的情緒。你不了解，這種緊張的關係往往是你的搭檔所發出的召喚，是要求你更接近一點，希望你更積極參與，並運用你不可思議的才能，以在混亂的局面中創造出秩序。

處女座北交點的人必須願意捲起袖子，直接走入混亂，並承認它。你必須承認當人際關係出現混亂的局面時，就表示這是該提高日常生活「實際細節」的效率，以及發展親密關係中更好感覺的時候了。只要你願意百分之百的參與，找出實際的解決對策，這個族群的人將是解決問題的能手。

你的目標

自我發展

處女座北交點的人要學習如何在你的內部「重新配置電線」，以使你與別人的交流可以產生更多的快樂，以及更富生產力的結果。

你喜愛自助式的計畫，而且在任何與分析、技術有關的事物方面，都能有傑出的表現。你擁有可以獨立工作的特殊能力，因此你存在的風格，就可以激發出積極的結果。你天生就了解深層的、治療層次的心理學，這使你有改變自己的力量。當你練習這種才能時，例如使你的「房子整潔有秩序」，你會變得活力十足、快樂及富生產力。

爲了協助自己由甲殼中走出來，你應該發展你的慷慨特性。你擁有與生俱來的能力，可以幫助別人了解世界的結構。

自給自足

處女座北交點的人需要發展自給自足的特性，這樣才有信心去創造健康，增加彼此的能力。因為你過去有太多次的前世實體，是處於無助及依賴大型組織方能生存的狀態中。

在努力達到自給自足的過程中，你會允許自己在平衡的狀態中呈現脆弱的一面，而如果你在幸福感、經濟，或是其他各方面都依賴某人，最後可能會導致你完全失去力量。另一個問題是：你天生有崇拜及奉獻的傾向。當你在一個修道院內生活時，對一位精神上的理想奉獻是恰當的，但是今生，對錯誤的人奉獻，將會造成你的失敗。

所以，對這個族群的人而言，辨別清楚誰是值得奉獻的對象、什麼是可以奉獻的東西等，都是十分重要的。當對象正確時，你的奉獻可以被了解及感謝，若是對象錯誤，則可能會導致迫害行為的發生。

你要學習的是依賴別人、忠於自己。你應該觀察並了解別人的眞實面，然後在符合自己天性的部分依賴別人。例如，如果某個人本性支持一夫一妻制，那麼處女座北交點的人就可以相信一夫一妻制；如果某人正在做他曾說要做的事時，處女座北交點的人則可以相信對方會信守承諾；而如果某人是遲鈍的，處女座北交點的人也可以相信這種特性會持續下去。

只要處女座北交點的人維持自給自足，就是完整的。在每一個關係之中，你都能以一個「完全」

的人的身分運作。對你來說，自給自足並不意味你不會依賴別人，它的意義在於：如果別人不如自己的期待，你自己並不會崩潰瓦解。

創造常規

由於前世都是由別人來掌控你的時間及行程表，所以處女座北交點的人不習慣組織自己，以使自己生命的每一個部分都非常有秩序。然而今生，你必須計畫如何以建設性的方式去利用時間。現在，你是自由的！你必須制定屬於自己的規則，並自動跟隨這些規則行事。

要維持生命不致分解，常規絕對是必要的。對你來說，分解代表無限的畏懼及不安全感。你需要親自控制自己的時間，並將你的時間建立一個架構，這樣你的需求在每一方面才可以獲得滿足。

☆飲食

飲食及健康對這個族群的人而言，極爲重要。在過去的前世中，修道院或是其他組織會負起維持你平衡飲食的責任；今生，一切都必須自己來了。你對食物極度敏感，也很容易受到食物的影響。你應該注意特定食物的效果，並據此調整你的飲食。

例如，「不紮實、沒有方向感的酒精或藥物」今生並不適合你。你需要吃一些可以讓你覺得基礎穩固、紮實及自信的食物。如果你發現糖會引起你的焦慮或讓你做事缺乏焦點，就可以把它從生活中刪掉。你還需要規律的運動計畫，這可以讓你覺得體能十足，自信心亦得以因而蓬勃發展。

這個族群的人應該比任何其他族群的人都更要注意，絕對不要耽溺於酒精或藥物，因爲你的耐藥力極差。你的思考模式已經沒有什麼焦點了，藥物或是酒精更會以不健康的、誇張的方式來影響你。

☆**有秩序的環境**

有秩序的環境對處女座北交點的人而言，是極爲必要的。你無法在混亂的情況中有好的表現。你必須維持家中與辦公室的整潔。同樣地，潛在的問題仍是信心。當你的環境是整齊及有秩序的時候，你會覺得自己比較強壯，而且對自己在外在世界創造秩序的能力會更有信心。

☆**付帳**

準時付帳是處女座北交點人的另一個「必要」常規。維持對細節的關注，可以創造內在的安全感，如果你希望充滿信心，並輕鬆地於世俗中運作，這種安全感是不可或缺的。事實上，你是精力充沛的人，你可以用一個小時的時間完成別人可能需要五個小時才能做完的工作。你的問題不在於缺乏能力，而在於如何舒緩你的心理狀態，使你可以準備好去面對外在世界的挑戰。

☆**列清單**

列清單能協助你順利組織你的思緒。計畫能讓你把焦點放在精神方面的能量，並得到有秩序的參與感，以及物質世界中的力量。在做決定時，實際在紙上寫下問題所有正反兩方的因素，將有助於凸顯出正確的道路。

處女座北交點的人可以做好日常的計畫，並精心組織系統。組織細節可以讓你對達成夢想的能力，更有信心。

☆運動

規律的肉體運動計畫對你而言，也是極爲重要的。每星期到健身房鍛鍊身體三次，似乎只是小事一樁，但是對你來說，這種規律的運動可以給你紮實的自我價值及幸福感。規律運動所帶來的正面回響，可以加強你情緒、精神及性靈方面的力量，當然還有肉體上的能量。

☆寵物

寵物對處女座北交點的人是具有眞正好處的東西。養一個寵物迫使你必須建立固定的生活模式，因爲牠在眞實層次上需要你的照顧。寵物可以成爲你無條件的愛，是你在沒有界線情況下的一個安全出口，這是處女座北交點的人極度渴望付出的。有一個寵物，你就可以在無條件的愛及紀律之間找到平衡。如果這是運用在你的人際關係，可能就要花很長的時間才能學會如何擁有快樂、健康的人際關係。

☆準時

你很少能夠準時，因爲前世會有人不斷催促你。但是現在你一定要學習準時，否則很可能會產生信心危機。

例如與人約會時，如果你遲到了，通常會產生罪惡感，有「不如」別人的感覺。若想感到自信十足，你務必要做到最細節的部分。如果你準時，就是根據規則參與，而且可以應付自此以後的每種狀況。但是你的遲到，讓你一整天都失去平衡，而且一直陷在沒有安全感的狀態中。

問題是你非常習慣生活在無時間的狀態下。所以你必須刻意地計畫出門的時間，以便能夠準時抵達目的地。否則，一件接著一件的事情將會使你分心。你一定要給予準時這部分極高的注意力。

有一種有效的辦法就是事前計畫。你先算好舒適又準時抵達目的地需要多少時間，之後把計算出來的時間再加上十分鐘。知道何時應該從家中出發，對你有很大的幫助。在你的心中，把時間設得較具彈性也很有好處：「我必須在五點零七分離開這裏，不能再晚了。」

另一種極端的例子是，部分處女座北交點的人會以過度的「提前」來彌補這種傾向。你會給自己極大的壓力，只是爲了確認自己一定可以在約定時間以前抵達目的地。這種行爲會讓自己處於持續性的壓力之中，而這種壓力會危害你的神經系統。它也可能會使你對遲到的人，採取無法容忍及批判的態度。同樣地，中庸之道仍是最健康的道路。

治療音樂 Music

由於音樂是可以在情緒上支持我們去冒險的有效工具，所以我分別爲各個族群的人寫了一首治療歌曲，希望能協助你以積極的方法提升你的能量。

運用你現在擁有的

這首歌所傳達的訊息是希望能輕鬆讓處女座北交點的人，把焦點轉換到你身邊的細節上，協助你在物質的世界中建立基礎。它可以激發你的信心，並提供一個支持的基礎，促使你當下就採取富建設性的行動。

節錄部分歌詞

當你必須往回走時，你爲什麼會氣餒？
這只會把你帶到更近的地方——
生命一向都會帶來我們所需的
因放棄所受的苦，或因突破而得到的自由。

而你……

運用你所擁有的，現在！

你掌握著工具——就在你應該出現的地方，

注視上帝，不是你或我，

跨出位於你前方的下一步——當你這麼做的時候，你就自由了！

第7章

如果你的北交點位於天秤座
或北交點位於第七宮

星座箴言

如果與別人分享，就可以得到更多。

總論

應發展的特質

針對這個部分的努力，應可幫助你找出被隱藏的天賦及才能。

★合作
★外交及謀略
★增加對別人需求的了解
★無私，在不期待回饋的情況之下提供支援
★創造雙贏的情況
★分享
★從別人的角度觀察事情
★與自我溝通

應擺脫的傾向

努力降低這些傾向所造成的影響，可以使生活更輕鬆、更有趣。

★衝動
★未經深思熟慮的堅持己見
★缺乏對別人需求的意識
★以自我為中心
★自私
★對財務缺乏良好的判斷力
★期待別人與自己一樣
★不關心別人的眼光
★拒絕妥協
★容易暴怒
★對於生存問題過於憂慮

應避免的陷阱

天秤座北交點的人最大的問題是自私。「我必須先注意自己才能確保自己的生存，不論任何人有什麼問題，務必確定我的需求能被滿足。」但這是一個無底洞，如果你覺得只有別人不斷滿足自己的需求，才能擁有安全感及維持彼此的人際關係，你永遠需要更多的關注及能量，才會覺得足夠。

你需要找到可以讓自己付出的搭檔，這位搭檔會因此覺得能量飽滿，並自然地付出感激。當你與一位能了解自己、欣賞自己，及希望給自己回饋的人建立關係時，就會獲得滿足。

你應該避免的陷阱是漫無止境地尋求獨立，「只要我能自給自足，就可以成功地與他人建立關係，而且不會覺得孤獨。」生命已經證明給天秤座北交點的人看，成就與獨立並不能令你覺得完整。最重要的是，你在成爲一個團體的成員時，永遠感受不到夠強的自我意識。有時你需要冒著失去自我的危險，嘗試去支持另一個人。有趣的是，一旦你開始無私地支持別人，就會因爲自己眞實的自我而覺得喜悅及榮耀。

什麼是你眞正想要的

你眞正希望的是成爲自己的主人，成爲衆人目光的焦點，從不同的生活狀況中發現自我，以及處於可以灌注能量給自己的人之中。要達到這個目標，天秤座北交點的人需要將注意力由自己身上，轉移到如何發掘被自己吸引過來的人的本質上。一旦你分辨出那些人是眞正賞識自己、想要支持自己時；一旦你開始將能量灌注給他們時，回饋給自己的能量就會創造出你所希望的情況。

你的才能及適合職業

你是絕佳的顧問、外交官及仲裁者。你擁有的天賦是可以淸楚了解A與B之間不同的本質，並成功地爲彼此進行溝通。你所採取的是可以促進雙方共識、公平，以及和諧妥協的方式。

天秤座北交點的人在美與藝術方面，也具有過人的天賦。當你的目標是提振觀衆的士氣、激勵大衆，或是增加觀衆的信心時，你可能會成爲一位著名的演藝人員或是公衆演說家，而且會極爲成功，不論是物質或個人方面，或扮演任何一種支持性的角色（配角）。

天秤座北交點的人有非常強烈的獨立個體意識，所以擁有與生俱來的獨立及領導能力。當你以前世所累積的自信來做仲裁的工作，並協助別人建立公平正義時，你的天賦才能可以創造出正面的結果。但是，如果你所找的職業是以擁有自己的獨立爲目的，可能會覺得不滿足，而且老覺得無法達到目標。只要你以自己強烈的自我意識去支持別人，天秤座北交點的人就能得到內在的滿足及完整。

正面肯定的信念

・「當我將焦點放在支持別人時，會覺得自信十足。」
・「當我成功激發出別人的自信時，我們兩人都贏了。」
・「當整個團隊成功時，我也贏了。」
・「當與別人分享時，我可以得到更多。」

你的個性

防禦特質

前世累積的個人成就、自給自足及獨立的行動，使這個族群的人對團隊努力及合作關係沒有什麼觀念。天秤座北交點的人過去有太多次的前世實體，是扮演戰士的角色。在沙場上的戰士不關心任何人，唯一關心的就是求生存、努力殺敵。如果對自己的同僚多看一眼，都可能會爲自己帶來殺身之禍。因此，你所有的精神都集中在自己，自己的身體、自己的戰鬥能力、可以求得生存的位置等等。

你現在擁有被誇大的求生欲望，以及「我與你」的心理。這是你唯一知道的事。你是具有競爭力的、目標導向的，以及富謀略的；你永遠都能清楚知道你所做的事，或是當時所發生的事，將會對自己造成何種影響。你渴望與別人在一起，去愛別人、也被別人所愛，但是你不知道應該如何是好。你很怕放掉對自我意識堅實的掌握，因爲你擔心「戰役」任何時間都可能開始。你必須保持堅強及警戒的狀態，這樣才能生存下去。

但是你需要承認，今生不是一場戰役。沒有人會來摧毀你，或是搶你的東西。你應該明白任何地方都有你的同僚。你今生的工作是協助別人去贏得戰役。透過協助別人，天秤座北交點的人也可以獲得勝利。

經過所有扮演戰士角色的前世之後，你已經失去與愛的連繫，也失去與他人合作的能力。因此你進入今生之後，會覺得與別人合作或與別人發生關係，是很奇怪的事。但是你不應該擔心，因爲你的整張星圖都是以與別人之間的關係爲基礎的。只要清楚自己要去的地方，過去的老習慣就不會阻礙你。事實上，你的今生完全都是與合作有關的。導正錯誤的機會永遠無虞，因爲諸如婚姻、合夥等機會，都會很快地到來。

☆嚴格的紀律

由於前世做爲戰士的經驗，天秤座北交點的人發展出「不能問問題，不能容許荒謬」的紀律。這種紀律對其他交點族群的人來說，簡直是天方夜譚。你在軍旅中的前世強調的是全體一致的服裝及個人物品，所以你進入今生這個實體之後，仍然非常重視周遭環境及生活的組織架構。你對紀律及嚴格的限制，都有極爲強韌的耐力及容忍力。你認爲別人也應該與自己一樣，願意忍受同等的處罰或被剝奪某些權利。你根本無法了解爲什麼別人會不願意和你一樣，接受同樣的限制，或是做同樣的犧牲；這也是傷害你人際關係的最大因素。

沒有任何其他交點群族的人可以像你一樣，能在嚴格的個人紀律及限制之下，仍能採取具建設性的行動。實際上，天秤座北交點的人在極爲不利的條件下，面對爭取生存的挑戰時，是你最成功的時候。對你來說，這是最興奮的時刻。透過個人犧牲、利用你所有的資源、面對考驗、逐步邁向成功等等緊張刺激的狀況，可以爲你帶來個人肯定。

你的自我意識極強，所以會以爲每一個人都跟自己一樣。同時，你在潛意識裏，總想找一個跟自己一樣的人做爲自己的搭檔。當發現另一個人無法擁有與你相同的特質時，你會變得非常沮喪，而且覺得上當受騙。

今生，天秤座北交點的人要學習的另一課是，每個獨立個體之間的差異之美。你是誰、你可以貢獻什麼？可能會完全不同於另一個人是誰，或是他可以貢獻什麼？你所面對的挑戰是了解每個個體間的差異，並對彼此關係所帶來的力量表示感激及欣賞。要達到這個境界，你必須重新檢視對力量的定義。

因爲你有許多許多次的前世是處於戰士的狀態，所以對力量的定義通常只會包括以下幾項：勇氣、不斷努力、願意犧牲、忍受限制、百分之百的目標導向、對立即結果的堅持、紀律、衝動的主動（英雄式的心理）、高能量模式，以及願意嘗試個人的風險。

但是，有一些力量是你所沒有，而你的搭檔可能會帶入你的生命之中。例如，欣賞達到目標前的過程之美（這可使天秤座北交點的人放慢腳步，擁有更大的耐久力）、溝通的技巧（這可創造和睦及彼此了解的關係）、同理心（這可使天秤座北交點的人找到歸屬）、趣味（這可在抵達目標前的過程較爲有趣）、分析與仔細工作的能力、外交手腕、對別人的需求敏感、創造聯合作用的能力（可大量增強雙方的能量）、冒險犯難的精神、管理的技巧、創造性與發明的能力，以及熱情（可治療天秤座北交點的人）。

在今生這個實體之中，天秤座北交點的人需要與別人合作去追求成功及充實。若要受惠於合作關係，你所要面對的挑戰是如何欣賞別人與自己不同之處。

☆火山爆發

天秤座北交點的人很容易會有爆怒的情況，這也是你必須拋棄的惡習。你的脾氣就像孩子，當事情不能順遂自己的心意時，就會大發雷霆，迫使另一個人就範。如果另一個人反抗，你會把緊張的情勢升高，直到達到你的目的爲止。

但是這種一輸一贏的結果並不能爲你帶來好處。就長期來說，這種情況只會使你與眞正想建立親密關係的人之間，距離愈來愈遠。當你犧牲別人使自己達到勝利的目的時，你也必須付出代價；另一個人會封閉自己並退縮，因爲他不喜歡在如此暴力的策略下所感到的脆弱。

天秤座北交點的人可能會臉上堆滿笑容，絲毫沒有意識到已經對另一個人造成極大的傷害。你認爲，另一個人也應該爲自己感到高興，因爲畢竟你「贏了」。除非你學到以威脅或發怒的手段行事，其實沒有眞正的贏家，否則你必然會嘗到許多苦果。藉攻擊別人而獲得的勝利，將使他人不願再與天秤座北交點的人有任何瓜葛。也因此，雙方交流、能量及愛慕等這個族群極爲渴望的東西，也會從你的人際關係中消失。

☆下決定

你大多是敏於決定。你習於立即的行動，因爲你只需考慮自己本身及自己的目標。你通常不清楚自己對他人可能造成的影響，在這種情況之下，你可能會利用別人做爲達到自己目標的工具。但是，這種行爲會爲天秤座北交點的人帶來不良的影響，因爲這對其他的人而言，是極爲痛苦的經驗。

當你在不讓別人支持你的情況下做出決定時，會因爲忽略了別人的能量或想法可能帶來的好處，而無法得到自己想要的東西。在採取行動之前，你應該要記住，做決定的過程務必要讓別人參與。

你不願意讓別人參與自己決策過程的原因之一是，前世的沙場生涯讓你有「所有的人基本上都是與我為敵」的心理。這種不正確的想法，可以透過適當的溝通獲得解決，這是以彼此互利的方式與對方同時檢視問題。

我曾經有一位屬於這個族群的客戶，有一次她對我坦白：「我為了我的婚姻而忙碌不堪。我不了解我的丈夫、聽不懂他說的話、也不知道他到底是誰！」其實，這個族群的人只要願意與另一個人共同做檢視，事情會容易得多。

在做決定時缺乏深思熟慮，會使天秤座北交點的人遭遇許多不必要的痛苦。你可能會由於過度擔心不能得到自己所想要的，而不擇一切手段去爭取。你可能會擔心如果在與某人訂定計畫時稍有遲疑，就會有另一個人出現阻礙自己的行動。你不明白，其實為別人考慮並不意味放棄自己的計畫，卻代表關心對方所關心的事，而且願意接受可以對雙方有利的妥協。

例如，我以前的一位客戶，與一位天秤座北交點的人同居了約一年。有一天，天秤座北交點的這位先生說，他必須出去，晚上會很晚回來。她直覺地認為不對勁，立刻在腦海中浮現一幅不好的景象。於是她說：「大衛，你想和別的女人幽會！」他聽了馬上就生氣了（你不會輕易撒謊，但當你被逮到時往往會惱羞成怒）。

她又問他一些問題，試著了解到底是什麼事，但是由於他極為專注於他的目標，所以不願花時間與她談。他不希望無法在約定的時間前往與另一位女士談生意的地點，所以在沒有解決事情的情況下，就走了。不久之後，他打電話回來一再道歉，他說他錯了，他愛她，她是他唯一想要的人，這種情況以後不會再發生了云云。但是爲時已晚，她的心已經對他封閉起來，而且決定離去。

根據我客戶的說法，並不是這個單一事件讓她的心枯萎，而是天秤座北交點的人處理事情的方式。她不能原諒的是，他根本不關心她的感覺，所以才不和她把事情說清楚。當這個族群的人將自己阻絕於搭檔的付出之外時，每一個人都是輸家。

☆生存

天秤座北交點的人對生存問題可能會有過度憂慮的傾向，但在今生，這樣的擔憂是不適當的。你已經學會如何求得生存，你今生是爲了幫助他人，爲他人注入能量及信心，使他人茁壯而來的。在付出的同時，天秤座北交點的人也可以獲得極大的自信及平和。

你需要運用你做爲戰士時所學到的每一樣東西，以富建設性的方式運用在與他人的關係中。也就是說，放下武器看看身旁的同僚情況如何。你身旁的人是不是在進入戰場之前，需要一個人在後面推一把？你的工作是給予其他人足以勝利的能量。除了天秤座北交點的人之外，再沒有任何人能夠更勝任這項工作了。

自戀

天秤座北交點的人必須特別防止出現自戀的傾向。你外在所表現出來的，是什麼事都在掌握之中，且擁有令他人羨慕的特質。別人讚美你時，你會覺得很棒，但私底下老是擔心，你眞實的面貌、你眞正喜歡的人或事，可能會與你所設定的形象相反。

有時，你不會讓對你「外表」想法不同的人碰在一塊兒。例如，我 位屬於同一族群的客戶，他很喜歡有分量的、重量級的女人，但是從來不敢讓他的朋友知道這件事，因爲他怕會被朋友嘲笑。由於他認爲自己的喜愛與所希望呈現的形象不符，所以只好將自己眞正的渴望深深藏在心底。

當別人稱讚你的外表時你會很高興，所以就努力扮演自己希望呈現於別人面前的面孔，以期滿足你的自我。由於你希望自己富有吸引力，所以會刻意將自己的形象調整到自以爲可以吸引他人的樣子。但是你永遠不明白，別人所愛、所接受的其實是眞實的自己，你無法透過這個認知而得到內在的信心。除非你嘗試去表達自己，否則永遠無法學到這一課。

天秤座北交點的人常沈陷於自戀，並排斥可增強你眞正安全感的人。你可能會傾向於只關心自己的快樂，或是成爲虛榮心的受害者，例如使自己的身體狀態維持最佳狀態，以爭取生命所能提供最好的東西。你的價值觀可能會是單純而膚淺的。但在今生之中，你應該要透過如愛自己般地眞正去愛一個人，來獲得對自己靈魂更寬廣的認知。

☆ **「我先！」**

在你更有自覺之前，專注於自己、自給自足、自我保護等，都是天秤座北交點的人行事時最基本的動機。然而，你必須考慮有誰會參加這場遊戲。你常常因爲習慣將所有的注意力放在自己身上，而連另一個人是誰都搞不清楚。每當你衝動地大叫：「我先！」其他的人就會遠離你。

但是由於你天生具有協商、輔導的才能，所以人們會自動對你產生信心；那是與生俱來的天賦，是爲了能協助你將注意力由自己身上順利移轉到別人身上。但是當你花時間傾聽別人的訴說時，常會思考自己是否得到了「公平的對待」，如果答案是沒有，就會覺得自己被利用了，然後很生氣地把別人推開。

其實每一件事情都是視你傾聽別人時所抱持的動機而定。你是不是爲了使注意力最後仍能回到自己身上而做這件事？除了實際參與協助所產生的快樂之外，你是不是眞誠地希望能幫得上忙，而不是期待可以得到回饋？天秤座北交點的人若要獲得勝利，需要與內在社會和諧的感覺接觸，幫助你把注意力放在別人身上，不再把自己放在第一優先的地位。

☆**自我意識**

天秤座北交點的人可能會非常痛苦地意識到自己「負面」的特質，並對這些特質加以批判。這正是你將焦點放在自己身上時會感到失去力量的原因。所有你看到的都只是自己「不能被接受」的特質，也是自己竭力想隱藏的部分。這個階段會使他人無法與你接近。由於不知道你在隱瞞些什麼，所以他人無法相信你，並會因而離開。之後，天秤座北交點的人會獲得「自己有問題」的訊息，而這正是你一開始就懷疑的事。

同時，在隱藏自我的過程之中，你並未完全開放去接收別人，因此也無法完全成爲他人的搭檔。

你害怕放下自己的武裝，因爲你擔心他人會看到自己的眞面目，對自己嚴厲地批判，並拒絕自己。相反地，如果你可以把焦點放在他人身上，以及自己可以如何協助他人發揮力量及潛能，天秤座北交點的自我將可以坦然地接受他人。

不再評斷自己，只要單純地做自己，將可帶給天秤座北交點的人極大的好處。如果你有一些「不太正確」的特質，他人會給你回饋、協助。畢竟，你過去做爲戰士的生命經驗，無法教你多少社會美德；你不能期待自己知道經驗所未曾教過你的東西。

你需要那些曾在社會中生活過許多世的人，協助你學習這些社會規則。藉著做一個誠實的人，你可以學習如何改變、如何與人們接觸，並發展正面關係。你需要習慣這個世界及其他的人，而不是你自己。

當你只以自己爲焦點、觀察別人會給自己什麼回饋的時候，你所看到的只是自己的不完整；你的自信亦會因而減低。但當你將焦點放在如何支持並協助別人時，就不會只專注於自我的存在；當你給予別人能量，亦會得到自己所需要的肯定及能量。實際上，你的自信就是來自激發別人的信心及熱情。

做假設

天秤座北交點的人常會以爲自己知道別人的狀況，所以時常會未經溝通便直接採取行動。這樣的行動往往會破壞你的人際關係，不過從你前世軍旅的經驗來看，這是可以了解的。你被教導要在遠方觀察「敵人」，你會觀察對方的行動，但是在戰爭未爆發之前，你不會與之交鋒。現在，在今生這個實體之下，你也會在遠處觀察別人，並猜測他們的本質、行爲模式、喜好與厭惡，以及其他的特質。對你來說，眼見爲實，你據此去認定另一個人「眞實面」，之後根據這些「事實」行動。你不會傾聽別人的話語。你會根據自己的想法及經驗，去解釋別人的各種行動。

當別人無法像天秤座北交點的人一樣，解決你的問題，或迅速達成目標時，你也會採取批判的態度。如果別人沒有以你的方式行事，你可能會認定：「你沒有做我要你做的事。你沒有負起責任去處理這件事。」但是或許別人是以他們自己的方式去處理問題，而天秤座北交點的人就是不會去檢視實際狀況。

當你發現別人做一些自我傷害的事時，你也會加以批判。你不了解爲什麼有人會願意去做對自己不利的事。你想不通爲什麼他人不能遵守紀律，使自己保持健康，或是完成自己的計畫，或是維持自己周遭環境的整潔。由於天秤座北交點的人認爲行動勝於雄辯，所以你常常會只因爲別人還未採取行動，而低估他們克服障礙的能力。

天秤座北交點的人今生必須學習的是，每一個人都擁有其獨特的風格。你的思考很單純，而且是目標導向的，所以會把自認爲重要的目標，投射在別人身上，然後建議別人如何用最快速、最直接的方式達到目標。當別人不根據你的建議行事時，你會以批判的態度相待。你不會考慮別人可能有自己的計畫，也不會想到或許還有比以最迅速的方式達到目標更有價值的事。

你在今生這個實體之中，應該從別人身上找出自己的弱點，而不再以批判眼光看人，或不去容忍別人。如果另一個人說她無法做某事，天秤座北交點的人可以想想自己，在你的生命之中，是不是也曾經有過覺得無法勝任某事的時刻，這樣你就會對她產生更多的感情。

今生天秤座北交點的人需要學習的是，如何成功建立與別人間的關係，如何激發及給予別人在生命中獲得勝利的力量。但是，要能成功達到這個目的，你需要學習去發現他人的主觀、價值觀，以及做事風格。

規則

天秤座北交點的人會建立自己的價值體系，並且只因爲這些規則對你來說是合理的，就以爲其他人都會符合你的標準，並遵守你的規則。這是潘朵拉的盒子，也就是萬惡的根源。如果你固執地堅守「規則」，只會發生負面的事情。例如別人不按照你的「規則」行事時，你會感到很失望；別人抗拒你的「規則」時，你的肝火就會急遽上升。你沒有發現，別人根本沒有投票的機會，別人也沒有被告知這些「規則」的內容。

有時候，當天秤座北交點的人認爲別人不公平時，是因爲別人沒有遵守這些無形的規則。但是，你對公平的觀點本質上是自私的，因爲這種觀點是以你自己的規則爲根據。天秤座北交點的人必須認清一點：那就是世上還有別的規則。你的規則並不比其他人的規則神聖。

對你來說，規則的問題並不是你的錯。潛意識裏，你還是在軍隊之中。在軍隊裏，每一個人都受過高度的紀律訓練；遵守明確的規定、教條及行爲。從天秤座北交點人的觀點來看，軍隊的好處是：這不是個人的事。當你說應該怎麼做時，並不是要傷害別人的感情，只是在下達命令罷了！如果另一個人不合作，你會覺得：「嗯！你不是樂意與人合作的人。」

每一個人都有自己的規則、標準、構想及價值觀。絕大多數的人都了解你的構想只是「構想」，而不是絕對。但是對天秤座北交點的人而言，你的規則就是你生活的憑據，就是「法律」。他人可以在擁有自己的標準及構想的同時，亦接受別人的觀點，但是天秤座北交點的人卻往往看不到除了自己觀點以外的東西。

以下的例子可以說明這種行爲可能會帶來多大的傷害。我一位客戶的父親是天秤座北交點的族群。在這位客戶的婚禮當天，她父親認爲應該由祖父挽著新娘走進禮堂。然而，我這位客戶因爲在孩童時期曾受到祖父的虐待，所以非常恨她的祖父，但她的父親認爲「規則」比自己的女兒重要，所以堅持由祖父挽新娘進入禮堂，以表示「尊敬」。這些就是「規則」，沒有討論的餘地。他前世軍旅的經驗使他粗魯地對待自己的女兒，即使是在她的婚禮上。

天秤座北交點的人必須與朋友及搭檔坐下來，討論出雙方都能接受的規則。只有在規則能同時被雙方接受的條件下，別人才可能會與你共同生活。同時，當天秤座北交點的人分享別人的規則時，別人的反應將可透露你們關係的狀況，並看得出這種關係是否適當。

天秤座北交點的人可以藉著發現別人的標準及規則，來擴大自己的價值體系。事實上，你發展內在自由的能力便是仰賴於此。當人際關係中存在雙方接受的規則時，結果將是極具威力、充分，並可以提供個人回饋的。而這種關係將是以永久的關係為基礎。

投射

由於天秤座北交點的人注意力集中於自己的本質，所以你可能會搞不清楚在人際關係之中，你面對的是誰。你會將自己的本質投射到另一個人的身上，然後試著與那個人建立關係，但這種關係是不會成功的。

當對方沒有出現你所預想的變化時，你會感到吃驚。當你想像另一個人應扮演何種角色，而這人不如此做時，你就會生氣。你會因為對方沒有忠實扮演這個角色，而認為他對你「不公平」。再一次地，你根據自己前世於軍旅的經驗，建立與別人的關係。你把每一個人視為一個物體，並根據他們如何完成自己的工作來評斷他們。

你很難從你投射於對方身上那個角色以外的觀點去看對方。例如，我有一位天秤座北交點的客戶，在結婚二十三年以後才發現，她的先生對她的女兒進行性騷擾，而且這種行為已經行之多年。在她的女兒接受心理治療之前，她完全沒有發現這件事。對於這種「不知道」的情況，可以有許多解釋，但就天秤座北交點的人來說，這是因為你從來沒有真正看清楚別人的真面目。

將自己的本質投射到別人身上會產生一種副產品，那就是你期待別人會與自己一樣的堅強、慷慨、有自信、有紀律，而且當你的搭檔未能展現這些特質時，你覺得受到欺騙。

你需要爲另一個人設身處地的著想，這樣你才可以發現別人天生的力量、慷慨、信心及紀律等層次，也才可以有較實際的期待。同時，你會發現某些由對方所帶入這個關係的正面特質，而那是天秤座北交點的人所沒有的。你要學習的是，我們每個人都有不同的本質，而在預料之外及具有回饋的方向就是成長的空間。

你的需求

獲得讚許

天秤座北交點的人渴望被肯定，並希望能被納入另一個人的能量範圍之內。當別人給你「愛」時，你會覺得放鬆及快樂。這是一種正確的需求：在今生的實體之中，來自別人的愛將帶來你所需要的精神上的平衡。

問題在於你用來獲得別人的關注及能量的方法是什麼？你可能會以競爭、表現比預期好，以及在未與對方協商的情況下採取主動等方式。你會炫耀、試著以亮麗的外表吸引別人的注意及關愛，這些都是你極渴望得到的東西。

由於你渴望成爲目光的焦點，所以當他人在談話時，你常會說一些與自己有關的事，使焦點再次回到自己的身上。你並不是眞正關心另一個人，你只關心自己對愛及肯定的需求。這些需求也可能會導致天秤座北交點的人在合作可以爲你帶來更大的好處時，採取競爭的手段。

解決之道在於將焦點由如何使自己有很好的外表，轉移到如何令另一個人感覺舒服。當你調整自己的腳步，並將搭檔的感覺列入考慮時，就會了解如何以搭檔亦可接受的方式，將目標連結起來。

如果天秤座北交點的人由於幫助身邊的人而使自己感到快樂，自然而然也會接收到好的回響。你不一定需要「吸取」別人的能量，因爲接受、愛及肯定會自然而然湧向你。這是當你保持敏感，並做可以令別人快樂的事時自然過程的一部分。你所需要的能量，正是當你肯定別人的自我時所感受到的能量。

對人際關係的信心

你可能會由於前世缺少與人合夥或是分享的經驗，而對人際關係沒有什麼信心。你也容易因爲過於注意自己而危及你的自信。例如，當人際關係中出現誤解時，天秤座北交點的人不會去檢視另一個人的想法及感覺，而會立刻將焦點放在自己的身上，導致你所看到的只是自己受傷的感情及自己的錯誤。

你從不會考慮超出自己思考模式以外的部分，以判斷另一個人出了什麼狀況，這種做法會損害你對人際關係的信心。你也可能會以爲另一個人不喜歡自己的某個部分，最後覺得自己「不能被接受」。或者，你會對你的搭檔做嚴厲的批判，導致覺得世界上幾乎沒有人可以與你溝通。

天秤座北交點的人其實擁有很強的自信，但是你並未在社會的層次與自己的自信有所接觸，直到你開始與別人分享。把焦點放在如何幫助別人增加自信時，你自己也會覺得更有自信。

你所擁有的「做」關係的能力，事實上是極爲奇妙的才能，但是你並不知道自己擁有這樣的能力。當人際關係不順利時，你會覺得氣餒。你所希望得到的並沒有錯，只是你的方法值得商榷。你體內知道如何「做」關係的部分，就好像一個內在的房間，裏面有很棒的工具可以創造成功的關係，但是你首先必須記得去開這道門。

☆支持別人

你是眞正的「鼓勵者」。例如，強尼發明了一項可以清除空氣中因排放廢氣造成汚染物質的產品。但是他卻沒有進一步的行動。別人可能會對他說：「強尼，你應該把你的發明拿去賣！想想看，你可以因此賺多少鈔票，可以對環境帶來多大的幫助。」但是強尼卻有一百萬個理由按兵不動：「這項產品還不是眞的很完美。」然後，當天秤座北交點的人出現時，他只對強尼說了幾句話，就輕易地打動了強尼的心。

你擁有其大的能力可以促使別人成爲一位戰士，你會給予別人足夠上陣的信心及能量。但是你又擔心別人會因而依賴你。你不希望別人會榨乾自己的能量、靈感或生活力量。其實，別人會回饋你的，但眞的回饋時，你又必須面對如何接受別人的禮物。這需要謙虛及讚賞，而這些都是天秤座北交點的人所無法完全自給自足的。這也是學習付出及接受的一部分——成爲團隊的一部分。

☆分享及無私

分享對天秤座北交點的人而言，是很重要的。你過去許多次的前世，都是處於孤立的狀態，而且未能享受擁有一位伴侶的愉悅。在這一生之中，你對擁有一個伴侶的渴望非常的強，這個渴求必須獲得尊重，你才能覺得完整無缺，以及得到情緒上的滋潤。

一份不要求回報無私的愛，是實現親密及和諧的關鍵，這亦可以充實你的心靈。你的付出必須只是爲了與伴侶分享你的財富，並爲搭檔帶來支持及快樂。這時，當你的搭檔獲得力量時，他的快樂將可以充滿天秤座北交點人的心，並使你獲得滿足。

你極爲熱愛生命，今生你要學習如何擴大這份愛，並將他人列入熱愛的對象之中。你需要將另一個人列入考慮的範圍，發現對方的極限，之後再走出去分享你的經驗。你應該記得，與這個特殊的人分享經驗，比達到你的目標更能使人成長。

天秤座北交點的人要學習無私的藝術，且爲了支持別人將自己的感覺先放一旁。當你在沒有考慮得到回饋的情況下付出時，你會成爲一個付出的管道；宇宙會給予你更多，因爲你正積極傳遞能量給別人。當你無私地給予別人時，同時也清出一條路，使你的搭檔及生命本身，可以給予你回饋。

沒有必要去做一本記錄付出及回收是否公平的帳冊，因爲當天秤座北交點的人對別人付出時，實際上，你也是對自己付出。

接受

☆自我保護

由於多次前世實體都是戰士，所以你發展出一種不易親近的特性。你對於所投射的形象十分挑剔，如果別人認爲你不是這樣的人，你會感到憤怒。你試圖控制別人對自己的看法：「你怎麼能這麼說我？這不是我認爲的自己！」這種防衛的心態，讓他人不易與你接近。

天秤座北交點的人可能會有一些預料外的行爲，因爲你不希望別人可以一眼看穿自己。這是一種策略的運用。由於擔心他人會發現自己不那麼有趣，所以你抗拒被完全地「認識」。這個族群的人認爲其他交點的族群都是相同的，唯有自己是獨特的。但是又害怕若暴露自己的感情，附和他人，將使自己與他人一樣。如此一來，自己就不再是特殊且令人驚奇的人了。

☆獨立VS.交互依賴

在天秤座北交點人體內的戰士，希望自己有敏銳的智慧、獨立性，而且沒有情緒上的羈絆，這樣就可以依自己的意願前進。在你的靈魂之中，獨立性的部分在前世已經有過量的訓練，所以現在它會在最不適當的時刻，抬起那醜陋的頭，破壞可能會促進你成長的人際關係。

對於天秤座北交點的人而言，附和他人並支持他人，可能會讓人失去勇氣。你擔心如果對某人付出，會開始覺得對那個人有責任，而這種狀況是與你「上路」的戰士精神相違背的。潛意識裏，你是不希望被綁住的。

你必須記得，這是人的一世。你所能得到最佳的回饋都是來自交互依賴，而不是自我孤立式的獨立。你已經有極端的獨立經驗，重新走上那條路，只會使自己失去與其他有深入關係的機會，而這種機會是自己最渴望的。

當你眞的克服你的恐懼去支持別人時，除了可以創造與人的關係之外，還可以獲到你極爲渴望的讚賞及肯定。在以眞誠的關心去支持別人的同時，你感到孤獨的問題也可獲得解決。

當天秤座北交點的人支持別人時，會自動增強別人的力量。所以實際上，你不是在製造依賴性，而是在幫助別人達到較高層次的自給自足。但是，有時候你會感到憤怒，你心想：「爲什麼他人不像我一樣獨立？如果每一個人都像我的話，這個世界就會是一個美好的地方。」你不是故意要顯現虛榮，但是前世累積的習慣實在太根深柢固，而戰士的紀律則是極不易打破的思考模式。

由於你已經有太多次的前世，是孤立於社會及平和的滿足之外，所以對你來說，即使只是考慮嘗試及加入，便會令你非常害怕。但這並不表示你不知道如何去做。一旦你下定決心，還是可以完成任何工作的。事實上，你一旦投入之後，就會發現自己擁有創造成功人際關係的能力。但是先決條件是：你必須清楚地決定，交互依賴絕對是比孤立更好的一條路。

和諧

天秤座北交點的人對戰爭已經感到厭煩，今生你希望能嘗試擁有和平關係的經驗。然而，你所有的是極度情緒化的緊張關係，由於你缺乏溝通，這種緊張關係更爲惡化。但是你已經準備好要進入下個層次——一個有更多關心、更多交互依賴，以及更多熱情的境界。你應該選擇和平、放下盾甲，並加入你可以放心呈現自己弱點的關係。

☆耐心

今生天秤座北交點的人要學習耐心。在這個星球上還有許多其他的人，而天秤座北交點的人只有在花時間把別人納入自己的計畫中時，才能有最快樂的發展。易怒正是你缺乏耐心的一項證明。通常，如果你不能立刻進入情況，會掉頭就走，其實那正是可以讓你達到最大快樂的時候。

你的衝動能量有過剩的現象。前世，你的衝動被視爲勇氣，而這種勇氣可以爲你帶來成功及自我榮耀，因爲你是英雄。但是「英雄主義」也製造了優越感，並使你孤立於人群之中。今生，衝動爲你帶來的不會是勝利，而是挫敗。當天秤座北交點的人根據自己的衝動行事時，可能會爲了追求自己的欲望而踐踏別人的感情，並嚴重傷害別人對你所懷的好意。

由於你有衝動的傾向，所以天秤座北交點的人應該培養自己的耐心，並了解你的計畫若要實現，必須有相當的一段過程。通常你都是極爲直接，且希望事情能密集地進行，所以每一段過程對你來說，似乎都是不可忍受地漫長。你常常處於高速奔跑的狀態，但是現在已經不再有戰爭，所以放慢腳步，仔細做一番全盤思考，對你眞正充實的今生而言，都是極爲必要的。

由於你的衝動，你可能不完全了解爲什麼會想要某些東西。如果你可以更有耐性一點，就可以有較寬廣的視野。這時，你就可以向另一位相關的人做詳細的解釋，而許多問題亦可迎刃而解。

☆敏感及體貼

天秤座北交點的人事實上非常敏感，但表現於外的卻是以一種不敏感的方式。你對事情的感受極爲深刻，但在了解別人的感覺時，卻極爲膚淺。

你可以在極深的層次體驗到傷害，但由於這些強烈的感覺，所以你認爲自己對他人都有極佳的了解。然而，這個過程並未將他人的特質列入考慮或加以承認，所以天秤座北交點人的行動，可能會以負面的方式去影響另一個人。這正是你人際關係之中存在許多誤解的理由之一。天秤座北交點的人應該主動在較深的層次，去尋求與別人的關連。

適應某人表示暫時離開自己。這就好像聽收音機一樣，若要聽清楚播放的音樂，必須停止在自己心中哼這首歌。同樣地，你應該放開自己的思考模式，將自己調整進入別人的旋律。當你「聽見」別人的感覺及觀點時，可以決定是不是與這個人唱同樣的調。

你必須提醒自己，要注意別人的需要及感覺。例如，如果兩位朋友在街上走，一個人提著沈重的大包小包，另一個人卻是兩手空空，那個兩手空空的人很可能就是天秤座北交點的人，因爲沒有人會像你一樣，對別人如此地不注意。對每一個人來說極爲明顯的事，你卻一點也不看在眼內。你不是有意要傷人，只是沒有注意到自己只專注於自己的狀況，對別人可能會帶來多大的傷害。

今生，如果你希望能享受到成功、快樂的人際關係，一定要努力培養不自私，以及關心別人的需求與感覺。

你的人際關係

缺乏經驗

☆戰士的生活形態——只有我！

由於前世生活於軍隊這種環境之中，所以天秤座北交點的人極缺乏處理人際關係的經驗。在軍隊裏，人際關係是由每一個人都了解的教條及嚴密、主觀的規則所監督。但當與外界接觸時，就不知道應該如何是好了。

對其他南北交點族群的人而言，人際關係中再簡單不過的東西就是諸如分享、互相協助、彼此相關等，對天秤座北交點的人來說，卻是全新的領域。當你在人際關係中犯錯時，其實並不是你蓄意如此或懷有惡意，而應該歸咎於過去只遵守「規則」，而沒有與人們接觸的習慣。

另一個問題是，戰士通常不會停留在一處建立家庭。你馬不停蹄地從一個戰場轉至另一個戰場。你是最典型的「一夜情」式的人，在征服一個人之後，會立刻尋找下一個目標。對你來說，愛情及性可能是具有競爭性的。你喜歡愛情遊戲，一旦你成功了（另一個人被「擄獲」），就需要去面對下一個挑戰。這是你唯一知道的事。然而就生活形態而言，這種追求快速、膚淺的人際關係，只會為你帶來更大的空虛。

有趣的是，當天秤座北交點的人了解人際關係是如何運作時，就能成為箇中高手。一旦你了解如何切入並運用之後，就可以發揮在靈敏度及外交方面過人、潛在的能力。因為你今生的目的，就是藉與他人合作來平衡前世的不足，所以你永遠都會吸引許多人環繞在你身邊。

這個族群之中有部分人不敢去愛人，因為你不習慣與人有愛情的交流。今生，你早期的嘗試，可能會因為還沒有學會如何交流愛而失敗；你會因而封閉自己的感情。但是你今生要學習的，就是有些人會因為你與生俱來獨特的心靈而愛你。

固然，這個族群的人如何表現自己，正決定了他人會產生何種反應，但他人的天性也會影響他們自己對這個族群的反應。因此，你應該更開放，並讓別人知道自己真實的一面。這時，你可以因爲清楚知道誰愛的是眞實的自己而覺得安全，你也知道對那些不能接受自己的人，應該持較謹愼的態度。

☆選對搭檔

你希望能有一個夥伴，可以在平等的基礎上與你分享生命的喜悅，也會以欣賞做爲回饋。但是若希望這種能量回到自己本身，必須選對搭檔。成功人際關係的一部分其實是與區別有關的，找出那一個人是眞正可能的夥伴，而不只是看那個人如何滿足天秤座北交點人的需求。

有時候，你將自己的觀點投射在別人身上的傾向實在太強，以致別人與你在一起的時候，會覺得不自在。天秤座北交點的人認爲反正自己不會被了解或被接納，所以做任何努力都是沒有用的。這個問題可能會剝奪你眞正的親密關係。

舉個例子，一位客戶的母親是天秤座北交點的人。當這位客戶在職場獲得擢升，並因此開始買一些適合自己新職務的昂貴套裝時，她知道母親一定會表示反對。由於她不希望她媽媽會掃她的興，所以就把買來的新衣服藏在大廳的衣櫃裏，想等適當的機會再把這些衣服搬到自己的房間。這剝奪了她和母親兩人共同欣賞這次採購成果的樂趣，而共同欣賞正是可以讓她們兩人更接近的方法。

你誤判某種人際關係的另一種理由是：你只注意另一個人的各項特質中自己所喜歡的部分。或許你並不喜歡對方所有的觀點，但你會阻絕其中較不中意的特質，因而忽略掉實際發生的狀況。天秤座北交點人的第一步應該是願意去認識另一個人。這個人是不是擁有與你相似的目標或理想？這個人是一個付出者或是接受者？這個人的價值觀為何？這個人希望建立什麼樣的自我特質？天秤座北交點的人務必要有謙虛的精神，真誠對另一個人的自我特質好奇，不要把自己的想法投射在別人身上。想了解別人的價值觀，必須發問，並把自己的自我特質拋在一旁，容許對另一個人暫時性地吞沒自己的意識。

通常，如果天秤座北交點的人先問另一個人問題，之後再發表自己的意見，會有比較好的效果。你的傾向是立刻說：「嗯！我希望的婚姻是沒有孩子，夫妻兩人都上班，賺很多的錢。妳希望的呢？」如果另一個人想要取悅對方，她可能會做出一些支持天秤座北交點人論點的反應。

但這正是你惹上麻煩的理由。你自我的力量太強，所以可能會使另一個人刻意避開直接的對立，因為直接的對立可能會導致彼此關係的結束。他人通常會採取的方式，可能是了解你立場的重要性，也可能是「附和」天秤座北交點人的希望。

我有一位天秤座北交點的客戶，他的經驗正是一個很好的例子。在他的第二次婚姻中，他非常珍愛小他十二歲的妻子。他第一次婚姻有一個兒子，於是與第二任太太協議不再生孩子。其實這是他的想法，但她說服自己接受這個結論，因為她太愛他了。達成協議（他以為是「雙方」同意的協議）以後，他去動了結紮手術。

這個婚姻在前四年看起來十分「美滿」，他覺得快樂極了。然而令他心碎的週末來臨了，她表示希望離婚，因為她想要養育孩子。這個婚姻充滿了他的需要，而沒有她的需要。他受了很大的創傷，花了好幾年的時間才從這次的打擊中復原。

如果這位客戶在開始時，花時間去了解搭檔眞正的需求，雙方遭遇的傷害其實是可以避免的。這樣，他也可以決定自己愛她的程度，是否足以爲了滿足她想要孩子的願望，而做妥協或讓步。

天秤座北交點的人在選擇搭檔時，應該相信自己內在快樂的感覺。你無法仰賴邏輯，但你可以相信自己對愛及吸引力的直覺，並以此做爲精確的指標。一旦你選定一位適當的搭檔並進入一段關係之中時，你所面對的挑戰，將是如何注意搭檔不斷變化的需求。當你培養附和及接觸的習慣，你會對你的搭檔產生極深的愛意，並獲得極豐盛的成果。

☆不當的期待

你通常對人際關係都會感到失望，這是因爲你會在沒有精確評估別人的需求、想法、喜好或適當時機的情況下，產生不當的期待。你認爲，是由你來決定藉由你的努力而達到「目標」。在人際關係之中，你會找尋可以幫助你與對方達成目標的相關事實，然後再回頭制定你的策略，而這個策略是以你所認定搭檔的特徵、需求、渴望等爲根據而策畫的。唯一的問題是你從來不要求另一個人投入。

天秤座北交點的人常常會自以爲知道別人行爲背後所代表的「個性特色」。但是當你弄錯時，往往會造成使雙方痛苦的誤解。你也可能會自以爲別人不欣賞你而感到非常生氣。你期待搭檔能了解你的能力可以改善他的生活。有時候你會變得很傲慢，低估另一個人的智慧，以爲對方根本不知道你付出了什麼。你會築起一道充滿批判性想法的高牆，使別人望之卻步。

你應該要透過溝通來擴大你的視野，以得到更客觀的觀點。通常當你覺得別人不欣賞自己時，其實就表示你並不了解另一個人所關心事情。爲了避免感到被孤立及背叛，你應該要求另一個人以他的觀點，來說明他自己，這可以幫助天秤座北交點的人得到較精確的了解，以及更實際的預期。

☆ **缺乏考慮別人的意識**

你看起來可能會很不體貼。當你做決定時，不會把別人的反應、渴望或需求列入考慮範圍。你的行動不會得到另一個人的任何回饋。

舉個例子，我一位客戶的先生就是這個族群的人。當他們去度假時，他會把所有的時間花在觀賞景色以及探險上。我的客戶老是抗議，要求安排一些較輕鬆的行程，但是每次一回到家之後，她都會很興奮地告訴她的朋友旅途中所看到的新奇景物。根據她的行爲，她的先生認爲，其實按照他規畫的行程，她還是很愉快的。於是他就不把她的抗議放在心上，因爲他認爲「這樣計畫對她非常好」。天秤座北交點的人常會以爲他知道什麼可以增強另一個人的力量，不論那個人的反應如何。

有趣的是，這個族群的人眞的知道另一個人喜歡什麼，但是需要以回饋緩和這種了解。以上面的例子來說，這位先生應該傾聽太太的抗議，並了解她焦慮的理由。一旦知道她的顧慮之後，就可以設計出適合自己又可符合對方需求的計畫，而他亦可以因此得到對方的感激。這正是團隊合作可以爲這個族群帶來的最大益處。

☆**時機**

在付出方面，天秤座北交點的人必須更注意時機問題。當你的搭檔表達出需求時，就是你應該付出的時機。你應該把手邊所有的事都放在一旁，並了解搭檔當時所需要的東西。如果你等到自己覺得準備好了以後再開始付出，機會早已消失無蹤了。

例如，你的搭檔可能會要求你協助一個計畫。天秤座北交點的人可能會說：「噢！拜託！這是你自己就可以做的事。」他不希望因為搭檔的問題而分散自己的能量，也不希望因此分心。這種直覺式的自私會對雙方的關係造成微妙但具破壞性的後果。

天秤座北交點的人若沒有相互的付出，是無法享受到合作關係所帶來的好處。當你找到希望常相左右的人時，如果不想失去這個搭檔，應該要根據搭檔的暗示選擇適當的時機付出。這是一個人際關係的世代，當你把最重要的關係放在第一位時，每一個人都能獲得勝利。

恐懼

☆**擔心面臨情緒上的尷尬局面**

天秤座北交點的人在今生雖然極為渴望及需要一個搭檔，但是你的一部分卻非常害怕。你很害怕尷尬的場面，但由於你迫切需要與某一個人的特殊關係，所以必須冒險去嘗試。你的恐懼之一是讓自己陷入「進退維谷」的局面，如做出一個錯誤的選擇，之後又無法自其中脫離。

由於你是完美主義者，所以希望自己的重要關係會是最完美的。不過，若是選擇了錯誤的搭檔，你還是必須承認自己遇到問題了。事實上，你眞正會說的是：「我不想有人際關係，因爲我不希望在情況不順利時，看起來像我眼中的那個人一樣愚蠢。」

因爲「看起來很棒」對你而言極爲重要，所以你的搭檔「看起來很棒」也是很重要的事。如果你發現搭檔的某些特質並不那麼吸引人，你會希望他做一些改變，甚或開始對他叨絮不休。如果天秤座北交點的人找一位具吸引力的搭檔，動機是爲了「看起來很棒」，那麼這種關係一定不能成功。因爲，你的動機仍是在自己身上。不過，如果你的搭檔正好也希望改變，而天秤座北交點的你又願意提供支持及協助，則兩個人還是都可以獲得勝利的。

通常天秤座北交點的人在付出自己的力量及協助另一個人突破極限之前，這位搭檔的情況會出現惡化。例如，如果天秤座北交點的人發現她的搭檔變胖，且因此感到不快樂時，她應該做的第一件事是與對方討論，並了解對方的需要。

她可以說類似以下的話：「我發現你很擔心你的體重，而你確實是吃得過量，你是不是對某件事感到不愉快？是不是願意告訴我，讓我知道該怎麼幫助你。」從這樣的關心及試圖了解對方的過程中，她就會得到答案。這個族群的人今生要學習的是，對人際關係的關心程度要高於對自己形象的介意程度。

天秤座北交點的人不了解別人爲什麼會願意忍受被惡劣地對待。你不了解一個人可以愛另一個人多深，你很害怕熱情及束縛。你擔心，如果你眞的深愛某人，會被迫面對一個不利於你的情況。你一定要相信自己的心，也要相信與另一個人合作，可以發展出健康的關係。在今生這個實體之下，你可以發現，將過去只對自己付出的愛擴及至另一個人時，將是極爲快樂的一件事。

☆對相互依賴的畏懼

你極端地害怕「相互依賴」。但是好笑的是，由於你希望自己永遠處於接受的那一方，所以自然而然就會依賴搭檔的付出。但是你的搭檔不能也變得依賴，因爲他是無法自天秤座北交點的人身上得到任何回饋。當搭檔於肉體或精神上離開時，你會覺得自己徹底被摧毀，而且完全搞不清楚這種關係爲什麼會觸礁。

如果你希望能在一個關係中維持眞正的獨立，應該試著付出比所得到的更多。這樣你就會成爲較「強」的一方，而且在不虞被拋棄的情況下，體會在搭檔前面呈現軟弱，以及獨立的愉悅。在你的親密關係之中，有意識地去協助及付出，是非常重要的。你常常會不願意完全付出，唯恐因此失去自己的自我。但這根本不需要擔心，因爲你的自我是根深柢固的，絕對跑不掉。

天秤座北交點的人應注意，不要將對獨立的需求做爲拒絕介入人際關係的一個藉口。你對獨立的要求通常都會在很不適宜的時機出現，而且看似突兀、富侵略性、具有疏離感。這種要求會令搭檔覺得天秤座北交點的人不關心自己，雙方沒有彼此關注。自然而然地，另一個人會不希望自己是在這個人際關係之中唯一脆弱的人，所以他的情緒會開始脫離。

這種對獨立的需求，可能會對親密關係造成極大的傷害。如果沒有加以適當處理，與你最親近的人會覺得不再被愛、被欣賞、被保護，還會覺得失去「特殊的互相了解」。這種了解是可以幫助你克服因長期關係所產生的挑戰。

天秤座北交點的人由於太過於習慣維持獨立及神秘的狀態，所以當別人開始眞的認識你時，你會變得有點尷尬。你擔心，在別人面前呈現軟弱的一面，會讓自己更爲脆弱。你希望永遠保持獨立，但又希望擁有人際關係，這兩者是不可兼得的魚與熊掌。當你居於領導的地位時，所有的焦點都在你身上，你會覺得很好。但是當別人在掌控全局時，會因爲你不了解自己的角色而顯得尷尬。

你應該要明白，如果可以花些時間融入狀況並進行溝通，通常別人會允許你領導。其他的人不一定會想負責，你只是不希望在自己的感覺沒有被顧及的情況下，受別人指揮做事。

天秤座北交點的人很重視獨立，也支持你搭檔的獨立。你認爲：「每個人都遵守規則才公平。」但是當你的優先順序改變時，你的規則也隨之改變，而你會期待每一個人都能跟隨新規則。由於在過去的生命實體中你一直都是領導者，所以你認爲自己今生的工作也是領導。事實上，你現在的工作是協助別人成長，並得以進入領導的階層。

☆對妥協及改變的畏懼

妥協在一個快樂的人際關係中，扮演極爲重要的角色。唯有承認並肯定另一個人的需求，才能創造出雙贏的局面。當天秤座北交點的人只考慮自己的渴求時，只能得到贏或輸的人際關係。最後，「輸掉」的那一方，會選擇離去，而你會去找一個可以公平對待自己的人。天秤座北交點的人必須做的第一件事情是：肯定搭檔的個別差異性，並了解對方的需求及缺乏安全感的地方。

然而，有時你並不希望妥協。你不想花時間去了解另一個人。你擔心，如果你了解了對方的立場，就必須犧牲自己。但是由於你拒絕承認妥協的必要，所以會否定另一個人的需求，並因此播下關係破裂、令自己孤獨以終的種子。對另一個人的敏感是必要的。當搭檔表示沒有安全感時，就是應該放下手頭一切事情，嘗試重建和諧關係的時候。

由心底眞誠付出與維持記錄

☆以其人之道還治其人之身

天秤座北交點的人比較會有「以其人之道還治其人之身」的想法。你希望每一件事情都是公平的，也希望搭檔可以分擔你所必須做的犧牲。例如，如果你必須在早上五點起床，你也會要另一個人與你一起同時起床。

天秤座北交點的男人會希望另一半起床做早餐，或幫忙你做一些事，才能覺得平衡。你不會考慮她對睡眠的需求，也不關心她的內在是否能取得平衡。但是眞正的平衡應該是：每一人在自己覺得平衡及快樂的條件下，做百分之百的付出。在人際關係中感受到的快樂是自然的產物。只要天秤座北交點的人不再時時刻刻計較自己是不是得到公平的對待，你的人際關係就會有蓬勃的發展。

當你眞的付出時，不要太過於招搖。這個族群的人有一種傾向，就是會淸楚記住自己付出多少，也會希望能得到同等分量的回報。至少，你希望能獲得搭檔的肯定及大量的感謝，如果沒有預期的結果，還會主動提醒對方自己做了多少。當然，在要求肯定的同時，天秤座北交點的人已經收回了你所付出的禮物，並把這種付出轉變成一種交易，這正是戰士的風格。

如果你是單純地付出，不求回報，其實他人所回饋給你的，一定會遠超出你所預期的水準。如果你把自己的能量集中於另一個人身上，對方因而所獲得的快樂將可以塡滿你的心，並使你也能獲得同等的快樂。

你希望能體驗與人交流，以及兩人同時分擔責任的喜悅。但是問題在於，根據「你的」想法，每一個人應該分攤百分之五十的責任。事實上，每個人的強弱處各不相同，硬要以「百分之五十的標準」來衡量每一種範圍，彼此的關係將會被破壞。當你學會在需要時百分之百地付出，就會發現自己的搭檔也在你需要的地方提供百分之百的支持。你願意做自己份外工作的善意，將可獲得回報，而且得到的會比付出的更多。

☆競爭性

你前世做爲戰士的經驗，使你極習於處在競爭的狀態下，但今生你這種競爭的精神，將會阻礙你去獲得自己想要的東西。你習於對任何看起來像是戰鬥的東西宣戰。你會在沒有任何對立狀況存在時，假設別人會反對自己，而後眞的引發自己所擔心的對立狀態。例如，你可能會突然在沒有知會搭檔的情況下，展開冒險活動，而這種行爲會激發負面的情緒。

其他可能會危及你人際關係的行爲，還包括疏忽、魯莽、防衛性的爆怒、缺乏溝通，以及其他複雜、不可捉摸或不怎麼精巧的策略。這些行爲都是以你必須打敗對方，以達到自己的目標爲基礎。

你今生要學習的是，你的搭檔是想支持並協助你的，而不是爲你製造問題的。你的觀點必須加以調整：你的搭檔是「站在自己這一邊」、準備提供支援的同志。就定義上而言，特殊的關係代表願意讓彼此進入最深的層次，從較軟弱及親密的立場分享一切。兩個人彼此協助，以克服單獨一人所無法征服的障礙，就是所謂的搭檔關係。

☆互惠

人際關係應該是互惠且累積的。當某人持續對另一人付出，唯一的目的是促進另一人的利益，而不求回報，接受的這一方可以感受到對方純淨的動機，並對這位付出者產生更大的善意。基於感激的心理，接受者會自動希望回饋給這位搭檔。這是自然的過程，無法強迫別人自願地付出，就好像我們不能強迫別人去愛。所以，眞正的給予是給對方關愛。

天秤座北交點的人常常會抱著交易的心理付出，而不是出自眞誠、無目的的付出。你會認爲：「如果我讓你做這件事，你應該會讓我做那件事。」這會讓你的搭檔沒有接受的喜悅，反而覺得是一項必須付出才能得到的禮物。但是當天秤座北交點的人把搭檔關係放在第一位，並眞正關心如何幫助另一個人時，雙方都會眞誠地渴望有所回報。

☆不自私

你今生要學習的，就是《聖經》中所說的：「付出比接受有福。」其實不只是比較有福，付出者還是更有智慧的。當一個人付出時，就會產生一個空間，而生命會立即爲這個空間注入新的能量。問題是天秤座北交點的人會去尋求以某種形式出現的回饋。

例如，我有一位客戶，她在朋友經歷離婚的打擊時，常常去安慰對方。她帶這位朋友去吃了兩次晚餐，花了很多個小時開導她、鼓勵她，並幫助她重建自信。兩年之後，這位客戶要搬家，她需要可以暫住一個星期的住所，但是當年接受她協助的這位朋友卻不幫助她。她因此受到了很大的打擊。她認爲她一直與這位朋友維持非常友好的關係，現在只是需要對方幫個小忙而已卻得不到回饋。由於她的視野只局限在有條件的付出，所以忽略了其他生命中可以幫助、支持她的可能性。

當天秤座北交點的人不斷記錄自己在個人人際關係中已付出多少時，就會對你可能得到的東西、自何處獲得等，設定一個框框。有時候，即使你的心正在享受這個過程，但你仍會在時機尚未成熟時就停止付出。你的行事只根據記分表，而不是根據你的心。你停止的時間，可能是別人正準備給予回饋的時候。所以，只要你能在這樣的過程中感到愉悅，那麼跟隨著你的快樂走就對了。

由於你對別人的回饋有特定的想法，所以往往得不到回饋；這種回饋是人際關係中自然產生的副產品。為了要獲得快樂，你必須學習對沿途所收到的、預料外的禮物，表示欣賞及感激。

命定的搭檔

天秤座北交點的人常常會吸引一些擁有強大潛能，但缺乏自信發揮潛能並達成目標的人。通常你正是這個族群前世的債主。或許那些人前世曾犧牲自己的自我，協助你在某方面獲得勝利，現在是你有所回報的時候了。

從某些層次來說，你知道今生是注定要「與人搭檔」，你也會積極尋找一個伴侶。但是你會持續吸引一些比自己弱的人，這種情況令你感到生氣及怨恨。

由於你前世擁有許多戰士的經驗，有過人的自我紀律、專心，並可有效率地達成目標，因此你認為別人也應該和你一樣。你鄙視別人的弱點，嘲笑別人缺乏自我紀律，並瞧不起欠缺勇氣的人。你必須了解，如果你今生仍吸引來一位戰士做為伴侶，那麼將又是一次充滿競爭的時代，而不是和平分享的世代。

事實上，由於天秤座北交點的人擁有極強的自我意識，所以往往會在自己與別人之間築起一道牆。你應該努力化解這種力量，最有效的方法是將能量提供給眞正需要的人。

你需要釋放環繞在自我意識上過剩的能量，以吸引需要較多自我意識的人。別人的自我意識可以在這個關係之中獲得充電，而天秤座北交點的人則可以做適度的放電，這樣兩個人都可以獲得勝利，而且在天秤座北交點人的四周會出現一個開口，對方可以從這個開口接收到更多的愛及能量。

獨立

對天秤座北交點的人而言，學習如何以有意義的方式與別人建立關係，是今生最主要的挑戰。在你生活中任何一個獲得勝利的領域，背後都有一個極強勁的合作關係做爲支撐。而你挫敗的部分，不論是專業上或是以快樂程度來看，都是你還未學會建立成功關係所必修的學分。

不論如何，你今生的命運就是注定要去了解，將另一個人的能量納入自己計畫的價值。你或許會以痛苦的方式學習，例如透過戰鬥及失望；或是以比較輕鬆的方式學習，例如遵照你的生命課題進行。每一次當你貿然單飛時，可能會無法達成目標，也可能會在當你達到目標時，感到空虛及不能滿足。你要學習去承認：「哈囉！還有人在這個星球上嗎？你是誰？」你也要學習接受別人的能量，才能有助於自己的幸福，以及目標的達成。

☆同僚或是愛人

由於你在支持他人，並增加自我力量方面，擁有過人的能力，所以有時候你會碰到一連串無法長久的關係。那些與你接近的人，在自我意識變強之後，會基於各種不同的理由選擇離開。這是因爲天秤座北交點的人在下意識裏，致力於建立另一個人的自主能力，以達到你所謂的「平等」。然而，你必須了解你並不是在建立一個團隊。

你可以看出另一個人缺乏信心的地方，並因此增加這個搭檔的力量。一旦這位搭檔變得自信十足時，就不再需要天秤座北交點的人了。另外，由於焦點是在建立雙方的自主，所以兩個個體各走各的路，是極爲正常的。但是天秤座北交點的人會因此覺得受到極大的傷害，因爲搭檔一旦羽翼已豐就會離去，這看起來似乎不太公平。

對天秤座北交點的人而言，人際關係不應該是以兩個完全自給自足（自信）的同僚，在獨立、各別的自我之下分享經驗。如果你認爲這種系統是以貨易貨，是一種交易、五五對半的分享，並以關注自己爲基礎，會使你失去情緒上的敏感，而這種敏感是在長期人際關係中，最令人滿意的部分。

當缺乏情緒上的交流、敏感地意識到另一個人的存在，以及讓對方快樂的渴望時，天秤座北交點的搭檔通常會選擇離開。對這位搭檔來說，彼此的關係可能變得枯燥而缺乏愛，因爲這種關係純粹是以期待、回報、要求及「公平」等爲基礎，你的搭檔會因此去其他的地方尋求滋潤。

你最重要的問題是必須在你的搭檔需要時，注意到他的需要，並採取必要的行動。這樣搭檔就會覺得彼此有所關連而留下來，而天秤座北交點的人也因而可以重新獲得快樂的能量。這是雙贏的情況。

☆傾聽及敏感

如果天秤座北交點的人想要有成功的人際關係，必須對另一個人付出關注，並在做事前考慮到對方。要維持溝通及了解的一致基礎，是必須花更多的時間學習付出，因爲你過去在做事前習慣只考慮自己。如果你希望擁有長期的關係，就必須學習對你搭檔的需求保持敏感，並時時傾聽。

你也應該要小心不去傷害別人，不論是肉體上、心理上或情緒上。你的父母或許不會有很多的要求，所以天秤座北交點的人常會忽略父母的想法。當可能的搭檔人選退出時，你通常會很吃驚，但那是因爲你一直沒有把別人的自我、別人的特質及需求，列爲考慮的因素之一。

一個小組是兩個獨立的個體彼此照顧，對彼此注意，彼此強弱互補，而且在對方還未提出要求之前就能彼此協助。例如，如果你的脚趾頭受傷了，你會貼一片OK絆。你不會去想這件事，也不會問：「我的脚趾頭怎麼了？」你也不會期待脚趾頭會讚許爲它貼OK絆的行爲。你會不假思索地就處理了。團隊運作也是一樣，你會對你的搭檔保持敏感，而且會在有問題時本能地給予協助，因爲搭檔就是你的一部分。

天秤座北交點的人必須隨時注意搭檔的不安全感，並在必要時給予反應，以紓解你的畏懼。其實不是每一個問題都需要非常精確或實際的答案。有時候，在合作關係之中，某個人可能會基於獲得再次保證或是親密感的動機，提出一個問題。例如，如果新婚丈夫問妻子：「你想我們會不會永遠如此相愛？」他其實並不想聽到：「喔！我希望如此，但我想沒有人能預知未來。」（這正是典型天秤座北交點人的回答）他想聽的回答是：「當然，我們一定會的。」

你的目標

你可能是自私的，你會衝動地行事，完全不考慮他人的情況。你常常會在你的目標沒有迅速達成時，出人意料地控制局面。你很容易在沒有深入了解另一個人的實際狀況之前，就妄下斷語。即使你的動機可能是爲了促進每一個相關人士的利益，但是他人可能因爲你成了局外人，而覺得自己的權利被剝奪，並因而心懷怨懟。對你而言最重要的信任，會因此受到破壞。

雖然與搭檔相互察看是排除許多障礙的一種簡單手段，但你就是很怕這麼做。你的一部分認爲：「如果我與你對照檢查，你會以爲我不信任你。」實際上，並不是察看本身讓另一個人對自己的信任產生質疑。最後，天秤座北交點的人會覺得自己被孤立、誤解，而且覺得自己的好意被辜負了。

例如，我有一位屬於這個族群的客戶，他從事餐飲業。他採取了典型的戰士「命令式」，對經理下了一道指示：「今天有一個特別的聚會，我希望餐桌、座位在七點以前擺好。」到了六點四十分，他發現一切尚未就緒，而客人已經陸續進來。我這位客戶心想：「喔！我的天啊！來不及了！」所以就開始親自動手。

後來這位經理來找他，毫不感謝地對他說：「你不相信我。」他感到非常震驚及生氣。這是老戰士在沒有考慮時機或對方感覺就貿然行動之下，所造成的後果。

你需要花時間去溝通，而不是強迫事情以你的方式進行。我的客戶可以對他的經理說：「史坦，這些桌子現在還沒有準備好，讓我覺得有點擔心。有沒有問題？有沒有需要我幫忙的地方？」藉著與這位經理檢視現況，他可以讓自己了解事情一定會被妥善完成，還可以創造這個族群最渴望的團隊合作關係。

只要你願意花一點時間去處理，其實你在外交方面，擁有極罕見的能力。你可以創造雙方極大的情感交流，同時亦能順利達成目標。

天秤座北交點的人應該在下達命令的過程中，建立與他人的關係。只是單純「敍述事實」是不夠的，對方需要了解他自己在情況中的力量。這個族群的人必須解釋爲什麼這個命令在整個情況下，是非常重要的，而且要告訴你的搭檔，你對他可以成功做好這個工作充滿信心。天秤座北交點的人認爲自己的指示非常簡單，所以任何人都可以順利達成。然而事實是，對你來說非常容易的事，對別人則可能是極爲艱鉅的任務。

在下達命令之前，你應該要注意到另一個人的感覺。例如，如果另一個人已經處於很慌亂的情況時，再給他新的命令可能會使他瀕臨崩潰。你最好在下命令之前，先肯定這位搭檔，不論是情緒上的弱點或是其他各點。花些時間去鞏固彼此的關係，可以使對方在執行命令時心情較爲愉快，也可以爲目標能正確達成加一分保證。

另外還有一個好方法，尤其是在目標導向的情況下：「這是我們要做的事，這是我希望採取的方式，但你希望怎麼做呢？如果你有不同的想法，請讓我知道。」

☆承認個別差異

天秤座北交點的人會發現，自由及創造性很不容易融入自己的生活。你喜歡事情是直接而有秩序的，對你來說，順應潮流可能是很困難的。其他發生衝突的部分可能是導因於你喜歡去「測試命運」。在某種層次你相信：「我就是世界的中心！沒有人可以碰我！」通常你不會受傷，即使是在極爲危險的情況下亦然。

這種獨特的運作方式非常適合你。然而問題會在你決定別人應該採取相同的方法時發生。你會給的建議是：「突破你的極限。」但是適用於你方式未必就適用於別人。你的工作是支持另一個人去達到他的目標，並將別人獨特的風格列入考慮。

體驗擴大的自我

☆聯合作用

同樣的，這個族群的藥方是合作關係。即使是在達成個人目標時，你的成功可以在與別人合作時，受到雙重的保證。例如，如果一個天秤座北交點的人想要在極短的時間內減去二十磅的體重，最好找一位有同樣問題的朋友一起減肥。在協助另一個人堅持吃減肥餐，以及做運動的過程之中，天秤座北交點人的體重也會同時下降。同樣的方法可以運用於任何不易達成的個人目標。如果可以找到另一個人一起做，兩個人都可以獲得勝利。

你擁有將勇氣「移植」給別人的能力。你可以給別人信心主動去做事。如果沒有你的幫助，另一個人將永遠不會有這樣的想法。你有肯定別人自我，使別人充滿信心的能力，所以別人會相信你。你會是非常成功的企業顧問、心理醫師、老師、教練，任何可以激發別人的信心及勇氣的行業，你都極爲適合。

但是，天秤座北交點的人需要確定一件事，就是協助別人完全沒有自私的動機涉入，否則過程中將會出現反作用。因此，維持客觀的能力也是極爲重要的。你需要分辨另一個人的目標。

☆親密及脆弱

天秤座北交點的人需要發展讓自己呈現脆弱面的能力。你要學習對別人敏感、願意接受別人的感覺及看法，更要學習允許其他人體驗你，以及分享你的感覺及恐懼。前世你對脆弱持極防衛的態度，你強硬的程式說：「絕對不可讓任何人知道自己的弱點。」但是今生你要學習的是，脆弱本身是具有極強大的力量。誠然，最好的戰士是知道何時該戰、何時該和的人，但是如果你不與另一個人對照，就不知道什麼是什麼了。

爲了使你的人際關係可以維持長久，你需要學習如何與別人建立親密關係。親密是做到對另一個人的不安全感敏感、願意表達自己弱點等之後，所產生的一種副產品。當你與他人趨於親密時，你就可以成長。否則你仍然是遙不可及、無法接近的。

當你受傷時，天秤座北交點的人第一個直覺是退縮，不讓他人知道自己受到影響。今生你要學習的是，了解開放自己的價值，允許別人照顧自己。在分享自己的脆弱時，原來你深引以為恥的事，會變成值得慶祝的事，而且你會發現自己與別人正以一種眞實的方式連結。

現在你可以讓別人認識自己了，不是那個你投射出的形象。你與生俱來就具有誠實、勇敢及直接等特色。當你允許自己在別人面前呈現脆弱的那一面時，就是在發現自我方面跨出了一大步。

天秤座北交點的人擔心如果暴露出自己的弱點，會失去希望能在對方心中留下深刻印象的那位朋友。其實相反地，暴露自己的弱點可以拉近你與別人的距離。其次，這可以幫助別人了解如何支持你，並給予你信心。你藉此可以將別人納入自己生命中較深的層面，同時亦可以覺得被這個人所接受，昔時的孤立感將會融化。

當你允許別人分享自己的畏懼時，你與生俱來的勇氣可以激勵每一個人進行更深一層的連結。你會發現別人其實也曾經歷過相似的情況，甚至犯過比自己更嚴重的錯誤。犯錯、學習及成長，都是每個人必經的部分過程，這是與天秤座北交點人前世「戰爭機器」的經驗完全不同。

對你來說，推倒存在於別人與自己之間的那道圍牆，就好像要一位戰士放下他的盾牌，是令人害怕的事。但你若想擁有充實感，就必須願意把盾牌拿開，並呈現自己脆弱的一面。

團隊合作

天秤座北交點的人並沒有團隊合作的概念。你的前世經驗中並沒有這一項。做爲一位戰士，你個人會負完全的責任。當有人要與你分擔責任時，你會覺得困擾，因爲你擔心別人會把事情「搞砸」，所以希望獨自處理，而且覺得會因別人沒有做好份內的事而無法達成目標。另外，你也對於自己可以在一天之內做完，而別人必須花兩、三天才能完成，還沒辦法做得和你一樣好，感到無法忍受。

但是今生你不是要來事事躬親的，你早就知道自己有能力去做。你對於自己可以達到短程目標擁有極度的自信，但是當你獨力達成時，卻無法感受到預期的喜悅。今牛，你注定要仰賴團體合作，而在進行合作時，你會將信心灌注到需要它的人的體內。

所以當你與其他六個人合作時，一定要記住這個小組共有七個人。天秤座北交點的人擁有極不可思議的能力，你可以賦予別人力量，並看出這六個夥伴之中，每一個人需要信心補強的各個不同的地方。對於能夠看出他人缺乏信心的「故障」處，你會感到開心，因爲這是你可以激勵別人的地方，同時也可以使你成爲團隊中的無價之寶，成爲最受歡迎的人物。

你的第一考慮永遠應該是何者對團隊最好。缺乏溝通對團隊是有百害而無一利的，對這個團隊來說，最具意義的是成員彼此維持良好的溝通，以培養交互依賴的正面感覺。爲了達到這個目的，每一個成員都必須願意客觀表達他的需求，不是基於怨恨或「以眼還眼」的理由，而是藉接受對方的需求，以增進這個關係中各成員彼此的力量。這是呈現脆弱的另一個方式。

☆合作關係

對天秤座北交點的人來說，你自我中最強的部分是擁有可以爲你的人際關係帶來益處的特質。而你的搭檔將會帶來你所需要的、不同的禮物。透過這種合作關係，你可以找到與別人之間的平衡，並達到自己以往不可接近的部分。擁有一位搭檔之後，生命不再枯燥乏味，而會成爲能量的正面交流，這可以使發現自我、實現自我等，都成爲雙方較輕鬆、較快樂的過程。

由於搭檔所帶到這個人際關係之中的，可能是天秤座北交點的人所缺乏的，所以天秤座北交點的人必須客觀了解另一個人眞實的一面，包括那個人所提供的東西，以及他爲促進團隊進步，所帶來的是什麼樣的能力及特質。他們帶來的可能不是信心或主動性，而是情緒敏感和滋潤、玩樂和有趣，或是將生命視爲一種冒險的看法、熱情的原諒等等。如果天秤座北交點的人可以了解另一個人所帶入彼此關係中的禮物，就可以以更開放的態度接受及受到這項禮物的激發。

天秤座北交點的人眞正想要的是與別人聯合起來，並使對方擁有可以實現自己夢想及計畫的力量。因此，你的責任是仔細了解另一個人所追尋的目標，如此你亦可以發現這是否與自己內在的靈魂相呼應。你必須學習承認你個人生存的基礎，是從事對團隊最有利的事。當你全心全意關照你的搭檔時，才能夠體會到喜悅及成就。

☆**抗拒**

你過去一直是極富戰鬥力的戰士，而且一直很習慣處於充滿戰鬥能量的狀態下。在人際關係之中，你可能會因爲過於習慣這種能量而主動去引發戰鬥。你不惜一切代價想要贏得競爭，因此有時候會把最珍貴的人際關係推開。你會在根本沒有必要的時候戰鬥，且最後通常會成爲輸家。如果你不認爲合作關係其實是一個完整的實體，那麼你的人際關係將會成爲「你的需要VS.我的需要」的一場競賽。事實上，能強化合作關係的東西，才能使相關的雙方獲得回饋。

你需要學習將人際關係的目標放在自己的征服欲望之前。你如果透過外交、謀略，以及對考慮另一個人的立場等方式，將更可得到你所想要的東西。但是你也要學習不要利用外交手腕去操縱，也就是說，爲了達到自己的目的，使另一個人覺得某件事情看起來似乎是「公平的」。

你會發現做一位外交家的眞正價値，亦即傾聽另一個人的聲音，並分享你自己的觀點，看看是否能達成妥協。你可以用較能持續長久的方式滿足雙方的需求。

天秤座北交點的人同時也在學習如何表達你的衝動。你必須衡量你想要說的話，以及想做的事，並想一下這些話或行爲對別人可能帶來的影響。你要學的是「三思而後言」。

☆**創造雙贏局面**

天秤座北交點的人是十二宮中天生的調停者。你擁有淸楚了解雙方狀況或衝突的天賦，並可以將A與B的立場加以有效溝通。透過對另一個人立場的客觀了解，和諧的氣氛得以形成。這種能力使你可以成爲成功的婚姻及家庭顧問，或是任何需要平衡兩種不同觀點的工作，包括外交工作。

當天秤座北交點的人協助別人趨於客觀的同時，可以順帶獲得一種副產品，那就是：你可以增進自己尊重別人自我的能力，而你訓練精神方面的能力，可以協助你找到個人的平衡、和平及快樂。

你具有促使人際關係成功邁向和諧、彼此了解、團隊合作、滿足的天分，如果你記得鍛鍊這方面的能力，幾乎總是可以創造出雙贏的局面。

例如，一個天秤座北交點的人假設喜歡飆摩托車。他有太太及三個小孩，他太太很擔心他飆車可能會遭遇危險。但他不願去了解她的想法，反而開始不高興，他覺得自己的獨立性受到威脅，還因此動怒（這是「我對你」的心態）。這個問題成了他們婚姻關係中的一個僵局。經過幾年之後，這種情況變成許多無法雙向溝通、也沒有解決辦法的僵局之一。這兩個人後來決定分手，結束這段婚姻（如果不是實際上，也會是情緒上）。

讓我們來看看另一個可以達成雙贏的方式。當他太太第一次對他的摩托車表示關切時，天秤座北交點的人可以深深吸一口氣，並坐下來與她談一談。當時他或許可以問她一些問題，以了解她眞正擔心的是什麼。就算只是花點時間，與她一起坐下來，試著了解她的想法，就可以創造出和諧、關懷及支持的氣氛。一旦了解了她的憂慮之後，他們就有機會找出解決之道。

關鍵在於「共同」找出一個解決的辦法，畢竟，今生對天秤座北交點的人來說，這不是「自己動手做」的世代。如果前面例子中的太太擔心的是：萬一他發生致命性的意外時，她可能必須面對撫育三個孩子的經濟問題。這時，或許他可以買一份保險，讓她有較強的安全感，之後，她可能就會願意支持他去享受飆摩托車的樂趣了。

這個族群的人天生具有正面面對事情的能力。你一定要發展出了解你的搭檔關切的事物，以及與你合作的意願，這樣才能將每一次的挑戰都化爲雙贏的局面。

治療音樂 Music

由於音樂是可以在情緒上支持我們去冒險的有效工具，所以我分別爲各個族群的人寫了一首治療歌曲，希望能協助你以積極的方法提升你的能量。

來吧！人們！

這首歌要傳達的訊息是，希望能溫和地提高天秤座北交點的人對他人更深一層的意識。這可以在潛意識中激勵你，使你獲得長久以來一直渴望的愛及成就感，並以此去協助他人。

節錄部分歌詞

你的兄弟正在嘗試，將他的岩石推向山巔，
但是他已經逐漸疲憊。
他的岩石沈重，即將要崩塌，
他需要一點幫助，
你撐住岩石的雙手中，是否能挪出一手，
去減輕他的重擔，他已經瀕臨崩潰……

來吧！人們！——承續他的志業，
醒來吧！人們！——去了解他的想法，
來吧！人們！傾你今天所有的力量去協助，……因爲
你可以得到的就是你曾付出的！

第8章

如果你的北交點位於天蠍座或北交點位於第八宮

星座箴言

擁抱變化，可帶來活力。

總論

應發展的特質

針對這個部分的努力，應可幫助你找出被隱藏的天賦及才能。

★自律
★選擇富建設性的改變
★釋放可能造成停滯不前及低能量的任何因素
★排除無意義的占有
★不必擁有亦可享受事物
★接受他人的支援，如構想、錢財及機會等
★享受可以讓人活力十足的高風險狀況
★了解別人的心理，如他們的渴求、希望、需求及動機
★對於與別人合作、支持及合併等，持開放態度

應擺脫的傾向

努力降低這些傾向所造成的影響，可以使生活更輕鬆、更有趣。

★對舒適及現狀的執著
★占有欲
★過度的關切所累積的金錢及任何擁有
★質疑過去的決定
★固執
★陷入感官欲求之中
★即使有較簡單的方法，卻重複同樣的（較困難的）模式
★抗拒改變及別人的意見

應避免的陷阱

天蠍座北交點的人最大的問題是對舒適的需求。「生活的目標就是舒適，我需要占有許多許多的東西才能生存。」這種需求將使你陷入永無止境對財物累積的追求，「當我擁有足夠金錢及財物時，就可以對自己感到滿意，且可與別人建立關係。」這種想法會使你在任何層次都遭到停滯，如物質、

肉體、精神、情緒及性靈等層次。

生活上的經驗顯示，天蠍座北交點的人永遠無法得到足夠的「東西」，令你在為生活做改變時感到舒適。然而改變可以為你的生活增加活力，你應該願意冒著失去現有舒適的風險，以得到更高層級的力量及活力。

最重要的是，你所得到的錢或個人產業，永遠不足以讓你與別人建立關係，或讓你覺得可以滿足自己所有的需求。在某些時候，你就是必須放棄對自我的過度關心，並將所有的力量投入於合作關係之中。有趣的是，當你最後終於與別人建立關係時，這種可以增加彼此力量的關係，將使你更富有。

什麼是你真正想要的

你真正想要的東西是錢。你想累積錢財方面的資源及實質的產業，以得到舒適及穩定，這樣你才能開始「真正的活著」。

要達到這個目的，你應該要與別人合作，找一些與你擁有類似價值觀及資源、金錢或才能的人，來與你分享。

如果天蠍座北交點的人運用你的才能來促進搭檔的能量，真誠地與他人結合成一個團隊，而不是維持一種分離的狀態，如我的錢或你的錢、我的資源或你的資源等，那麼雙方在錢財方面都可以大有斬獲。

在有雙方協議、白紙黑字的契約註明你可以得到多少百分比利潤的情況下，天蠍座北交點的人可以將焦點放在加強搭檔的能量及力量上，並使用可讓對方覺得有助於整個團隊成功的方式。在財務方面的安排，天蠍座北交點的人最好能問問你的搭檔怎樣才算公平，比起偏重自己，別人更會在這個時候感謝你。

你的才能及適合職業

你是絕佳的編輯人選，因為你具有探究他人心靈、辨視他人意圖，並將材料清楚呈現在大衆眼前的能力。你擁有補強別人計畫及事業的能力，當你這麼做的時候，對方常會慷慨地給你回報。尤其是幫助別人運用他們的錢財時更是如此，例如銀行業、保險業或投資等。你也可能是出色的心理學家（在協助別人做改變的過程之中，你自己同時也會改變）、私家偵探，或是其他類似探索他人私密的工作。

天蠍座北交點的人具有天生的體貼及決心等特質，這些特質都可以創造長遠的結果。當你運用這些前世的天賦，做為危機發生時創造穩定性的工具時，你的可靠性會製造出令所有相關人等感到舒適與安全的環境。

但是，如果你的職業是以現況為導向，也就是要求維持而不需成長，那麼你很快就會遭遇停滯、陷入困境及缺乏活力等問題。

你最適合的是危機導向，或與持續變化及成長有關的職業，因為這類職業可以為你帶來個人發展的興奮及潛力。

♏ 正面肯定的信念

- 「擁抱變化，可帶來活力。」
- 「當我選擇鼓舞性的變化時，就能成功；當我選擇維持現況時，就會失敗。」
- 「變化以外的選擇是停滯不前。」
- 「當我給予他人力量時，他人就會肯定我的價值。」
- 「當我深深觀察別人的價值觀及動機時，就知道應該相信誰。」

你的個性

前世

☆固執、設限的價值

天蠍座北交點的人到今生這個實體中時，帶著許多承襲自前世的觀念，而這些觀念是關於你應該如何做才能令自己滿意。然而，這對你而言，是極爲沈重的負擔。

絕大部分的嬰兒是赤條條地來到這個世界，但是天蠍座北交點的人卻不然。你好像穿著十件襯衫、十四件棉線衫、十二件褲子，以及六件外套出生的。你帶著前世所有的負擔來到這個世間，這使你在走這一生的旅途時，遭遇不必要的困難。你這一生最大的挑戰就是放掉這些負擔。否則，過多的物質、不合理地執著於前世的價值觀，以及不願與別人發生關連，都將使你停滯不前。

你應該對生活的能量持開放的態度，並傾聽別人的意見。當某人說：「你看，那件外套並不好看。如果把它脫掉，只穿裏面那件應該會比較好。」這個族群的人對這句話的第一個反應是堅持自己既有的東西。但是如果你聽從別人的建議，並拋掉那件外套（老舊的價值觀），你會覺得輕鬆許多。如果你觀察某一個價值觀，並發現你的能量水平開始下降，那就表示這是一個應該拋棄的價值觀。

例如，如果你的某個價值觀是要求自己每天早上起床後，必定要點燃一根蠟燭、碰觸臥室中的每一個角落後，才能開始自己的一天，那麼這種儀式將會使你深深受陷。你前世對事情應有面貌的觀念，將會使你「被困住」。但是你要學習去承認，這些價值觀已經不再正確，還會耗盡你的能量。

你可以做兩件事來幫助自己放下。第一件事是你應該重新評估使你停滯不前的價值觀及理想，不論是工作、宗教、人際關係、自我價值、道德、創造性、家庭及目標等等，所有關於人們應該怎麼做才算是「可以」的價值觀。當你想「我需要這麼做才可以」時，如果有沈重的感覺，那就表示你可以放掉這個觀念，這樣你會覺得輕鬆一點。

第二件事是你應該要對別人的價值觀更有興趣一點。你需要去傾聽什麼是別人認爲重要的事，因爲別人可以提供你寶貴的觀點，而那些觀點可以爲天蠍座北交點的人注入能量，並減輕你的負擔。天蠍座北交點的人在協助他人達成目標時，也可以獲利，因爲這個過程可以顯示出你認爲重要的事物；今生他人對這個族群價值觀的認識，往往比天蠍座北交點的人本身還更清楚、更深入。

天蠍座北交點人的工作是協助他人建立有形的成果，而他人則知道他們需要天蠍座北交點人的那些部分，以協助自己達到目的。當你賦予他人力量，並協助他人實現夢想時，他人會注入足以讓這個族群的人改變及成長的能量，來做爲回饋。你應該允許他人及他人的價值觀，來協助你突破有限的世界範圍，爲當下注入活力。

天蠍座北交點的人甚至會因爲過度執著於性靈上的價值觀，以致無法擴展。例如，假設這個族群的人重視誠實、正直及忠實，這些價值觀運用於當下永遠都會是正確的，但如果天蠍座北交點的人在做一份工作的第一個五年時，就已經感到這份工作嚴重壓抑生活的力量，而卻仍堅持這份工作達二十年之久，就是不忠於自己的感覺。即使是你性靈上的價值觀，也需要即時更新。何謂忠實？忠實表示對最深層的自我坦誠，但這種眞實可能會在生命進行的途中發生改變。

☆井蛙之見

不要變得一心一意或是過於專注，對你來說也是很有用的。一旦你確定目標之後，就應該謹愼從容地藉著擴大你的觀點來完成計畫。當你允許別人及其他創造性風格加入之後，努力達成目標的本身將成爲更吸引人且有趣的事。這時，目的將是享受與他人連結的親密人際關係，以達到共同的目標。這可以幫助天蠍座北交點的人將重點放在相關的人身上，而不只是工作本身。

如果你不審愼地嘗試使想法更爲開闊，可能只會看到「一種做事的方式」，因而製造出衝動的能量。你所受到的痛苦會甚於任何人，因爲前述這種情況，將使你工作過度。

解決這個問題的關鍵在於意識到你的「井蛙之見」。一旦你發現自己所做的事之後，就可以喊停，做一個深呼吸，以較寬闊的角度去思考，並了解或許以你的方式做事，並不那麼重要。

要克服這種「井蛙之見」的傾向，需要付出極大的心力。對你而言，要由這種情緒的空間（嘗試證明你的方法是正確的），跳脫到你可以傾聽的空間，是極爲困難的事。這是一種新的習慣，但你一旦開始眞正將焦點集中在對方的動機、需要及渴望上，就可以擁有比任何其他交點族群的人更出色的能力，讓你可以與他人結合，並爲雙方創造更大的力量及活力。

☆官能性

天蠍座北交點的人在舒適及享樂方面，有過許多前世的經驗。你對於生命中肉欲的那一面，一點都不陌生。實際上，這種前世的傾向，會造成對食物、美酒及財富累積的過度耽溺。由於你直覺上習於肉欲的享受，所以會認爲，如果某件事情讓你覺得很舒服，只要不斷重複地去做，就會一直保有這種舒服感。

但在今生這個實體，這種想法是行不通的。對你來說，重複的享樂會引導你走向累積的負擔，這種負擔包括財物、大量的贅肉、工作習慣或停滯不前等。

例如，如果你喜歡軟殼螃蟹，你會毫無節制地吃下去。或者，如果放在你面前的是醇美的葡萄酒或波旁威士忌，你可以永遠地喝個不完。終究而言，唯一控制你口腹之欲的方法，是戒除過量的習慣，並確認不值得爲這種短暫的歡愉，而承擔它所造成的長期不良後果。

對你而言，是沒有中間緩衝地帶可言的。你必須完全戒除那些足以阻礙你不前的事，絕對不能沈迷下去。你這種感官及肉體上的樂趣應該藉自律予以昇華，以使你得到來自自我的力量。

有時候，你需要一點外在的危機來促使你改變凡事過量的習慣。例如，如果你開始擔心自己的心臟可能出問題，就立刻改採健康食譜。之後，你就會進入對你有益的新模式。

你可以從你所有的肉體感官得到極高眞實的樂趣，如觸覺、味覺及嗅覺等。你生來就極爲親近大自然，而肉體的領域可以爲你帶來極大的滋潤。這正是你常能享受園藝之樂的理由。你喜歡以你的雙手工作，並在與土地相關的工作上獲得滿足。

當你能與自然的能量連結，而無關於萬物應該如何成長時，就可以得到平靜及喜悅。當你知道每一種植物需要賴以生存的要素，並供應這些要素時，各個植物將會教導你，適應外在的能量以決定各別需要的價值。

「我的方式；較困難的方式」

☆依賴自己

天蠍座北交點的人前世是辛勤的工作者，如農夫、地主或營造商。前世，你必須要自給自足，開創自己的道路，並建構你當時認爲有價值的事物才能生存。你靠自己的力量開創自己的路，而財產及財富的累積正是足以肯定你自我價值的獎賞。

你是營建監工。因此，在這一生，你做每一件事都是根據營造商的思考模式進行，步調緩慢而穩健，不錯過任何一個步驟。你執著於對自己工作的驕傲、對工作的徹底，以及以你的方法（較困難的方法）做事的自信，這樣才能確保結果完全符合自己的要求。雖然這種方式在你的前世是適用的，但今生則會使你陷入困境，並減緩你的進度，甚至迫使你放棄，因爲這項工作對你而言，會變得過於艱難。

財富、財產、塞得滿滿的食物儲藏室，以及物質上的享受，都是你前世的目標。若要專注於符合家人物質上的需求，你必須忽視自己心理面的需求，因而你發展出只考慮手中工作的習慣。你對自我價値的觀念，是根據你的行爲，而不是自己獨立的個體。有趣的是，在這一生之中，眞正物質上的成功在你與一個搭檔連結之前，是不被承認的。前世你所建構的是你認爲重要的東西，但現在你必須建構對社會有用的東西。要達到這個目標，你需要與別人連結。你不再被允許「獨自」去做事，因爲這樣只能增加你孤立、無力及停滯感。

雖然前世你並未注意到你身邊人的價値，但現在你所要面對的挑戰是肯定別人的力量及才能，並加入你的，以增強彼此的力量。在這個實體之中，你應該要放棄對合作及分享資源的抗拒。你要學習如何將自己的力量與別人的力量結合，重新爲你的生命注入活力，並讓你的人生道路變得比較好走。你可以透過支持本身就具有力量的人，並接受支持，以及透過蒐集彼此交換能量所產生的物質及精神上的益處，重新獲得你的力量。

☆**工作導向**

天蠍座北交點的人會執著於「我的方式，較困難的方式」。今生，他人會給你一些新的點子、物質、金錢等等的東西來協助你。但你不希望別人幫助你，即使像除草般極簡單的事，你也有獨特的方式。你會讓生命變得不必要地困難，因爲當時你認爲「沒有其他更好的辦法了」，到最後，你會覺得精疲力竭。

雖然一般來說，你自己本身並不會意識到，但你極端工作導向的傾向，很可能會對周遭的人造成挫敗。你要學習如何以賦予別人力量、支持別人創造性的方式，並進行授權。例如，如果你在教女兒做蛋糕，而你允許她以自己的方式去做，這個孩子就有機會練習她的技術，發揮她的創作力，並建立對自己能力的信心。

創作力是能量。如果一個人想要把能量投入於某事，必須要覺得富有創作力，而且相信自己能以自己的方式進行。這種觀念對天蠍座北交點的人來說，是全新的。你通常不會考慮孩子的創作力，而會把焦點放在：「我們有一項工作要做，要做一個蛋糕，你當然一定會按照食譜去做，而且一定會用正確的用具，云云。」

你的焦點是在這項工作而不是這個人。現在你要學習如何重新把焦點放在這個人，以及如何支持他，幫助他建立做這項工作所需要的信心。將焦點由工作轉移到那個人的身上，可以得到極爲可觀的回饋。

☆接受幫助

這個族群的人在許多次的前世中，生存本身就是極爲困難的事。到了這個實體之中時，你可能會認爲生命本來就是一個接著一個漫長、艱難的過程，因爲潛意識之中，你已經習慣了。雖然看起來好像就是如此，但這是不正確的。天蠍座北交點的人應該要把「感到舒服」，用與別人合作時所帶來的興奮及活力取代。

另外，你對來自別人協助的抗拒，是由於你認爲自己早就「什麼都知道了」，因此你不願傾聽別人說話。你堅持做任何事情都要根據你的方式，透過你的努力來肯定自己。不幸地，這是一個無底深淵。在這個實體之中，你永遠無法獨力建構自我的價值，或對自己感到滿意。

承認這種模式就是逃離它的第一步。但是當你走入根據前世經驗而預先規畫好的行動「狹道」中，就很難去傾聽別人的意見，即使是適用於前世的答案，通常都無法解決現在的問題。對於別人的想法、你的能量及改變現況的方式，持開放的態度，會使你了解如何將前世所學到的經驗，運用於目前的問題上，而且更爲有效。

天蠍座北交點人的心地非常好，而且簡單，所以只要願意接受，別人是極爲樂意幫助你的。讓別人介入，並願意釋出唯一所有權，是需要一顆謙遜的心。這種能力來自於對別人善良的欣賞，當你開始重視別人時，自然就會開放自己，接受別人提供的幫助。

你對於過去生命實體的辛勤工作，與今生的辛苦工作，已經感到厭煩，但是你認爲改變現狀需要更多的努力，所以會持抗拒的態度。實際上，變化是你重新獲得活力、自由及歡樂的關鍵。所以願意冒險嘗試，並經歷變化，即使它意味著失去控制及舒適的生活，都絕對是正確的路。

你的生命可能會變得非常困難，因爲你想要事必躬親，而且不想面對其他意見。實際上，你甚至聽不見對方說什麼（你不想聽），因爲別人所說的話，對你來說，可能是會讓你的負擔更爲沈重的

「另一個意見」。你認爲別人是想向你索取更多的能量，但其實如果你願意對別人的輸入持開放的態度，別人會將你所需要的能量灌入你體內。事實上，你需要別人的知識以跳脫自己的固定模式，並使自己遠離沈重的工作。

抗拒

☆固執

就某個程度來說，天蠍座北交點的人天生就會抗拒那些「正確」的人，這種態度對你會造成極大的傷害。在沒有發現這一點的情況下，你可能會把那些試著增強你能量及資源的人推開。

你有極度固執的傾向，這種特質對你自己及身邊的人，將會造成同樣程度的傷害。前世，你必須盡一切努力做出堅定的決定，並堅持單一的意向，以達成你的目標。然而，由於濫用這個特點，你的決心遂變成不理性的固執。現在這種固執阻絕你接受新的觀點，而這些觀點是你需要藉以重新活化你的能量，並使自己不受任何阻礙的元素。

固執可能是你最主要的路障。如果某人叫你做某事，你可能會故意不去做；如果某人說：「不要做！」你可能會只因不願聽人指揮而故意去做。你非常固執，因爲你看事情是從「我的方式對抗你的方式」的角度出發，這種態度會讓每一件事情都變成必定有輸贏的情況。

其實，當別人叫你去做某件事時，最好能先了解一下狀況，並問對方：「爲什麼你會叫我這麼做？你的目標及意向爲何？」在固執的特質中存在一些能量，就是這些能量讓你排斥對方。但是當這個族群的人發出問題：「你這麼做是希望達成什麼目的？」競爭與固執就會消失。

一旦你了解對方的目的，天蠍座北交點的人會更願意支持他。當你問對方他的動機，以及他希望達成的目標時，就會有比較開闊的想法：「等等，或許這是我們可以一起做，並且創造出雙贏結果的事。」

通常你固執的部分是有關於時機的問題。你做事時，喜歡慢慢地、一步一步地進行，你認爲這是達到目標最好的方式。當別人提出可以幫助你加快達成目標的建議時，你會對於加快速度、提前達成目標感到害怕。你擔心速度太快，擔心會疏忽某一個步驟，同時也擔心會失去控制。而且結果將不會是百分之百屬於「你自己的」。你極爲執著於擁有權，所以覺得與別人分享會沒有安全感。

從某個角度來說，你可能是對的。如果你毫無分別地相信來自別人的每一種輸入，其中一部分可能會引導你走向不同的方向，而不能簡化你的過程。所以你需要順應他人的動機，暫時允許自己進入別人的勢力範圍，讓自己體會在結合之後，是否會覺得力量增強或能量更大。如果答案是肯定的，那麼就應該放棄獨自擁有的局面，而與對方的時機配合，共同創造彼此互惠的搭檔關係。

當你緩慢進行時，你會覺得有信心，也覺得很舒適自在，因爲你了解，只要一步一步地走，將能以可預期的方式達成目標。當擁有較快時間表的人進入整個畫面時，你會害怕加快速度，擔心這樣會使你遭遇不穩定性及失敗。但是你忽略了對方的力量。

例如，即使知道與你同行的搭檔擁有私人噴射機，你可能還是不希望誤了那班從紐約到德拉瓦的火車，因爲下一班車要到第二天才開車。你應該這麼想：那個擁有較快時間表的人，可能具備很多可以幫助自己又快又正確達到目標的才能及資源。在他人的路線上，可能會有許多令人興奮的奇遇。雖然你可能會不捨沈重的所有權，但是你可以更快且更容易地便得到達成共同目標的活力，而且這個過程本身將會更有趣。

☆改變、成長、更新

只要你認爲自己什麼都知道，就會對自己體驗的範圍設定限制；這也是你陷入固定模式的理由。另外，因爲你是從自己的角度了解事情，所以認爲自己是無所不知、無所不曉的。你明白自己的需求，所以認爲你知道怎樣對你及對方最好，而當對方並不主動表示同意時，你會感到十分意外。你必須採取額外的一個步驟，去詢問另一個人對事情的觀點，如他人的價值觀及需求等，在假設你知道如何進行時，先研究另一個人的來歷。

天蠍座北交點的人在建構事物，如人際關係、事業等方面，的確擁有特殊的知識。你會以持續久遠的方式去建構事物。但是，你會變得過分執著於建立有形且實質的東西，而錯失變化所帶來的興奮，以及欣賞因突破老舊界線進入新空間，所帶來的喜悅及強烈的能量。那種喜悅與能量，將可以激發出自由、愛、力量及自信。

天蠍座北交點的人需要兩種安全感：一種是擁有許多物質財產使自己免於改變；另一種是超越

個人極限以獲得權力。從這個立場，個人的安全同時得到保證。因爲不論發生何種變化，你的內在都是安全的、有信心的、有力量的。要讓這種情況發生，天蠍座北交點的人需要別人的專業知識，以及自己謙遜的態度，再對別人或許會帶來比過去曾擁有的任何東西都珍貴的知識表示感謝。

你的需求

釋放執著

只要天蠍座北交點的人還是把焦點放在物質的需求上，你的需求看起來就會是永無止境。有趣的是，當你停止供應內在機制你想擁有的渴求時，就會開始放掉你所擁有的東西，而且會覺得舒服多了，感到一種新的能量進入你的生命之中。你所追尋的平和及滿足，會以全新而無法預期的方式出現，那會是一種精神面的方式。

今生，你應該要放棄以物質填補內心空虛的嘗試。相對地，你應該追求可以帶領你滿足精神上需求的道路。承認你無形、精神的部分，可以幫助你肯定自我價值。任何你爲了獲得洞察力而採取的步驟，都可以獲得立即的回饋，例如記日記、進行精神治療，或是變換經驗學習自我控制。

☆金錢問題

你最關心的是金錢問題。你對錢有一種危機感，總會有錢愈多愈好的渴望。你也可能會對錢缺乏邏輯上的觀念，不是抓得太緊，就是花得太厲害。你常常會覺得自己在掙扎，你長時間的工作「只是爲了過日子」。

你的「金錢運」並不佳，而且你有很多錢的觀念都是不正確的。如果你能讓別人提供如何處理錢的意見，或許可以減輕很多的壓力。但是你非常固執，而且希望以「你的方式」，也就是較困難的方式進行。然而，每次你這麼做的時候，必然會失敗。

例如，某人可能會對你說：「你只要丟掉那個電熱爐，每個月的電費就可以減少五十元。」然而，天蠍座北交點的人會說：「不！不！那個電熱爐是我女兒用過的東西，所以我一定要保留它。」這種執著是你持續貧困的主要理由。如果你想要獲得榮華富貴及輕鬆的心情，你必須放棄。

要累積財富的秘訣在於適當的分配。如果你想要變得富有，必須學習成爲錢的管理人，而不是守財奴。你以爲想擁有錢就是要抓住它，但實際上是反者爲眞。錢喜愛流通，而且會被那些使錢不斷動的人所吸引。如果你不讓錢透過你流向別人，那麼只會有一點點的金額會回到你手上，因爲你並不是很通暢的管道。

你必須學習當你懷著愛並放掉錢時，也就是心甘情願利用自己的錢去增加別人的財富時，這樣就會有更多的錢流到你這裏來。這是一種對錢的態度，也是一種適當的行動。你應該要愛錢的兩種過程——接收及付出，這樣錢才會比較容易爲你所吸引。但是，你通常在放掉任何東西之前，尤其是錢時，都會遭遇很大的困難。

天蠍座北交點的人可以做許多事，來培養自己基於關愛而放出錢的習慣。當你付帳單時，你可以感覺到這個過程中所包含的愛：反正一定要用錢，不如以一顆歡喜的心去付。

當你開支票付房租或貸款時，也可以有意識地將愛及祝福送給房東或銀行，祝福他們財運亨通或業務蒸蒸日上。如果你可以在付錢時加上感激的成分：「感謝老天爺，讓我有足夠的錢可以支付我的帳單。」而不是吝惜你的支出，就會獲得更多的錢，讓你足以支付所有的費用，並因而改善你的財運。

另一個增加你吸引金錢的關鍵是，有意識地讚美宇宙賜給你現有不虞匱乏的財力。即使你目前所擁有的只是一點點，但重點在於欣賞並感謝手中現有的東西，而不是去渴求更多；這種渴求在能量的層面上，會成爲因無法擁有足夠的東西而感到的畏懼及焦慮。感激你現在所擁有的，可以釋放出焦慮的心情，而且不再阻礙金錢或其他物質湧向你。如果你讓錢及財產帶著愛通過你，總是會出現更多的財物。

☆積蓄及擁有

你對來自前世的積蓄十分習慣，甚至會以爲解決問題的辦法就是累積更多的錢財。你認爲如果可以描述自己的問題，就可以擁有。你了解自己所具有的功能，包括功能失常的部分，所以你就以爲不需要再去了解任何其他的東西了。

如果你把問題告訴一位朋友，即使這位朋友提供了可以解決這個問題的辦法，但是當你離去時，往往還是只帶走問題，而不是解決問題的辦法。你並不想解決。你要的是那種累積的感覺，也就是說你寧願抓住「你有問題」的模式不放。你不了解，透過累積及擁有的過程，你就是接受了一個又一個的限制，最後你的生命會變得無聊乏味，而且停滯不前。

對天蠍座北交點的人而言，獲得與放掉具限制性觀念是相等的。今生這個實體，你要學習重視來自別人的輸入，並懷著感激的心情允許別人提供解決問題的方法，解除你的自我限制。這樣一來，你才能自由，並享受生命的活力。

積蓄的主題是你前世最重要的焦點，並延續到今生這個實體的各個層面之中。今生，你常會儲存每一樣東西，且超過有用的時效。你要學習的是，太多的財物其實是一種累贅，會減緩你的機動性及做改變的活力。擁有過多的財物就好像超重四十磅一樣，是很累人的。

《聖經》中說：「在裝新酒之前，老酒必須先倒出。」如果天蠍座北交點的人希望你的生命中有新的活動，那麼就必須拋棄多餘的東西。例如，你的衣櫥裏有一些衣服可能已經有十五年沒穿過了，這些衣服中甚至可能有同一款式、不同尺寸的，但是你還是認爲：「有一天或許會穿。」而捨不得丟掉。

這時，你最好能徹底檢查一次你的衣櫥，並整理出自己不需要的衣服，送到慈善機構去，如此你將能更相信生命。如果你有需要，宇宙必然會滿足這個需要。你不需要緊抱住各種東西不放，以使自己不虞匱乏。

你會很驚訝地發現，這麼做將使你的生命重新充滿活力。一旦你決定放棄某樣東西，或是離開某樣東西，你一定不可以回顧。由於你有很強烈的積蓄傾向，所以如果你回頭看你所結束的一段關係，或是回想那些你決定放棄的財物，就完蛋了。你會把這些東西重新搬回房子裏。

當你不再執著於各種層面的占有時，天蠍座北交點的人就可以讓生活變得更簡單一些。你甚至會因爲希望掌握完全的所有權，包括觀念及物質的東西，而不願意接受來自別人的輸入。你不想說：「那是他的主意。」因爲你想要那份所有權及功勞。另外，你希望自己也是約定的一部分。你擔心如果不完全是「你的東西」，你會被遺忘。事實上，只要你是某個計畫的力量來源之一，別人是不會忽略掉你的，相反地，別人會非常依賴你。

給予新生命

不論是想獲得新生、賺錢或權力，天蠍座北交點的人都需要別人的協助。要求別人的協助，通常需要謙遜的態度：「嗯，你擁有我所需要的能量。我應該做什麼才能達到彼此的交流？」你必須經過多次的測試才能知道，要如何使自己所需要的能量在實際的層面回到你之中。

在現實的世界中，辨識並感受到這種能量是一種新的體驗。你對這種過程並不熟悉，因爲你過去不習慣依賴別人來滿足自己的需求。但是你所需要的能量只能來自別人，而那個人只會在這個族群的人提供他所需要的東西時，才會給你必需的能量。

天蠍座北交點的人應該去了解別人告訴你的事，並完全依照別人的方式提供支持。如果你不論如何都有陷入困境的感覺，那麼可以換另一個願意投資時間、能量或金錢的人，重新組合，很快地，你生命的那個部分將會充滿活力。

☆自律

天蠍座北交點的人可能會以爲你擁有自律的能力，但實際上，這是你今生應該發展的特質。你常會有凡事過度的傾向，無法設定生命中健康的限度。實際上，你必須接受來自外在的紀律規定，因爲你自己內在並沒有這樣的東西。有時候，你會把「被驅使」誤以爲是自律，但是你強迫性的誇張行爲，實際上就是過度行爲的一個跡象。自律是以平衡、自覺的方式，帶領自己邁向預定的目標；它是一種構思並執行一項計畫的能力。

一旦你眞的決定抑制自己，就會勇往直前。或許一開始，你會不太認眞地拖延很長的一段時間，之後，突然地，你就去做了，這時你不會給自己任何其他的選擇。維持自律將使你學到一件事：你可以擁有更多的自尊。不過，要注意的是你很容易迷失，當你迷失時，會再次沈迷於過度行爲之中，之後又覺得自己簡直不可救藥。

對你而言，自律同時意味著導正自己進入最符合自我利益的路上。你應該開始對待自己像對待別人一樣，多一點仁慈、多一點敏感、少一點被迫。你應該定期地自問：「在這種情況之下，怎麼做才能給我力量，並讓我感受到自由及活力？」與其一項工作接著另一項工作，你應該注意自己對休息及恢復活力的需求，並做一些可以使你重新獲得活力的事情。這麼做的重點是對外界的力量（不論是人或是自然）保持開放的態度，才能重新引導你進入可以使你的工作及生活更簡單的道路。

所謂的阻礙，事實上可以是幫助你突破固執，及改善過度專注的有效的方法。例如，如果因爲下雨而使你無法修理車庫時，可以把它當做是宇宙想告訴你：應該放慢速度休息一下。當別人表示「反對」你時，宇宙可能是在說：「你工作得太辛苦了。這是一種外在的干預，你可以藉機休息一下。」如果你可以從這個角度去看待這件事情，就可以放鬆過度集中的能量，並接受別人的輸入。

有時候，天蠍座北交點的人聽到別人給你的建議，雖知這是自己「應該」做的事，但是內在會莫名的產生抗拒。

當你把焦點放在立即滿足自己的需求上，這種需求會被誇大，而你會完全失去對感覺的控制。爲了避免這種情況的發生，你必須集中精神於你眞正想要的東西上，這可以給你力量去突破需要立即滿足的陷阱，而且你將自動得到可協助你達到目標的自律。

通常天蠍座北交點的人必須受到外界的壓力才會做改變。當你面對危機時，這個危機可以刺激你採取行動。但是與其坐視危機的發生，如健康亮起紅燈或破產等，不如早些接受改變。藉著「規畫」危機的發生，例如銷售房屋時給自己三個月的準備期限，或是用一個月的時間規畫減肥食譜等，你將可以得到轉變所需的能量，而不需面對可能會危及你的幸福的威脅。

但是不論那一種方式，你都需要做決定，及承諾爲了脫離舊有的窠臼，願意接受暫時的辛苦及不適。當你願意讓別人協助自己，而不是執意以自己那種特別困難的方式進行時，就可以達到很好的效果。

☆價值

天蠍座北交點的人需要重新建立整個價值系統，因爲你舊有的系統使你筋疲力盡。宇宙協助你捨棄過去的方式就是：帶領你去接觸那些信仰與價值觀完全不同於這個族群應該改變的特定部分的人。你過去相信，當交通號誌變綠燈時，應該再等三秒之後再走。由於這種信念限制了你的發展，所以你應該放棄這種觀念；這時，你會吸引相信「時間就是金錢，只要燈號轉綠，就表示宇宙在催促我們立即採取行動」的人。

當新的價值觀或是信仰被提出時，天蠍座北交點人的相反價值觀就會浮出表面。就在這時，你會開始感到緊張：你應該如何是好？應該遵循那一條路？如果你「轉向」新的價值觀，並感到這種新價值觀眞的比較有用，而且更正確，那麼你就應該立刻拋棄舊有的價值觀，擁抱新的價值觀，並以其爲行動的根據，並永遠不要回頭。這就是你改變的方法。

改變需要的是誠實、勇氣、自律及行動。當你選擇改變時，就能成功；當你選擇以老方法做事時，就會失敗。

你必須學習以更開放的態度去接受對自己有用的事物，因爲你會對前世的價值體系過於執著。你堅持的原則通常都是對的，但是如果你執著於應該符合這些原則的形式，那麼就失去了這種精神，而且會被行爲所牽制。

你可能很重視美觀、精神上的特性，因此會要求你所在環境中的每一件事物，都維持「完美的秩序」。或許你很重視婚姻中的忠實，因此會執著於特定形式的忠實。你通常不會把別人對形式的意見列入考慮，但其實如果你能把別人的意見與自己的融合，將可以增加你追尋價値的經驗。例如，與其堅持「家中絕對完美的秩序等於美觀」，不如對室友說：「我很重視美觀。你有沒有什麼點子可以讓我們的家更美？」這可以讓天蠍座北交點的人擴大對美的觀念，並超越舊有想法。你要記得，今生你的資源主要不是來自價値或工作，而是與他人彼此合作。

天蠍座北交點的人也要學習，如何在不走極端的情況下滿足你的需求。例如，你非常重視美及秩序，於是將能量放在創造美及秩序上。這樣雖然可以激勵自己，讓自己的目標達到某種程度，但之後就會出現報酬遞減的現象。你會不斷突破這個界線，並因自己所創造出來的東西而覺得受到束縛。或者你會期待別人繼續你的努力（以你的方式），認爲這樣事情才能既美又有秩序；這樣的想法會使你犧牲他人，以持續投入工作。

從另一個角度來說，如果你將同樣的能量灌注於你希望給予協助的人，對方最後也會開始回饋你能量，使這個族群的人有能力再回饋給對方更多。天蠍座北交點的人總以爲自己不知道該如何才能將這種重要的能量灌輸給另一個人，但實際上那是再簡單不過的事了。別人會知道他們的需要，你只要謙和地問他們需要什麼，傾聽他們所說的，並把你的東西給他們就可以了

合作關係

☆混合及肯定

天蠍座北交點的人必須學習如何拋棄老舊的模式。你需要一位或多位搭檔，與你建立良好的關係，並彼此賦予力量。通常你在集團中可以表現得很好，但在進行一對一的交流時，就會覺得害怕，因爲你不會自問：「對方需要什麼？什麼可以支持你？什麼可以增加你的力量？」當你把焦點由自己身上移開，並眞誠傾聽另一個人的需要時，和諧的感覺就自然地出現了。

要做到前述的情況，你必須克服自己可能不受歡迎的擔心，或是別人可能會生你的氣。事實上，別人若有這種反應，只會在天蠍座北交點的人沒有發揮與生俱來、相互增強彼此力量的能力時出現。如果你的動機是不論對方有何種反應，都願意支持對方，就不會受到傷害。如果你能在誠懇探索什麼會對對方有利的過程之中，開放自己的心胸，就可以連結上自己所需要的、恢復活力的能量。

天蠍座北交點的人可能會被認爲是親切、謙和、社會的中堅份子，但眞正的謙遜是指接受別人的輸入，但不企圖去控制整個情況。在面具之下，這個族群的人是傲慢而固執的，在自我表面上覆蓋著前世實體的外殼，而這些都是需要被釋放的特質。你要學習鬆掉對結果的控制，並放掉那些壓迫著自己的前世價值觀。

天蠍座北交點的人需要別人的肯定，這是足以使你開放及改變的力量。別人肯定及重視你的價值而產生的能量，可以使你成長，同時還是測量你是否走在正確路上的精確指標。這也是你之所以會如此辛苦工作的另一個理由。你認爲如果遵循辛苦工作的倫理，他人就會注意到你，並重視你，所以爲了達成目標，你會投入極爲可觀的時間及精力。

然而，別人通常都不會回饋你所需的肯定。原因出在你獲得肯定的方法上。如果你想要藉被動的方式取得肯定，以避免觸怒他人，你的內在會失去平衡，這對任何一方都沒有好處。工作本身也不能回饋能量給你，如果你以自己的方式行事，而沒有整合別人的需求及貢獻，將無法得到你所追尋的肯定。

想解決這個問題，你必須花些時間自問：「那個人需要什麼？在這個情況中，對你來說何者是重要的？」如果你將別人列入考慮，那麼當你做出貢獻時，必然會受到感激。

在這一生之中，天蠍座北交點的人不需要一定是「正確」，或是證明你做事的方式是最好的方式。你早已經做到了。更高的價值觀是指：學習如何與別人結合，以獲得比雙方中任何一人獨力所能達到程度更高的成功。你必須接受別人的意見，並眞誠支持對方的心靈。

天蠍座北交點的人一定要小心，不能把自己的價值觀放在別人之上，要盡其可能地增進並幫助對方的價值觀，使其發揮更大的效用。這樣一來，將可以創造出這個族群的人要完成工作時，所需要的聯合作用。

☆自我價值

天蠍座北交點的人對自我價值擁有堅定的信心。從某些角度來說確實是如此，但往往你會誇大自己的價值，而有時你卻又會低估自己。由於你習於獨自行事，所以看起來你非常獨立。你相信自己應變能力，不論任何狀況自己都可以應付。你了解自己的才能、能力，願意辛勤工作。

問題在於你只從自己的角度去重視自己，同時還常會低估自己的價值。這是你可能會有金錢問題的一個理由。你在無意之中會給自己設限，因爲根據別人的標準，你的實際價值常常會遠高於自己的了解。因此，你理應花點時間去了解對方認爲自己有價值的地方，然後去加強這些特質。

在私底下，天蠍座北交點的人有極深的自卑。但是，這種感覺只有在天蠍座北交點的人開始將自己與別人做比較時，如在才能、美麗、金錢、能力、受歡迎程度等方面，才會浮現出來。每當你拿自己去與別人比時，就會覺得自己能力不足。但是，當你把焦點放在你所擁有的天賦及才能，藉著讓他人發現你的能力以加強這些天賦時，突然這個族群的人也會開始意識到自己的價值。

在以實際的方法去協助別人達成夢想時，你會閃閃發光。你知道自己在協助對方成功中，也扮演重要的角色，而且如果對方的價值觀與你相似，那麼你所認爲重要的事也可以獲得實現。

但是這個族群的人必須避免過度注重工作，而使他人成爲次要角色。你可能不了解那正是你所發出的訊息。你的自我價值大半是以你所做的事爲根據，而不是你所扮演的角色，所以你認爲如果要對自己覺得滿意，必須常常去證明自己的能力。在這一生之中，你要重新調整對自我價值的定義。

你要學習，自我價値與你做為一個人的樣子、你所擁有的特質，以及如何與他人建立關係有關。

創造性的轉型

在這個實體之中，天蠍座北交點的人命中注定要有重大的改變。唯有透過完整的轉型，才能脫離極易陷入的窠臼，同時可以重新得到自己渴望的活力及朝氣。對你來說，轉型與他人有關，例如接觸別人認爲重要的東西，或追求可以帶來刺激興奮的新方向。

你需要高度創造性的能量，才能促使你離開現有熟悉的路線。危機可以正面刺激你脫離已經變得沈悶的穩定、可靠。在你冒險嘗試去探索未知的世界時，你的生命會發生改變、成長，並出現刺激。如果你想享受生命，必須經常性的表達出這種對創造性的刺激，及「生活於邊緣」的需求。

天蠍座北交點的人曾經是監工。但是，在今生的實體之中，建造之前你必須先爲嶄新的結構整地。你不能期望在一棟摩天大廈之上，造另一棟摩天大廈。今生是放棄任何會壓抑你的東西，如過去、過多的財物，以及任何已經不適用於現在的東西。

但是除非你忘掉過去，否則會很害怕拋棄任何東西。實際上，你可以做到。這是很好的現象，也是轉變的一部分。當誤解發生轉變時，它會消失不見，就好像毛毛蟲蛻變爲蝴蝶一樣。蝴蝶爲什麼要回顧以往還是毛毛蟲的日子？牠應該要飛向藍天，享受新發現的美好世界及自由。同樣地，天蠍座北交點的人應該放掉過去，好好欣賞自己的新面貌。

☆嘗試冒險

在冒險時，天蠍座北交點的人務必要辨識清楚你所冒的險。做不適當的嘗試所帶來的疏忽，與適當的嘗試所帶來的成長，兩者之間是完全不同的。如果天蠍座北交點的人感到懷疑，最好能要求別人來評估這種情況。

我有一位屬於這個族群的客戶，她找到一棟極爲喜愛的房子。這間房子的每一個地方都很棒，但是在某個層面，她覺得有點不舒服。所以她向她公公請益。她公公說他不喜歡這棟房子的理由是房子後方的森林，這片森林讓他感到緊張。

因爲她有兩個小孩，幾乎是全職的家庭主婦。所以她又開車到這棟房子的附近繞一繞，看看這棟房子的能量會給她什麼影響，結果她還是感覺不到一絲快樂。之後，她又打聽該學區學校的事，而所聽到有關學校課程的事，也令她覺得不舒服。在所有調查過程中，她所得到的回應都不能激發她的活力，反而是害怕。

由於她想擁有自己資產的渴望非常強烈，所以又做了一份工程研究，結果顯示——這棟房子有結構上的問題。最後，她放棄了她的原始渴望，決定不要冒這個險。這是一個很好的例子，它顯示了你可以如何以具建設性的方式，將你極爲習慣的「舒適」感，與外界客觀的資訊相結合。

但是，在心理層面與肉體層面的舒適感之間，存在著差異。當你根據肉體層面，也就是較容易、較可預測的層面下決定時，通常並不是一條可以激勵你邁向改變及快樂的路。然而，當你與外在的某人或某個計畫結合時，精神上覺得很快樂且活力充沛，卻往往是你可以相信的訊號。

☆精神上的需求

在這個實體之中，天蠍座北交點的人有極強烈精神上的需求必須獲得尊重，如安靜、反省的時間、創造性及更新等。由於你前世的工作讓你極度疲憊，所以今生你需要休息。然而，問題是你不習慣休息！你習於對維持你物質世界的秩序負責，因此會全神貫注於生存的問題。

你應該要承認，在這個實體中你精神及心理上的需求，與肉體、物質上的需求是同等重要的。事實上，你精神上的需求應該更爲重要。你已經熟悉物質的部分，現在則是開發精神領域的時候了。你應讓自己著重於如何促進個人轉變，參加心理探索、擴大認知或自我協助等類的課程。你應該追求一些可以幫助自己擺脫物質世界束縛的事物。

只要你以物質的結果做爲自我價值感的根據，就必須依賴外在的世界來維持你的幸福。這會讓你有極深的無力感，就好像無法避免改變一樣。然而，改變是強調所有物質存在的一項絕對要件。天蠍座北交點的人有一項最主要的課題，就是擁抱改變。因爲企圖緊抓著某樣屬於物質性的東西不放，是毫無希望的，每一樣實質的東西都會經歷誕生、成熟、解體及死亡等過程。

但是精神是永遠不會死的。這個族群的人必須學習讓自己與生命中的精神面合作。你不應該說：「我想要事情以我的方式進行。」你會發現，如果說：「我希望這件事以其應有的方式進行。」就可以帶來精神上的力量。只有在這個時候，你會成功。你會知道應該採取何種行動，而你的生命會變得非常神奇。你必須學習如何附著於宇宙的能量之上，並相信生命的自然發展。

天蠍座北交點的人將發現：「關閉了一扇門時，另一扇門就會打開。」在你允許事物自你的生命中流出，而沒有產生枯竭或情緒上的執著時，就可以得到獨立、力量及自由；這些都是你以往所未曾經歷過的。你的負擔會顯著地減輕，而且藉改變物質環境，可以體驗生活，不會感到「被吞沒」。當你調適自己配合精神層次，並配合宇宙來做計畫時，就是走在正確的路上。

在物質世界裏，你的需求是永無止境的，不論你累積多少財富，或是做多少事情，都不能有完成的感覺。唯一可以提供你所追求的滿足感，是在精神的領域。所以你必須停止致力於追求更多的物質，開始追尋可以增加你精神意識的目標。如果可以與別人一起追求精神層次的事物，別人的參與將可提供你改變的能量。

你的人際關係

缺乏認知

天蠍座北交點的人會以你做每一件事的方式去發展人際關係，也就是從監工的觀點。從以往的實體開始，你已經非常習於四季的變化、時間自然的進展，並相信努力會帶來可預期且持續久遠的結果。在男女之間的人際關係方面，你願意花時間在對方身上，牽牽手、談談天，並發掘兩人在一起時喜歡做的事等等。每一件事情都變成一塊積木，而這個關係不論成功與否，都是根據你是否享受每一個階段，以及是否尊重彼此爲獨立個體而定。

然而在同一時間，天蠍座北交點的人可能在大部分的時間裏，會注意不到對方，而且不去處理對方的需求。我以前有一位天蠍座北交點的客戶，他是一個工作狂。他被生活驅使去拚命賺錢，以提供他的家人高水準的生活，並將他的四個孩子都送進最好的大學讀書。

但他深愛的太太不斷告訴他，她並不需要豪華的房子，她眞正需要的是他多撥一點時間與她相處。他無法了解，爲什麼太太不覺得他投入如此多的時間來拚命賺錢，是很重要的一件事，畢竟他必須支付四個孩子昂貴的學費，而這才是最主要的事。

所以他還是沒有花很多的時間在與太太的相處上，他認爲當四個孩子都從大學畢業之後，夫婦兩人就可以開始享受自己的生活了，他滿懷希望地期待那一天的來臨。然而，在他們的第四個孩子大學都還沒有畢業時，他的太太死了。他傷痛欲絕、悔恨不已。或許他太太潛意識中，了解自己的時間不多了，對於花更多的時間與他相處的需求，可能是根據一種認知，但這是他無法了解的領域，除非他願意重視她認爲重要的事。

有時候，你會因爲過度專注而顯得粗率，但自己卻沒發現。我有一位客戶是屬於這個族群的人。她每天有忙不完的家事，但是效率極高。她還有一個孫子，不過卻非常地沈默寡言。

原來這位阿媽每天要照顧身邊的每個人，要做的事情很多，所以她的聲音聽起來通常都很不耐煩：「快點，快點！我們得快點！」而她這個孫子就因此變得非常安靜。在和孫子相處一段時間之後，她注意到自己的行爲，並向孫子說：「你應該了解，阿媽有時候好像快要抓狂，但這與你一點關係都沒有。那是因爲我急著做事，所以忽略和你說話的態度及聲調。」在她說完之後，她的孫子就開始願意和她說話了。

天蠍座北交點的人要承認，當你過度專注於你的目標，會對他人造成負面的影響。你並不是有意要如此，在你沒注意之前，根本不會意識到自己的言行舉止。但是當你開始與身邊的人溝通，別人就不會把它看成是針對你個人的問題了。

☆他人的價值觀

你習慣於某些特定做事的方法及特定的價值觀。你不希望受到別人價值體系的挑戰。如果你發現自己所尊重的人，是根據與不同於自己的價值觀生活時，你第一個直覺是做出針對個人的反應，並顯露出你的失望。你不會擴展自己的胸襟，或去進一步了解對方。

你要學習的是，別人的價值觀並不會威脅你的價值觀。價值觀反應出固有個人的需求及品味。例如，一個很瘦又很容易感冒的人會覺得厚重的冬季外套很重要，而另一個人則可能會認爲別種款式的外套更適合自己。某個人喜歡高尙優雅的感覺，但另一個人則覺得在華麗的環境中比較自在。某個人認爲男女關係中對肉體的熱情是最重要的，但另一個人則可能會更強調精神上的和諧。

各種不同的價值觀之間，並沒有所謂的「對」或「錯」。這個族群的人對學習別人的價值觀持愈開放的態度，就愈能了解並欣賞對方，以及對方的眞實面。之後，你就會更容易接受別人所提供的東西，而不去認爲你必須改變別人或自己，以促進具有建設性的交流。

天蠍座北交點的人有很好的事業運。那是因爲你在商業的世界裏比較能夠開放自己，並接受新的觀點。在商業中，每一個人都有一個共同的目標，那就是賺錢。當談到賺錢時，天蠍座北交點人的價值體系，幾乎不會發生衝突，因爲你可以把焦點放在較大的目標。

或許某人會帶來一個商業上的新點子，所根據的是與你極不相同的理想，但你還是會願意傾聽，因爲這個新點子的最後結果也是你所重視的。這就是關鍵。在你生命中的任何一個領域，這個族群的人應該將焦點放在共同的價值觀，並願意調適你的過程，以與另一個人共同合作。

如果你在任何部分的價值觀都極有限或太狹隘，就會因爲要維持自己的地盤，而經常性地與別人發生衝突。例如，如果你的宗教只局限於一個信仰體系，你必須保持隨時的警覺，以抗拒所有不同的信仰。但是，如果你探索更進一步的價值，如宗教的目的是爲了促進愛、寬恕、和諧、自我了解、倫理等的宇宙性價值，那麼你就可以接受依循不同的通路達到更大的目標，而這個大目標很可能會使你的生命更豐富。

☆與別人交往

在人際關係之中，天蠍座北交點的人喜歡掌握團隊的決定權。你的搭檔可能會抱怨：「你爲什麼不能好好地與我合作?你每次都自顧自地、以自己喜歡的方式做事。」天蠍座北交點的人沒有發現，當你不讓你的搭檔參與決策制定的過程時，無意間已否定了對方的價值。

你常有「推開」別人的傾向。你會利用別人的能量，做爲以自己的方式做事的動機。你會用搭檔的能量來幫助自己，但卻不承認是你的搭檔在提供自己力量。你應該要察覺到，並謙虛地肯定你搭檔的幫助。一旦你了解搭檔對自己的貢獻，就比較容易會記得邀請搭檔一起加入決策制定過程。

有時候，天蠍座北交點的人就是想自己一個人獨處，且不想考慮別人，但是你如果能把搭檔納入計畫之中，或許可以擁有更高品質的獨處時間，因爲在那個時候，你的搭檔也會支持你。

如果你有問題，第一個直覺是自行處理，不會徵詢別人的觀點，而且往往會認爲其他人也是如此。你會假設別人不希望你管別人的事，然而事實可能是相反的。當你讓自己趨近對方，希望知道你可以如何眞正地協助對方時，對方會歡迎你的意見、觀點及建議。天蠍座北交點的人會因此覺得獲得肯定，而這時每一個人都會是贏家。就在你有力量去幫助別人時，別人也會在你願意謙虛接受時，擁有幫助你的力量。

在介入別人的事情時，動機扮演了極爲重要的角色。如果天蠍座北交點人的動機是爲了要批判對方，或要「修理」對方，使你按照自己的意思做事，別人一定會察覺，並感到憎恨。或者，如果你保持緘默，但這種緘默所表達的訊息是:「你應該要做更多才對。」那麼對方還是會感受得到，因而覺得沮喪，並嚴峻拒絕天蠍座北交點的人。但是如果你的動機眞的純粹只是爲了關愛對方，對方就會給予善意的回應。

你必須控制你潛在的動機。如果不確定是否應該走到別人前面，當你想詢問有關對方的事情時，可以先問自己：「我問的動機是什麼？」如果是爲了改變對方，最好回頭離去，因爲你將會失敗。如果你的動機是進一步了解對方，可以確信自己將是受歡迎的。你是先天的心理治療師，你可以藉著傾聽及分享深入的了解，並撫平人們受傷的心靈。

當天蠍座北交點的人接近對方，懷著眞誠希望減輕對方負擔的心情時，總是可以知道能怎麼樣地幫助別人。有時候，你可以將對方小部分的負擔轉移到自己的肩頭，如爲對方洗衣服、塡寫一份表格或跑跑腿。但你如果是去提供建議，教對方應該怎麼做的話，就「偏離跑道」了。

例如，當你說：「如果你每個星期的同一天洗衣服，就不會有這種時間緊迫的問題了！」而對方出現憤怒的反應，你就應該知道你的建議並沒有幫助。但若是你說：「我有幾分鐘的時間，如果幫你洗衣服，對你有沒有幫助？」而對方以感激做回應，就表示這正是對方所需要的援手。

當你的動機是富支持性時，天蠍座北交點的人就會發現，對你來說輕而易舉的事，對別人而言則可能是極大的解脫。當你表示願意幫忙時，對方會以極度的感激做爲回應。如果你不確定應該怎麼做，永遠都可以問：「我應該怎麼做才能支持你？」對方會告訴你，這是非常簡單且實際的。透過這樣的交流，你就可以與對方建立彼此關愛的關係，而所帶來的回饋將遠超過你的預期。

以這種方式與人們接觸，對這個族群的人而言，是一種全新的習慣，但你會發現，做的次數愈多就會愈簡單。你的生命將可得到充實及愛，因爲你體驗了深深與別人連結時，所得到的那種獨特的滿足感。

合併

☆適應別人

要增加你的力量，天蠍座北交點的人應該學習的是肯定別人的價值，這樣才能對成功的合併持開放的態度。然而，有時候你會顛倒過程，以摧毀別人的重要性、價值觀及良好的特質等，來表現你自己的價值觀。就好像你下意識覺得貶抑他人可以使自己更有價值。但是事實從來不是這樣，這只會讓你覺得孤立及快要被榨乾了。

例如在工作場合，有人稱讚會計部門的主管表現絕佳，一個屬於這個族群的人可能就會說：「我知道另一個會計部門的主管比這個傢伙好得多了！」當一位員工做得很棒時，天蠍座北交點的人可能會吝於讚美她的成功，反而會指摘她在另一個地方的錯誤。

根據你的評估，別人的工作中，總是可以找到錯處，或是「不足」的地方。最後在你旁邊的人，都會變得沮喪氣餒。你會覺得自己的光被熄滅了，而你的價值也被忽視了。天蠍座北交點的人眞的不知道你對身邊的人造成多大的傷害，也不知道在你最希望有所表現的人眼中，失去了多少分數。意識到你貶低別人的這個問題，並徹底揚棄這種習慣，可以爲你帶來最大的益處。

有一種實驗可以幫助你破除這個習慣，那就是每天去發現別人的一個優點。例如發現秘書有悅耳的聲音，可以讓客戶在約定時間前等待時，感到舒適自在；或是發現會計師特意做出可以讓決策者迅速掌握商機的數字。重點在於，你要每天有意識地去欣賞每個人的一項優點。這可以幫助你改變前世貶抑他人的傾向，同時可以增進你去欣賞別人的能力。

天蠍座北交點的人今生需要別人的肯定，才能對自己感到滿意。合夥關係很適合你，你需要這種能量，而且你必須學習謙虛地肯定這一點。

基本上，你是很實際的人，所以你可以對自己說：「好吧！事實是我需要別人的肯定才能感到快樂。現在，我應該怎麼做，才能得到別人的肯定呢？我最好先搞清楚別人覺得什麼是重要的，再將這些他們認為重要的東西給他們。另外，如果我把別人放在我的行動過程之中，並讓他們覺得自己很重要，他們也會讓我覺得我很重要！」

這種方式很適合天蠍座北交點的人，因為你記得去關注、欣賞、肯定別人優秀的特質及成績。當你忘記了你需要別人的肯定，以使自己對自己滿意時，就會忽略掉這個重要的步驟。

在你生命的每一個部分，最好能擁有一位具備你所仰慕的力量及你所肯定才能的有力搭檔。當你學習理性地欣賞對方獨特的才能、知識及觀點時，天蠍座北交點的人就會了解，應該如何將自己的資源及才能與對方的結合，以創造出不同於任何單方獨力所能做到的東西。

這就是聯合作用。透過結合，雙方都能夠表現出：「團結就是力量。」並展示出你獨特的才能。天蠍座北交點的人今生注定會碰到神奇的事，且表現在聯合作用、賦予能力，以及驚人的創作力等方面。

☆**傾聽**

天蠍座北交點的人認爲自己早就知道每一件事，所以不接受別人的意見。事實上，如果你能重視這些細微的觀察，可使你的人生道路更順暢。也就是說，你常常會錯過破除限制的許多機會。

有時候，你會受困於自認爲能力不足的潛在感覺。例如，我有一位大蠍座北交點的客戶是發聲訓練師。起初，因爲她擁有良好的教育背景及豐富的經驗，所以有很多客戶。但是，一段時間以後，客戶的人數顯著地下降，沒有人告訴她爲什麼。

事實上，人們到她這裏來是爲了改善他們的歌聲，但是她總要她的客戶花好幾個星期的時間去練習呼吸，以增進他們的肺活量。她所給的不是客戶們所想要的，對於這一點，她有各種不同的藉口。然而最主要的原因，是她覺得自己鋼琴的能力不足，她擔心沒辦法彈客戶帶來伴奏的琴譜。當她終於說出她的憂慮時，立刻得到很多建議。最後，她聘請了一位音樂系的學生，來爲她的客戶伴奏，而她也就能夠專心於改善客戶的唱歌方法。

只有當你終於承認自認爲能力不足的地方時，他人才能提供援手。但是如果你認爲自己什麼都知道，就無法學習新的事物，而且會繼續陷在困境之中。當別人帶著新的、但與你的某種價值觀相左的意見來找你時，即使你覺得這個建議很棒，還是會立即推翻這個新點子。這是你所犯的最大的錯誤之一。最後別人會不再提供你可以解決問題的新點子，因爲他們知道這個族群的人無法接受。

你願意接受解決問題的辦法受到極大的限制，所以你的阻礙變得永遠無法解決。例如你想賣車，但由於很捨不得那輛車，所以設定極不合理的條件：買主必須是金髮，至少讀過兩年大學，不吸菸。不用說，這輛車是永遠賣不出去的。

天蠍座北交點的人受困於這種問題狀況的時間，往往會遠長於其他族群的人。你應該聽聽價值體系不同於自己的人完全不同的觀點，然後將自己的憂慮反應給對方：「我對這輛車的深厚感情怎麼辦？如果這輛車沒有被好好地對待時怎麼辦？」在你了解別人會如何根據本身的價值體系，去解決這些憂慮之後，你就可以重新思考自己的立場。

有時候，聽從一位陌生人的意見，可能比聽從你搭檔的意見更容易一點。因為你可能會對搭檔有成見，因而忽略他的想法，但是通常最親近你的人，可以提供你最精確的回饋，而且是最能肯定你力量的人。所以你應該眞正傾聽最熟識自己的人的意見，並在當你覺得從其中感受到眞實及能量時，允許自己受到別人的影響。

當你認為自己什麼都知道時，你周遭的人際關係只能滿足你基本、肉體上的需求。但是即使這些需求已經被滿足，你還是會覺得無聊及缺乏活力。你應該要超越自己肉體上的需求，去體驗生命力、賦予能力、個人成長及轉型等。這是你所要追尋的快樂，除此之外，沒有任何其他的東西可以滿足你。

☆辨識

天蠍座北交點的人害怕如果別人的意見是對的，自己將因此必須做改變。伴隨變化而來的，必定是恐懼及興奮；這是正常的。在最深的層面，你其實是希望改變的。你想要拋棄那些使你的生活如此艱難的沈重負擔，你知道自己應該對別人的建議及知識持開放的態度。你要學習不把別人看成侵入者，而是急救小組的成員。

當你決定要開放自己時，就應該注意辨識的問題了。你的成功通常都靠你謹慎選擇搭檔。不是任何一個人都是「急救小組」的成員，所以你需要辨識，並決定讓誰對自己造成重大的影響，甚或改變自己。關鍵在於了解對方的能量範圍。如果你了解對方的動機之後，覺得受到羞辱，可能表示那個人對你具有傷害性的意圖，或是想利用你達到個人的目的。

正確的搭檔可以激盪出新的點子，而這些點子可以燃起你自己的能量、創造性及興奮的情緒。你可以在與某些人結合之後產生極大的力量，當你覺得與某人在一起時格外起勁時，最後將會願意放棄自己過時的價值觀。現在你要對付的是比你的價值觀還要強大的力量，當你跟隨這種力量時，人際關係就能成功。但如果是與金錢有關，你可以提醒自己：如果能與他人在金錢方面的能量相結合，可以賺更多的錢。這樣你就會願意冒險了。

結合

天蠍座北交點的人注定要去體驗與另一個人在一對一的情況下，完全地結合。問題是，雖然結合是你最嚮往的目標，但你卻同時對它非常害怕。你擔心如果放棄自己所知道的東西，剩下的就沒什麼是你可以掌握的了。有趣的是，當你開始測試新的點子，你對控制的欲望自然就會降低，因爲興奮的感覺就足以滿足你了。

這些族群的人擁有令人驚訝的結合能力，這主要是因爲你可以讓別人覺得自己獲得了解。當你仔細傾聽並了解另一個人時，你這種專注的傾聽，可以讓對方感到被愛及被接受。你傾聽的才能同時也允許你與對方心靈面的能量連結，並在你決定選擇這個對象的情況下，與對方結合；這正是你得以更新並自停滯不前的困境中跳脫的憑藉。

☆心靈敏感度

天蠍座北交點的人具有「了解」別人隱藏想法的能力。當你站在某人身邊時，如果開放自己去接收對方的能量，就會知道對方的性格或動機。如果你錯估某人的個性，那是因爲你將自己的價值觀投射在別人的身上所致。當你這麼做時，就會被愚弄。但是，只要你眞的「了解」，並相信你在別人身上所感受到的，就不會被愚弄了。

當這個族群的人感受到別人內心的混亂時，常希望能提供援手。但如果沒有反饋，你是不會知道應該怎麼做的。當你所關心的人生氣並感到無助時，你最適當的反應是問對方：「我應該怎樣做才能支持你？」對方可能會回答你一些聽起來很白痴的答案：「我需要你每天早上九點打電話給我，提醒我起床及鋪床。」但是支持對方正是增加對方力量的方式，對方也將因此而肯定你的價值。這將使你的人際關係成功。

如果發生問題，那是因爲天蠍座北交點的人想要以自己的方式去「修理」對方。對於如何減輕對方的痛苦及改善情況，你有很多意見。你會投射自己在這種情況下會採取的對策，而忽略了對方的需求。這當然不是好辦法，你應該做的是：接納對方所告訴你的事。

然而，這並不是說天蠍座北交點的人必須犧牲自己。如果對方說他應該結婚以確保這段關係，並不表示天蠍座北交點的人應該不管自己是不是有同樣的想法，也要嫁給他。這個時候，你不應該試圖說服對方打消結婚的意念，或是告訴他應該怎麼做才能得到成功的婚姻。你最好能直接問他需要什麼樣的協助。

你可以說：「我可以感覺得到你的混亂，而且我想幫忙。我希望維持我們之間的關係，但是我目前還沒有結婚的想法。所以我應該如何支持你呢？你是不是希望我鼓勵你去找一位已經做好結婚準備的對象？或是你希望我能支持你，解決這種你認爲藉結婚就可以解決的畏懼？」

天蠍座北交點的人應該讓對方告訴自己可以紓緩他內在衝突的方法，以及他的需要。你可以藉著對方的反應，了解自己是否走在正確的路上。只要是眞正的有幫助，別人一定會熱情地肯定你的支持。

☆焦慮

當天蠍座北交點的人感覺到焦慮時，可能會不願意表達出眞正的感覺。你不希望介入衝突，所以隱藏了自己的情緒，但如此各種溝通亦會因而停止。相反地，你應該學習透過與對方討論的方式，突破這個障礙。你應該冒著面對面衝突的風險，願意接受誠實溝通、建立更親密的結合時可能發生的不快，超越你對別人所做的假設。如果你的動機是爲了更了解對方的價值觀及需求，這種方式將具有非常大的效果。這正是如何與對方建立關係的方法，你不應該企圖自己獨力做整件事。

當你不知道該如何建立關係而感到焦慮時，就是來自宇宙的一個訊息：「你需要更進入對方心靈。」當天蠍座北交點的人感到這種害怕時，習慣性地就會退縮，這是絕對不能成功的做法。你應該進入更深的層次去了解對方的渴望、動機及價值觀，才能夠解決你的焦慮。

例如，當某人反對你所說的話時，你自動地就會產生護衛自己觀點的反應。在這個時候，如果你從容地反過來檢視對方的觀點，也就是轉變你的焦點，這樣原有的壓力就會消失了。你可以說：「我不確定你的觀點來自何處。我希望進一步了解你的想法。」你本能的反應總是針對自己，但是你應該要重新對焦，以對方爲焦點。

☆心靈伴侶

對天蠍座北交點的人來說，這是一個合夥的時代。不論是配偶或是事業上的合作夥伴，你需要一個搭檔來灌輸你能量，以使你持續獲得激勵，或是免於陷入停滯的困境。你這一生是需要心靈伴侶的，所以生命本身會帶給你一個接著一個的機會，以體驗心靈伴侶的關係。

心靈伴侶與你的關係，眞的是一種在能量層面的結合，而結合的對象是可以與你產生正確「化學作用」的人，也是可以提供你興奮感的人。當你賦予搭檔力量時，這個搭檔會藉著肯定你、關照你做爲回應。這種相互的能量，可使天蠍座北交點的人在前世實體中陷入停頓的部分，得以重新獲得活力。

心靈伴侶不一定只局限於性關係。如果兩個人擁有共同的目標，例如寫一本書，或是經營一家餐廳，或開創一個事業，這都可以歸屬於心靈伴侶的關係。雙方在能量或心靈的層面成爲一體時，能更有力量地完成你的計畫。每一個人都必須願意去了解對方所提供的是什麼，或有什麼樣的資源可利用，以聯合並達到最高程度的相互利益。這就是你出色的地方。

在戀愛關係中，也是相同的原則。如果天蠍北交點的人將焦點放在「我的價值觀對抗你的價值觀」，那麼你就會失敗。換一個角度來說，如果你很清楚自己希望與對方共同達到更高層次的目標，而且是獲得雙方同意的話，那麼你就願意調整自己的方法，並與對方合作，以獲取經驗。

這可能與你希望創造什麼樣的關係，彼此互相支持以達到目標等的基本性問題有關。當你和伴侶年紀尚輕時，可能會有生養小孩的目標。稍後，你的目標可能會轉變爲根據某些精神上的理想共同生活，透過自助式或轉型的經驗一同成長，或是彼此支援達到共同的健康目標等等。

創造個人人際關係的最佳方法是，努力去了解另一個人，了解對方的價值觀、渴望及動機等是否能與自己配合。能夠分享價值觀是非常重要的，而天蠍座北交點的人很容易被愚弄。如果你直覺地過度保護自己的價值觀，你就無法了解正確的情況。但是，如果你眞的願意與別人分享，將可以感覺到是否能因另一個人的價值觀，而獲得激勵；那些天蠍座北交點的人從來沒有想過的價值觀，將是你人生道路上的下一步。

由於前世你非常了解肉體的感覺，天蠍座北交點的人通常會很喜歡性及以肉體表達熱情。你對自己的身體非常了解，而且知道如何享受。但是，你可能會過於注意感官上的享受，而忽略掉透過較高能量層次性方面的交流，而可能產生的轉型。

如果你了解你搭檔心靈方面的能量，也就是說，刻意去感謝另一個人資源及能量，那麼當你在性方面達到結合時，你的體驗將遠超過你所能想像的程度。只要你能意識到心靈、精神的融合及連結，以及配合肉體結合的價值，天蠍座北交點的人就可以發揮在這方面所擁有的潛在能力。透過你對搭檔能量的開放態度，就可以分享超越感官樂趣的喜悅，並擴展進入精神冶煉及賦予力量的層面。

你的目標

互惠

因爲天蠍座北交點人的想法常會傾向於極端：「我的方式或是你的方式。」所以有時候，在與別人聯合時，會完全放棄自己的價值標準。你會變成「馬屁精」，但是這種方式是一點都行不通的。今生，你必須停止從「我、你」的立場與別人建立關係，而從「什麼對我們雙方最有利」的立場出發，建立與他人的關係。之後，你就可以分享出自彼此賦予力量、互惠動機的感謝及尊敬的力量。

你具有提供搭檔鼓勵、熱情及支持的能力，這種能力可以安撫對方，並讓對方生活得更容易。當對方感覺到天蠍座北交點人心中那位心靈伴侶及力量的來源，將會以愛、欣賞及感激做為回應。

但是，當別人反問天蠍座北交點的人需要什麼做為回應時，你可能會封閉自己，並表現得似乎「每件事情都在掌控之中」的樣子。實際上，你應該讓別人了解自己的情況，並提出可以讓自己生活更輕鬆的建議。這是一種互惠關係。當這個族群的人看到別人是如何接受支援，並因此得以增強他們的能力時，就可以學到如何優雅地接受別人的援手。

你只知道如何把自己當成付出者或接受者。你完全不了解如何透過付出而得到這種互惠過程，如何得到足以豐富你並幫助你成長的能量。例如，如果你自願主辦一場慈善活動，在你心中，那只是付出你的時間及能量，以使活動成功罷了。你可能會忽略可以從這項活動之中得到的東西。

☆接受繼承

對天蠍座北交點的人而言，今生是接受來自別人贈予的時間。繼承對你是有利的。人們應該會給你金錢、能量、意見等等。你的工作就是放掉所執著的東西，把自己掏空，同時願意接受別人能量所帶來的益處。這個理論適用於你生命中的任何部分。

如果某人提供一個你「知道是對的」，但你對於完成它卻有抗拒的心理時，這可能表示是你應該要練習自律的時候了。你應該控制自己對即刻感激的需要，以達成你的目標。如果心中存有懷疑，你可以嘗試這項建議，看看它在實際的層面是否有效，例如一個星期內，不再對男友頤指氣使，看看他是否會停止冷淡的態度。

當你求教於那些在你有興趣的領域中成功的人時，你真的會很愉快地傾聽對方的意見及觀點，並因此而更為強壯。這與檢視有效的東西及採用該方式的實際性有關，這也與得利於他人的經驗，及不需獨自以較困難的方式學習有關。他人應該幫助你產生新的點子及能量。

☆謙虛及接納

天蠍座北交點的人看起來常常會以自己為焦點。當你不了解別人時，從你的話語中就可以聽出來。要與別人建立自在的關係，你需要真誠地尋求，本著建立更深一層了解的動機，與他人結合；之後你將會自然說出一些讓別人可以相信你的話。

其實這個族群的人若把焦點集中於自己身上會感到非常沮喪，因為從這個位置，你不能眞正了解發生什麼事。唯有放棄自己的立場、不做任何判斷，並附和別人，你才能清楚。

你今生要學習的是，具有謙虛的一顆心，了解你的確需要別人，了解與別人感動的領域相結合，可以增加自己的力量。辨識什麼人可以激發自己的能量而什麼人不行，是非常重要的。之後，你還需要虛心地肯定你的價值。

天蠍座北交點人的工作是結合另一個可以激發自己能量的人，並自問：「我怎樣才能灌輸另一個人足以達到目標的力量？」當天蠍座北交點的人所有的注意力都集中在如何提升對方的能量時，自然而然就會知道應該說什麼，應該做什麼，以使另一個人有成功的自信。

當天蠍座北交點的人協助他人達成目標時，會覺得彷彿是自己完成了某件事，同時也會因此得到信心。因爲你將自己的創作力及力量與他人結合，所以能量及成功時喜悅的程度，會有加倍的效果。他人知道沒有你的幫助，自己是沒有辦法成功的，所以你自然會希望能有所回饋。這是天蠍座北交點的人以可以帶給自己活力及自由的方式，增進自我價值的一個關鍵。

然而不幸地，天蠍座北交點的人，通常都不會珍惜這種可以帶領你擺脫自我中心束縛的天賦。如果你不重視並尊重這些天賦，就不能眞正使用它們。這麼一來，你的自我將會阻絕你發現機會，並得到這種天賦所帶來的好處，而這些都是生命透過他人帶給你的東西。

如果你只珍惜透過自己辛勤工作而得來的東西，就等於對天賜恩典封閉自己。只有天賜恩典才能帶領你超越自己的食古不化。你的任務是謙虛地放手，並透過他人，讓天賜恩典在你的生命中發揮作用。

成功的合作關係

天蠍座北交點的人在將自己的才能運用到他人的計畫中，或是參加一項以他人的構想爲根據的計畫上時，會更成功一些。唯一的例外是在你的構想有無形或精神資源的時候。你最好能追尋來自於你刻板、傳統的價值體系之外的計畫及途徑。

☆賦予他人力量

由於天蠍座北交點的人花了許多次前世的時間，在建立自我價值的意識，所以當你身邊的人不肯定你自己的價值時，會感到極爲吃驚。在別人不欣賞你天生的能力，或不做實際層面所需要做的事，不利用你的才能且對你感到不滿意時，你會感到極爲困惑。天蠍座北交點的人最大的挑戰是，如何成功地將力量賦予你的搭檔，或與自己有其他形式親密關係的人。

你很容易對你的搭檔產生肯定的心情。你可以「激發」出另一個人的才能，並鼓勵那個人的勇氣。但問題是你所吸引的戀愛對象，好像沒有採取可達到某種結果所需要的意願。你通常沒有達成實際、增加自我力量目標的動機，而且缺乏可以讓你這麼做的特質。

如果你的搭檔沒有來自內在的驅策動力時，你不知道應該怎麼樣推動這個搭檔。所以你會轉向你自己的資源，並利用這位搭檔的能量，發揮自己的能力，創造實際的結果。不幸的是，這又回到以往相同的老套：「我必須親自去做每一件事。」而這種模式會讓你的搭檔感到失去力量，同時覺得自己沒有被納入創造性的過程之中。

如果天蠍座北交點的人發現自己正處於這樣的情況之中，應該花點時間與自己的搭檔做更進一步的接觸。如果你是因爲對他的動機產生興趣，而接近那位搭檔，就可以發現另一個人的渴望及需要。人們只有受到某些自己所想要的東西驅使時，才會有展開行動的熱情。

由於天蠍座北交點的人天生就會受到金錢及舒適感的驅使，所以你以爲每一個人也都會因爲這些渴望而行動，但這並不是眞正的情況。應該幫助你的搭檔去了解什麼樣的東西可以促使他們採取行動。

例如，另一個人可能會希望突破對成功所產生的壓抑及畏懼。這種人會因爲要突破自己受限的感覺，而被驅使去採取行動，而天蠍座北交點的人可以提醒這個人，追求新的工作，採取足以克服畏懼的步驟。或許足以驅策另一個人有所行動的力量，是可以對社會有所貢獻的期許；也可能是希望能引人注目、吸引別人注意的渴望。

天蠍座北交點的人非常善於發掘別人所隱藏的渴望或衝動，而且可以使你的搭檔了解你內在的動機。這個動作本身就具有賦予力量的作用。當搭檔受到天蠍座北交點人的才能所支持時，他將可以進入行動的階段，而最後的結果將包括金錢上的回饋。協助你的搭檔建立自尊，讓雙方都能擁有安全感及舒適自在感，正是這個族群的人所希望的。

天蠍座北交點的人從前世以來，就已經對自己具有完成工作的能力充滿自信。現在你要教導別人如何重視自己。由於你會充分地尊重別人，並盡力地協助對方，所以自然就給予了那個人力量。

然而，在你企圖告訴別人應該怎麼做時，通常會發生問題。因爲你不了解對方的才能及力量，所以永遠無法達到效果；你只能了解自己的才能及力量。例如，如果天蠍座北交點的人決定參加一場五十碼的賽跑，他能精確地知道他的步幅應該多大，才能配合自己的身高、腿長，以及需要贏得賽跑的速度。現在，或許他所提供力量的對象很矮，腿也很短，而對方嘗試採取與天蠍座北交點的人相同的步幅，必將不能配合自己的身材，也不可能贏得這場比賽。

因此，你應該盡量避免一直想去告訴別人怎麼做比較好，並做出另一個人的方式是錯誤的結論。這種自我中心的個性是你很不容易掌握的部分。但是，你今生的工作就是應用你對別人價值體系的了解，去協助對方獲得勝利。

例如，如果前述那位較矮的人想要參加比賽，可以說：「我想要搞清楚，我的身高及腿長，應該配合怎樣的步幅。」天蠍座北交點的人知道他是怎麼估算出適合自己的步幅，所以可以用相同的公式運用在對方身上，考慮對方的身材、體質、弱點及力量等因素，再算出適合對方的數字。你可以幫助他人想出適合他人的計畫，而不是單純按照天蠍座北交點人的方式行事。

☆**發展心理意識**

天蠍座北交點的人可以成爲極爲出色的心理學家。你天生就能了解別人的憂愁及渴望。這是你前世所沒有的才能。當你讓自己的心靈不再受限於因自己的價值觀而產生的偏見時，你就可以擁有不可思議的能力，進入另一個人的思想模式，並了解對方的動機、需要及價值觀。

你知道如何創造成功。你要學習幫助別人創造成功，你必須將對方的心理層次列入考慮範圍。有時候，人們會利用天蠍座北交點人付出的天性，而你會事後才意識到這個事實。其實這種情況是可以避免的，你可以在花一點時間仔細思考這件事，並去了解對方的動機之後，再接受對方的建議。你可以說：「噢！聽起來很棒！讓我想想看，我會給你回音的。」

你常常會有過快的反應。如果你能花點時間去實際了解對方及實際的情況，應該會比較好。如果你覺得充滿精力，就可以勇往直前。但是如果你得到的感覺不好，或是開始失去能量，那就是一個警訊了。

你應該要注意他人的動機，這對你而言是很重要的。由於你很少想到這一點，所以有時候會覺得失望或沮喪。你以爲別人也是根據相同的價值標準行事，而且永遠都是誠實的。但如果你花一點時間去檢視他人的動機時，就可以分辨出那些人是僞裝的，而他們的眞面目又是如何。

重點是眞正去調查可能的搭檔。天蠍座北交點的人是最佳的偵探！對你來說，這是屬於搭檔的一生，是一對一的時代，所以你本來就應該檢視對方的想法、動機、目的及更深層次的價值觀。

☆綜合

你在改變方向上會碰到一些困難。當你設定一個目標，想出達到目標的辦法，你的能量會變得極爲集中，以致幾乎沒有轉圜的餘地。即使是在半路上發現你走錯路時，也不太可能回頭了。

我有一位天蠍座北交點的客戶，是一位老師。她參加一所高中的「建立領導小組」，而這個小組計畫要做一個改變。她參加會議時，心中已經有一個明確的計畫。當某人提出不同的計畫時，她就變得非常沒有耐心。她企圖說服別人她的計畫才是正確的，又說別人的想法無關痛癢，不可能成功，說這個團體不會有這麼多時間去考慮別人的計畫等等。在她的心中，已經有一個既定的「唯一方法」，而其他的任何計畫，都代表對她的威脅。

「綜合」對你來說，可能非常困難，因爲你放棄自己立場的時間，總不夠長到足以讓你眞正接受別人所說的。你需要訓練自己將焦點放在與別人的共同目標，也就是結果上，並思考如何將自己與別人的構想結合，以達到最大的成功。

你今生要學習聯合作用的藝術。第一步是要記得相關的人必須永遠都比目標重要。天蠍座北交點的人也應該時時提醒自己這一點。在前述那位老師的例子中，我這位客戶應該要將最重要的焦點放在他人身上。這樣當他人提出意見時，她就可以傾聽他們的觀點，並發現別人對這項計畫所提供富創意的禮物。

把別人看成更重要的部分，對天蠍座北交點的人而言，是很困難的事，這需要花工夫。通常你會在半途才發現已經對某人造成傷害。然而，這時你可以停下來並向對方道歉：「我剛剛才發現我太專注於自己的想法，所以沒有聽清楚你的建議。如果我傷害到你，我道歉。」然後再慎重仔細聆聽對方的意見。

避免停滯

☆改變的能量

天蠍座北交點的人在突破自己停滯的習性時，常會遭遇極大的困難。你會「陷入」令你不滿意的情況之中。你必須真的對突破舊習感到興奮。而當別人提出令你興奮的東西時，你必須擁有充分的自律，以貫徹並堅持那條可以爲你帶來能量的路。你必須願意放棄可能會使你停滯不前的因素。

從某種意義而言，天蠍座北交點的人喜歡處於固定的模式之中，因爲這種舊的模式令你覺得舒適及熟悉。從另一個角度來說，你知道你並沒有享受到眞正的生命，也沒有得到你想要的經驗。但是，一定要有相當程度的不滿足，你才會想要以不同的方式做事。不適及不滿足，可以刺激你做改變，並擴大你的視野。

例如，一位天蠍座北交點的人，可能會因爲覺得目前的現況不再舒適而想要搬家。搬家牽涉的事情很廣，如清理東西、整修房子以便出售等等。你必須願意發揮自己的力量，而這又需要自律的能力去做任何改變時所需要做的事。

如果你這麼做，「危機」的能量會帶給你刺激並激勵你前進，尤其是當你與一位搭檔共同進行時，而且願意不按照「我的方式」，較困難的方式」做每一件事時。貫徹執行是建構過程中的一項資產，但卻可能是做改變時的一項阻礙。

做改變與建構所需要的能量是不同的。建構所需要的能量，是完整、一步接著一步的過程。但是，改變卻需要快速而密集的行動。天蠍座北交點的人必須揚棄舊有的，邁向新的方向，擺脫讓自己停滯不前的事物，並選擇快速的結果，而不是完美。如果你的行動過慢，會失去支持你做改變的動能。改變本身就可以提供所需要的腎上腺素，幫你跳脫舊有的模式，但是你一定要維持行動。

這就好像在海中衝浪一樣，如果你考慮太久，會錯過浪頭。天蠍座北交點的人必須掌握改變的波浪，即使你可能會暫時失去掌控並感到害怕。如果你站在浪頭上，這個波浪最後終將帶你到岸邊。

若要做改變，你一定要持續與你感受到的新能量保持接觸。在拋棄過去舊有的東西時，與其捨棄過少的東西，不如盡可能地丟。事後可以證明，做改變是遠比你沿途所拋棄的任何東西，更明智、更令人滿意的一個選擇。

☆釋放限制

天蠍座北交點的人在生命之中，沒有先天的平衡感。你只朝著一個方向前進，你的意識完全專注於那個方向，所以你看不到任何其他的東西；你只是繼續往前走。

你會受到肉體世界的束縛，並具有操縱及忘記心靈的傾向。這正是你的生命有如此多困難的原因；你過於物質導向。為了自己好，你應該放輕鬆一點，讓你可以較輕易地走過生命的旅程。當你從物質的情況中退出，並表達出今生真正想要體驗的事物時，會有比較好的發展。

你如何能使你的物質世界秩序井然，而且可以給予你自由開發你的視野？由於來自別人的意見在你今生是非常有用的，所以最明智的做法就是：每個月舉行一次輔導聚會，或與朋友做一次能量的集會，以確定你要走的方向。

對你而言，最好不要讓自己去追求那些會阻礙你的作業方針或想法。今生，你要學習的是，不要如以往般執著於世俗的事物，這樣才能自由地在精神的領域飛翔，並享受在心理方面與別人的相通。這是你自前世以來所習慣的肉體歡愉之外，一個全新的喜悅的領域，而這需要你放棄對物質水準的執著。讓你的能量與別人的能量相結合，就可以使自己拋開對純粹肉體的束縛。

例如，如果你要買一棟房子，並面臨重新裝修的問題時，你的第一個直覺是以你的方式進行，這樣才能與每一個部分緊密結合，並反應出你的風格。這種方式會使你成爲前世價值觀及物質領域的永久奴隸，等於是教天蠍座北交點的人「如何失敗」。

前述的例子中，如果相反地，你找來一位裝潢師，或是擁有藝術天賦的朋友，允許那個人加入他的專業知識，並願意以別人的方式進行，那麼天蠍座北交點的人將可以擁有一個美麗的環境，但卻不會過於執著。這樣你就可以生活得很舒適，並得到環境的支持，卻不受環境的限制。這使你得以自由地擴大至心理層面的世界，對你來說，具有極高的激勵效果。

治療音樂 *Music*

由於音樂是可以在情緒上支持我們去冒險的有效工具，所以我分別爲各個族群的人寫了一首治療歌曲，希望能協助你以積極的方法提升你的能量。

迎新

這首歌所傳達出具安撫效果的訊息，可以激發天蠍座北交點的人對能量的肯定。這種能量是透過接受改變及成功與他人結合所產生的，它可以彼此賦予能力，並創造互惠的關係。藉歡迎生命所帶來的新機會，這個族群易於「陷入困境」的傾向，將可輕易地克服。

節錄部分歌詞

何苦緊抱不放？
你的夢想是眞實的，而不是形式，
今日爲你生命帶來喜悅的，
將以不同的方式實現！

手臂伸向天空，
歡迎今日生命的新機。
生命只給你這個新機，
因爲你已經準備迎向新的氣象，
但是你必須捨棄已經過去的事，
你一定要放手，現在是向前走的時候……

第9章

如果你的北交點位於射手座
或北交點位於第九宮

星座箴言

直覺會自動為你指出正確的路。

總論

應發展的特質

針對這個部分的努力，應可幫助你找出被隱藏的天賦及才能。

★信賴直覺、預言的能力，以及無形的指引
★做靈性（high consciousness）的代言人
★自發性——發展出自由及冒險的意識
★免於檢視的直接溝通
★相信自己
★花時間獨處及徜徉於大自然之中
★耐心
★直覺的傾聽，聽出話語後眞正的含意

應擺脫的傾向 ★

努力降低這些傾向所造成的影響，可以使生活更輕鬆、更有趣。

★猜測別人的想法
★猶豫不決
★不斷尋求更多的資訊
★說別人喜歡聽的話
★根據邏輯否定直覺的認知
★說閒話
★沒有耐性，希望立刻能得到答案
★相信別人的觀點而不相信自己的，包括別人對自己的觀點

應避免的陷阱

射手座北交點的人最大的問題是缺乏精神上的安全感。「如果我能了解別人在想什麼，並說出適當的話，那麼別人就會同意我的意見，而我就能得到安全感。」這種心態會使你陷入對資訊無盡的追尋，「只要我能得到足夠的事實，就可以找到『眞相』，就會知道應該怎麼做。」但這是一個無底

洞，你了解別人心靈的程度永遠不足以保證你可以說出適當的話。

你需要放掉控制，注意自己的直覺。信賴及根據自己的事實行動，可以展現你的完整性，而這種完整性則會吸引適當的人來到你的跟前，協助你得到你所追尋的安全感及心靈的寧靜。

最重要的是，你永遠都無法得到足夠的資訊，去了解什麼是「眞理」。從某個角度來說，射手座北交點的人就是應該超越邏輯、仰賴直覺，並證明你靈性所告訴你的事。有趣的是，當你對精神上的指引有信心時，你對身邊所發生的事也會得到正確的觀點。

什麼是你眞正想要的

你眞正想要的是在你對自己有信心時，仍有與他人相連的感覺。你希望能得到每一個在你身邊的人的完全同意，這樣每個人才能了解你的觀點，接受、支持你，並肯定你明確的動機。爲了達到這個目的，你會試圖去操縱人們，使別人按照你的方式去思考。

射手座北交點的人憑藉你了解別人的能力，認爲自己可以說服別人改變心意，並同意你是正確的。但事實並非如此，爲了要達到這個目標，你應該重新將焦點放在自己的眞理上。

當射手座北交點的人使用自己的直覺時，會發現自己所處的情況變得充滿和諧。當你根據你的靈性生活或說話時，不適合的夥伴就會退出，而新的、適合的人選則會出現。當射手座北交點的人依據性靈的眞理行動時，擁有相似特質的人自然就會來了解你，而且在與你分享相同的精神價值觀時，證明他們可以成爲射手座北交點的人最值得信賴的朋友。

你的才能及適合職業

你具有高靈敏度的直覺，在精神的領域也相當出色。你可以根據你的直覺，溝通並「讀」別人的心靈。你在與外國交流的相關情況中，也可以有成功的表現。當你運用你所具有的能力去找出解決之道時，你將是最快樂、在財運方面最成功的人。適合你的行業包括律師、宗教或精神上的領袖、教授、出版商、廣告業等，任何一種能對大衆傳播你的理念，或是推廣你所相信目標的職業都非常適合你。

射手座北交點的人生來就具有了解別人思考模式的能力，所以常可以預見可能的結果，如預示失敗或災厄臨頭的徵兆。當你把透過直覺而預見的事實以言語表達出來時，自然的溝通技巧可以創造雙贏的局面。

然而，如果你的工作目標是了解並報導別人的想法，可能就不會太成功。如果你教授的是俗世的科目，或是寫一些與事實而非靈感相關的計畫，你對可能會遭到預期外傷害的不安及恐懼，將會加深。但若是利用你天生寫、說的能力，做爲傳達及完成靈性眞相的工具，對你會有更大的好處。

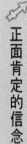

正面肯定的信念

- 「當我遵循自己的眞理時，我就能成功。」
- 「我的直覺可以在事件發生時，自動爲我指出正確的路。」
- 「當我讓別人忠實於自我時，我就自由了。」
- 「當我相信我的直覺，並以語言表達出當時我所遭遇的狀況時，我就贏了。」

你的個性

前世

射手座北交點的人有許多次的前世，是擔任需要了解別人想法的職務，如老師、作家、演說家及銷售業務人員。老師必須了解學生的思考過程，並以學生能接受的方式傳授知識。射手座北交點的人到了這一生的實體時，通常都具有了解每一個人觀點的能力，但在這個過程之中，卻與自己的眞我失去了聯繫。今生，你應該與你的精神面連結，並再次發現自我。

了解別人的天賦也表示你可以和任何人談任何事。你有饒舌的本領，你可以洞察別人的思考模式，並滔滔不絕聊上好幾個小時。你可以透過簡單交換友善的談話及接納，讓對方覺得舒適自在。

但是由於你過於了解別人的思考模式，所以常會過度詮譯別人的想法。你以爲自己應該說對方的語言，才能被了解，於是很快地，你會迷失自己，並忘記自己眞正想說的是什麼。因此，當你從你的直覺「得到些什麼」時，就應該直接說出來，而不要試圖去加以編輯或「翻譯」。

☆猶豫不決

要射手座北交點的人做決定，是很困難的一件事。你很習慣去看事情的兩面，所以即使你知道應該怎麼做，還是會看到另一個選擇、另一種觀點，並因而感到困惑。

例如，如果你自問：「我應該去參加舞會或在家裏休息？」你直覺地「知道」或「覺得」你應該怎麼做才能讓自己快樂，但是你會質疑自己的認知：「對，我留在家裏休息應該會令我快樂，但如果不去參加舞會，或許會錯過什麼有趣的事……。我實在需要休息，因爲我已經連續出去三個晚上了……。但或許舞會中會有一些很有趣的人……。」很快地，你會無法做任何決定。

若要防止這種情況發生，你不能讓自己質疑你的「認知」。你的直覺幾乎是百分之百的正確。你要學習去肯定它、依賴它，並允許它來引導自己。另外，你應該相信自己不會「錯過」任何注定屬於你的人或東西。當你遵循自己內在自然的認知時，永遠都可以走在正確的道路上。

你會從各種方向想出許多理由，這正是令你猶豫不決的主要原因。問題永遠不是只有「是」或「非」那麼單純，如果你總徘徊在「是，因爲如何，所以如何」，以及「不，因爲其他的種種原因」之間，問題會變得愈來愈錯綜複雜，最後導致完全不能決定。

☆預測

射手座北交點的人基於一種不安全感，會不斷猜測自己或他人，這種過程可能是極爲漫長而令人緊張的。你不相信自己的直覺。在以往的生命實體之中，你極習於成爲別人生命及想法的一部分，所以失去與自我的聯繫。你所有追求與社會認同的前世，教你要依賴別人。但是現在你必須在不試圖「解釋」你的直覺的情況下，依賴自己。當你把邏輯運用在直覺上時，會變得更困惑。

過程對你而言是極爲痛苦的。你的內在會出現極大的衝突，令你覺得自己沒有穩定的基礎。你可以看到一個決定的正反兩面，當你終於考慮過所有可能的分歧時，你會覺得這似乎是沒有人可以贏的情況。整個過程都與失敗有關，你應該如何因應每一種不同的選擇所可能帶來的失敗？把焦點放在這種負面的角度，你會變得愈來愈沒有安全感。

但是你眞的想要贏。你必須專注於你的目標，當你考慮到別人時，必須從誰可以協助你得到你所需要東西的角度來看。有趣的是，當你做出堅絕的決定時，宇宙會支持你，而每一件事都會進行地很順利、很漂亮。

然而，在達到這一點之前，你會讓自己身邊的人發瘋，因爲你希望能與每一個認識的人核對每一項決定。只有你的好友可以聽出你狂亂的、「符合邏輯」的觀點背後，眞正追尋的目標，而且會關愛地指引你回到最原始、直覺的認知。所以你需要別人的協助才能使你的夢想成眞；你對他人協助需要的程度遠超出你所了解的水準。而你最需要的是來自宇宙本身精神上的協助，以達成你的目標。只要你開放自己，這種協助將是唾手可得的。

你要學習如果朝夢想前進一步，就必須放掉後面的一步；吃虧就是占便宜。要得到獨立生活形態的益處，你必須放棄對父母的依賴；若要得到擢升的好處，你就必須放棄以前的工作。你應該要把焦點放在獲得上，放在當你努力朝目標前進，並追隨自發性的內在驅策時，所得到的新的成長、環境及身邊的人。

射手座北交點的人應該將你的責任感由激發渴望的反應，移轉至做爲天生內在指引的精確管道。今生，你不是管理者，而是發起者。只要你順其自然，這是非常簡單的事。在你做決定的那一刻：「我選擇這個」或「我選這條路」時，你就進入一個新的層次。你不需要經過猜測這個痛苦的中間過程。你只需要相信你的直覺是正確的，決定跟隨自己的直覺，並運用你的邏輯去推論出達到成功最好的辦法。

當你試圖去推算別人將會有什麼反應時，所會看到的是別人在你做決定之前，可能會有什麼反應，但是當射手座北交點的人做出決定時，別人的反應也會隨之而改變。因此，射手座北交點的人其實並不能預測別人會有何種反應，否則所有有關你做決定的經驗，又會將你帶回原點。今生，只有當你相信自己的直覺，並走自己的路時，才能成功。

☆推理及邏輯

由於前世你深陷於社會之中，並依賴他人，所以已經了解如何與任何人「相處」。在過去的實體之中，你是運用演繹推理的方式去達成目標，根據所蒐集的資訊，配合你對身邊人渴望的了解，來得到結論。你的決定是根據評估所有因素的複雜系統，而這種方式可以幫助你得到「正確的答案」。前世這種模式很成功，但是今生的脚本中，演繹推理的方式對你是無效的。對你而言，有用的方式是歸納推理法。這個過程是根據你直覺所了解的「正確的答案」，並利用邏輯去推算，應該如何做才能實際讓這個結果發生。這種方式是先看到解答，再回頭去決定怎樣才是達到這個答案的最佳方法。

射手座北交點的人今生被允許可以不符合邏輯。前世，你過度使用邏輯，現在你眼中的每一件事情都「有點對」，因爲你能看到每一種觀點中都存在眞理。今生邏輯不能引導你得到正確的解決。過度的思考也爲你造成其他的問題。你很不會說「不」，這主要是因爲你不願意錯過任何可能的機會。同時，你也不希望拒絕任何人的好意。但是當你告訴別人你所做的決定時，即使不說明所有符合邏輯的理由也無妨。對此你應該保持誠實，你應該說：「謝謝你給我這個機會。聽起來眞的很棒，但是我覺得我現在應該走另一個方向。」

你會很訝異地發現，別人是如此容易地便接受你的決定，而且並不會要求解釋。如果對方眞的要求你解釋時，你可以回答：「那只是一種感覺，我眞的不知道怎麼解釋。」這樣總比勉強自己因爲想不出拒絕的好理由，而去做一些不想做的事要好得多了。這也比說謊好多了。在這個實體之中，謊言只會混淆你的自我。

以選擇的角度去思考或說話，對射手座北交點的人而言具有反效果。給別人選擇也不適合你。你應該要直接一點：「這就是我想要的。這就是我希望的時間。」如果對方不喜歡，他會離去，並留下空間給更適合的人選。如果對方喜歡，他會支持並尊重你，而你們之間的關係將會更親近。

事實對你的幫助也不大，除非你以事實做爲展開直覺過程的跳板。如果你不斷追尋更多的事實，以做出最後的決定，將成爲一個毫無止境的過程。你永遠無法得到足夠的資訊，讓你確定自己的決定。當一項決定只是根據資訊而做成時，只要一有新的資訊出現，你就會改變自己的想法。

但是眞理永遠不會改變，所以當你根據內在的感覺或直覺的認知時，就會有保持它的能力。例如，我有一位屬於這個族群的客戶，她有消化方面的問題，不論她看再多的書，仍然無法解決。因爲她常會採用某種方式之後，由於看到新的資訊，想法改變，又會採取另一種方法。

有一天，她開始計畫與自己的眞理連結，且持續了三天，之後根據醫生的處方，設計新的食譜，也因而發現她的身體對每一種食物的反應。這時，她再根據自己個人、內在的經驗，確定到底是那一種食物造成她的問題。她現在已經百分之百的確定（這個族群所罕見的現象）並堅持遵守新的飲食指南，因爲這個決定是根據她個人的經驗而做成的。

如果你眞的與直覺的認知失去聯繫，可以針對某件事情，列出所有的問題：「我應該買一輛車嗎？」「我應該應徵這項工作嗎？」並寫下所有正面的理由：「一輛新車可以激勵我的士氣，給我更多的自信，並且提供一個可靠的交通工具……。」以及所有負面的理由：「我每個月必須額外增加一項支出，媽媽會說我太過浮華。我必須賣掉現有的車……。」每一樣事情都不可遺漏。這可以協助你清除心中所有的擔憂及顧慮。

當一切都寫下來之後，你就可以站在一旁，客觀評估這個情況。這個過程可讓你得以從較寬廣的角度看到整個事情，並使你與你的直覺保持密切的關係。

心靈的誤用

☆解釋

過多的「解釋」通常對射手座北交點的人來說並沒有用。例如，如果某人說了某些被你詮譯爲「反對」你目標的話，你會堅持對方應該詳細解釋他的意思。你會不斷重複針對這個事件的討論，企圖利用邏輯說服對方放棄他的觀點。你若以這種方式處理，你所做的其實正是你最擔心的：將負面的想法放在有力的焦點，並注入負面因素到彼此的關係中。

你最好能讓一些「小事」放在一邊，除非你質疑對方的動機，否則傾聽對方的聲音，並更進一步認識對方。如果你的動機是想說服某人放棄他的觀點，那麼你在與人交流時，通常都會失敗。

☆辯論

辯論對射手座北交點的人而言，是不具效果的。你非常需要別人能夠從你的觀點去看生命。對你來說，辯論並不是希望能給予對方更廣大視野的兩人間的交流；這個族群的人希望透過辯論，使自己的觀點被肯定，所以辯論是與控制有關的。而通常當別人嗅出你的意圖時，你就會溜之大吉。

當射手座北交點的人企圖強行將你對眞理的意見，壓在別人的意見之上時，就幾乎聽不到別人在說些什麼。你的焦點會完全集中在如何操縱別人的心靈，使它們符合自己的希望。這種方法暫時可以壓過對方，但是這場戰役還有得打呢！

你有時候會在無意之間涉入一場辯論。你會先在心中做出決定，再將另一個人拖入自己密集的邏輯過程之中。通常對方會感到生氣，並覺得受到操縱，或是被迫接受事先安排好的結論。你總是搞不清楚爲什麼對方會生氣，而對方則會認爲你試圖強迫他接受你個人不適當的意見，覺得這是一場維護個人尊嚴的戰役。總之，你最好能遠離辯論。每當你試圖運用你的「邏輯」贏得某項觀點時，就是站在薄冰之上。在面對類似的誘惑時，你應該回到自己內在中最平靜的地方。

☆操縱

如果射手座北交點的人利用你了解別人的能力去欺騙別人時，會爲自己帶來很大的麻煩。或許短時間內你可以平安無事，但最後還是會有後遺症。

當你觀察事件邏輯、直線的前進時，可能會看見情況的發展好像會讓你處於劣勢。你會感到驚慌，並嘗試找出保障你立場的方法。你會觀察情況本身可能會有的不同的發展，然後開始去影響別人，認為唯有如此，結果才會對你有利。

然而，當你藉著操縱別人而得到你所想要的東西時，必須毫無止境地持續操縱，才能保有那個東西。這會讓你筋疲力盡。

你今生的命運是將具安撫性的真理、樂觀及信心傳達給世界。如果你採取欺騙的手段以達到自己的目的，因而違背你的命運，無意間會吸引比自己強的對手。所有的對手只要保持誠實，就可以勝利。如果你拒絕成為誠實的管道，就會被真理打敗。

當你只從邏輯的基礎觀看生命時，射手座北交點的人常會感到驚慌。對我們所有的人來說，有時候事情並不能盡如人意，而未來可能的發展看起來的確令人害怕。但這就是發揮自信心的時候。如果你回顧以往，你會發現，每一次的改變都意味著增加及改善。當人們加入你所期待之外的成分時，情況可能會有上千種不同的發展。如果對最後明確的結果保持信心，一條明確的路就自然會出現在眼前。

☆白色謊言

由於射手座北交點的人十分友善，你希望能與每一個人都相處得很好，所以可能會形成說善意謊言的習慣。有時候你可以沒事，但是你的內心會充滿不安，因爲你知道自己並沒有堅實的立場。你必須隨時維持警覺以免穿幫，這會造成你緊張的情緒。虛僞的陳述對你來說並不好，不可避免地，你會遭遇到不愉快的後遺症。

如果你耽溺於「小小白色謊言」，希望別人會因此忘記最原始的協議，或願意接受有「一點點」不眞實的你，最後你也可能會忘掉自己。你企圖「掩飾」的差異，最後終將暴露出來，而且會令你極爲難堪。但是，一旦你意識到這種反應，這些聰明的人會因爲太聰明了，而不浪費任何精神能量在「掩飾」上。

利用操縱的手法與別人交往，也會嚴重限制射手座北交點的人在個人層次上的發展。這對你的自由會形成痛苦且不必要的限制，但是你可能不會承認。你擔心如果不能操控他人，就必須根據他人的意志行動。除了狡猾的操縱之外，你覺得自己沒有任何力量。但是事實完全相反。

你今生這個實體的力量——你的特殊天賦，就是眞理。當你誠實且直接表達自己的觀點時，別人會尊重你所說的。他人會禮讓你，並直接做出反應，來促進你們彼此間的了解及信賴。

正面的特質

獲勝對射手座北交點的人而言，是非常重要的，這也是令你在做決定之前會仔細思考各種選擇的一個理由。你想要向前行的意願極強，所以每一個決定都是極爲重要的；你不希望犯任何錯誤。

然而，當你回顧時，會發現當你跟隨自己的直覺行事，從未犯下原本擔心可能會犯的錯誤。當你遵守自己內心的要求時，你不會有後悔。對你而言，最重要的是你想要獲勝，以及達到下一個層次的渴望。基本上，想要贏的渴望對你而言，是正確而且健康的。

今生，你會想遠離別人思想的大旋渦；你希望在新的層次也能擁有活力。因此，如果根據昔日層次的想法做決定，是無法獲勝的，因爲那將使你「陷在」相同的老地方。你應該相信任何可以給你能量及活力的事物，而這正是你所追尋的「勝利」。

「勝利」對你而言是一種感覺，它是成長及向前、向上推進的一種渴望。所以如果你產生一種想法，而你對這種想法有一種直覺：「對，我應該那麼做。」伴隨而來的還有興奮、充沛的能量，那就是你可以相信的能量，而且自然而然就會出現一條路，帶領你進入你所追尋的新層次。

反之亦然。凡是看起來沈悶，而且令你感到焦慮的事物，都不是適當的選擇。你最好能說「不」，因爲這種情況中的某種因素，最後將不利於你。然而，你過度活躍的心會試著去干預，並說：「這不錯啊！你必須去做。」

當你允許自己跟隨自己的直覺走時，就可以有最眞實的反應。然而，你必須等到決定自己的立場之後再做出反應。當你內心清明時，自然會以關愛、別人可接受的方式，表達出自己的決定。

☆直覺

在前世所發展出來的邏輯觀，使射手座北交點的人了解，從負面的觀點去看待生命，絕對是不利於自己的。我們如何看待我們的生命及所處的環境，決定了我們的情緒狀態。擴大正面的想法，可以讓我們快樂及充滿自信。

不幸的是，由於你前世過於依賴邏輯及敏捷的智能，遂與眞理的力量脫節。你常會忽略靈敏直覺所發出的警告，繼續維持積極的想法，最後卻眼見重要的事情崩潰。然後你會覺得完全沒有準備，因爲你沒有預期會發生這種情況。

爲了避免這種情況再次發生，你發展出畏懼的「邏輯」結構，以「保護」你免於面臨未來可能的痛苦。以下就是可能出現的過程：根據邏輯，你對某種情況感到肯定，並感到快樂。然後，你回想起過去當你充滿自信曾遭遇的失望，這時，畏懼的情緒切入了。爲了避免失望的情緒，你考慮了所有可能的負面結果，並變得害怕及不快樂。

這些頭腦體操的結果是產生對生命、對其他人，以及自己的不信任感。因此，今生你應該要相信你的直覺以避免痛苦。

你的邏輯告訴自己，沒有任何人或任何情況值得完全信賴。人會改變，情況會轉變，預期外的事情會發生，而我們自己也可能會犯錯。

可以相信誰呢？如果你回顧你的生命，唯一可以精確告訴你某種情況的結果的，就是你直覺的聲音。這正是你可以相信的因素。

我們可以用恐怖電影的情節來解釋你天賦直覺是如何作用的。熟悉的主題不斷重複：一棟鬼屋位於一座孤立的山丘上，遠離城市。有一堆年輕人剛好開車經過，他們無憂無慮、開懷地笑著。當經過這棟鬼屋時，鏡頭會對著他們車子的一個輪胎。突然，這個輪胎爆胎了。

從鏡頭的運用及恐怖的背景音樂效果，觀衆心中都暗叫：「不要進那棟房子！」鏡頭會給這群年輕人之中某人一個特寫，這個年輕人直覺地也知道不妥，他知道如果進去那棟房子，一定會發生可怕的事。但是，他的朋友都覺得沒關係，而且很有信心，所以他只好忽視內心的衝動，並跟著朋友進到這棟房子裏去。最後，眞的發生了可怕的故事。

這正是射手座北交點人的最佳寫照。你總是可以在事情發生之前預見到將發生的結果。當你不顧你的直覺，並且因爲「邏輯」或擔心別人的想法，而進入某種情況時，你總是會失敗，而且必會發生一些可怕的事。當你聽從內在的衝動，並跟隨直覺走時，你總是可以成功。你的生命會變得非常奇妙，你可以避開陷阱，並不斷獲致成功。

☆愉快

射手座北交點的人是積極、快樂及外向的。你與別人之間有快樂、輕鬆的關連，而且你擁有助人的特質。你了解你守護天使的想法，而且對高層次的靈感是開放的。你天生是樂觀的，你願意辛勤工作以獲取你覺得正在等待你的結果。

即使你的想法帶來一些負面的訊息，你仍然會對未來充滿樂觀的期待。你可能會談論自己的畏懼，但是你的行爲還是依據你樂觀的情緒。你知道，只要你盡了自己的本分，必然會有美好的結果。

射手座北交點的人會認爲自己可以成功，這正是支持你愉快特質的一個力量。你可以看到可能出錯的事，但是不論要付出多大的代價，你還是會勇往直前。當你變得消極時，那是因爲你想的太多。你的腦筋前世過度活躍，所以現在最好把事情轉交給更高等的自我，並要求你的導師帶領你走向正確的方向。當你放鬆你的頭腦時，你對正面結果天生的信心，將可以獲得重建。

射手座北交點的人可以與別人分享的最佳天賦是，幫助別人克服消極想法，並教導別人如何擁有積極觀點的獨特能力。當你的文字或言語可以將人們的想法導向相信會有正面的結果時，你所傳達的訊息將受到所有接收者的歡迎。另外，當你協助別人將焦點放在光明面時，這個族群自己的想法，也會變得更明亮一些。

你的需求

孤獨

☆分享VS.個人整合

雖然前世你非常習慣處於人群之中，但是今生你必須花相當程度的時間在獨處上。當你離開人群時，你可以得到清澄、與自己的眞理相連，並建立平靜與幸福。有時候，不與別人溝通或不與別人分享自己的想法，會更適合你。你會有所頓悟，而由於你前世一直是老師，所以你的第一個直覺就是慷慨地與每一個人分享你的知識。但是當你與別人分享時，你的洞察力就開始消失。

首先，如果人們不同意射手座北交點人的眞理，這個族群的人會立刻嘗試從別人的角度來觀察事情。即使對方並不是很明顯地不同意，但由於射手座北交點的人對別人的反應極爲敏感，所以只要有任何一點點反對，你都可以感受得出來。這麼一來，你就會產生不安全感，能量也會因而消失。

事實上，你在得到一個新的頓悟或啓示時，應該先秘而不宣，直到你已經充分吸收、整合，並開始在自己的生活之中證明其效果之後，再與他人分享。

例如，如果你認爲正面去面對恐懼，可以將恐懼轉換成笑聲，應該努力將這種頓悟運用於你的日常生活之中。這麼一來，你就可以成爲這項眞理的一個例證。

☆以「宏觀的角度」自然生活

對射手座北交點的人而言，逃離社會是對你有益的。你可以花時間在戶外活動，或是回頭去接觸屬於自然的東西。它可以提醒你對自己眞實，並加強你對自己誠摯力量的信心。大自然的循環可以給你寧靜的心靈，幫助你記住有比操縱別人想法更遠大的計畫。一直纏繞著你的細節會就此脫離。在鄉間度過一些時光，可以給你更宏觀的觀點。沒有這種觀點，你可能會短路，因爲你的腦筋過於活躍，所以如果花太多時間在人們及城市上，你會遭到過度的刺激。

花時間在動物身上，也可以幫助射手座北交點的人放鬆及得到你所需要的清澄。當你所在的環境中，有另一個單純、簡單、眞實的生物存在時，你就可以將焦點放在較平靜的頻率上。你如果能透過比人單純的生物的眼睛看這個世界，將會受益良多。你應該將認知的焦點放在簡單的事物上。

相似地，海外旅遊對你也有很大的好處。處於國外語言不通及不熟悉的思考模式之中，你被迫以不複雜、基本的方式去看待別人。你會領會到自己同類的純眞及美，例如你的風俗、禮節及穿著，或彼此間進行交流的方式。射手座北交點的人可能會認爲，你所享受的是簡單的文化，但是實際上享受到的是，你以較單純的方式去觀察人們或事件的能力。

你渴望純眞。對你來說，要達到純眞必須以「表面價值」去看待他人，並相信自己的直覺。當你學習簡化並對自己誠實時，自然會以同樣的方式去看待別人。在你開始根據內心誠摯的部分運作時，將可以想像別人也是基於沒有欺騙、不是別有用心的動機在運作。當你的頭腦可以如此放鬆時，你的生命將會變得更愉快一些。

不管在那一個層次，射手座北交點的人必須回到自然。我有一位屬於這個族群的客戶，得到了一隻小狗。有一天我去拜訪她時，她顯得心煩意亂、頻頻看錶，因爲帶狗去散步的時間到了。但是小狗正在睡覺。

根據她的「養狗指南」，那是該帶狗散步的時間，她所能看到的只有那些規則。這位客戶無法與實際發生的狀況產生關連。小狗在睡覺，所以就讓牠睡吧！你應該與生命自然、平和的發展所產生的奇蹟建立關係，並相信人們、人際關係及事件的自然律動。

了解及接納

對射手座北交點的人來說，想要在較深的層次被永遠地了解及接受，而不只是暫時性的，最主要的關鍵在於忠於自己。雖然你通常都可以預測身邊的人會有什麼反應，但是有時候情況還是會出乎你的意料之外。

我有一位射手座北交點的客戶，她寫了一個關於童年及家中成員的劇本。她很擔心部分家庭的成員會看到這個劇本，因爲害怕他們可能會覺得受傷。在撰寫的過程之中，她一直處於猜測的情況，並不斷試圖去預測這些成員可能會對每一行字所做的反應。

她尤其擔心她母親對這個劇本可能會有的反應。最後這個劇本在百老匯上演，她有幾位親戚參加了首映之夜，其中包括了她的母親。令她吃驚地，他們都非常喜愛這個劇本。她的母親對自己女兒的表現感到十分驕傲。我這位客戶感受到不可思議的解脫感。

這是因爲她將眼中所看到的眞實狀況表達出來，爲每一個相關的人創造了全贏的局面。另外，由於這個劇本是誠實的（從自己的觀點，而不是別人），所以它也可以受到一般觀衆的歡迎。

當你在直接溝通、表達自己時，背後的動機不是企圖傷害或操縱別人，結果通常都會是圓滿的。它甚至可以爲射手座北交點的人爭取一點正義。你附和別人的傾向太強了，幾乎符合別人生活的每一處地方，所以你等於是讓自己處於任人宰割的情況下。但是當你說：「嘿！你不能這樣對我！我不應該遭受這種待遇！」並爲自己挺身而出時，就可以有很好的效果。

☆自我定義

由於射手座北交點的人極爲渴望一個可以給你心靈平靜的觀點，所以往往會附和別人的哲學。或許短時間，這種系統可以發揮作用。你甚至可能會接受那個信仰系統的要素爲「唯一的眞理」，並且不願意超越那些界線。

這可能會在進行有意義的溝通時造成問題，因爲你會在與別人做更深層的接觸之前，就堅持別人必須服從你的言語及基本教訓。但你這是在利用邏輯找尋眞理，而邏輯只有在特定的假設獲得雙方共同協議的時候，才能達到效果。你所信奉的哲學可以帶給你舒適，但不能使你獨力超越有結構的定義、找到眞理。你可能會試著利用理性邏輯，而不是使自己沈浸於眞理本身的能量之中。

射手座北交點的人暫時採用別人的哲學，並以其做爲推動你邁向眞理的跳板，並沒有什麼問題。但是一旦你與眞理的能量連結，最好能放掉那些讓你抵達目的地的跳板。

你有很多地方要向別人學習，以發現你所追尋眞理的豐富性。但是你必須傾聽生命的聲音，並讓生命教導你，而不是仰賴書本或外部權威的數字。來自別人的意見可以幫助你發現自己想法中的瑕疵，同時也可以提供你有選擇性的認知，這些都將有助於你達到實質的成功。

你今生要學習的是，任何既定的信仰體系都會阻絕你與眞理的完整性做鮮活的、重要的連結。眞理是超越任何觀點的。它是一種能量，而不是一種觀念。它是非常實際，而且有用的。眞理同時也是流動的、液態的，射手座北交點的人要學習讓眞理來領導你。

☆自我接受

射手座北交點的人前世是教師，而你現在仍企圖繼續教別人。你的想法與眞理是否能被別人接受，對你來說是非常重要的。然而，今生你的意見是否被接受，並不是評斷你是否走在正確路上的標準。相對地，你應該將焦點放在成爲你眞理的典範，將眞理運用在你自己的行爲上，以茲證明。

你會覺得精神上極爲空虛。你認爲你缺乏某些可以提供你力量及自信的東西。的確，被忽略的是你的自我。你有許多次的前世實體與社會密切結合，所以失去與你精神連結的寧靜及存在的聯繫。因此，你極渴望能重新使自己接近並適應你的靈性。整體而言，對射手座北交點的人來說，將今生實體的主要目標放在精神層次上的追求，是非常適當的。

在某個層次，這種需求可以藉著閱讀有關心靈方面的書，並花時間祈禱或冥想來滿足。在「日常生活」的層級，則可以藉肯定你的渴望，來加強與你性靈的聯繫。因爲你常擔心自己的渴望會被拒絕，所以不願告訴別人自己所想要的東西。然而，渴望是發自於我們內在、性靈的部分，它要求我們朝特定的方向前進，以使我們能夠體驗到自己的完成。因此，當你接受自己的渴望，並坦誠告訴別人時，就是向更接受自己跨出了一大步。

有趣的是，當你開始練習自我接受時，會發現自己已不再如以往般渴求能被別人接受。若是你一直保持誠實、對自己眞實，而且有勇氣去揭露自己的渴望，最後的結果會是感到極大的滿足、充實及和平寧靜，這是一種發自內在完成的感覺。

直接溝通

射手座北交點人的一個重要目標是練習直接溝通的藝術。這可能極具威脅性，因爲你前世習於操縱別人，而且多採間接溝通的方式。今生，或許你會不喜歡別人身上的某些特質，但是卻會在無意之間，參與這樣的行爲。

你擁有承襲自前世對語言方面的天賦。你可以設計自己的溝通方式，令別人同意你的意見，也可以調停集團或個人之間因彼此不了解而產生的爭執。你不只能夠圓滑地處理，同時也能藉操縱來爲雙方面進行調停。你不喜歡正面衝突，若能使別人同意你的觀點，就不會冒直接行事的危險。

但是在這樣的過程之中，由於彼此的交流不是以直接與眞理爲基礎，所以每一個人都是輸家。這時，這個族群的人會覺得很糟糕。因爲你背叛了自己，也背叛了眞理，而你自己的某個部分知道這個問題。

射手座北交點的人最好能注意躲在事情後面的眞理，並單純表達出你所看到的東西，而不要利用邏輯的方式，「搞清楚」怎麼做才能符合自己的最大利益。經由相信這一點，眞理本身的力量就可以爲你的成功墊下基礎。你將會得到一種很好的感覺：確定自己是走在正確的路上。這需要回憶及練習，一旦你體驗到好的結果時，就會更相信它。

☆**對接納的需要**

你會在開口前，先考慮別人將如何接受你所說的話，藉此來緩和你必須說的話。這種方式可以達成間接的溝通，也意味著你只與別人分享你認爲可使對方接受自己觀點的事物。你擔心會失去別人的接納及支持，而你會努力使彼此間的對話，保持在輕鬆及社交性的層次。

然而，當射手座北交點的人做直接溝通，把問題公開討論之後，將再次出現精神能量快樂交換的現象。如果你把每一個「障礙」（對方的不同意見）看成是創造更大和諧的下一個步驟，相信宇宙會帶領你更接近他人，那麼每一個障礙就會成爲帶你抵達目標的里程碑。

經過以往的調整，你會傾向於「手下留情」，擔心如果大聲說話，會讓自己陷入麻煩。但是前世有用的習慣，在今生未必可以保證使你成功。你不說話，就會有麻煩。如果不告訴別人你的立場，或是你所想要的東西，你就會被忽視或置之不理。這絕對是你所不喜歡的。

射手座北交點的人必須非常直接。如果你讓自己的話有妥協的空間，將會忘記自己的重點，並失去能量。對你而言，忠於自己是相當可怕的事，但是只要你把自己看成可與內心眞理溝通的管道，就可以做到。

☆**表明你的立場**

你最好能在與別人討論之前，先決定自己的立場，及你想要的東西。我有一位屬於這個族群的客戶，是一位演員。有一天，紐約一家著名的製作人給她一個試鏡的機會，那是一個舞者兼歌者的角色。我的客戶歌唱得很好，但是舞卻跳得不怎麼樣。她直覺的反應是：「噢，不！這次不會成功的。我一定要經過這次試鏡的痛苦考驗嗎？」

之後，她開始以「邏輯」猜測原始的「認知」：「如果我退縮，那位製作人會怎麼說？或許他會認爲這是個人的因素，他的下一個劇本可能就不會再找我了。如果這是一個可以讓我接觸更多更重要演出的機會，我卻因沒發現而準備放棄，怎麼辦？」

最後，她打電話給那位製作人，向他解釋她認爲自己並不適合這個角色，因爲她的特長是歌唱，而不是舞蹈。經過再次的思考之後，對方同意這次可能不是適合她的機會，但他們的交流以一個具有積極意義的音符做爲結束。

我的客戶在打那通電話之前就知道她自己所在的立場。那次的談話是表達她的觀點。在她與製作人談話之前，她已經做了決定，所以她可以直接且有技巧地進行溝通。射手座北交點人的挑戰是搞清楚自己的立場。一旦你做到這一點，就可以自然表達出自己的決定，而且是以能讓別人接受並合作的方式表達。

☆害怕受人誤解

射手座北交點的人極度害怕被誤解。你會把安全感及心靈平靜的基礎建立在與他人之間的和諧感。但是，如果你想要眞正地被接納，這種和諧必須建立在能表達你自己眞理的基礎上。

你常會在看到某件事情時，立刻產生一種「對與錯」的觀念。當你與別人分享這種感覺時，別人可能會以為你「有問題」。但是通常時間可以證明，你第一個印象是正確的，所以你可以直接說出你的感覺，並提醒別人自己過去的直覺都已證明是對的。

因為你渴望被接納，所以不希望別人認為自己是「傲慢的」；亦因此，你常會低調處理這種能力。但事實上，這些認知並不是你自己的想法，你只是直覺地「看到」罷了。藉著指出這一點，你可以讓別人注意到，與你的直覺相連所可能帶來的好處。

射手座北交點的人要學習相信自己第一個內在感覺的正確性，而不要在事後妄加猜測。通常當你與對自己來說極為重要的人交流時，事後都會覺得「一切都很好」。但是稍後，你會回想起之前的談話中自己所說的話：「我不知道他到底知不知道我那句話的意思？噢，糟糕了！他可能會以為我是說……。」

這時，你會遭到焦慮的襲擊。整段談話的內容會重新浮現在你的腦海之中。你會再次仔細地剖析，注意每一個可能造成誤解的地方。很快地，你就會認為別人與你之間發生了極嚴重的誤解。

此時，你可能會想打電話給對方，解釋一切。但是如果你這麼做，通常只會讓情況變得複雜，而對方則可能會開始懷疑射手座北交點人的誠意。你會嗅出這種氣氛，覺得很尷尬，然後比之前更沒有安全感。在質疑彼此的交流時，你已將負面的精神能量注入彼此的關係之中，而這樣的行為會傷害你與對方的關係。這整個過程會不利於你。

射手座北交點的人需要一個精確的指標，以標示出原始談話中實際發生的狀況。你必須學習相信自己內在的認知，也就是談話結束後立即有的感覺。如果你感到不安，覺得有些事情「不怎麼對」，你的直覺通常會是對的。有可能是對方並未「坦誠」，也可能雙方之間的確有一些誤解產生。但如果你第一個感覺是，事情進行得很順利，就應該相信這種感覺，不要再回頭檢視談話的內容，用邏輯將它分解。對你來說，直覺比邏輯要來得準確的多了。

射手座北交點的人還有一種不可思議的天賦，就是透過氣氛進行無聲的溝通。如果你對任何人際關係感到不安，應該回到內在的自我，將愛傳達給對方。這麼做就足以達到撫平傷痕的效果。

心靈的平靜

射手座北交點的人所面臨最大的挑戰就是獲得心靈的平靜。以下觀點是對你有所幫助的：「嘿！這只不過是一個探險，一個試驗，一次發現之旅！」「探險」這個詞對你具有奇妙的效果，它代表樂趣、擴展及學習。

在探險的路上，你會發現其他途徑更多的事，這些事是你以往所不知道的。要跳入未知需要極大的信心，但是當你眞的踏出步伐時，每一件事情都會成爲助力，你會覺得富有活力，別人也會覺得你簡直勇敢極了。只要能把這種情況視爲一種探險，你就會放手去冒險及探索。

當你遵循自己的直覺時，會發生奇妙的事情。而你能量區中產生的正面反應，將爲你帶來鼓勵及熱情，這些都是你要繼續往前時所需要的。

☆耐性

射手座北交點的人要學習耐性。你常會希望加速結果的發生。你腦海中所看到的，你都希望可以立即發生。你極度認同自己的精神過程，但因爲你的腦袋動得太快，所以最後你會比「自然潮流」要快得多。當事情的發展不太對時，或是看起來彷彿出了問題時，你應該刻意放慢腳步，並耐性地等待。你應該靜觀事情的變化，以進入事情自然順序中的下一步。

但是你常會覺得時間快要到了，而這種緊張的能量可能會成爲你身體、神經系統，以及整體的健康極大的負擔。不過，有時候也由於健康亮起紅燈，反而讓你能夠放慢速度，並變得更富觀察力。你要學習更接受生命，而不是去控制它。放慢速度可以讓你與內在的眞理接觸。

射手座北交點的人也可以自己練習如何更有耐性。如果你覺得某件事情成功的機會不太，但是又有些地方很有道理，那可能表示時機還不到。你的直覺正在告訴你：「你現在不應該這麼做。」不久之後，當外在的環境變得更一致時，內在的訊息也可能會改變。

☆放鬆

因爲你有精神上容易受到過度刺激的傾向，所以很難放鬆。你的腦袋隨時都在動個不停，不斷運動你的神經系統，因此你可能常會有失眠的問題。你必須想辦法讓自己放鬆下來。

有許多事情可以讓你增加你的平和。冥想就是一個很好的方法，它可以安定神經系統，並爲你重新充電。另外泡熱水澡或游泳的效果也不錯。事實上，所有與水有關的交流都具有安定的效果，即使是一個魚缸、濱水的景觀，或是水的聲音，也都很有用。

定期運動可以幫助射手座北交點的人獲得平衡，使你的頭腦與肉體達到和諧。運動或戶外活動對你來說，有很棒的效果，如慢跑、騎脚踏車、遠足、散步、攀岩或露營等。由於更深層的放鬆與心靈有關，所以閱讀哲學及性靈方面的書籍，或進行宗教相關活動，可以爲你帶來極爲豐碩的成果，甚至會令你感到意外。

你的人際關係

個人關係

☆友誼

你過去有許多次的前世與他人關係密切。你會調整自己去適應別人，對別人的日常生活抱持興趣，並試著了解他們生活中的內涵。因此，特別是在你的早年，常會有很多的社交活動，例如和朋友「鬼混」，或是參加社交聯誼活動等等。然而，在今生的實體中，社會化並不能滿足你最深的需求。事實上，與人們的關係過於密切，往往會榨乾你的能量，並讓你覺得過度敏感及缺乏安全感。花一些時間獨處，你會覺得更清楚。

如果射手座北交點的人在與人溝通時更直接一點，並減少參與討論並不眞的吸引自己的話題，會發現那些與自己沒有什麼共同點的人，會逐漸自你的朋友圈中離去。而你要好的朋友則會欣賞你的直接，所以直接的處事方法，可以協助你辨識誰是眞正屬於自己的同類，誰是與自己沒有深入交集的人。

你可以是極爲出色的顧問。你會欣然地傾聽每一個人的故事，並嘗試去幫助別人。因爲你知道別人的想法，所以每一個與你在一起的人，都會覺得很舒服。但是對你來說，圍繞在你身邊的人數目若能減少，對你比較好。這是因爲如此一來，你就可以撥比較多的時間，與志同道合的朋友在一起，而這些朋友可以幫助你成長。

由於射手座北交點的人非常需要受人注意，所以有時你還是會維持一些表面的人際關係。你會爲了這種人際關係做任何的事，例如捏造故事、假裝對別人的事情好奇，但其實你並不眞的有興趣。你甚至會製造出一些生活上不必要的問題，以博取別人的注意。你非常害怕單調，所以每次都會極力與其對抗，逃避並分散自己的注意力。

在你的友誼之中，你應該注意不要沈湎於閒言閒語之中。他人似乎比較能擺脫這些閒言閒語，但是你只要去和別人嚼舌根，你的生活步調就會大亂。這是一件這個族群的人今生不能做的事。

☆你的愛情

射手座北交點的人要學習一件事，就是如果你企圖去操縱你的搭檔，最後自己會被陷住。在愛情關係中，你會希望得到掌控權。你在任何時間都會維持溝通管道的暢通，至少表面上是如此，認爲這樣才能分享搭檔的「心靈空間」，並維持對情況的掌控。你藉經常性的電話往來及類似的方法，維持與你搭檔的聯繫。在搭檔有一絲絲想要抽腿的意圖時，你都會非常敏感地察覺。

不幸的是，這種溝通是發生於表面、「砍大山」的層次，內容從未牽涉到這個關係之中最基本及重要的主題。而且如果不做經常性的檢視，你就會覺得很沒有安全感，擔心會失去控制，而導致另一個人的離去。所以你可能會花上一整天的時間去「瞎扯、打屁」，討論這個和那個，讓對方了解最新的消息，並分享你的想法。

多年以來，射手座北交點的人對持續性精神上的交互影響已逐漸感到疲憊。你認爲這種交互影響只是爲了維持控制，所以開始覺得厭煩，並考慮要脫離，尤其是在你無法控制對方、要求對方按照你的想法做事時。但這樣你不僅是把對方陷在依賴的困境之中，你也困住了自己。

只要相互依賴的情況持續愈久，你就會變得愈來愈困惑，精神上也會愈來愈虛弱。在這種情況下，通常你會企圖打破當初自己所製造的結合關係，對搭檔感到生氣，並因而製造精神上的距離，重新獲得自己及獨立的感覺。有時候，或許你會設計一個「逃脫計畫」，當你離去時，讓你的搭檔大感訝異。

對伴侶的行為有偏好是無可厚非的事，但是你如果在展開一段關係之初，採取的是較直接的方法，應該可以爲自己節省許多時間及精力。前世，你認爲結婚之後可以藉著愉快地操縱對方，慢慢改變伴侶的行爲。但是這種技巧今生並不能發揮效用。

一旦彼此間互相吸引，射手座北交點的人應該表達自己對創造一個充滿冒險及歡愉生活的想法。當你公開分享自己對未來的幻想時，可以看出對方是否會對自己的夢想產生共鳴。如果你碰到阻力，縱使是三十年之久的婚姻，不論你投入多大的精神企圖控制對方，仍是不可能造成任何改變的。如果你碰到的是熱情及支持，就很可能發展出一段良好的關係。

你有時候會由於過度專注於精神的過程，而忽略了自己的身體及「性趣」，就好像迷失在你的腦海之中。你或許可以嘗試露營或是戶外探險，藉以回到人世間來。置身於大自然之中，可以安定你高頻率的神經系統，並允許你重新建立自然的感官及身體的節奏。另外，當你把性看成一種樂事，或是一項預期外的冒險時，你就可以重新連上線了。

有時候，你會覺得自己總吸引不了適當的戀愛對象。其實這種情況只會在你未忠於自己時發生。爲了能讓別人接受自己，你一直是變色龍。你運用邏輯去選擇戀愛的對象，然後利用自己的能力去了解對方在想些什麼，以創造出表面的和諧。但是當你不斷改變自己的想法，以獲得別人的接納時，你對自我及自己眞正想要的東西的意識，也會愈來愈淡。

以眞理爲基礎的關係可以維持自然的發展。只要眞實地忠於自己，另一個人就會保持在快樂及付出的狀態下。以操縱爲基礎的關係，勢必也要靠操縱來維持。當你自然而直接地反應時，那些被你眞實天性所吸引的人，會愈來愈靠近。射手座北交點的人應該與一位可以與你眞實面起共鳴的伴侶在一起。而你唯有對自己眞實、直接表達自己，才能找到這樣的一個人。

忠實及承諾

射手座北交點的人要學習的是，忠實並不是去與另一個人對抗，因爲那只是短暫的忠實，那種忠實在壓力之下就會崩潰。忠實眞正的意義是，持續支持所愛的那個人去追求目標，並眞正地去做你說過要做的事。在你做出承諾並學會如何遵守諾言之前，是無法得到別人的忠實。

☆正直VS.欺騙

在親密關係中，你會面對利用你精神的敏捷去欺騙對方做改變的誘惑。你會企圖採用各項謀略，但是那其實就是操縱，對方必定會抗拒。例如，這個族群的人可能會對自己說：「他很完美，但是他這方面一定要改。如果我讓他以不同的角度去看人生，他會改變的。」但就長期而言，這個計策將無法奏效。它會造成怨恨、憤怒，並浪費時間。

採直接的方式效果要好得多了。例如，射手座北交點的人可能會說：「嗳，我愛你的每一點。但是眞正適合我的男人必須具備一個特質。你願意發展你內在的這個特質嗎？」你擁有天然的策略，不用擔心說錯話。你只是表明自己的立場，然後看看對方的反應即可。

直接並不代表生對方的氣；直接只是表示你必須說出實話。你應該堅定果決，但不具攻擊性；堅定是說出實際的情況，而攻擊則是以憤怒爲動機。攻擊是以另一個人做爲對象，但是射手座北交點的人應該要以自己的眞理爲主要的對象。

有時候，當你說話很直接時，會變得非常情緒化。你會覺得脆弱、緊張，因爲你已經壓抑很久了。當你開始說話時，這些情緒可能會隨著你的話一湧而出，但這並沒有關係，事實上還對你有好處。

☆**道德及倫理**

由於射手座北交點的人，會從許多不同的角度看每一件事情，所以你很難把任何信仰或認知視爲「神聖」。正因如此，你可能會誤導別人，讓別人對自己的動機或意圖有錯誤的認識。對你來說，那可能是決定你應該說什麼，以得到自己想要的東西的事。你甚至可能會因爲別人的誠實而給予打擊：「他爲什麼那麼說？眞笨！這樣他就得不到他想要的東西了。他應該只說些我想聽的話。」

你通常都不願承認說實話的固有價值。你對生命中美好的事物，以及遵循自然法則的好處缺乏信心。你認爲每一件事情都必須依賴你以謀略打敗別人的能力。但是你會逐漸發現，當一個人的言語眞實反應出他的內在時，將會產生力量、平靜及信心。沒有什麼好隱藏的，沒有理由需要「警戒」，也沒有需要利用精神能量「隱藏自己的企圖」。你也要學習對正面的結果有信心，如果你誠實，就會發生「正確的事情」。

當你不是根據正直行事時，會「以己心度他心」，對別人的「意圖」感到懷疑。這會造成妄想、不信任、苦惱等現象，因爲你假設別人也試圖欺騙或打敗你。

誠實、眞理、自由，這三種能量是交互依賴的。沒有誠實，射手座北交點的人永遠看不到眞理，也永遠得不到自由。不誠實的習慣會導致困惑，而當我們讓別人困惑時，最後我們自己的生活也會混亂不堪。射手座北交點的人要學習的是，想保護自己不受別人的欺騙或埋伏，最好的辦法是誠實地勇往直前。

富建設性的溝通

☆傾聽

雖然你的確擁有了解別人的超強能力，但是你常常不會眞心傾聽別人所說的話。你的注意力無法集中在別人所說的話上，你非常急切地想要與別人分享你自己的既有觀點，你也很關切別人眼中自己到底是什麼樣子。所以實際上，你與別人之間並沒有眞正的溝通或是共同的成長。

射手座北交點的人應該在與別人的談話之中，培養更平和的氣氛。你應該要有更強的欲望以透過彼此意見的分享，尋獲眞理。在這個過程之中，在維持自己眞實面的同時，你還可以判斷別人的話是否正確及切題。

由於你有許多次的前世，都是以老師或傳譯的身分出現，所以常會過度執著於別人所用的每一字每一句。今生，你最好不要用兩隻耳朵去全神貫注於別人所說的字字句句，只需要用一隻耳朵聽就行了，另外一隻耳朵則留下來傾聽自己的直覺。在你以直覺而不是邏輯傾聽別人的話時，就可以眞正了解對方所說的話，並創造促進彼此成長的和諧關係。

☆聽到別人的眞理

由於你本身在表達個人眞理時，會遭遇極大的困難，所以你假設別人也與自己一樣有這方面的問題。但是實際上並非如此。你要學習接受別人對他們的動機、渴望、興趣及價値觀的說法，是眞實的。眞正的溝通要求的是願意超越邏輯，而直接觸及對方所提供的事實。射手座北交點的人將談話降低爲只是分享一些可預期的字句，而不是讓談話成爲顯現出更高層次事實的工具，這會導致人際關係中的誤解。

動機是最重要的。如果這個族群的人動機是爲了透過言語的交換，去傾聽並更接近事實，雙方都可以獲得勝利。當你的動機是爲了凸顯自己比別人聰明，或是精神上高人一等，你的自發性會造成疏忽、痛苦的誤解，以及錯失許多機會。

☆找出解決之道

射手座北交點的人應該將你與別人的互動，看做是尋求「解決問題最佳方法」的一個機會，而不是攫取無止境資訊的時候。問題及好奇心並不適用於你。你已經看到太多的選擇。你應該放棄提出問題的渴望，只要對你直覺過程所指引的方向開放。在直覺的層次上，你是很聰明的。

即使是最親密的友誼，也會發生誤解。如果射手座北交點的人不誠實、直接及立即地表達出所受到的傷害或恐懼，負面的想法會「發酵」。經過一段時間以後，這些「壓抑」會不斷累積，而這段關係也將消失。如此一來，射手座北交點的人會失去原本可能促使自己一生成長的友誼。

但是，如果射手座北交點的人直接表達出他的感覺及想法時，他的朋友就有機會接受他、進一步了解他、更支持他了。這時，阻力就成為製造更深層次結合的途徑了。

你要學習最佳的解決對策是來自於兩個人意見的綜合，這是比兩人中任何一人獨力思索而出的結論更高層次的認知。眞理是一種能量，不是個人的意見，在兩種觀點都爭著要成為「正確」的情況下，是無法得到眞理的。眞理的能量必須透過願意接受對方意見，並希望能共同追尋眞理的兩個人，才能接觸得到。

社會狀況

☆禮節

由於有許多次的前世實體，射手座北交點的人是生活於社會之中，所以你往往會變得對別人的意見過於敏感，同時還會過度執著於以社會能接受的方式行事。你太強調「有禮」，而且時時不忘社交禮儀，包括圓滑、禮貌及審慎。因此，當別人出現行爲粗魯、殘酷，或只是一般性的失禮時，你簡直無法了解。

我們每一個人都有屬於自己的前世歷史，但只有射手座北交點的人花了如此多的前世時光在學習社會規則上。與其譴責別人不遵守社交禮儀，不如幫助別人學習如何以可支持社會的方式進行互動。這是一項你必須與他人分享的天賦。

例如，你不希望讓任何人必須面對說「不」的情況，你希望保持優雅的風度，並使交流充滿友善的氣氛。由於你了解別人的想法，並能很敏銳地知道何時是提出意見的最佳時機，因此當別人讓你處於必須說「不」的尷尬情況下時，你會非常不解，而且會認爲那是故意、且不公平的行爲。其實，別人並沒有發現他已讓你面對困難。

射手座北交點的人對別人的想法極爲清楚，所以當自己所說的話，或所做的事傷害到別人時，自己也很清楚，且覺得很難過。你基本上是很和善的人，而且並不願去傷害別人。但是，考慮到自己的感覺也是很重要的。當你退縮、不直接表達自己時，就會受到傷害。但是當你直接的、不是以具傷害性的方式溝通時，就是對自己負責。只有在這個時候，你才有能力去幫助別人。

☆別人的想法

射手座北交點的人在社交場合可能會覺得沒有安全感。基本上，這是因爲你對別人、對自己都過於敏感。原本你獨處時，可能會覺得內心非常平靜及快樂，但是經過一個晚上與別人的互動之後，回到家，你會由於席間別人所說過的話、別人話中的意義、別人對待這個族群的方式等，所有可能隱藏的意義，而感到十分困惑。

基於防衛心理，你對別人可能如何看待自己，做成了一種嚴厲的判斷，之後你就會關閉自己，退縮回去，並決定以後永遠不再出去與別人接觸了。當你任自己的腦筋過度活動時，社交的互動的確會傷害你。

例如，我一位屬於這個族群的客戶告訴我，有某件事情不斷持續地觸怒她。由於她的消化系統非常敏感，所以她通常只喝熱開水。每天她都會辦公室附近的一家咖啡店，點一杯大杯的熱水，同時付給店方杯子的錢。但櫃台小姐都會多看她一眼，她將這種眼神詮釋爲輕蔑。

最後，我的客戶終於忍不住了，她對那位小姐說：「你對我點的東西有意見嗎？我覺得這件事好像造成妳的困擾。我想讓妳了解，除了熱開水，我什麼都不能喝，所以我只能點熱開水。」那位女孩綻開燦爛的微笑，並說：「我一點意見都沒有！」這時，我這位客戶終於再次覺得輕鬆起來。

當射手座北交點的人最後終於在這類的情況下進行溝通時，幾乎都會發現，你原以爲別人是針對你個人的行爲，其實只是別人情緒的反射，而且別人可能完全沒有意識到自己的行爲已經對他人造成影響。與其假裝別人並沒有影響到自己，或是由於你的敏感而逃離人群，射手座北交點的人不如採取直接的方式，讓你可以維持自己的完整性。在承認你弱點的過程中，你會變得堅強，不致因爲別人的想法而受傷。

☆**獲得透徹的認識**

射手座北交點的人對於自己能夠從每一個人的角度去看事情感到很自豪，但是這麼做會讓你發瘋。你非常清楚每個時刻別人對自己的看法，所以會因爲覺得虛弱不堪而封閉自己。雖然你看起來很友善及開放，但是其實很多時候，你是因爲擔心被別人批判而呈「封閉」現象的。

你需要自當時的情況退出，並了解整個狀況。一旦你能得到透徹的認識，就可以利用自己語言上的力量，去說一些可以讓對方覺得好過一些的話。例如，前面例子中的那位客戶，她可以退一步，承認那位咖啡店中的小姐正處於相當大的壓力之下。她可以說：「我想午餐時間大概是最忙的時候了。」這句話肯定了這位服務人員所處的情況，並建立了這位客戶所追尋的和諧。

沒有任何人具有類似這個族群的人所擁有的能力。你可以發散出智能上的敏捷、輕鬆及接受。當你與對方一起這麼做時，不僅有利於你本身，甚至對整個星球都有好處。你可以利用前世在溝通方面的力量去幫助你的鄰居。今生，你不應該限制自己對存在於當下環境中的人的興趣。你今生到這個世上來，就是爲了協助任何經過你路上的人，重建積極的精神態度。

☆**不過度執著於別人的一字一句**

你常會認爲自己在說話及溝通上有問題。但是其實你的溝通能力很好，只是你自己常覺得好累。由於你在用字遣詞方面極度精確，而且又了解別人的思考模式，所以你希望能找到與別人說話模式完全相同的字句，以精準傳達你的意思。很顯然地，即使一段單純的談話，都需要經歷這種頭腦體操，說話當然會很累。

射手座北交點的人不了解，絕大多數的人溝通時都不那麼精確。他人對自己說出的一字一句，並不如這個族群般地全神貫注或小心，他們比較重視的是表達出自己內心的事。但是言語對射手座北交點的人而言，是極爲重要的問題。你常會過度專注於別人的字字句句，而忽略了其中所含的意義。你甚至會不停打斷或糾正別人，讓對方感到非常的沮喪。其實射手座北交點的人糾正別人的話，並不是想與對方作對，而是嘗試做溝通。

有時候，射手座北交點的人會挑出對方所用的一個字，並自此轉變話題：「這個人在說什麼？『眞實的……』。」而你就會針對你所認爲「眞實」這個字的意義，不斷進行討論。事實上，當一個字使你「停止」時，你應該問對方，那個字對他具有什麼意義。這樣可以幫助射手座北交點的人了解對方，並放鬆對特定字句的執著。

即使你通常都很聰明，但是你對字句的執著可能會防礙你的智力，並讓別人深陷於這個談話之中。你的眼光必須超越所說出的字句，而放在這些字句所代表的意義。

你的目標

創造均衡的生活

☆信任及明辨

射手座北交點的人要學習相信自己，及你內在對「眞實」的認知。你具有一種非理性的知識，可以對某種情況產生直覺，但因爲這是非理性的，所以又會常常質疑你的結論，使你失去下結論的能力。當你相信邏輯是評估情況最精確的指標時，一般來說，你會失敗。但是只要你信賴自己內在的知識，通常會成功。

射手座北交點的人非常在意別人對自己一舉一動的反應。你會跳過你的直覺，做一些「應該」做的事，以取悅別人。你今生的挑戰在於堅持你的感覺，並採取符合最初認知的行動。一旦你做了決定，別人就會配合你，並給你支持及力量，就是這麼簡單。你的腦筋過於複雜，所以這對你來說，違反了你的邏輯，而且相信自己單純的直覺眞的是一大挑戰。

你有很強的意願去協助他人。但是你應該先確定一件事，那就是你今生所能提供的最佳協助，是與別人分享你直覺上所得到的，允許自己成爲與你的天賦溝通的管道，並將自我及猜測排除在外。只要你的動機是純正的，射手座北交點的人可以在任何的情況下，相信內在的認知。

明辨對方的動機，如對方的需求及渴望是什麼？對方認爲生命中最重要的又是什麼？可以幫助射手座北交點的人知道何時應該對別人的意見開放自己，何時又應該小心。

如果對方認爲社會地位很重要，如比鄰居更有錢，或擁有更多的財產，或是受到同儕的認同，那麼她所有的意見，都會反應出她對如何在物質世界中成功的觀點。一旦射手座北交點人的價值觀與對方不同，可能就無法從另一個人對「眞理」的想法中，得到什麼收穫。

射手座北交點的人必須自問：「對方對我是否存在特殊的動機？她希望對我有所幫助及支持，或者只是想要找一個人爲她自己的意見護航？」當射手座北交點的人傾聽自己的直覺時，可以感受到對方的動機。如果對方的動機是爲了幫助及支持自己，那麼讓對方的眞理接近，會有利於這個族群的人。

☆誠實

對射手座北交點的人來說，誠實過日子可能是極爲困難的一課。因爲你太習慣於從各個角度去合理化自己的立場，所以很容易忽略與自己的眞理一致，以及不論結果如何，都根據中心行事的誠實態度。要做到這點可能非常困難，因爲你常會藉扮演「好好先生」的角色，或利用謀略，或說一些別人喜歡聽的話，來達到你的目的。

但是，若想使你的生命更堅強，你必須承諾根據道德原則生活。就好像沒有人能違抗地心引力的定律，必會自高處落下一樣，你不可能違反精神的規則，卻不致遭到痛苦的後果。因此，熟悉在世俗層級運作的精神規則，並配合這些規則而不是抗拒它們，對這個族群的人是有好處的。

射手座北交點的人今生也會學習到說謊是具有毀滅性的。謊言暫時可能看起來是成功的，或者可以緩和當時的困境，但這都只能暫時延後面對以眞理爲根據的結果。這種拖延甚至可能會造成具有毀滅性的情況，而且是無法挽回的。在任何情況下，潛在的眞理都將是改變、重新成長及更大活力的關鍵，而這也是辨識是否自然相容的唯一方法。

射手座北交點的人會發現即使是在最世俗的層次，任何形式的謊言都表示違反了更高階層的宇宙法則。最後，謊言會使自己的天性模糊、不信任別人、孤立及焦慮等等。謊言所提供的「暫時解決」，並不能通往眞正的解答，反而會通向更多的謊言、更多的混亂及更低的個人力量。從另一個角度來說，當說話時帶著愛、誠實及關心，可以使對方善於接納，亦可藉著使雙方更親密的方式，增強雙方忠於自己的力量。

在任何你可能的範圍內提供服務，是這個族群的人充滿愛心的特質。你能在同一時間內，處理很多的資訊，並做很多的事，你就像一個可使每個人的事情都能順利運作的齒輪。你應該把想幫助別人的渴望，用在忠實於自己內在的聲音，而不是所有你聽到的其他聲音。

再一次地，你不應該再擔心其他人的想法，只要做你知道是對的事。設立典範之後，你可以透過自己更高力量的表達，進一步地服務別人。將眞理注入日常生活中，是射手座北交點的人所要學習的重要課程之一；而就在你學習的時候，你也能教別人一些事情。

透過直接表達你心目中的眞理，你的行動會有更寬廣的觀點；這種觀點或許你並不是很了解，但直覺上你認爲是正確的。經驗顯示，當你表明自己的主張時，別人的反應會與預期不同。所以，或許你可以結合說出眞理的力量及保護，讓自己成爲你所認爲正確事情的代言人，並觀察身邊情況的發展。你會發現帶著信心行事，將可以爲你的生命增添更多的奇妙體驗。

精神之路

由於你有許多次的前世，都會從許多不同的角度去觀察事情，所以常會太天眞或是短視。你的眼光不夠遠，所以往往無法了解你的行動會造成何種後果。你會覺得精神上很空虛，或覺得被剝奪了歡樂、無法擁有別人有的東西。在今生的實體之中，射手座北交點人的工作是與你的精神結合，並走在精神之路上。

你必須努力維持誠實、道德及承諾，以重建你與精神的結合；你應該忠於眞理，而不是陷入操縱及詭計的誘惑之中。當你走在精神之路，相信並在日常生活中，遵循眞理及誠實時，整個世界就會臣服於你之下，而且你將會吸引那些可以讓你眞正快樂的事情，出現在你的眼前。

☆良知

射手座北交點的人把每一件事情都看成一種觀點，因此很容易不把誠實視爲一個必要的要素。如果你被引誘去做一些可能會犧牲別人的事，以獲得個人利益時，你的良知會阻止你：「不，不要這麼做。這是不對的。」但是，你可能很快又會用邏輯爲自己做合理化的辯護：「感覺上這麼做是不對的，但是如果不這麼做，可能會產生某種結果。而且，其實這也不算是很糟的事。」

從許多不同的角度來考慮一件事情，你會失去眞實的觀點，最後還會基於個人的利益，爲某項決定做合理化的解釋。

眞理並不是一種觀點。如果射手座北交點的人，行爲違反自己的良知，總是會失敗。你會失去與自己精神的結合，而因爲你不當的決定，會關閉通往幸福的門。你也會因此讓自己暴露於無法預期的物質損失之中，因爲問題的後遺症可能會更嚴重。如果你平日的生活不誠實，就不能期待可以得到精神寧靜的好處。

當你不遵從自己的良知，而剝奪了別人的權益時，你也剝奪了自己受到神的保護的機會。當你不選擇正確的行爲而背叛靈光時，你就會讓自己籠罩在負面能量之下。負面的事，看起來雖然與你做過的事無關，但是會開始對你的生活造成影響。你可能會遭遇預期外的損失、背叛，甚至衆所周知的醜聞等，而緊急的狀況或危機則將接踵而來。

忽視你良知所造成的其他反應，還包括不安、焦慮等情緒，那是一種「所有的事情都不好」的感覺。

你唯一贖罪的機會在於重回你精神之路，並在最深的層次，承諾遵從你良知及直覺的聲音。對你來說，若要脫離表面虛浮，並重新得到道德及精神的力量，最重要的是要對眞理忠實。你知道，當你在個人的生活中，持續遵守並執行眞理及誠實的原則，就可以得到自己所追尋的心靈平靜。當你選擇以正確的方式達到期望的結果時，就使自己有資格接受生命所送給你的最大禮物。

☆承諾

射手座北交點的人因為在以往許多次前世中所做的決定，大多只能對自己形成短暫的利益，所以有短視近利的傾向。然而，不論在任何情況之下都將遵守諾言的「承諾」，將可使你得到平和及歡樂的道德力量。然而，藉著從不同的觀點看事情，以使自己行為合理化的方式，你很輕易地就可以說服自己不要遵守諾言。

承諾並不意味著即使在某件事情已經變得富毀滅性或會降低能量時，仍堅持不放，如一份工作或關係等等。承諾是表示直接表達出自己的意圖，而當情況改變時，誠實地與對方溝通。本質上，那是做出對自己忠實的承諾，也是對眞理的承諾。

射手座北交點的人今生必須學習如何遵守諾言。如果你答應做某件事，或是在某個時間到某處去，就應該極力遵守，就好像自己的生命賴以繫之一樣。從某個角度來說，的確就是如此。當你百分之百的遵守諾言時，你的話就會更有力量。任何有害你誠實的行為，都將會使你的話失去力量，並使宇宙收回他的支持。

如果你總是能支持自己的承諾，或是在你無法遵守之前，預先進行溝通，其他人會與你配合，支持射手座北交點的人所追尋的事。你要學習忠實的力量，那其實很簡單：你的歡樂及平和就在那條直而窄的道路之中。

了解指引

☆自發性VS.衝動

當射手座北交點的人傾聽自己內在的反應時，可以獲得最大的成功。例如，當外在的環境中，你面對一些必須做決定的事時，你內在的認知會立即告訴你「好」或「不好」。你並不是永遠都會發現你是獲得導師指引的，但是實際上，你與你的「導師」有特殊的關係：這裏所謂的導師，是指你個人對更高力量的感覺，而這種感覺會告訴你應該遵從那一個方向。

有時候，你會感覺不到有任何指導，但是實際上，那是因爲你自己阻絕了與它的溝通。當你靜下心、調整自己的脚步，並傾聽它所指示的答案時，它永遠都是在那裏等著你的。

在你探險的途中，會得到精神上的眞理及洞察，而你則應該將這些東西運用到你的日常生活之中。你的道路可能不會有太多的邏輯，而你有時候可能會覺得跟隨你的指引，而沒有任何預先計畫的路線，是很愚蠢的行爲。有時候，指引可能會使你走向意料之外的方向，並遭遇你無法預期的奇遇，但是當你跟隨著導引走時，你就成功了。

你今生要學習如何辨別衝動及自發。當你行爲衝動時，你會失敗。對你而言，衝動可以是一種執念，而當你允許自己的腦袋過度使用，尤其是當你畏懼某種情況可能發展時，會認爲可以強迫自己去做一些重新獲得心靈平靜的事情。但是，現在動機會決定一件事情的結果。當射手座北交點的人企圖改變對方的觀點，以得到自己想要的東西時，衝動的行爲會減少你的安全感。

從另一個角度來說，自發性是沒有執著的行爲，它表示可以自由、不假思索地行動。自發性與眞理是一致的；在它的背後，並沒有人爲的操縱。自發性的人與別人分享自己的眞理時，不牽涉到畏懼、自我或被有意識的動機所驅使。當你以這種方式反應時，總是會採取正確的行爲，或是說符合你最佳利益的話。

另外，你還能得到內心的寧靜，因爲你知道自己的行爲並沒有任何隱藏的動機。由於你的動機是單純的，所以可以相信長期的結果，將符合每一個相關人等的最高利益。

☆精神關係

前世，射手座北交點的人對「社會心靈」十分依賴。所謂的「社會心靈」是指你思想的一部分，它可以告訴你如何在社會之中生存。在許多次前世實體，你都迷失於別人的思考模式之後，當進入今世的實體時，根本不知道自己的意見是什麼。從某個角度來說，這是有利的。你並沒有先入爲主的意見，因此可以對更高，或直覺的心智保持開放。但是，你完全不習慣信賴自己所擁有的精神指引的天賦。

今生，你擁有心靈及直覺方面的奇妙天賦，你可以幫助他人；如果你願意的話，你甚至可以成爲專業人員。你天生就是溝通眞理的管道。你解說塔羅牌的精確，無人可比。那些圖片所傳達的「感覺」訊息，配合上射手座北交點的人天生精神上的易變性，可激勵你和他人以新的、富創造性的方式，去觀察生命。

你具有直接通往精神導師的天賦。當一位射手座北交點的人說：「好！這就是我想要的東西。」並開始跟隨她所表明的目標時，她就是「走在正確的路上」。她的工作是允許內在的指引，直接帶領她抵達目標。例如，她可能會決定自己想要一個活躍的生活，及快樂的戀情。若此時有一位朋友說：「妳週六晚上想不想去參加一個聚會？」如果她的能量高漲，這就表示她的導師告訴她，參加這個聚會可以使她更接近目標。

但是，這時射手座北交點的人又會開始猜測：「呃，邀我去參加這個聚會的人，也會邀請一些不可能來電的人。而且，我的另一位朋友也邀我週六晚去看電影。我又沒有恰當的服裝，就算我在聚會之中碰到白馬王子，可能也會因爲我看起來不怎樣，而不會有結果。」經過這些複雜的頭腦體操之後，她就不想去參加那個聚會了。之後，她會抱怨：「我從來得不到我想要的東西。」對你來說，猜測就等於「求敗之道」。

當她的精神自發性地高揚時，她的工作就是：不管她的頭腦說什麼，都要緊緊跟隨那個高揚的感覺、那個「對！」的直覺。如果她跟著那種快樂的感覺走，觀察那條路會帶領她走向何處，就是一場探險。這麼一來，她就是讓她的導師協助她實現她的夢想。

你的周圍都是導師及天使。對你來說，這並不是一個「自己動手做」的一生。較高層次的資訊及指引，會透過直覺的過程傳達出來，所以今生你不合邏輯一點關係也沒有。你大可以依賴「感覺」，而不是有意識的心智。

射手座北交點的人花太多時間在揣測別人的想法上，你應該擔心的是你可憐的導師，以及你的感覺。你的導師的任務是導正你，走向令你快樂的道路，但是你卻不斷否定導師的指引。導師可以看得比你遠得多，所以會盡一切可能設計得很完美，但是射手座北交點的人卻會根據邏輯行事，而不聽從導師所給你的快樂感覺。

如果射手座北交點的人不跟著你的直覺行事，你的導師就不能幫助你，得到你所想要的東西。這是極爲簡單的事，你只需要跟隨你探險的感覺及直覺的認知，歡樂就會自動找上門來。

治療音樂 *Music*

由於音樂是可以在情緒上支持我們去冒險的有效工具，所以我分別爲各個族群的人寫了一首治療歌曲，希望能協助你以積極的方法提升你的能量。

信任

這首歌的歌詞所傳達的訊息，是要激發射手座北交點人的信心，以及鼓勵你的潛意識能信心十足地跟隨內在的認知前進，而不是跟隨你的心智過程。一旦你學會相信圍繞在你身邊的積極精神力量，就可以重新與你所追求的內心寧靜重新結合。

節錄部分歌詞

現在我在這裏，想成爲我所看到的，
一點都不困難，因爲我內心相信
那是無法言喻的——而我必須做我應做的事。
回顧時我可以想起，最困難的部分
是我生命中的一個風險，
我必須如此地相信……

第10章

如果你的北交點位於摩羯座 或北交點位於第十宮

星座箴言

雖不能操縱別人，卻可以控制自己。

總論

應發展的特質

針對這個部分的努力，應可幫助你找出被隱藏的天賦及才能。

★自我控制
★以成熟的觀點處理日常生活
★自我尊重
★維持目標導向
★以理性的方式解決問題
★遵守承諾及諾言
★拋棄過去的包袱
★自我關照
★接受追求成功應承擔的責任

應擺脫的傾向

努力降低這些傾向所造成的影響，可以使生活更輕鬆、更有趣。

★依賴
★喜怒無常
★缺乏安全感導致無所作爲
★因畏懼而自我設限
★以過去爲口實，逃避現實
★孤立，花太多時間待在家中
★缺乏自我尊重
★規避個人風險
★以情緒性的過度反應控制別人

應避免的陷阱

摩羯座北交點的人最大的問題是「依賴」。你渴求被照顧，「如果沒有人照顧我，我就沒辦法生存下去。」這將使你陷入永無止境追求安全感的陷阱之中，「如果我有夠大的靠山，就有足夠的能量處理日常生活所遭遇的問題。」你對別人情緒上的依賴，迫使別人成爲你安全感的基礎。但這是一個無底洞，因爲你總是無法得到足夠的保證讓自己覺得安全無虞，所以你永遠無法得到足夠的安全感，得到你認爲一個有能力的成年人所應具備的、足以處理自己生活的安全感，以成爲一個可以爲自己生活負責的成年人。

最重要的關鍵在於，某些時刻你必須願意冒一些風險，爲結果負責。當摩羯座北交點的人清楚地確認一個對你而言非常重要的目標，並堅持這個目標時，就可以得到所需要的自我尊重及信心。有趣的是，一旦你能負責，就會覺得充滿安全感，而且可以掌握自己的命運。

什麼是你眞正想要的

摩羯座北交點的人眞正想要的是，一個讓你覺得安全、受到保護、關懷及寵愛的環境，也就是一個你覺得能夠眞正歸屬的地方。爲了滿足這種需求，你必須願意放棄一種想法：以爲某個人或某群人，會因爲你的需要而提供你東西。

相反地，你應該負起創造自己所需環境的責任，追求可以讓你變得積極有活力的目標、理想或工作方式，來建立你的自尊。任何能促使你發現自我的環境，都可以給你所需的歸屬感。

摩羯座北交點的人必須超越你散亂的及周遭人們的感情需求，去尋找一個新焦點。當你能夠符合更高階層的原則或精神上的信仰時，你就會覺得受到保護、有所成長。

你的才能及適合職業

你若擔任「主管」的職務，可以表現得相當優異。所以對你來說，像管理、政治、公開演講、企業經營等工作，都是很好的選擇。他人通常都願意配合你達成你的目標。因爲在與部屬協調時，摩羯座北交點人的主管權威總是會有感性的成分。爲了在任何工作領域均能達成目標，摩羯座北交點的人都應勇於「負起」自己應負的責任。

此外，摩羯座北交點的人具有同理心的細膩直覺。你總是能夠了解別人的感覺，所以如果你是居於管理階層，善加利用這項特質，你的敏感可以令別人願意以熱忱及善意來支持你。但是，如果你所投入的工作是以強調成長爲最後結果，往往會陷入無助的情緒泥淖之中，無法「掌控」情況。你最好是投身於目標導向或可以發揮你敏感特質的工作，以關愛去組織其他人，朝特定的目標前進。

正面肯定的信念

・「我不能操縱別人，但我可以控制自己。」

・「拋掉過去，我可以更有效地把握現在。」
・「當我勇於負責，我將贏得勝利。」
・「當我覺得擁有自尊時，就是走在正確的路上。」
・「我不需要依賴別人來照料我。」
・「我有能力處理這種狀況。」
・「我能爲自己的內心世界負責。」

你的個性

前世

摩羯座北交點的人在前世經常都是扮演一家之主的角色。身爲一個家庭或農場上的中堅份子，你能完全得到家人或宗族的認同。經過這些實體的學習之後，你自然可以了解家庭的運作模式，意識到別人情緒上的變化，這是這個族群的一大特徵。

但你前世並沒有多少獨立的經驗。雖然一生當中，你最大的樂趣是來自如何與世界相處，但最大的困難卻在如何跨出第一步。捨棄世俗的經驗而留在家裏的同時，你也犧牲了成就感及自尊。在今生的實體中，你要學習如何為自己的命運負責。

前世，家庭對你來說是勝過一切的。家人滿足你的一切需求。你可以得到食物、衣物等的供應，你擁有棲身之所，也可以在此得到保護。所以你進入今生時，自然會帶著強烈的依賴性，期待別人來幫助你，「使你的生活就緒」。當事情不如你想像那樣時，你就會很情緒化地反應過度。潛意識裏，你希望別人會因為看到你是如此的生氣，而改變態度。但對方會認為，你是想藉這樣的過度反應來控制別人，所以並不會為了安撫這個族群的人，而改變態度。

摩羯座北交點的人要學習用負責任的態度來處理事情。這對你日常生活的順利運作有很大的幫助。你必須捨棄企圖以情緒失控的方式去控制別人。反之，你應該從具有權威的立場，以情緒反應中的溫和自尊與別人接觸。從勇於負責的立場出發，你就可以不需要依賴別人以取得安全感，且能與別人平等地建立關係了。

☆家庭的緣分

你在家中的命運並不佳。通常，你會出生在一個家庭成員有許多情緒問題的家庭，而摩羯座北交點的人都會長時間處於敏感的狀況之下。然而，你會由於周遭的人不斷提出漫無止境的要求，而感到心力交瘁。因爲你總會介入別人的問題，卻又覺得自己沒有能力幫助他們改變。

在成長的過程之中，摩羯座北交點的人會由於太習慣幫助家庭成員成長，以致看不清楚自己未來的方向。因此，在現實的生活中，如果你與家庭其他成員維持過於親近的關係，往往就會發生一些問題。更精確地說，其實親密關係並不是問題所在，眞正的問題出在摩羯座北交點人潛意識中的意圖。比如說，「如果我能幫他解決這個問題，等他上軌道之後，我就可以過自己想過的生活，追求我自己的生活目標，而且做眞正的自己。」

由於你潛意識裏有這種想法，所以你「幫家人解決問題」的行動，其實含有不是很情願的成分。你希望問題「趕快解決」，主要是因爲這樣你才可以過自己想過的生活。這個問題可分兩個層面來看：⑴嘗試去幫助家人解決問題、讓家人的生活上軌道，正給自己一個延後爲自己的生活負責的藉口；⑵自己都還沒學會如何才能夠邁向成功，卻要去幫助別人獲得成功，是不夠成熟的做法。

對摩羯座北交點的人來說，第一件要做的是下定決心，與家人的情緒變化保持距離。一旦你能做到這點，就具備可以過自己生活的條件了。只要你能夠以客觀的角度來衡量家人感情的需求，仍然可以與家人有所接觸。當你的快樂不再以解決每個家庭成員的問題爲基礎時，你其實就具備足夠的能力，可以使每一個人得到富建設性的結果，並以此來處理與家人之間的互動。

如果摩羯座北交點的人可以用你經營事業的方式來處理與家人的互動，你的居家生活將會相當成功。事實上，你是相當優秀的經理人才，因爲你天生有一種特質可以了解人們，能夠用較溫和、不傷害別人感情的方式來引導別人，使別人可以配合你一起完成目標。

你應該用相同的方式來處理與家人的互動關係。也就是說，應該用管理的角度來看問題，而不是從需求的角度。爲達到這個層次，你必須先了解家人各自的目標是什麼，同時客觀地幫對方達成目標。換句話說，對於如何經營這個家庭，你必須很明確地訂出目標，扮演管理者的角色。

☆情緒敏感

你對自己及別人的情緒相當敏銳。由於這種天生的直覺，你了解別人爲何惱怒，以及爲何不能成功。由於你太了解對方無法成功的理由，所以也很容易接納自己「缺乏成就」的事實。當你遭遇到困難，或覺得自己的訓練不足，以致無法達成目標時，你對自己也會發揮相同的諒解及同情，做爲延後邁向正確方向的藉口。這對自己是極爲不利的逃避方式。

摩羯座北交點的人非常了解什麼叫做情緒連結，而什麼樣的感覺會對別人造成何等影響。這對你來說，可以是一個資產，也可以是一個缺陷。就好的方面來說，你能夠用較圓滑的方式來處理生活中的事。你往往爲別人設想的，比別人爲自己所設想的更周到，但這可能會減弱你的力量。

你無法處理負面的能量，所以會反過來調整自己的行爲、計畫及人生的方向，以適應別人。這樣，你就不必去面對別人情緒沮喪的問題，但是你最後很容易會被身邊其他人的感覺所控制。

你會爲他人的心情負起個人的責任。你想讓身邊的人快樂來使你自己覺得好過。你無法將自己從目前環境中其他人的情緒中抽離。而其他人可能會抱怨未被允許表達自己實際的感覺，因爲那會困擾摩羯座北交點的人。例如，如果有家庭成員邀請摩羯座北交點的人一起吃晚餐，雖然她眞的不想去，最後通常還是會去，以避免對方有不好的感覺。你在平日的生活中，常常都在努力避免給別人或自己不好的感覺。另外，你還有一個規避責任的小技巧，就是不做任何決定，因爲你擔心任何決定都可能對別人造成負面的情緒影響。

摩羯座北交點的人今生應該要學習不再控制他人的情緒，讓周遭的人擁有自己的感受。某些時候，人們必須去體驗一些負面的心境，才能解決重要的問題。當摩羯座北交點的人不讓別人體驗負面的情緒時，就等於是剝奪別人成長的機會。

當一個人把手放在熱爐子上而受到灼傷時，就會學到：火會傷人，千萬不可把手放到熱爐子上。情緒方面的問題，亦是同樣的道理。總括來說，如果你根據自己的情緒，去處理與別人的互動關係，無疑是讓自己走上今生的「必敗之道」。你所面臨最獨特的挑戰就是：管理自己的情緒，千萬不要讓自己成爲情緒的受害者；同時也要讓別人爲他們的感覺負責，以達到成長及成熟的最終目的。

處理情緒的能量

摩羯座北交點的人非常情緒化。你看感人的電影會哭，聽到悲傷的故事也會哭。你感情豐富，而且隨時可派上用場。你往往會因爲情緒過度激動，而無法好好地思考、發揮自己的功能，但是你卻不曉得爲什麼自己會這樣。這種狀況可能會發生於當你遭遇個人損失，或是在職場碰到正面衝突或工作利益時，而你總是無法控制情緒，它就是會自然地增強。

當你遇到需要由你負責的情況時，你常認爲自己沒有能力來控制全局，並因此而驚慌失措。你會聯想到可能發生的負面結果，讓懼怕和不安全感湧上你的心頭，而你全身的肌肉則會緊繃。你如果覺得快要失控了，可以做以下的動作：專注並放慢你的呼吸。你必須放輕鬆，把焦點放在如何拋掉這件會令你精神緊張的事情，並嘗試回想一些曾令你覺得愉快或寧靜的事。例如，美麗的山巒、在海邊的快樂時光等。之後，你就會冷靜下來，再度恢復正常。

基本上，你一開始根本就不應該讓這種快「抓狂」的局面，有任何發生的機會。你會發現你只要把某事看得過於重要，就會變得很焦慮。若能認清這一點，你就可以更有效地維持心境的寧靜。

☆害怕被拒絕

摩羯座北交點的人最恨被拒絕。甚至只要一想到某個提議有可能被拒絕，就立刻裹足不前了。當某人拒絕你時，你不但會情緒低落，還會責怪自己，認爲所有的錯都在於自己。你就是如此地缺乏信心，如此地害怕被拒絕，所以每次都會非常謹愼地去處理所有的情況。

你害怕被拒絕的部分原因是來自於你的前世。前世，你被強有力的家人庇護著，所以產生一種認知：你本身並沒有多少存在價值。當你被拒絕時，更證明你存在的價值不大。這種反應並不理性，卻加深你內心的懼怕。只要想到某人會拒絕你，就會整晚輾轉反側。因此，你也不願拒絕別人。

你習於爲別人的感覺負責。所以如果你眞的必須拒絕別人，會花時間找出可以證明你的確擁有拒絕別人的充分理由。那是因爲你知道被拒絕的感受，所以只要想到被拒絕的人將會多麼地沮喪，自己都會懊惱好一陣子。

決定為某件事情負責，可以賦予摩羯座北交點的人突破焦慮，並以負責任的態度採取解決困難必要行動的能量。在個人的人際關係方面，如果發生誤解，你會主動與對方聯絡：「我擔心我們之間可能發生了一些誤會，我希望你知道，我絕對沒有傷害你的意思。」或者說：「我真的不希望你有被拒絕的感覺。」

如果你從主動創造彼此和諧的立場出發，就會知道怎麼說可以促進和諧。如果你當時過於激動，而無法打這通電話，那麼最好給自己一些時間冷靜下來。你可以告訴自己：「現在我沒辦法做任何聯絡的工作，我明天再打這通電話。我要用比較謹慎的態度來處理這件事。」

☆放不開

由於摩羯座北交點的人對自己的感覺極為開放，所以也傾向於對過去的感覺採取同樣開放的態度。你不想忘掉以前的快樂時光，因為你不確定未來會如何發展。你通常會不計一切代價避免去考慮未來。在你開始意識到未來積極的一面之前，你的現實生活裏，只有過去及現在，沒有未來。當現在不能讓你感到快樂時，你就會回頭緬懷過去。這個過程並不健康，因為緬懷過去會令你迷失方向，使你無法於當下採取富建設性的對策。

當你緬懷過去時，你常期望能重拾歡樂及愛。但同時你也會想起以前該做而沒做、但希望自己已經做了的事，這時你會更後悔。你應該記住，以前發生的那些疏忽，或許是因為當時你並沒擁有天光來指引自己應該怎麼做。但如果你能夠專注於現在，同時追求美好的未來，那麼你現在所知道的，可以增進你達到目標的力量。其實，緬懷過去也存在一些正面的意義。你可以檢討過去發生的事情，並記下那些做法是不利於自己的，那些做法則可以贏得別人的尊重及支持。

摩羯座北交點的人不太能夠忘掉過去。你相當感性，不願傷害別人的感情。雖然明知某種情況不能成功，但是當你打算抽身時，仍然會感到沮喪，所以在你深刻地體會到，眞的已經毫無希望之前，你還是會傾向於「一成不變」。你會竭盡所能地去維護某種關係，或做好某件工作，或讓某種情況能夠成功。只有當你的生存受到威脅時，才會離去。但是其實如果你可以在情況惡化到這種程度之前就放手，對你會有利得多。

當你缺少未來目標時，會比較不易抛掉過去。你老是會回想過去的種種，這麼一來，就更不容易跳出舊有的框框。對你而言，要跳出以前的羈絆，或解決目前的困境，最好的辦法是把注意力集中在可以促使你產生奮鬥目的及方向的特定目標上。

例如，如果你已經結束一段戀情，但仍懷念那段親密關係時，你的第一個傾向會是產生強烈的懷舊情緒，並耽溺於已不再擁有的那種親密感。比較好的一種解決辦法應該是透過聯誼活動服務、參加舞會，或參與其他充滿歡樂氣氛的社交活動，促使你集中能量，建立新的人際關係。已經無法挽回的關係，一定要把它抛諸腦後，這樣才能體驗活在當下所帶來的力量。

摒除想要去控制的意圖，對摩羯座北交點的人來說，是最困難的一件事。你總是希望情況依照你的方式去進行。你認爲只有情況在你的掌握之中，才能發現自己的潛能。但是，你應該要明白掌控與管理兩者之間是不同的。嘗試以控制別人來使自己的情緒不受衝擊，意味著摩羯座北交點的人是根據自我中心的觀點，從情緒面來運作。

然而，當你嘗試用管理的方式去處理某種狀況時，就會以較大的格局去關照事情，因爲你已經知道如何使每個人都可得到成功。現在你是處於精神層面及目標導向的位置，而非情緒化的。但是想達到這個境界，你應該先揚棄控制別人的想法。

長不大的孩子

摩羯座北交點的人總是有無窮的要求。你要求別人給自己更多的注意、更多的時間、更多的照顧，覺得這樣才有安全感。你的生活重心總是繞著家人轉。你同樣希望家人也是以你爲生活的重心。但是，通常你的家人並不會提供更多的照顧，因爲你今生的設計並不是如此。

你往往會以你需要更多的幫助、更多的建議、更多的信心，「更多的更多」爲藉口，逃避採取行動。你認爲你所需要的「更多的更多」，會來自於別人。其實，眞正能夠滿足你的「更多」，是專注於能夠在個人的層面擴大視野的目標上，然後採取持續、規律的行動，以達到那些目標。

爲人父母時，你看起來也像孩子一樣，因爲你不太能夠以父母親的角色來對待你的孩子。你不願承擔爲人父母所應負起的責任。你對自己是否能照顧自己都已缺乏信心，當然也會懷疑是否有能力照顧別人。

☆需要別人的注意

你往往會有情緒不穩定的表現，甚至會怒氣沖沖地責怪別人。你會做出任何可以引起別人注意的事情，尤其是在年輕時。但這麼做，卻常使你失去成功的機會，你總認為人們應該關注的是你這個人，而不是你所做的事情上。你甚至會在你的生活中製造一些危機，藉此引起別人的興趣。然而，你也會相當矛盾，因為你通常會感覺到自己內在的這個問題，簡直是「吸引別人注意狂」，所以當你吸引衆人太多的目光時，自己也會產生一種罪惡感，甚至會自我譴責。

在你退縮且未朝你的目標前進時，你自己會覺得這樣是不值得別人注意的。你會因這種想法而無法得到內心最渴望的東西。有趣的是，當你能夠設定一個目標，並為完成這個目標而努力時，周遭的人確實會注意到你，而且願意以健康及令人滿意的方式，對你付出關注及尊重。

此外，只有當摩羯座北交點的人能夠承擔風險、勇於任事，並為達成目標而努力時，你才會有成就感，而且可以用開放的觀念，去注意並接受你所需要別人給予你的關懷。

對你而言，關照自己，當自己在生命中的各種領域有所進展時給自己獎勵，也是極有幫助的。當你表現出對自己的關切及注意時，你會變得成熟，對自己比較有信心，而且較不依賴別人。

☆規避責任

你對於是否應為自己負完全的責任，總是猶豫不決。基本上，這樣是違背你的本質的。你應該脫離保護，勇於面對世界。有時候，你需要當頭棒喝，才能使你思緒淸明，並能勇於對自己負責。

你常常會表現得彷彿頗有責任感，對小事情你的確能夠負責，例如付帳單、買日常用品或傾聽家人訴說問題等等。可是你會繼續規避一些較重大的問題，例如當你嘗試爲自己的未來理出一個頭緒時，通常只是坐在那裏做無窮盡的白日夢。當你終於準備有所行動時，卻又會自問：「我眞的想要這樣做嗎？」之後又放棄了。

在摩羯座北交點人的潛意識中，總有上千個理由促使你延宕今生應該去進行的一些事情，而那是一些眞正可讓你擁有充實成就感的事情。如果，你最後終於對自己說：「這樣子眞荒謬！我就是要完成這件事！」這時，你就做了承諾，並且會爲了達成目標，積極地行動。

你相當富有愛心，但對別人退讓的習性會干擾你自己的生活。你會讓同情心模糊你對事情的觀點，因爲你不願使對方產生不好的情緒反應。你寧願放棄自己的原則，以讓對方按你的方式行事。你應該重新檢視你表達愛的方式。其中一個應該是信守承諾，這將創造出你內在力量的基礎。摩羯座北交點的人應該讓別人知道你的遊戲規則及底線何在，然後毫無妥協地遵守這些規則。

例如你對正處於青少年期的兒子說：「你可以外出，但你必須在晚上十點以前回來，否則罰你以後三個晚上不可以外出。」如果你的兒子在十點半才回來，那麼你就應該嚴格執行處罰，也就是禁足三個晚上。即使你的兒子在被禁足的三個晚上內大發脾氣、胡鬧，你也應該耐住性子去面對。

當然，如果你能繼續堅持下去，這位青少年兒子就會了解，如果違反規定，他的父母親肯定會執行罰則。但是如果父母親放棄自己的立場，「同情」兒子的處境，而讓兒子外出，這樣兒子反而會不再尊重你，也不再尊重自己了。你信守承諾的決心應該要強過害怕觸怒別人的憂慮。

摩羯座北交點的人今生應該學習如何爲自己負責。例如想清楚自己「長大」之後要做什麼，同時確定你的目標。對自己負責包括了在經濟上能夠自給自足，及嘗試承擔以往所未曾負起的更重大責任。這是相當令人興奮，而且具挑戰性的，同時也給你一個成長的機會。

☆學習成熟的處事方式

摩羯座北交點的人今生應該學習去做一個成人，以及摒除你做出幼稚反應的傾向。然而，要變得像成人一樣成熟穩重，你就必須承諾會致力達成某個目標。當你做到這一點時，你生活中的這個部分，就會變得非常奇妙。突然之間，似乎每件事都變得對你有利，你會充滿活力、信心，也會滿懷喜悅地邁向成功。你應該在生命中尙未產生你所想要的結果時，運用承諾的技巧。能夠坦然面對恐懼，並培養做承諾的習慣，將是你得到自重、邁向成功的不二法門。

你常會有「過度激動」的特質。你會「急著走下一步」。這種情緒上的不安定性，使你無法了解那些事情對你來說是重要的，並貫徹執行。但是，只要你能夠把焦點集中在特定的個人目標上，這種不安定的情緒能量就能夠被導正到有正面意義的方向。在此之前，你工作只是爲了達到別人的目標，你從不會注意呈現在你眼前的機會。

另外，摩羯座北交點的人有時會懷疑自己是否有善用機會的能力。像孩子一樣，你認爲自己應該知道那些其實你一點也不懂的東西，同時藉著假裝這些訊息對你而言並不重要，來隱藏你經驗不足的事實。其實一個成熟的想法，應該是了解每個人都需要別人提供資訊，以協助自己達成目標。沒有人可以在不需要別人的情況下，僅靠一己之力獨力完成目標。

你可能會過於願意服從外部的權威，而不願傾聽自己內心的想法。你可能會盲目跟隨專家的建議，尤其是當你爲此付出很多金錢的代價時。即使你的內心了解，其實還有另一個更好的方法。你今生要學習的是如何相信自己，同時記得沒有人比你更清楚，怎麼做最適合自己。

你在擔任最高決策者時，會遭遇極大的困難。你可以在別人的協助下，管理、指揮別人、當老闆，以及監督許多的員工。對你來說，執行及完成別人所訂定目標比較簡單。你不在乎自己是否能夠居功，因爲你絕對不願意負起最高的責任。

有趣的是，摩羯座北交點的人其實比其他所有交點族群的人更具有當「老闆」的天賦及特質。由於你對別人的情緒變化極爲敏感，所以當你負起管理的責任時，會用一種不致冒犯別人的方式進行管理。因爲你在一路上均未排斥任何人，所以當你要朝目標邁進時，也不致遭到阻力。正因如此，不論你的目標有多高，每個人都會很願意支持你達成目標。事實上，一旦你願意做出達成目標的承諾，你今生將會很有成就。

通常你會以爲，自己不是很好的溝通協調人才，但是其實只有在你處於「情緒化」的狀態下時，才會遭遇溝通上的困難。如果你任令自己迷失在情緒的旋渦之中，你就無法有清晰的思維，而你所說出來的都將是一串混亂、充滿情緒字眼的話。但是，如果你能夠自情緒之中跳脫出來，並自「負責」的立場說話，那麼你所發表的言論，將可以獲得別人的尊重及合作。

差異之處在於，你通往自己的那一個部分是情緒化的部分，或是成熟的那個部分。如果你變得情緒化，可以自問：「從成人成熟的角度來看，我應該怎麼做才能負起責任？」

對摩羯座北交點的人而言，力量是隨著年齡的增長而增加的。這個理論適用於你生命的每一個層面，尤其更適用於你的專業生涯，或其他與達成目標相關的部分。你過去所累積的經驗，可以幫助你不針對個人去處理事情。當事情「出錯」時，你會了解這並不是你個人的因素，而是因爲不同的情況碰在一起時，所自然產生的不同後果。

當摩羯座北交點的人以更宏觀、更富情感的角度看事情時，也會對自己比較寬鬆一點。當你不再爲每件事責怪自己時，就不會再責備別人。

你的需求

安全感

摩羯座北交點的人對安全感有無止境的需求。自前世以來，你一直習於被教育及被保護，所以雖然今生你被設計爲提供別人這些東西，但你還是會安於現狀，並抱著多一事不如少一事的想法。

你喜歡例行公事所帶給你的安全感，例如每天在固定的時間起床、吃飯、回家、看電視、看書、睡覺等等。然而，最終你還是必須拋棄這些例行公事，以尋求自信所帶來更大的安全感。或許你必須冒一點風險，但終究會成功。

☆**歸屬感**

你對歸屬感有極強烈的需求。前世，你對你的家人有極深的認同感，而且對自己身為這個團體的一份子，感到很欣慰。今生你必須學習如何辨識並選擇，與可以讓你有歸屬感的朋友在一起，而這些朋友能以負責的方法滿足你的需求。家庭及財產也是可以讓你產生安全感的重要來源。但是，除非你的星圖上顯示出別的因素，否則你並不能靠「不動產」賺錢。

由於你的焦點在家庭，所以你可能會花太多時間在家庭上。當你真的這麼做時，家庭會成為你拓展生命、對自己生命負責時的一大阻礙。如果你有自己的事業，最好是能在外面租個辦公室，不要在自己家中經營，即使必須是在別人的家裏亦可。你必須經常性地投入外在的世界，以發揮你的活力。花過多的時間待在家中，會使你太安逸，生活亦會成為一種例行公事，導致你不願與外在的世界互動。這樣一來，你就會失去很多可以增進活力、促進成長及進步的機會。

摩羯座北交點的人很擔心自己沒有歸屬的地方，而你也不知道應該怎麼做，別人才會接受自己。所以你會先觀察，什麼樣的行為是會被「團體」所接受的，之後再仿效這些行為。你很渴望得到親密關係，你所能想到唯一可以得到它的方法就是對團體讓步。然而，勉強自己去做並不是真的願意的事，將會造成你深沈的失望，因爲這個團體通常不會以對你讓步的方式做爲回饋。

你也可能會因爲你將適用於某個團體的原則，運用在其他團體之中，而在成爲某個「派系」或「黨派」的一員後，又被趕出來，因此覺得被孤立。但是，你卻不知道爲什麼會有這樣的結果。企圖成爲某個派系的一份子，以滿足你對有所歸屬的需求，會產生一個問題：當你歸屬於某個派系，表示你必須排除其他的團體。你認爲自己只歸屬於有限的人。雖然投入比你個人生活重要的原則對你有好處，但是當你忘了去分辨時，就會發生問題。

例如，當你處於一群A黨黨員之間時，支持A黨的政策會使對方覺得你的確是屬於他們的團體。但是，相同的熱情卻會讓你在一個都是B黨黨員的房間中感到被孤立。如果你希望自己是被接受的，應該專注於你及他人之間的共同原則上。

☆畏懼失敗VS.自尊

由於摩羯座北交點的人太過於害怕失敗，所以你畏首畏尾，不敢嘗試任何可能讓你成功的改變。只要你有這種害怕失敗的心理，就會以爲可以藉著依賴別人來「逃避」。你認爲自己「還沒有完全準備好」做一個成熟的大人，或去追尋成功的機會。但是，遲早你會發現，沒有任何人會來照顧你，因爲這不是你今生的設計。

有時候，你會找各種藉口，甚至會以年齡爲藉口，來避免面對你的畏懼及與外在的世界接觸。例如經過多年來與內心的爭鬥，你終於發現達成「任務」之前無法擁有充實感，而你可能會判定是因為你的年齡干擾你達成目標。對你而言，擔心變老的心態正反應出你體內有一個部分拒絕長大。

但是，其實摩羯座北交點的人正是應該擁抱年齡的人：「謝天謝地！我終於更成熟了！」你所擁抱的是願意為達成目標而努力的心情，這會使你的生活更有意義，令你得以實現理想，帶給你自尊。你不應該以為年齡的增長將不利於工作上的表現，因為那是不合邏輯的。

你所追求的角色，多半都會因為年齡的增加而獲得提升，因為年齡可以為你帶來更大的權力、信用及權威。雖然你可能會在人生的前半段歲月中達成目標，但往往是在後半生才登上人生舞台的最高峰。因此，當你由於年齡的因素而感到壓力時，實際上正是你的靈魂在說：「是時候了！」

你明白，如果不去嘗試達成某個目標就放棄，所感受到的沮喪會更甚於嘗試後失敗；不過那是在你盡了全力的情況下。不斷地說：「如果失敗了怎麼辦？」是你前世機制的一部分，這個部分不希望你與外界接觸。實際上這個聲音是在說：「不要長大……不要出去。」這種做法絕對是具有自我毀滅性的。如果你相信這個聲音，將永遠無法得到自尊。

前世，摩羯座北交點的人可能有一位不讓她出去的丈夫，或是過度保護的父母，而他們對她諄諄告誡的聲音已深植內心。但是最後這個聲音的重點會濃縮成：「好吧，到此為止！」並開始掌控她，然後她的生命會出現一百八十度的大轉變。當這個族群的人願意負起完全的責任時，會開始練習如何控制自己的生活以得到自尊，而這正是你最需要的一樣東西。

事實上，當摩羯座北交點的人懷疑某個行動是否正確時，可以將自尊做為判斷是否「走在正確路上」的指標。例如，當你不知道是否應該打一通電話時，可以自問：「不論結果如何，打這通電話是否可以讓我尊重自己？」如果答案是肯定的，你打這通電話就會讓你「成功」。如果答案是否定的，那麼就應該重新思考一下你的立場。

摩羯座北交點的人喜歡在模糊的情緒中徜徉，這樣會自動讓你處於「出局」的狀態。但是當你以「負責」的立場去面對生命時，每件事情都會發生變化，而你也會覺得力量大增。由於你還不習慣這種積極的做法，而且會擔心結果不完美，或是自己能力不足，所以仍會感到相當地害怕。但是，不管你延宕多久，今生你遲早要自立，並負起責任。你愈早改變態度，就愈早可以享受生活。

例如，我有一位屬於摩羯座北交點的客戶，他想當一位老師。很多教師都是在學校畢業之後就直接進入教育界，但他一直到拿了三個學位之後，都還沒準備好接受那項必須「負責」的工作。直到最後，他才終於去做了；這些歷程就是你必經的歷程。一旦你下定決心「去做就是了」，你的成功就會證明你的能力。一旦這個族群的人負起責任，就可以控制情緒上的需求，而且可以確定自己是受到關照的。你不再企求別人的憐憫，而且你終會感受到自己的能力及安全感。

☆維持積極正面的中心

摩羯座北交點的人善於激發別人的動機、熱情及支持的能量，鼓勵別人勇敢追求他們的夢想。現在你應該學習如何鼓勵自己。雖然你很容易受負面情緒的影響，但是你卻極富彈性。你不會「被打倒後，就一直無法站起來」，反而會立刻站起來。只是，你必須記得，即使事情的結果並不是你所希望的樣子，也沒有關係。你所面對的挑戰是迎向前去，發揮自己的最佳潛能。

你與情緒的關係之密切，是無人可與之比擬的。當你充滿感情地對別人說「我相信你一定能做好這件事」時，對方及你自己都會深信的確可以達成目標。由於你在精神方面擁有與別人強烈連結的能力，所以也會是個稱職的治療者。但是，要眞的成爲自己及所愛的人的鼓勵來源，你必須先克服遇事就想到潛在負面結果的習慣。

有時候，你以爲是在保護別人，但其實你是在爲別人製造障礙。你應該專注於創造富積極意義的結果。這個族群的人通常沒什麼勇氣，不會去冒一些小的風險，而那些小風險卻是其他交點族群的人都極可能嘗試的。因此，當你所關愛的人想要做新的嘗試時，你應該表現出積極的態度。

摩羯座北交點的人，最好能夠專注於創造成功以克服你的畏懼。對你來說，如果凡事往負面的方向想，將只會耗盡你藉以成功的能量。你一定要提醒自己，以前自己是如何達到成功的，並專注於那些可以讓你達到特定目標的各個細節。當你學習如何將焦點集中於積極面時，你的行動會支持你，創造出你所希望的結果，同時也能鼓勵別人邁向成功。

負責

你常會在限定目標的框框中行事。由於你在前世將所有的時間都花在家庭生活中，所以在與外在世界接觸時，完全是一個新手，也因缺乏經驗而顯得沒有自信。但是你今生的設計是，只要願意負責，並接受每一個呈現在你眼前的機會，你就可以贏得勝利。透過成功的經驗，你可以對自己的能力充滿信心。

你應該要了解，由於你的目標通常都是比較「安全」，所以如果你對別人的意見採開放的態度，將會獲益良多。來自別人的意見，可以幫助你擴展新的層級，而這個層級是你自己無法想像的。

☆面對問題

摩羯座北交點的人或許會認爲自己很開放，但實際上，在你與別人分享自己的感覺時，仍會遭遇困難。在別人眼中，你看起來可能會很膚淺，因爲你的眼光無法超越當時的現狀。你可能很快就會了解一件事，因爲通常你是很有智慧的，但是要將你的想法付諸實行，對你來說卻非常困難。由於你有許多負面的想法，所以很不容易完成目標，或是以積極的態度去面對問題。

你逃避問題的部分原因是，對於別人爲什麼會有某些反應，你會想像太多的理由，但卻不去問對方實際發生的情況。你靠「感覺」及「直覺」去判斷別人拒絕你，或是說了某些話的理由。然而，你的直覺通常全都是錯的。如果你回顧以往的經驗，會發現自己對別人某些行爲背後可能存在的含意所產生的懷疑，通常都是不正確的。因此，你最好直接問對方，他爲什麼會有那樣的反應，並仔細聆聽對方的說法。

在嘗試解決與另一個人之間的問題之前，你心中最好已經有一個特定的目標，例如希望創造和諧的氣氛、希望結束這段關係，或者希望得到一些回饋，藉此修正自己的行爲，以得到更好的結果或其他類似的目標。如果你有明確的目標，且不摻入相關人等的感覺，就可以維持客觀的立場。例如，如果你必須開除一位員工，專注於這個目標，也就是請這位員工走路，可以讓你不致迷失於之後可能產生的激烈感覺中。

要解決友誼之中的誤解，你最好先下定決心，訂定目標，讓朋友清楚了解自己的意思：「是這樣的，有件事我希望與你分享，而我希望你了解我的目的，是想創造我們之間更親密的關係。」當摩羯北交點的人負起責任，並讓另一個人知道自己已經受到傷害時，通常會發現對方當時並不了解自己所受到的影響。

☆誠實

你今生要學習直截了當，並誠實說出自己知道或不知道的事。你會因爲不知道所有的答案，覺得自己能力不足，所以對於不可抗拒的情況，通常都會採取「以不變應萬變」的對策，否則就根據以往的行爲模式做出反應。你要學習在沒有答案時，就直接向另一個人說明實情，並取得更多有關對方實際需求的資訊。

例如，我有一位屬於這個族群的客戶，他在高中教學生如何彈奏各種樂器。由於他的專長在打擊樂器，對於其他的樂器，則只是略知一二罷了。有一天，一位學生來向他請教有關喇叭的問題：「F音怎麼吹？」我的客戶很擔心：「如果我告訴他的答案是錯的，怎麼辦？我看起來一定很蠢！」

這當然有很多不同的應對方法，例如威脅這位學生說：「什麼！你是說你不知道？」但這麼做會否定那位學生所需要的協助。或者也可以說：「嘿！我現在不太清楚，不過我會去查查看，然後再告訴你。」當你說「我不知道」時，你會與對方站在平等的立場上，而且可增進你所企盼的那種親密感。當你完成使命找到對方所需要的資訊時，就可以得到對方的尊敬及感謝。

你的第一步就是擁有願意承認「我不知道」的謙虛。之後你就可以去找更多的資訊。當你採取以過度的情緒反應去威脅另一個人時，就會擴大自己與對方的距離，而且會產生不信任及防衛的後果，而無法得到你所渴望的親密關係。

擺脫情緒的束縛

☆釋放過去

摩羯座北交點的人通常會不喜歡或疏遠你的父母。你或許不會表達出來，但是在你的內心深處，這種疏離感的確是存在的。你可能認爲，父母並沒有提供足以讓你成功走入外在世界的支持。或許你認爲，父母嘗試把你塑造成不是你命定的那個人。這些想法會讓你的成就低於實際潛能所能達到的水準。在潛意識裏，你想藉著不達成目標來懲罰父母的不公平。例如，如果父母曾責備你是個失敗者，或曾讓你覺得自己「不夠好」，那麼你可能會放縱自己以懲罰父母的不當處理：「你看，我無法成功，都是你們的錯！」

你若想成功，必須願意將自己的最大利益及自尊，放在判決你父母或是別人敗訴的渴望之前。

你必須願意說：「是的，你是對的。我應該有能力做得更好。」這種態度需要成熟的個性，也需要你自覺性地努力。不要沈湎於過去，將焦點集中於當下可讓自己更堅強、更具有自尊的事。

☆控制情緒

摩羯座北交點的人擁有極為敏銳的感覺。你能了解各種層次的溝通，包括別人所說的話、別人的感覺及肢體語言，還有伴隨而來所有的矛盾及不確定性。當某人傳達一項決定時，你可以立刻察覺出這個決定背面的所有矛盾。

例如，你的朋友邀請你到家中共進晚餐，你回答：「不用了，謝謝你。」雖然這位朋友說：「好吧，那就下次吧！」你還是會不斷咀嚼這個回答，思考在這句話的背後，是不是還有其他的意義。你的猜測可能是對，也可能是錯的。但你必須了解，這位朋友在聽到你的答案後，的確是經過失望、悲傷、諒解及關愛的階段之後，才決定回答：「好吧，那就下次吧！」你要學習了解別人實際的反應，而不是你自己想像可能存在於背後的感覺。

你如果有時間把事情徹底思考一番，通常能夠做得更好，因為突發事件或是新的訊息，可能會使你的情緒變得很激動，並混亂你的思緒。有時候，當你無法立即找到解決對策，或是做一個決定時，你會有沮喪的反應。你會因為有太多情緒因素的干擾，而無法掌握應該如何反應。

但是，決定採取某種立場與做決定是有關的，每一個你做的決定幾乎都存在著矛盾。重點是，你應該集中心力於決定本身，而不是考慮這個決定可能會引起的各種反應。處理負面反應只是一個讓你成長及強壯的機會。

這個族群的人需要一個明確的目標，以避免自己迷失於情緒的旋渦之中。如果你放一些螃蟹到桶子裏，雖然桶子的蓋子是開著的，螃蟹有機會可以逃走，但是螃蟹還是會留在桶子的底部。偶爾，其中可能會有一隻螃蟹嘗試往上爬到桶子的邊緣，但是其他的螃蟹會把牠拉回桶子裏。

對摩羯座北交點的人來說，你的情緒就好像這些害怕及占有欲強的螃蟹。這些情緒總是會拉住這個族群的人，直到你下定決心掙脫枷鎖、衝向自由，並且不讓任何東西阻擋住自己。

有時候，你需要受到一點教訓，才能清醒地了解，並面對你情緒的重要性。直到這個時候，生命才會變得比較簡單。在此之前，你一直是自己情緒的受害者，每天都處於被自己感覺淹沒的狀態。在你學習正確處理你的感覺之前，你的情緒所代表的是你希望避免的那種可怕及「失去控制」的事情。當這個族群的人耽溺於負面的意義，那些負面的感覺會淹沒你，甚至使你產生負面的生理反應。

你今生所面臨的最大挑戰之一是，辨識積極的感覺及可能削弱你力量的負面情緒。如果你不加以控制，有四種重要的情緒就會成了摩羯座北交點人的潘朵拉之盒。這四種情緒分別是：恐懼、憤怒、罪惡感及不安全感。

你絕對不能耽溺於這四種情緒之中，因為你不知道應該何時收手。比如說，如果你讓自己產生罪惡感，罪惡感就會愈來愈深；你會不斷累積這種感覺，而這種感覺會持續一輩子之久。

你非常習慣耽溺於負面的情緒之中，甚至不知道自己在做什麼。你應該做的第一步是，注意自己是否產生前述四種情緒中的任何一種，並了解其後果。例如，當你允許自己生氣時，短時間內你可能眞的很「憤怒」(其實是瘋狂),你會說或做一些你淸醒時絕對不會說或做的事。

你應該要小心前述四種情緒中,任何一種出現後所可能產生的後果,都可能會讓你崩潰。之後你要學習如何防止,就好像在知道手會被火爐燙傷後,你絕對不會再將手放在爐火上一樣。其他交點族群的人知道在那裏畫一條線,並將這些情緒視爲提醒自己改變行爲的警訊。但由於摩羯座北交點的人總沈迷於情緒之中,所以絕對要禁止讓自己耽溺於前述四大情緒中的任何一種。這就好像酒鬼不能讓自己有喝一口酒的機會一樣。恐懼、憤怒、罪惡感及不安全感這四種情緒,不僅會造成你心理的崩潰,還可能會對你的生理造成不利的影響。

從另一個角度來說,歡樂、關愛及感謝,則是愉悅、健康的。事實上,任何這四種情緒以外的其他情緒,對你來說都是可接受的,因爲它們不致引領你進入無法控制的局面。

你的人際關係

處理情緒

當摩羯座北交點的人學會如何退一步,並且不讓自己受到別人情緒的影響時,每一個人都會得到成功。他人會成功是因為他們會表達自己的感受，而不需擔心你會有不當的反應。而摩羯座北交點的人會成功，則是因爲不需要擔心別人的情緒反應，而去取悅別人。

你可以客觀地觀察對方，並告訴自己「那只是喬在發脾氣罷了」或是「瑪麗就是這樣」。你可以接受別人忠實地表達自己，而不會被捲入別人的負面情緒之中。若要培養健康的情緒，你可以沈著地提醒自己：「當我讓別人忠於他們自己時，我就自由了。」

☆依賴

前世每當你有煩惱時，都會有人迅速前來為你解決。這種習慣使你總依賴別人來穩定自己的情緒。但是，你必須付出的代價太高了，你被剝奪了解自己其實擁有解決問題，以及為自己情緒狀況負責的能力的機會。

太多來自外界的幫助，反而會成為你的負債。你會因此嚴重地缺乏安全感，擔心自己無法獨力「達成」某個目標。因此，今生你絕對不應讓自己有任何情緒上的依賴。當你眞的很惱怒，或瀕臨「崩潰」時，你必然不會成功，因為你的星圖當初就不是如此設計的。每當你過於情緒化時，你也會發現，別人非但不會來關照自己，反而會走開。這正是生命阻止你，沈浸於自我毀滅式的情緒依賴的一種方法。

摩羯座北交點人情緒紊亂的問題是個無底洞。你希望獲得注意，希望別人能進入自己的情緒狀態中，並為自己解決情緒的問題。但是當你這麼想，且出現狂亂的情緒狀況以後，你都會對自己感到不滿意，同時希望對方不會因此看低自己。所以，你必須注意自己的行爲，如何才可以贏取別人尊重，並增加對自己的尊重。那就像是一個指南針，可以使你走在正確的道路上，並指引你穿過陰晴不定的情緒風暴。

你通常特別容易發展出對家庭的過度依賴，抱持「我們一起對抗全世界」的想法。這也是一般而言，你大多很愛國的原因，因爲那是「我們對抗你」這種情緒的延伸。通常你是誠實的納稅人，你會付所有該付的稅，覺得自己有義務盡一己之力來支持國家這個廣義的「家庭單位」。下意識裏，你仍然認爲自己必須依賴家庭才能生存下去。前世，如果家庭不接納你，你會被放逐去自己獨立生活，而你的生存就會面臨危險。

摩羯座北交點的人認爲自己需要依賴別人。你希望知道隨時會有人準備提供援手，而你也常會養成依賴的習慣，例如搭別人的便車、讓別人爲你買東西等等。你整個生活都繞著對方打轉。

當你覺得有人在後方支持自己時，你就可以鼓起勇氣面對外面的世界。然而，如果對方突然離去，你不論在職場上或是個人情感上，都會出現崩潰的現象。突然之間，你會害怕自己無法達成目標，即使你多年以來一直很成功。

實際上，你都很有力量。如果你不了解這一點，而給別人這個力量，彼此間的關係將會遭到破壞。當你讓別人負起責任，並做所有的決定時，這個族群的人就不是以成熟大人的立場出現，而最後亦將失去搭檔的關愛及尊重。但是，任何時候你都可以扭轉這種情況，並對自己說：「好！現在我要拿回我的力量，並開始以成熟的態度來對待這段人際關係。」之後，開始改變自己的行爲。

當摩羯座北交點的人結婚後，有時候你「幼稚的模式」又會出現。當你一感受到「家庭」的安全感時，就會將所有的責任交到對方的手上。只要你不改變這種做法，就永遠不能擁有快樂的婚姻。每當你過度情緒化、幼稚的那一面出現時，情況就會開始每下愈況。

想解決這種狀況，你只需要自覺地去接近自己內在成熟的那個部分，並立刻開始練習。一旦你爲自己的成功負起責任，別人就絕對不會讓你失望。這時摩羯座北交點的人就可掌控整個局面，而你的生命則會變得非常奇妙。

☆控制

摩羯座北交點的人會因爲不希望得罪別人，而行事不果斷。你知道如果傷害了別人，自己會覺得很沮喪，所以即使眞的很不願意，也會盡量去配合別人。如果一位與自己親近的人想做某件事，而你不想，最後你還是很可能會去做；你寧可讓自己痛苦，也不願令對方不快樂。

若想在這種情況下掌控情勢，你最好告訴那位朋友：「我不想做。」一向對方解釋，如果你做的話會造成何種反效果，說明你比較希望做的事，並堅持自己的原則，這樣你就可以建立自信。當你在不情緒化的情況下這麼做時，通常對方都會接受，所以雙方都會感到很快樂。

由於摩羯座北交點的人會受到別人情緒反應的控制，所以會想要用激烈的情緒反應去掌控別人。當你覺得惱怒時，你的情緒會充滿於你的言語及能量範圍，而別人通常都會順從你，因爲對方認爲，不需要在你因無法按照自己方式行事而大怒時，與你起正面衝突。

那就是你堅持自己主張的方式，也是決定結果的方式。例如，如果你要加班，你常會編一些藉口：「嗯，我想我可以在三十分鐘之內，把這個工作做完，然後我會趕回去做晚餐……，那你想吃什麼……。噢，天啊！我的天啊！」這種方式一點都不成熟，好像是一個孩子企圖去取悅別人。一位成熟的人會說類似以下的話：「我今天晚上會加班到九點，我恐怕沒有時間做飯，所以或許你想自己出去吃晚餐。」

或者，如果另一個人要你做某件事，而你情緒激動地說：「我不想做。」那麼對方將會退縮。這種方式並不能使雙方的關係更密切。你應該建立一種理性，並對自己負責的立場：「這個週末我不想與你去，因爲我下週一一大早就要去上班，我需要充足的休息。」你應該讓對方知道，爲什麼你會判斷「配合」別人並不符合你的最大利益，之後就必須堅持自己的原則。

如果你希望有一些時間考慮，可以說：「這似乎是一個很棒的主意。讓我考慮一下再回答你好嗎？」你要學習如何以理性的方式處理問題，而不是讓自己受到別人激烈情緒的影響，或是企圖藉著自己的激烈情緒掌控局面。

☆拒絕

摩羯座北交點的人有時候會忽略某些問題，因爲你不想處理任何會令你情緒不愉快的事。同時你也會擔心，如果直接面對這些問題，你可能會造成某種危機。如果沒有人把這件事搬上檯面，你會讓它過去，並希望這個問題會自此消失。

問題在於，你並沒有把傷害你的事情說出來。因爲你擔心失去你的搭檔，而做出過度的補償；你會負起太多人際關係中細微的責任。你認爲：「嗯，如果我眞的愛她，我就只能接受。」你會避開直接的溝通，而且反過來會生對方的氣，並以沈默相待，最後雙方的關係就會畫上句點！

另一種拒絕的技巧是，以了解不足做爲延後負責的藉口：「我對情況的了解程度還不足以接下這個責任。」摩羯座北交點的人會在實際是表示「接受」時，使用「不了解」這個詞。你或許會說：「我不了解你爲什麼對我做出這種事！我不了解你爲什麼這麼生氣！」但你只是將注意力轉移回自己身上，你實際想說的是：「我不能接受你這樣對待我！我不能接受你如此憤怒的事實！」你利用拒絕來逃避解決問題的責任。

由於你對情緒的敏感，使你能夠在自己與搭檔間的關係發生問題時，立刻察覺出來。否認這種不滿意或許可以收到暫時的效果，但是問題並沒有「走開」。摩羯座北交點的人一向都不希望提起那些懸而未決的問題，因爲你內在有一部分擔心自己可能沒有解決這些問題的能力。實際上，時間拖得愈久，問題愈不容易解決；存在於夫妻之間的意見不合，可能最後會導致離婚的結局。

立刻面對問題，並把深藏的感覺揭露出來，是討論問題及重建雙方親密感覺的主要關鍵。當對方說：「我很困擾，我有一個問題。」而你卻否認問題存在的事實，絕對是「必敗之道」。

對摩羯座北交點的人而言，揭露出你所發現的問題，是維護心目中重要人際關係的關鍵。但是每一件事的發展都要看處理的方式而定，如果你與別人相處時，是出自負責的態度，負起指引這個人際關係邁向預定的目標，如快樂的婚姻、維持長久永遠的友誼、長期的合作關係等等，就可以在雙方都滿意的情況下，揭露這個問題。

例如你說：「有一個問題一直困擾著我，我想與你討論這個問題，並進一步了解彼此的感覺、彼此的需要，以及我們如何以有利於雙方的方式，處理這個問題。」你應該把問題點出來，解釋自己的感覺，並了解對方的感受，在心中保持積極的目標。

一旦你開始與對方交換資訊及意見，就打開了通往更高層次幸福狀態的康莊大道。一個婚姻關係中，如果存在著一個長期都未能解決的問題，這時負責任的態度就是指，找一位婚姻顧問，確定雙方是彼此了解的。畢竟，這種關係的存在是因為兩人過去曾經都希望擁有這個關係，所以透過適當的溝通，當初的熱情可以重新建立，甚至比以往更強。

角色

☆吸引適當的伴侶

由於前世依賴的習慣，摩羯座北交點的人認為應該找一個堅強的搭檔來保護及支持自己。有時候你會被錯誤的人吸引，與你成為搭檔，例如想照顧你，並讓你留在家中的伴侶。但是如果真的發生這種情況，你內在的自我會在一段時間之後開始反抗，最後你會排斥那位當初吸引你的人。今生，你內在有一個部分會想證明自己有照顧自己的能力。所以你真正需要的是，能支持你發展自己的專業能力及個人權力的搭檔。

當你從困乏的立場出發時，你的人際關係會崩潰。但是，當你下定決心為自己的快樂負起責任，而展開一段人際關係時，這個人際關係就可以呈現適當的重要性。但是你所追求的滿足感，是絕對無法自人際關係中獲得的。它必須來自積極追求你的使命，並以能建立自尊的負責態度參與生命。

即使是在親密關係之中，你也應該維持自己的權力範圍，不要為了取悅對方而讓自己妥協。例如，我有一位屬於這個族群的客戶，她擁有過人的創作能量及寫作方面的出色天分；事實上，她在大學時代就已經出了一本發行全美的書了。但結婚以後她就停筆了，並將全副精神投入於輔助她的先生及教育孩子。她「不想搶她先生的風頭，傷害他的自信」。

二十年過去了，當她的孩子長大成人、到外地闖天下時，她心中已經累積了對她先生極深的怨恨，她將自己當年沒有追求寫作生涯怪到他的頭上。事實上，她的先生曾經鼓勵她繼續寫作，但她還是認為她的成功將會令她先生情緒失衡。

我曾與她的先生談過話，了解他當時眞的很希望她能重拾生花妙筆！因為這還可以對他們的家庭帶來經濟上的實質益處。這個特別的故事並沒有快樂的結局，這位太太仍然因為自己的挫敗感而繼續責備別人，這樣的做法使她無法主動地為自己的生活負責。

當摩羯座北交點的人以別人的感覺做為不能過自己想要的日子的藉口時，就會發生這種事。事實上，她有責任以可建立自尊的方式利用她的時間。只有她自己最清楚她要往那裏去，想要做什麼。當她讓對方知道，對她來說什麼是重要的事時，所有的情況將會開始配合她。

一旦你積極追求自己的目標，表現你的誠實面並忠於自己時，就可以看出自己欣賞的那個搭檔，將會是資產或是負債。由於你不需要依賴另一個人才能生存，所以你可以維持客觀的立場。事實上，當你找到一個目標，做出承諾，積極地朝目標進行時，適當的那個人就會被你吸引過來。

這時，你會散發出與你精神面的自我一致的能量，而那些可以支持這種能量的人將會被你吸引。如果你已經結婚了，負起責任可以給你的搭檔以嶄新的方法支持你。

☆關愛的母親

在個人的人際關係中，摩羯座北交點的人常會扮演一位誇張的「母親」。這種方式絕對不適合你或你所愛的人。你常會迷失在關愛母親的角色中，經常受到別人情緒變化的影響。當你發現自己的生活完全是在迎合別人時，會覺得自己是一個犧牲品。事實上，並沒有人要求你付出這麼多。

你扮演關愛母親的動機，是希望身邊的人能一直維持快樂的情緒。但是別人可能會認爲這是一種干擾，而摩羯座北交點的人則會覺得能量被榨乾，所以事實上，雙方都輸了。

另外，對別人的情緒過於敏感也可能會使你受到操縱。別人會依賴這個族群的人提供實質的東西，以維持愉快的心情。這是一種經常性的關愛形式，而這些族群的人通常會樂於提供別人關愛。但是你還是應該保護自己，對於那些希望你能一直扮演「照顧者」角色而接近你的人，不要與之靠得太近。

理論上，摩羯座北交點的人認爲所有的人都應該互相扶持，如果每個人眞的都是如此，世界會變得更美好。所以你通常會盡可能地幫助別人，而且背後沒有任何不良的動機。

雖然你會本著直覺去照顧別人，但是你通常不知道到底什麼才是眞正對別人有幫助的事。你會考慮到別人表面的需求，但卻不了解更深層的問題。你也希望能關照到別人的精神面，但是卻不知道應該怎麼去做。

與其今生扮演關愛母親的角色，你更應該強調「父親」的角色，並負起責任協助別人達成建設性的目標。這意味著仔細傾聽、辨別對方的意圖，並有意識地提供援手。

有時候，你扮演母親的角色，是希望激發出對方「負責」的態度。終究，爲了擁有成功的人際關係，你必須了解別人眞正的感受及負起責任。如果你需要協助別人做決定，應該召喚一個無形的父親，也就是更高層次的力量，使你有能力在困難的情況下擔任父親的角色。

親密關係

摩羯座北交點的人非常重視親密關係，希望能與對方自在地交談、靈魂可以坦誠相待、在不擔心被批判的情況下彼此親近。所以，當你找到一個心儀的人時，你會努力地創造機會。但是有時不論你怎麼努力，仍會被擋在門外；對於爲何無法建立親密關係，你眞的不了解。

今生你要學習的一個課題是，不要把事情看成是針對你個人而來。例如，有些人可能只是不想有親密關係，不是每個人都擁有與你相同的價值觀。你要學習不要把時間浪費在那些沒有相同意願的人身上。如果你的努力沒有成果，最好放棄，不要強求。你應該允許別人擁有選擇是否與自己建立親密關係的權利。

從另一個角度來說，有些人或許很想與摩羯座北交點的人親近，但是你可能不甚珍惜那些人。對方可能會是你經常見面的生意夥伴，你害怕與之建立親密關係之後，可能會被榨乾或感到沮喪。

或許這是因為你在內心深處並不尊重對方的關係。同樣地，分辨的能力是一個重要的關鍵。或許渴望與你親近的人，事實上並不適合你。摩羯座北交點的人可以藉著觀察自己能量的變化，來了解誰是適當的人選。如果與某人在一起覺得很快樂，且能獲得鼓舞，那麼這個人就是適當的人了。

☆溝通

在摩羯座北交點人的人際關係及親密關係之中，你的不願傾聽是個大問題。事實上與你交談幾乎是不可能的事，除非另一個人願意一直扮演聽眾的角色。當你成為衆人注意的焦點，或是當別人詢問你的意見時，你會興奮得忽略對方想要的東西。

你希望能幫助別人，但是由於你並沒有眞正地傾聽，所以不知道對方想往那個方向去，也不知道他所尋找的答案，所以你就會像無頭蒼蠅一樣，毫無方向地亂衝亂撞。你的思緒會往不同的方向四處流竄。這正反應出你缺乏自律的一面。

要眞誠了解另一個人的心聲，你必須全心全意地去傾聽別人所說的話。你不傾聽別人說的話，主要是因為你認為自己不會有什麼收穫。除非與自己有直接的關係，否則你不會大費周章地，與別人連結、以己心度他心、積極地參與，因爲這些都太麻煩了。

你只會從以下的角度來思考：「這件事會對我造成什麼影響？」當面對的是比較大的問題時，你不一定會了解它的重要性。耽溺於這種傾向，會使你無法建立自己所嚮往的親密關係，因爲你並沒有眞正地與別人連結。

如果對方所說的話並沒有對你造成立即的影響，你會開始想一些其他的事。正因如此，你的反應往往並不得體，有時會引起別人的反感或是誤解。然而實際上，你如果眞正對另一個人多用一點心，則在與對方交流的過程之中，你會獲得更多。當你專心注意對方，並試著聆聽對方所說的話時，你的反應會大大地不同。

因此，雙方會在交流過程之中，覺得更自在，而摩羯座北交點的人會發現，將能量投入於聆聽對方的聲音，是非常值得的。你將因此獲得更大的滿足，對自己或別人也會有更進一步的了解。

摩羯座北交點的人也很容易將自己的需求投射在別人身上，而不是眞正去了解別人的需求。你甚至會說：「告訴我你需要什麼，我看看可不可以幫得上忙。」之後，根本「聽」不到對方所說的話。你當然聽得到對方說出來的每一個字，但卻不了解對方說的意思，所以你無法有所行動。

特別是如果這個關係有情緒或個人面的因素時，對方的表達方式在這個族群的眼中，可能看起來會具有一些威脅性。這是因爲在你內心深處，一直覺得自己沒有能力滿足對方非物質面的需求。你擔心即使自己能夠了解，對那種狀況也無能爲力。而這麼一來，對方會感到失望，而你則會覺得自己無能。

為了讓你擁有成功的人際關係，摩羯座北交點的人必須注意地傾聽。即使對方所說的事可能會使你困擾，你還是必須開放自己的胸襟，仔細地聆聽，以精確了解實際發生的狀況。

你的心思動得很快，但是你知道自己無法立即處理極為痛苦，或是極為現實之外的訊息，所以乾脆就不想讓資訊進入。這個族群的人不能像其他交點族群的人一樣，迅速處理資訊，這是完全可以理解的，因為你的情緒與心智是相連的。你需要花一些時間將精神上的變化與你的感覺分離；你需要獨處的時間，以反省整個情況。當面對問題時，如果你願意稍後再去思考，就不致覺得自己應該在當場就立刻做出反應，而擁有一些傾聽的空間。

有時候，摩羯座北交點的人在談話中，會因為對方要求你提出自己的看法或有所反應，而覺得手足無措。因為別人尊重你的判斷時，你會感到意外。但是，當你不傾聽對方說話時，你就沒有負起幫助對方的責任，而無法做出反應。如果你能專注於協助別人，就可以規避自己的情緒反應，並發揮你的能力，從較寬廣的角度去觀察。

你與人溝通時，可能會遭遇的另一個瓶頸，這個瓶頸會在你以為自己無所不知時出現。你的確知道自己世界中的每一件事情。你知道如何維持家庭的現狀，而你會覺得處於這個家庭的「子宮」中非常自在。然而，在你為維護你世界的原則而努力不懈時，卻不了解還有其他可以使自己受惠的「世界」。「你可以從你所不了解的領域中得到成長及收穫，而不是從你已經了解的領域。」如果你變得更傾向於以解決對策為導向，也就是願意接受自己已知範圍以外的新知，就不會再怕自己「沒有答案」了。

不願傾聽也會使你錯失許多機會，因爲你只關切當時自己切身的事務，而不是更寬廣的視野。爲了不再錯失機會，你可以自覺地自問：「這個人會爲我帶來什麼樣的機會？這個情況中存在什麼樣的機會？」藉由將焦點集中於呈現在你眼前的機會，摩羯座北交點人的傾聽能力可以轉換成爲集中、負責的模式。

☆自我中心

摩羯座北交點的人通常都以自我爲中心，這正是你不利用天生同理心的理由；你不想發揮自己所有的潛能。你認爲自己是非常實際的人。如果你覺得自己對某個問題沒有什麼辦法，就不希望「浪費」自己的能量。你可能會認爲自己對某人已經很有同情心了，但這並不能增進對方的幸福，所以不能算是眞正的關懷。

同理心是一種主動積極的過程。你必須眞正與某人一起，並「進入」對方所處的情境，感受對方的感覺。了解同情心的缺點（同情無法解決問題），可以協助你將同情心轉型爲同理心。

其他交點族群的人都無法像摩羯座北交點的人一樣，擁有如此高度的同理心，但是這個族群的人卻會害怕主動對某人發揮同理心。你可以感受到別人的感覺，但你擔心如果去經歷這個過程，自己也會受到傷害，而且也不能提供什麼幫助。事實上，當你眞正地跨出自己，並以同理心對待對方時，突然你所需要的答案就會浮現在你的眼前，而你也就可以用富建設性的方式去改善問題。

例如，我有一位屬於摩羯座北交點的客戶，他的父親不久前剛剛過世。在他父親過世前一天，這位客戶去醫院看他父親，他父親戴著氧氣罩，伸出手來對他說：「我不太能呼吸。」我的客戶不知道應該怎麼幫忙。所以他在病房中停留了幾分鐘後，就找了一個藉口離去。他事後反省，並以同理心想像他父親當時的情況，他才領悟，當時他只要留在那裏，握著他父親的手就好了。

你可以用非常美好及關愛的方式去協助別人，先決條件是你要花一點時間設身處地爲別人設想，這樣就會知道應該怎麼去做。當你很清楚地辨識出同情心及同理心時，就會希望自己能夠擁有同理心。你會發現發揮自己的力量、以某種方式做出貢獻，使你有與別人連結的感覺，並建立自己所企求的親密關係，是很棒的事。

你的目標

目標導向

摩羯座北交點的人擺脫弱點的方法，在於維持更客觀的態度，以及在生活的各個部分，均以目標爲導向。如果沒有目標的話，你會在情緒的汪洋中隨波逐流，而且會被自己，以及身邊人的心情及感覺所羈絆。

除了讓自己跟隨一個比自己個人生活更大的目標之外，並沒有其他可以幫助你脫離波動、不安情緒泥淖的方法。藉著堅持朝那個目標前進，你可以將自己拖出那種情緒的力量範圍。

在任何你覺得會陷入情緒及需求困境的生活領域中，你都必須設定一個特定的目標。例如，當你發現與孩子的關係陷入僵局時，可以爲自己設定一個與孩子的相處方式，例如專注於你的呼吸、維持沈著的狀態。

實際上，你可能會希望針對每一個孩子，建立個別特定的目標，如支持強尼使他更輕鬆、幫助辛蒂建立信心等等。藉著專注於這個目標，而不是孩子的情緒狀態，你將可以維持自己情緒的平衡，而且可以成爲更稱職的父母。

承諾對你來說，是重要的關鍵，例如下定決心，在可發揮潛能的尊嚴、自尊及誠實的情況下，達成一個目標。在你努力邁向既定目標時，會出現許多個性的發展。對你來說，達到一個目標是非常充實的一件事，它可以不藉任何其他東西，就可以做到肯定你的力量、專業知識及能力。最後，從這個過程中所得到的自我肯定及自尊，就是你眞正的回饋。

☆設定目標

設定一個明確的目標，對摩羯座北交點的人來說，是絕對必要的。在達成目標的努力過程之中，你整個生命會充滿活力及力量。因此，找到一個你認爲適當的目標，並朝這個目標前進，是關係你能否享受生命的眞正關鍵。一旦你目標明確，你的情緒力量可以協助你，這是運用你情緒的一種高度正面方式。

在生活的各個層面，當你執行自我控制時，對你是非常有益的。如果你控制自己的飲食，並對自己的飲食習慣極爲注意，將會有正面及富成長性的效果，而你也會對自己感到很滿意。如果你訂定一個規律的運動時間表，當你發揮紀律以達成目標時，可以得到自尊。

摩羯座北交點的人渴望證明自己可以掌控自己的生活，也很想證實自己的能力。你不怕工作，但是你的信心不夠，而唯一可以給你信心的是成功地完成一項工作。不論你是多麼的聰明，如果光說不練，就沒有機會發現自己所有的潛能。

對你而言，能否達成目標的部分原因，與對自己到底可以做什麼的實際認識有關。一旦你可以從更廣的角度去觀察，就可以依序分段設定較小的目標，系統化地達成最後的目標。當你知道自己可以達成那些目標時，每達到一個目標，都可以使你得到繼續朝下一個目標前進的信心。

例如，你可能想要減重四十磅。與其設定減重五十磅的最後目標，不如對自己說：「我要在一個月內減重兩磅」。之後，如果你在第一個月之中，減去的重量超過兩磅，可以把第二個月的目標擴大至減重四磅。如果目標很難達成，則下一個月你可以把預定目標往下調。

有一件事非常重要，那就是你必須維持彈性，不要給自己壓力；你可以根據自己所達成的結果而重新調整目標。如果你的目標較小，而且很容易達成，你會覺得自己很棒。這樣你會更肯定自己，而且會有更多的信心去進行下一個目標。

我曾有一位摩羯座北交點的客戶，想以游泳做爲平日的運動。起初，他以超快的速度游完一趟，但游完後就覺得筋疲力盡。他希望自己能夠來回地游，而且他發現有一些超過七十歲的人，可以來回游好幾趟，就不禁懷疑，他們到底是怎麼做到的？於是就去請教他們，並開始練習。

不久之後，他已經可以連續來回游好幾趟。他的下一個目標是游一英哩。達到這個目標之後，他又設了一個目標：在四十五分鐘之內游完一英哩。之後，他已經可以把游完一英哩的時間縮短到三十二分鐘。在這以後，他覺得自己好像在參加奧運代表隊的集訓。這正是這個族群的人成爲目標專家的方法。

你可以設定可達成的目標，然後逐步擴大你的目標。你要學習如何藉著維持專注的狀態，以達成你的目標，而且不會覺得受挫。這麼一來，整個過程就成爲令人神往的經驗。

☆達到目標的理性方式

摩羯座北交點的人今生這個實體最重要的目的，就是學習達成目標的藝術。你一旦學會方法，就可以獲得極大的成功。最終，學習如何關照自己，將是你的宿命。如果你一直拖延負起責任的時間，不僅是在浪費自己活力的資源，也是在浪費自己的青春。

畢竟，要建立足堪支持你的經濟基礎或是事業，是需要很大的能量的。你愈早掌控自己的生命，並開始提前規畫，獲得成功的機會就愈大。你最好是能確立一個可以讓自己充滿活力地努力的遠程目標，並立即開始行動。

你常會擔心個人的生活可能會因爲追求較大的目標，而受到衝擊。所以你會專注於日常生活中的歡愉及問題，而忽略了你並沒有採取合理的步驟以確保你的未來。你不會把握機會，因爲你滿腦子想到的都只是一些你不想做的事，而不是將焦點放在較寬廣的角度，去看你眞正想做的事，然後去積極追求。你不願意爲了構築未來而改變現狀，即使事實上，你若將注意力放在規畫未來上，可以確保你目前的快樂，你也不願意。

因爲沒有人會爲摩羯座北交點人的快樂及安全負責，所以你無法逃離命運的安排。你愈早負起責任，事情就會愈簡單；你也可以感受到更大的關愛。例如，我有一位摩羯座北交點的客戶，她所得到的離婚贍養費已經差不多花光了。她有一個機會可以買到一家寵物美容屋，這個寵物美容屋不需要預付款，其他的付款條件她也都可以應付。她本身很喜歡動物，對這個行業也很在行。這眞的是難得的好機會。

她並沒有好好掌握這個絕佳機會，相反地，卻立刻產生了一些情緒上的憂慮。她開始懷疑，這是她注定的「命運」嗎？這個事業眞的是她此生想要做的事嗎？它會不會影響到她參加社區劇院的活動，或是她最喜歡的體育館早上的課程？她來找我的時候問我，她是否應該接受這個機會，或是應該把她那棟沒有貸款的房子賣了，讓自己可以在有餘裕的情況下，好好考慮未來應該如何維生？

再次需要重申的是，摩羯座北交點的人今生必須學習以理性的方式，將重點擺在未來的事實上。把房子賣掉，只是拖延做決定的時間，同時讓這位女士陷入更不利的處境。而且，由於她必須花錢去租別的房子，所以她將會需要更多的收入。但是，如果她趁此時機，抓住這個極佳的機會，很容易就可以擁有一個穩定的未來。

或許在前兩年，她需要付出全副的精神去照顧這個事業，但是一旦上軌道之後，就可以雇用人手來幫忙，也可以利用她與生俱來的天賦來管理別人。兩三年之後，她就可以有較多自由的時間，而且由於仍然住在無貸款壓力的老房子，有自己事業所得到的穩定收入，她會擁有所需的安全感。

宏觀的視野

當摩羯座北交點的人將焦點放在希望能獲得的目標上時，可以輕易就創造出成功。因此，對你而言，擁有宏觀的視野是很重要的；也就是說，真正了解更大的目標，這樣在扮演你的角色時，你會很有自信。如果你不了解你所負責的部分會如何影響整個情況，你就會失去信心。

☆更高層次的力量

你如果配合靈性或更高層次，可以關照自己的力量，就可以成功地將對依賴的需求轉換成力量。這可以幫助你專注於超越你散亂的情緒需求，並在不被控制的情況下，重新獲得掌控的感覺。

如果你覺得自己無法掌控情勢，你會抓狂。例如，如果你在路上開車碰到塞車時，往往會產生過度反應。實際上，你希望掌控自己生活的心情是值得肯定的。但是，就如同前述的例子一樣，有時候那是不可能的。你應該了解，不論外在的環境如何，你最終可以掌控的只有自己。

有一種方法可以讓你做到這一點，那就是確認有更高層次的力量在控制情況，因此，不論發生什麼事，最後的結果都將有利於你。就前述的例子而言，你會碰到塞車，可能表示你不會與本來就不應該見到的人碰面。當你注意遠方更大的目標時，就不會覺得無助。如此一來，當你處於無法明確掌控局面的情況下，你可以說：「會這樣是有理由的。」然後就讓它過去。

摩羯座北交點的人覺得，你是爲了完成某項任務而來到此生的；「更高的使命」是你命運的一部分。如果不了解今生的目的，這個族群中有一部分的人會有強烈的不充實感及罪惡感。雖然這個族群的每一個人，命運各不相同，但內心都知道應該往那一個方向走；通常那都是關於爬到某個有權力的地位、接受某種責任、代表某種理想，或是闡述某種比你個人生命還重要的眞理。

你明白自己的任務，因爲那是自然展開在你面前的道路。或許有一段時間，你會盲目追求某個目的，並對自己感到很滿意，且得到相當大的成功，但是之後卻會因爲某種理由而放棄這條通路。在你回頭重新拾起各個片斷，並跟隨那種使命感往前走之前，你都會一直感到忙亂不堪，而最後的結果不論成功或失敗，重要性遠不及決定致力於某一個目標，並積極追求這個目標的過程。

你必須克服讓自己沈迷及分心的各項誘惑，否則除了滿足個人的需求之外，會一事無成。當你竭盡所能，並將社會利益放在個人對維持舒適的渴求之上時，你會充滿愛，並感到「這麼做是對的」。

☆角色楷模

摩羯座北交點的人最愛角色楷模，你希望能夠像理想中的人物一樣，富有機智、「風度翩翩」、善於言詞、可以成功達成所渴望的目標。這對摩羯座北交點的人而言，可能會具有正面的效果。當你有一個值得仿傚的模範時，你可以成長，而每一個人亦可因此得到勝利。

效法成功的人對你很有用。如果你眞的願意用心注意的話，你可以從了解楷模如何做事獲得鼓舞，而且學會如何使自己成功。前世，你否定自己具有權威的部分，而那正是負責指引船隻方向的部分。在你一世又一世允許別人得到掌控權的過程之中，你自己掌控的能力逐漸變弱。

在今生這個實體，導引船行方向的工作是落在你身上，不論你喜歡與否，別人今生會依賴你負起這個責任。每當你扛起責任時，別人會感激並支持你，而你也可以得到來自生命的支持。是否扮演自己命定的角色，並在過程中成爲別人的典範，完全取決於你自己。

摩羯座北交點的人傾向於把自己的功勞讓給別人。私底下，你內在有一部分不希望被別人認爲應該爲結果負責；即使結果是成功的。你只要看到自己的任務成功執行，就會感到很快樂，你並不會特別想要去爭取光榮。但是，就一個實際的層次而言，當你因爲自己的努力而得到成功時，願意接受榮耀才會符合你的最佳利益。

首先，來自大衆的認同對你來說，是正面的能量，它可以肯定你的自尊，且可以做爲觀測你是否走在正確的路上，或是能滿足某項公衆需求的指標。一定要有人接受成功所帶來的喝采，而那個人應該就是你，因爲對你來說，感謝的能量並不是自我的追求，而是有助於缺乏能量的靈魂。

再者，接受認同可以增加你更多個人的可靠性；就個人而言，是你可以成功執行所負責的計畫。例如，如果你召集工作夥伴一起做一項有利於公司的改變，並接受自己是這項計畫主導人，你在管理方面的才能會受到肯定，而且可能會被擢升至可以更進一步發揮你能力的職務。認同是爲你開啓更多可運用你公衆責任感機會的鑰匙。

今生，宇宙支持摩羯座北交點的人擔任公衆的職務，並追求專業的目標。當你負責掌控時，表現得會特別好，這是因爲你是出色的管理人員。當你從一個有權力的立場去處理某種情況時，你的信心最強。這種情況適用於你個人及職場的生活。

☆管理者

另外，在管理其他人的過程之中，你可以學習如何更有效地管理自己。爲了做好管理的工作，你必須表現誠實，並絕對信守你的諾言。爲了維持與你力量的接觸，摩羯座北交點的人必須做到準時、做你承諾要做的事、對別人誠實，並保持可以提振自尊的行爲模式。這可以讓你的生命茁壯。你不被允許以幼稚或不負責的行爲「逃避」。

前世，這個族群的人陸續發展出極強烈的情緒敏感度。當你花一點時間去「了解」別人的情緒時，你就可以精確了解別人的需求及憂慮，並激發出達成目標所必須的精神及情緒上的支持，並以此方式與別人談話。對你來說，這麼做是很自然的事，但是這卻是絕大多數人所沒有的天賦。

今生，你還具有另一種天賦，那就是以較廣的角度觀看事情，並了解要達到目標的正確方向。這是一種新的天賦，它不是承襲自前世，你必須練習才能肯定自己擁有這項天賦。這些天賦可以讓你在管理的工作上有傑出的表現，並給予別人適度的諒解和指導。

摩羯座北交點的人會在那些位於高階的人沒有好好管理你或別人時，感到非常生氣。你內心非常嫌惡由於缺乏知識及敏感度，所造成的不當管理，那是因爲你本能地就知道，如何在不壓抑別人的情況下，激發出別人發自內心的支持。

你可能會變得非常不快樂及愛批評。你對於是否負起責任會猶豫不決，而對於事情應該如何處理，你也會有太多的意見。在某人掌控情況時，你常會接近「越線」的臨界點，因爲你認爲自己應該是這場表演的「主角」。的確，你應該是，但因你常害怕負責，而在最後一分鐘說：「噢，不！還是你來做吧！我會幫你。」當你退縮時，你永遠不知道自己的想法對不對。

因爲你天生就了解富人性、有智慧，所以別人採取可能影響到很多人的不當管理方式時，你就有責任去改變這種偏差。你應該申請職務的擢升，或是藉適當的方式與他人分享自己的知識，盡己所能地引進良好的管理方式。

例如，如果你因爲粗糙的管理方式而感到受傷，可以用負責任的方式進行溝通：「或許你沒有感覺到，不過在你……時，我受到很大的傷害。」之後，讓管理者了解應該怎麼做才能補救。「當你改變我的職稱時，我覺得受傷很深。我覺得當我的職稱可以讓我感到自己的重要性時，我會有更好的表現。」經由協助別人學習更理想的管理方式，你也可以肯定自己的知識，滿足自己的使命感。

掌握機會

摩羯座北交點的人通常並不能了解未來可能的發展。一般而言，你對於自己所做的任何工作都很在行，你喜歡工作帶來的安全感，也會認眞工作，但是你不習慣去肯定機會。爲了避免日後懊悔，你最好能夠及時掌握機會。

當你任令自己局限於狹隘的自我世界裏時，將無法看到未來可能的機會。你看到別人冒險犯難時，會很欽佩別人，但是因爲擔心失去目前所擁有的，所以你不願去做同樣的嘗試。你必須承認，安全會帶領你陷入停滯。

你今生必須學習如何利用機會。你應該專注於一個目標，然後百分之百地投入於達成這個目標。在你決定全心投入的那一瞬間，就擁有可以完成的力量，而且突然之間，機會就會湧到你的面前。當你掌握每一個機會，並完成這個機會時，你就已經朝著達成最終目標的方向又跨近一步。每當你完成一個階段，成功的能量就可以爲你帶來足以抓住下一個機會的力量及信心。

你可以從過程本身得到極爲可觀的力量及權力，所以在你達到目標時，你就已經可以完全勝任那個職務了。

☆肯定機會

由於你有太多次前世的時間是花在家庭上，所以摩羯座北交點的人很自然會以支持的角度，而不是投機的角度去思考。你有幫助別人的自然渴望，這也是你爲什麼會吸引需要幫助的人的理由。但是你應該接受一種可能性，那就是你可以在幫助別人的同時，也幫助自己，並創造出一個雙贏的局面。在今生的實體中，你要學習如何利用生命爲你帶來的機會，提升你自己的地位，證明自己的能力，並達到「高人一等」的境界。

我有一位屬於摩羯座北交點的朋友，職業是銷售保險。他有一位客戶過世了，於是他協助未亡人料理後事。這位未亡人的先生留給她一個規模很大的事業，她不知道應該如何處理。爲了協助她，我的朋友爲她介紹了一位商業仲介商，這筆交易使她得到了大筆的錢及一些很有價值的股票。

那位仲介商問我的朋友：「你希望怎麼算？」我的朋友回答：「我只希望她一切都很順利。」其實他大可收取一些佣金，或是要求幾張股票做爲報酬，但是這個族群的人就是會這樣讓手中的機會溜走，而在事後追悔不已。

你必須隨時注意預期外可能會出現的機會，這是生命送給你的禮物。如果你因爲你的天眞而錯過這些機會，就會有人爲你指出這種情況，就像前述的那位仲介商一樣。由於你缺乏前世的經驗，所以摩羯座北交點的人在每一次機會來臨的時候，未必都能掌握得住。不過你可以聽聽別人的意見，當某人問你有關個人所得的問題時，你最好說：「嗯！讓我想想看以後，再給你回答好嗎？」你應該放慢腳步，並給自己一點思考的時間。

你的生命及他人都曉得，在較深的層面，你不習慣生活在這個世界之中。所以如果你請教那些在這個世界上已小有成就的人怎麼做比較公平，是絕對沒有問題的。更好的方法是，你對爲自己指出機會的人說：「你認爲這件事應該怎麼做比較公平？如果你是我的話，你會怎麼做？」

摩羯座北交點的人非常主動，而且常會不經考慮就貿然行動。但是慌亂及沒有方向的行動對你來說，具有反效果。摩羯座北交點的人會全力投入所做的事，毫不停下腳步去想想看你的能量會帶領或不會帶領你去那裏，最後的結果會是如何，或是這個行動會對其他人帶來何種影響等等。

你必須更清楚你的行動可能會造成的後果，並審愼地引導自己的能量，使你可以獲得掌控。由於你對結果負責，所以也應該負責過程，這樣才能確保結果與你的期望一致。

例如，我有一位客戶的父親是摩羯座北交點的人。我的客戶來自一個彼此關係非常親密的家庭，多年以來，她的叔父及其他的親戚給了她父親很多可以致富的機會。然而她的父親不動如山，他說：「不，我是靠勞力吃飯的人，我不要做任何投資。」所以他從來沒有買過一棟屬於自己的房子，或爲他或家人的未來做任何投資。雖然他負起日常生活的責任，一週工作六天，每天的工作時間都很長，但從來不願採用以未來導向及理性的方式。

現在我這位客戶的叔父及表兄弟，都很富有了，但是她的父親卻爲了退休金快要不夠用而頭痛不已，而且他還不知道自己爲什麼會落到今日這步田地。他只是繼續一步一脚印地，在令他覺得安全舒適的環境中生活。潛意識裏，他認爲某人應該會爲他負起責任，而這種想法就等於摩羯座北交點人的「必敗之道」。

你常會讓自己「陷在」一個保守的情境之中，以此做爲避免「破壞別人的好事」，或是招致別人情緒反應的手段。另外，由於你支持旣有的行事方式，所以比較不會去選擇明確的立場。在你了解今生就是要來學習接受機會之前，你都不會試圖去做任何嘗試。你擔心會失去穩定生活中的安全感，也擔心需要負起改變的責任。

我有一位屬於這個交點族群的客戶，他經營一個小型的連鎖事業，在一棟大樓裏租了一間辦公室。有一天這棟大樓的屋主來找他，給一個很好的價格，要將辦公室賣給他。我的客戶因爲沒錢，所以沒有買下來。其實他當時或許可以找出一個辦法籌錢，但是他看不到機會何在。他的第一個想法是：「爲什麼在我可以租的時候，要買下這間辦公室來給自己壓力呢？」後來那間辦公室以極高的價格出售，價格之高令我客戶心痛懊悔不已。

在你成爲以目標爲導向時，你要學習如何利用每一個「障礙」，使它轉變成對自己有利的東西，所以每一樣東西都可以成爲達成目標的踏脚石。當你預期外的因素出現令你分神時，你要學習以較寬廣的角度來看事情，並將每一件事情都看成是你可以利用的機會，而不是被情緒所淹沒。

例如，如果一位摩羯座北交點的人正在接受馬拉松的訓練，但是因爲小腿肌肉拉傷，所以有好幾個星期都不能練跑。這時他就應該利用這個時間來鍛鍊他上半身的力量。如果成功就在他的心中，那麼他就可以接受每一件出現在他生命中的事，並將它看做是有利於自己的事。經由這樣的過程所得到的自足感會極爲強烈，因爲這個族群的人會發現，自己擁有可實現夢想的特質。

☆將情緒能量轉換爲力量

由於摩羯座北交點的人有許多前世實體沈浸於家庭生活，並專注於感覺，所以今生，你生來就有通往原始情緒的管道。唯一的問題是，你會陷在其中。情緒是一種不可思議的力量，而這個族群的人正在學習如何以積極的方式引導它。

有趣的是，你似乎一直認爲你在所擁有的負面情緒之中，缺乏天生正面的特質。例如，那些累積很多憤怒的人，通常都會覺得自己缺乏果斷力、主動性、勇氣及獨立，這些都是原始情緒能量的正面表現，而這些能量的負面表現則是憤怒。藉由自覺地將這種能量導向負責的態度，自然地它就會在富建設性的方向被釋放出來；這對你是有利的。

在星象學中，掌管主動性、勇氣、果決及獨立的火星，同時也掌管憤怒。為了要使憤怒的能量以正面的形態釋出，摩羯座北交點的人必須負責、主張自己的立場，並在生命的各個層面採取主動。

例如，我有一位屬於這個族群的客戶，她準備帶一位朋友去逛一場大型服裝拍賣會，並預定在下午一點抵達。我的客戶在六點之前都沒事，而她在六點半還有另一個約會。但是，她的朋友遲到了，她們在拍賣場中逛了很久，臨走之前，她的朋友又堅持要去化妝室補妝。

我的客戶眼看著時間一分一秒地過去，心中愈來愈生氣。她對那位朋友說自己六點半還有一個約會，但那位朋友好像一點都不在意。最後，她真的遲到了，而整個晚上她都一直覺得很生氣，也很沮喪。

她應該如何把憤怒的能量轉換成主動的力量？她其實可以在一開始的時候就說：「我們一定要在五點以前逛完。」你可以在一開始的時候就把目標說清楚，以避免在不順心時發怒。當你的動機是純正的，是想幫助別人時，應該事前先讓別人知道自己的要求：「我會幫你做這件事，但我需要在那個時間結束。這樣可以嗎？」這麼一來，雙方對於實際情況都會有某種認知及協議，而你則可以將憤怒的情緒轉換為正面的能量了。

治療音樂

Music

由於音樂是可以在情緒上支持我們去冒險的有效工具，所以我分別爲各個族群的人寫了一首治療歌曲，希望能協助你以積極的方法提升你的能量。

回家

這首歌的訊息是希望輕鬆地將摩羯座北交點人的意識，轉換成更具勇氣的模式，鼓勵你脫離家庭所提供的狹隘安全，並伸展向有輝煌成就的新家。

節錄部分歌詞

你是否曾有與我相同的感覺，
知道你必須向前走，
並跨出走向新環境的下一步？
你不能看到所在層次以外的地方，
不敢放手，因爲你內心知道，

你不能回頭——回到你曾經待過的地方。
你目前所處的層次不能讓你成功，
放掉過去繼續向前走，
你以爲要離開你的家？
不，不！你是要回去，回去，回家去！

第11章

如果你的北交點位於水瓶座
或北交點位於第十一宮

星座箴言

符合每一個人利益的事才是致勝關鍵。

總論

應發展的特質

針對這個部分的努力，應可幫助你找出被隱藏的天賦及才能。

★客觀（可以從「整體」的角度觀察）
★渴望友誼
★以團體最高利益為決定時的最高原則
★願意分享反傳統的意見
★願意支持人道主義
★積極參加團體活動
★了解平等
★以個人為出發點，建立人際關係，跳脫特定的角色，如園藝家、醫生、愛人等
★創造雙贏的局面
★肯定別人之所以特殊的理由

應擺脫的傾向

努力降低這些傾向所造成的影響，可以使生活更輕鬆、更有趣。

★堅持自己的方式
★只爲了表示權威而做改變
★執著於冒險，如愛情或賭博
★任性而固執
★執著於對獲得肯定的需要
★誇張的傾向
★做別人期待的事，而不是遵循心的方向
★奔放不受抑制的熱情；走極端
★沒有意識到別人的重要性
★基於畏懼而有驕傲的表現

應避免的陷阱

水瓶座北交點的人應該注意的問題是對別人肯定的需求，「我的生命完全仰賴別人給我的肯定。」你以為如果擁有別人的肯定，你的生命就是走在正確的路上。這是一個無底的洞。水瓶座北交點的人對別人所提供的肯定，永遠不足以使你滿意或是能夠自在地忠於自己。實際上，對你來說，別人的肯定其實是一個假的指標。你必須冒著不受肯定的風險，並誠實面對自己非正統的意見，以發展更深及更令人滿意的自我肯定。

水瓶座北交點的人會陷入毫無止境的冒險之中，尤其是戀愛。「如果我能擁有快樂的愛情生活，就會覺得自己是完整的，而且我可以開始做我份內的事，以幫助這個星球。」但是，如果你不將這種戀愛的能量，與平日某種形式的人道主義予以平衡，情況會變得過於緊張，而你則會在無意之間摧毀自己極度渴望的人際關係。

重點是除非你能忘掉個人的渴望，否則將永遠無法自由地獻身於人道關懷。當你投入相當程度的能力，創造宇宙主義的成功時，你的努力會使每一個相關的人充滿能量，並得到報酬。有趣的是，當水瓶座北交點的人獻身於更宏大的目標時，你會發現宇宙也會使你在個人的層次上更為充實。你要注意古老的格言：「許願時得小心，因為你可能眞的會得到許願的東西。」

什麼是你眞正想要的

你眞正想要的是談戀愛、被鍾愛的感覺，並與某位可以回饋你熱情的人分享「舞台中心」。要達到這個目標，你必須學習順著潮流走。你可以告訴宇宙你所想要的東西，並讓生命配合完美的時機，帶來會肯定並鍾愛你的人。你應該要學習自然地接受愛，隨時注意機會之窗，並對進入你的生命來愛你的人有所反應。

花時間與想法接近的人相處，公開表達你非正統的意見及對未來的看法，都可吸引同時扮演愛人同志與朋友角色的人出現，而你還可以提供這個族群的人所需要的支持。當你專注於實現你利他主義的夢想時，生命會爲你帶來特殊的人，以浪漫的能量爲你的夢想充電。

你的才能及適合職業

你在團體中可以發揮作用，因爲你知道如何促進開放、和諧的合作關係。你的興趣是超派系的，所以你會做最符合整個團體利益的事。你可以成功地推動你所相信的理想主義或人道目標。

水瓶座北交點的人在需要客觀性的工作中，會有很好的表現。你會是出色的科學家、占星家、電氣工程師、技術人員、電腦專家，任何需要預見未來，並落實於當下能力的工作，例如需要將創新的意見於大衆前面公開的工作，都可以使你成功及快樂。這個族群的人會藉由本身所適當運用的創造性能量，生產正面的結果，而且可以堅持貫徹到完成的階段。廣播電台或是電視台的傳播工作，也是你擁有與生俱來才能的範疇。

另外，水瓶座北交點的人非常富有創意，隨時都可以發揮熱情、熱忱、原始的能量，去完成工作。當你下定決心完成工作，並賦予團體力量，將之推向更高的目標時，也可以使別人充滿能量。

但是如果你執意進入以自己爲重心的行業，而不是以更高原則爲重心，如電影明星、企業負責人、軍隊或政治人物時，你會變得冷酷無情，無法平等地對人。在利用你的技術推動重要的宇宙目標方面，你會有較好的表現。

正面肯定的信念

- 「當我釋放倔強時，我就能成功。」
- 「我不知道『應該』怎麼樣。」
- 「當我做的是符合每一個人利益的事時，我就贏了。」
- 「一旦我決定自己想要的東西，宇宙就會將它送到我的面前。」
- 「我不需藉著主導別人讓自己充滿信心。」

你的個性

前世

水瓶座北交點的人前世是國王、皇后、藝人，或是一些習慣於「不同」的人。由於你過去一直生活在掌聲及思慕的眼光之中，所以形成了以自我爲中心的冷硬外殼，這種自我的意識讓你覺得自己與衆不同，直到進入今世的實體以後，仍會覺得自己是「特別的」。

要重新獲得平等及歸屬感，你需要將自己所得到的聲名中所含的過多能量，提供給別人。你可以利用自己巨大的力量，促進人道主義。你來這個世界是爲了幫助新時代（New Age）的產生。你的命運是自孤立的王座走下來，並重新使自己成爲集團的一份子。

當某些不幸的事情發生時，你很容易會有以下的反應：「是我嗎？發生在我身上嗎？」你不相信自己會有壞運。你要學的課題之一是：「生命」發生在每一個人的身上。但由於前世實體所享受的特權，你會在你被以一般人的方式對待時，感到十分地憤怒。你很天眞，而且已經被寵壞了。

你前世居於領導者地位的角色還包括首長、國王、獨裁者、一家之主，不論是屬於那一種，你都是「非常重要的人物」，而且都非常習慣按照你的方式行事。因此，雖然你的心地不錯，但你常愛下命令，別人若沒有遵照你的意思行事，你會覺得受到侮辱。你有極大的情緒能量，所以常會在自己沒有發現的情況下，威嚇到別人。

你善於推動本我的能量，以得到你想要的結果。在今生這個實體之中，你是要來與別人分享你意志的力量。你應該有意識地將焦點放在與你互動的人身上，並鼓勵那些人與你自己的需要連結。

☆信心及意志力

由於水瓶座北交點的人前世過度發展意志，所以今生這個實體，你的意志力似乎有點無法控制。它會企圖改變事情，甚至違反你的最高利益，而且純粹只是爲了改變而改變。你可能會在極愉快的環境中玩得很盡興；突然，你的意志抬頭，並要求按照它的方式進行。這可能會讓人措手不及。

水瓶座北交點的人碰到這種情況時，若想重建平等性，最好肯定發生的狀況：「抱歉，我的意志力剛才又失去控制了。你剛才說什麼？」

你前世還曾經是知名的藝術家，或是具高度創造性的人。這使你培養出一種傲氣，常會傲慢地把你的觀點放在別人之上。你強而有力的意志，在你運用它來達成目標時，會成爲一種助力，因爲它給你貫徹執行困難計畫的力量及決心。但是，當它毫無差別地擴散至你生活的其他部分時，就可能會造成負面的影響。你花了許多前世建立你的自我、決心、個人的意志，因而失去了群體的意識。因此，在這次的實體中，你應該將你的思考，擴大至別人個別的需要。

你的意志必須以促進大衆幸福爲焦點，才能得到支持。當水瓶座北交點的人企圖控制實現夢想的每一個步驟時，就會發生問題。如果你試著控制過程，後果將是沮喪。你所想要的東西是有效的，但是你要學習不再執著於產生結果的過程。宇宙希望滿足你的需要，而當你學習放掉自我時，所有你想要的東西都將自然而然地出現在你面前。

水瓶座北交點的人的確對自己克服生命中阻礙的能力，具有與生俱來的信心。或許這正是你擁有如此大的彈性，並可以懷著一顆快樂的心、願意繼續下一個探險行程的精神，自大災難中重生。你會精確地評估你的能力及需求，之後開始創造積極的解決之道。你不會透過傳統的方式去尋求安全感；你依賴自己的智慧以保障你的命運。

你前世每一件事情都自己來，這是你之所以如此頑固的理由之一。你會不斷地驅策，直到渴望的目標達成，或是阻力大到你無法解決、只好放棄的地步，你才會放手。當你終於放棄某些不能成功的目標時，你會看到較高層次的答案，告訴你爲什麼那個情況無法如你期待般成功。

你會接受到很多的幫助。天使及你自己的直覺會告訴你更清晰的景象。你可以依賴與自己擁有相同理念的朋友。對水瓶座北交點的人來說，今生你不需要「自己動手做」，當你讓別人協助自己達成目標時，就可以創造出大量正面、互惠的能量。

☆冒險

水瓶座北交點的人最不喜歡在冒險時遭到失敗。即使只是玩簡單的撲克牌，或是賭金很低的賭博，只要牽涉到金錢，你都不會有「運動員的精神」。你會非常認眞，完全忘了那只是一場遊戲。前世你會是賭徒，所以現在並不怕冒險。然而，由於缺乏客觀性，所以今生通常不是一個好賭徒。

你從來不會停下來仔細想想，你所冒的風險可能會帶來多大的災難，而某些後果甚至可能會讓別的族群不寒而慄。你認爲自己是無敵的。通常你停下脚步的時間，並不足以長到可以讓你評估成功的機率、衡量情況、做一個包含別人希望的實際評估。當你覺得情緒的能量不可思議地高漲時，你就會勇往直前了。

談談你的愛情吧！當水瓶座北交點的人熱情被點燃時，會希望立即跳進去，並投入百分之百的熱情。你的頭腦會創造出任何必要的幻想，以使這種熱情能夠維持下去，使你只能看到對方個性中好的特質，並將他理想化，使這個關係的重要性大過於生命。這種傾向會讓你的情緒充滿能量，而你會耽溺於其中。

你是如此完全及迅速地投入，所以贏得或輸去這個愛情對象的賭注被誇大了。這令你的視線模糊，常會在戲演到一半，才發現整場戲只有你一個演員。在生意場上，情況亦相同。如果你覺得根據賭博的直覺，將可以「殺個片甲不留」時，通常正是爲自己埋下失敗的種子時。你務必要放慢脚步，而且賭注不能超過能力範圍以外，不論是你的錢或是你的心。

當水瓶座北交點的人盲目跟隨熱情，以及因「輕易獲勝」所伴隨而來的「亢奮」時，你總是會失敗，不論是愛情或是錢財方面的賭博皆然。當熱情升起時，你最好迫使自己放慢脚步，評估風險。之後，你就可以淸楚地做出一個明智的決定。當你唯一的目標是自我滿足時，你必會失敗。但若牽涉的是更高層次、利他的「賭注」，客觀地意識到對方的立場，你就能占得優勢。意思是說當你制定成功的策略時，需要寬闊的視野。

☆過度發展的自我

水瓶座北交點的人投入許多次的前世於發展自我，而忽略了超自我。（註：「本我」是指基本的需求，「自我」是指傳達你的需求給外在世界的自己的角度，而「超自我」則是代表對別人需求、對社會習慣的察覺。）

所有花在建立自我的前世時間，已使你有力量得到你想要的東西。但是，有時候你會過於投入於取得你所想要的東西，而不停下腳步，確認這個東西是否可以滿足眞止的需求（本我）。或者你可能會因爲忽略超自我，並忘記自問你所想要的東西是否會傷害或是有利於另一個相關的人，而使你得不到想要的東西。在今生這個實體之中，水瓶座北交點的人應該發展與超自我的關係。兩者間的關係愈緊密，今生之中你使用個人自我的效果將會愈大。

水瓶座北交點人的基本生命課題是，將你過度活躍的自我，轉換爲推動人類進化的一種工具；要控制自我，需要精神的連結及堅強的自律。你擁有過分高度充電的創造性情緒能量，不論你以什麼爲焦點，均會擴大並呈現生命本身。你必須拋棄可能導致嫉妒、傲慢、驕傲的想法，對你來說，沈迷於任何消極或負面的想法都是很危險的；其他人可能可以克服這個問題，但是這個族群的人則不能。

今生你具備了一切利用堅強意志的條件，不讓自我帶來不具生產性的想法。例如，當事情不是按照你的想法進行時，前世你可能會因爲結果而自責或是責怪別人，最後變得極爲沮喪。但今生你必須停止以這種負面想法來攻擊自己，你只要提醒自己：「接下來該怎麼辦？」這種在關鍵時刻出現的想法，會阻止你想逃脫的意志，並帶給你平和。

「我內心充滿關愛的仁慈。愛充滿在我心中。」平日便不斷重複這類的想法，就可以重新與你眞實的天賦結合。

水瓶座北交點的人可以藉著停止批判、將自己與別人做比較，使自己脫離自我的陷阱。「她的情況比我好。她獲得較廣大群衆的肯定，比較有錢，資產比較多……。」這樣的比較會令你生氣及嫉妒。而當你看到某人後想：「她的工作名聲不高，賺的錢比較少，她的人際關係並不好……。」這時候，你又會開始覺得高人一等。只要你以這種方式去評斷別人，總是會失敗，因爲這種方式會阻礙任何連結或相互的支持。而且如果你怨恨自己親近的人，你自己也不會覺得多好過。

爲了避免掉入這樣的陷阱，在這種情況發生時，你應該承認並立即以其他的想法取代。例如，晚餐該買些什麼？工作時要做什麼等等。你也應該承認，不論一個人是要盡力競選美國總統、爭取大學學位，或是賺錢求得一家的溫飽，其間的奮鬥是相同的。如果水瓶座北交點人的眼光能超越外在的狀態，了解每一個人都有相同程度的奮鬥，就可以放鬆自己，再度覺得自己與別人是平等的。

這個族群的人前世曾經是國王或王后，所以並不小器。你必須利用天生帝王的特質，如高貴、仁慈及決心，克服那些不適合皇家氣質心胸狹窄的情緒反應。

傲慢

傲慢是水瓶座北交點的人與生俱來的特質，因爲你有許多次前世都是居於「高人一等」的地位。傲慢的能量會造成孤立的結果，並使你無法得到生命中最重要的東西。但是，傲慢也可能被轉變爲一種力量，賦予你盡己之力促成進化改變，以及爲你這一代開創新紀元的能力。

你會想：「我的方法最好。如果我統治宇宙，情況會好得多。」當你說「我的方法最好」時，傲慢的能量就會驅使你去解決問題，並對這個星球有所貢獻。但你必須配合謙虛的態度：「雖然我的眼光最棒，但或許並不永遠都是最佳的解決辦法，而情況的演變也可能是我所未曾預期的。」

當「我的辦法最棒」的想法，是以對整個情況宏觀角度的認知爲基礎，相關的每一個人都會被列入考慮的範圍內。水瓶座北交點人的方法通常都是最棒的，但如果你認爲：「我要按照我的方式做，不管別人想怎麼樣。」那麼你的方式就行不通了。你應該願意更富有彈性一點，不要過度執著於你所錯過的某個特定結果。

☆保留判斷

由於前世習於擁有特權，水瓶座北交點的人會認爲事情應該都會對自己有利。如果發生了一件不幸的事，你第一個反應通常是憤怒：「我不應該有這樣的遭遇！」這意味著別人可能比你更應該有這樣的遭遇。當你這麼想時，你就會失去天生的慷慨，覺得自己比別人特別，而在這種時候，別人就會表明反對的立場。這是「瑪麗·安朵內特（法皇路易十六之后）症候群」，你傲慢的態度，將會刺激別人把你拉下台。

然而，你的行爲通常是基於你的天眞，即使激怒了別人，你也不知道自己做了些什麼。

這個族群的人是根據善良及仁慈的內在架構行事的。基本上，你對他人懷有好感，而且相信生命是美好的。因爲這些特質，你通常看起來「運氣不錯」。但是，如果事情沒有按照你的方式進行，隱藏於內在、被寵壞的那個孩子就會出現。你會對宇宙及生命本身感到憤怒，使問題更複雜。因爲你阻絕了自己對美好事物的接納能力，讓自己的情緒迷失在壞運之中，而製造出更多的壞運。

如果你讓自己陷在負面的比較中，你對待人們的態度，就會變得充滿怨恨或是鄙視。你會變得不受人歡迎，被你鄙視的人想扳倒你，而「狀況較佳」的人，則因嗅出水瓶座北交點人的怨恨，而不願幫助你。

水瓶座北交點的人要學習保留你的判斷，並投入時間更深入地了解別人，查明爲什麼別人會有那樣的想法、彼此間是否存在相似之處。因爲你常會根據表面的現象便遽下判斷，所以錯過了許多快樂互動的機會。想擺脫這種自我毀滅的模式，唯一的辦法是有意識地激發你與生俱來的慷慨。

由於經過許多「特別」、不同於別人的前世實體，而且一直受到宇宙的保護，所以你會變得非常慷慨，而且會將你的好運回饋給別人。當這個族群的人爲別人的努力祝福，並爲別人的成功歡喜時，就打開了通往自己好運的閘門。

☆練習感謝

另一項可以爲水瓶座北交點的人打開通向好運之門的策略，是誠心感謝已經出現的美好事情。對你來說，以感謝爲出發點而不是傲慢，是非常重要的。例如，如果你獲邀參加一項高級的聚會，如果內心有傲慢的反應：「嗯，總算邀請我了！」你可能會有短暫的快樂，但最後卻常常招致不幸。例如因某些理由，這項邀請被撤銷了，你就會做出以下的反應：「他好大的膽子！我應該可以參加這個聚會的！爲什麼每個人都要和我作對！」

不幸地，由於你有大量的創造性能量，所以將焦點放在負面的因素，就會形成一場持續的戰爭。但是如果你相信且保持接納的心時，生命就是美好的。當機會出現在你的眼前時，你會加以肯定，並自然地向成功的方向前進。

例如，我有一位屬於這個族群的客戶，有一次因爲意外造成骨盆破裂。當她被人用擔架抬出來的時候，她告訴自己：「生命愛我（每一個水瓶座北交點的人都知道這一點），塞翁失馬，焉知非福。」的確，在她躺於病床期間，因爲一個計畫寫了一個提案，使她的業務提升至全國性的水平。而一段已經結束的關係，又重新開始，並對她有很大的幫助；直到我寫這本書的時候，他們還很快樂地在一起。因爲她對美好事物有很強的接納性，使這種看起來像是負面的狀況，化爲對她有利的正面因素，所以她整個生命就獲得指引及改變。

另外還有一個例子，那是一位同屬水瓶座北交點的朋友。我和她約好先在紐約的某個地點碰面

（需要排隊入內），然後再一起進戲院。到了約定的時間，我在約定地點的裏面找不到她，所以就走到外面看看。結果發現她正在外面，與其他大約三十多個人一齊排隊，而排在她後方的是一位非常瀟灑的男士。她非常生氣，因爲我遲到了，在我們走向戲院的一路上，還不停地責怪我。其實她眞正生氣的是她被擋在門外，她把它解釋成對個人的侮辱。

當你受到特別的禮遇時，通常都會甜如蜜糖，但是如果你被視爲「普通人」，受到「平等」的對待時，老天爺可能就要幫幫你身邊的人了，因爲當你無法得到想要的東西時，會讓身邊的每一個人都過得很悲慘（包括你自己）。而且如前述例子，你將錯過生命帶給你的慷慨機會，也就是與排在身後的那位英俊男士認識的機會。

你要學習相信潮流。你很慷慨，生命也以慷慨回應。如果你不能得到你想要的，或是有人對你說「不」時，應該要擴大視野，看看生命爲你所帶來的其他機會。你務必要放棄令自己快樂的狹隘觀點，接受生命的贈予，這樣豐富的新經驗將會爲你帶來預料外的喜樂。

需要肯定

☆掌聲及喝采

水瓶座北交點的人有太多次的前世，都是扮演站在舞台中央的明星，持續接受大衆的注意，所以今生這個實體中，你心中有一部分會抗拒處於這樣的地位。你擔心不能正確地扮演你的角色，或招致否定，認爲那是一種極大的情緒風險。事實上，你今生若想扮演「明星」，通常是得不到回饋的。

今生來自別人熱情的掌聲並不能使你成長。但是你是很棒的觀衆，可以支持別人站在舞台的中央。你天生的熱忱，也會激起其他觀衆的熱情。而且，一旦你懂得將肯定的能量送回給別人，就能維持自我。

如果你不能避免地成爲注意力的焦點，最好能將焦點轉移到本身以外的某樣東西。例如，如果水瓶座北交點的人是演說家，可以讓觀衆的注意力放在演說的主題之上。如果是因爲原則或是計畫而獲得肯定，你的熱忱將是無止境的，也會擁有無窮的創作力。

肯定對水瓶座北交點的人來說，就好像是食物一樣。相反地，你對無法獲得肯定的憂慮，也可能會大到使你避免去與別人分享眞實的意見或感覺。

前世，水瓶座北交點的人是重要人物，或許你工作的一部分是必須傳誦傳統的古文。但是，在今生的實體中，你是要來與別人分享非傳統的知識，而且由於你所傳達的是新的訊息，所以不見得都會得到別人的肯定。人們很少會輕易地接納新的知識，因爲總是需要一段時間之後，一般人才能看出新知的價值，與新知達成一致，並加以整合。你應該了解別人可能不會接受你的創新意見，要願意嘗試風險，感受自我肯定所賦予你的力量。

當你把自己看成是讓知識流通的管道時，可以獲得極大的自由，因爲你不需要是「對的」。你也可以擺脫因極需要別人的肯定而形成的弱點。當你發現你只是「拾取」一些自由流通的意見，並使這些意見繼續流通時，別人是否給你肯定，就變得不那麼重要了。

當你處於團體之中時，通常都會有一些別人會很高興接受的絕佳點子。然而，在這個點子實現時，可能沒人會記得是水瓶座北交點的人想出來的。你可能會有誇大妄想的傾向，但是如果你保持低調，就可以發揮最大的潛能，並獲得最大的成功。

不等待掌聲，使你可以不受任何牽絆地迎向下一個偉大的目標。當你受到很多的注意力時，會阻礙你產生新的意見。因此，你的命運應該是居於幕後工作，與別人共同努力以達成目標。如此，即使聲名自己送上門來，也可以平衡地接受它，而不會將它視為是針對個人的事。

☆個人肯定

你希望每個人都會喜歡你，這也是你做許多事情背後的動機。如果你做了某些事情，卻沒有得到肯定時，你會很痛苦。基於前世的經驗，你潛意識認為來自別人的肯定，是判斷你是否正確或做得好不好的一個指標。

從某一個層次來說，水瓶座北交點的人仍然會因為自認應該「按照」形象行動，而背負沈重的負擔。雖然今生，你背叛這種限制，但由於你過於習慣犧牲你真實的自我，以扮演某一個「角色」，並爭取肯定，因此很容易會以自認為別人希望的方式行事。但這種方式往往與你的心背道而馳。

你對得到肯定的渴望，常會造成內在嚴重的衝突。你極為了解別人對自己的反應，所以往往會刻意製造自己在別人眼中的形象。你不會對發生的事件做出自然的反應，因為你希望能說出「正確」

的事，以贏得肯定。但是由於過度地注意自己，所以在不知不覺之中，你會耗盡天生的自信。如果你持續擔心自己在別人眼中的樣子，並需要相當程度的肯定才能感到快樂，會非常容易出問題的。

你會持續處於極大的壓力之下，原因是你認為若想得到所需要的正面回饋，就必須扮演某種特定形象。如果你能眞實地做出反應，會得到比較好的結果；當你誠實地與對方互動時，也能從對方的反應知道自己是否想與對方共處。這對水瓶座北交點的人而言，是較強、較健康的一種立場。

你的需求

平衡自我

在水瓶座北交點的人能獲得達成目標所需要的自信時，過度的個人自我所造成的阻礙，務必要予以清除。你的自我極為壯大，所以在今生的實體中，你幾乎必須斷絕一切來源，以重新獲得內在的平衡。你對聲名的渴望會是一個無底洞，可能會使你寅吃卯糧，擺出一副高人一等的態度，而且永遠都在要求「多一點、多一點、多一點」。

其他族群的人還可以有增進並擴大自我的空間，但是水瓶座北交點的人則不然。你對喝采的渴望，很容易變成有傲慢態度的自我之旅，而最後的終點就是災難。所以宇宙常會在你學習到以平衡及優雅的方式反應之前，不讓你得到成功。

生命提供你很多的機會。因爲你天生就很有自信及活力，而且願意冒風險，所以你進取的精神當然會使你勝利。之後，生命會觀看你如何處理每一個成功，如果你變得自大傲慢，生命就會拿走一些戰利品。但是，如果你可以優雅地處理一個小小的勝利，那麼生命會送給你許多你所追求的東西，先決條件是你必須避免驕傲及傲慢的態度，且維持感謝的謙虛。

水瓶座北交點的人靈魂上有一種結構，會反射自我榮耀，並使自我膨脹，這種情況發生時，力量會自你的生命中消失，你也將招致挫敗。不論何時，當你發現這個結構在作用時，最好立刻消除這種情況。你必須不再認爲自己有多麼光榮，而且必須有意識地提醒自己：「好吧！我不知道會贏或輸，但是我想我可以幫助別人得到正面的經驗。」這可以幫助你獲得平衡的觀點。

另一種迴避這個自我過度發展的辦法，是審慎地利用自我去加惠他人，或是人道主義。你前世一直是皇室貴族，今生你如果能將焦點放在促進「別人」的利益，而不是增加你自己的影響力，就可以掌握勝利。

☆誇大妄想

水瓶座北交點的人有活潑的想像力，通常會以妄想自娛。舉例來說，如果你對自己的職業感到厭煩，可能會想像自己將要寫一本暢銷書，你會上每一個談話性的節目，接受訪問。雖然這種幻想可能不切實際，但那並沒有關係，因為幻想是有趣的，而且本身也是令人滿足的。不幸的是，幻想會使你的感覺變得比較遲鈍，使水瓶座北交點的人得到某種程度的滿足，卻防礙你創造性的行動。

有趣的是，你擁有所有你需要藉以實現幻想的創造力，但是你的動機決定了最後的結果。以前面所舉的例子來說，如果你寫一本書的目的是名聲及榮耀，成功就會離你而去。這是因為今生這個實體設計的重點之一，就是只要你企圖增強自我，自我就會擊敗你。不過，如果動機是為了幫助他人，你可以得到的東西是無限的。你天性中人道主義的那一面，務必要予以發展。

幻想的另一個問題是，它將現實移到未來，這使得水瓶座北交點的人在處理現在的事物時，會變得比較沒有效率。例如，如果你的焦點放在成為一位暢銷書作者後所得到的名聲，你可能會放棄為本地雜誌寫文章的機會，你會錯過那塊可能帶領你實現夢想的踏腳石。

同樣的傾向亦存在於你的人際關係之中。例如，當你受到某位迷人的異性所吸引時，就會開始幻想，並將對方設定為幻想中理想的未來伴侶。於是你開始生活於未來之中，且一開始就跳到下一個階段，認定對方就是理想對象，而錯過現階段應有的建立基礎的步驟。

事實上，只要循序漸進，你必可以達成目標。因此，你要面對的挑戰是停止幻想，取而代之地，對當下呈現在你眼前的機會做出反應。如果當下的環境沒有幻想存在時，你一向是知道應該如何獲得成功的。很幸運地，水瓶座北交點的人意志及自律性都很強，足以阻止你漫游於不切實際的幻想，以及誇大的妄想中。

要確保成功，你務必要隨時注意自己的意圖。當你讓追求自我尊榮的動機占上風時，達到成功所需要的能量就會立刻被榨乾。例如，如果你想藉開辦一個冥想班以幫助人們，就應該將焦點維持在利他的動機上。如此一來，你就可以擁有實現這個想法所需要的能量、清晰及歡愉。在你繼續向前走時，腦海中自然會浮現實現夢想的方法，而多扇門也會奇蹟似地開啓，使通向成功的路更易行。

然而，有時候你會考慮到個人可能的得失：「噢！或許我會成爲一位精神導師，人們會跟隨我。」或是：「我不知道同行聽到我要投入冥想時會怎麼想？」不論是前者中的那一種情況，只要你允許自己開始考慮個人的得失，所有達成目標所需的能量就將開始消失，而最後你會落得一事無成。

另外，涉及自我可能會嚴重干擾你的觀點，甚至忽略人們實際需要你的地方。這會限制你的成功。但是當你的動機是百分之百利他時，就可以了解這個星球上，在某個特定時間、某種特定情況下，你應該提供什麼樣的幫助。當你眞的發現某種需要，並基於非自我的考慮，對它做出反應時，就可以得到極大的成功及名聲。

☆謙虛

當你選擇一條比較謙遜的路，遠離聚光燈及掌聲時，你會更成功。你直覺上，會去追求肯定及名聲，但是當你得到這些東西時，你的自我會因而膨脹，而你會失去慈悲及平等的心。當水瓶座北交點的人採取謙虛的態度時，生命會變得奇妙無比，每一件事情都會對你有利。你終於可以看到自己天賦清楚、實際的出口。但是，如果你仍維持驕傲的態度，你的能力可能就無法充分發揮了。

例如，我一位屬於這個族群的客戶，寫了許多有關新時代觀念的書。她胸中脹滿了驕傲，開始考慮要找那一家出版社去出版她的書。她沒有想到，由於她過去在這個領域還沒有任何基礎，還沒有闖出一點名號，所以她或許應該找一家規模比較小的出版社。

等到她所接洽的大出版社拒絕了她，她還是不屑與那些小的出版社合作，最後她只好完全放棄她的計畫。在這個事件之中，每一個人都是輸家，包括廣大的讀者。因爲如果她願意虛懷若谷，那本充滿新觀念的書就可以出版，而廣大的讀者也可以因而受益。

傲慢也可能在宇宙派別人來幫助完成水瓶座北交點人的構想時，成爲一個問題。通常這個族群的人不願與別人分享肯定或金錢，而你也不希望失去主控權。你擔心，如果你與別人合作，可能必須放棄部分你想要的東西。「你的方式」及「你的想法」成爲至高無上的東西，你會對可以實際幫助別人的解決之道興趣缺缺，但那才是你今生應該要發展的人道主義態度。

有一個例子可以說明以上的狀況。我有一位客戶的先生是水瓶座北交點的人，他的職業是心理醫師。他在某個媒體有一個專欄，針對青少年提供建議。有一次他把原本要寫給一位少女的回信給他太太看。他太太（我的客戶）不同意他的處理方式，而就這個案子來說，她的意見實際上眞的比他的意見要好得多。她先生的回信中的確少了些什麼，他自己也感覺到了，不過，他還是執意按照他的方式去做，而且自此而後，再也不拿任何讀者回函給他太太看了。

如果他能虛心地把幫助人的目標放在第一優先，不要計較那到底是誰的意見，就可以維持客觀的立場，並接受太太的意見了。

你擁有自己的觀點，並精確地知道自己希望能有何種結果。你希望按照你的方式進行。但是，如果兩個人能得到共同利他的理想或觀點，那絕對比其中任何一個人對於如何實現目標的意見，重要得多了。當水瓶座北交點的人願意謙虛地與別人合作時，以上就是實際會發生的狀況。

非個人的觀點

☆利他主義

在今生這個實體中，水瓶座北交點的人應該在個人、以自我爲中心的生活，或是對人道主義非個人的奉獻之間做一個選擇。當你選擇以個人生活爲重點時，你就輸了。當你選擇對人道主義非個人的奉獻時，你就贏了，而且還會神奇地獲得你一直嚮往的個人生活。

爲了滿足你對感謝的需求，你應該突破個人自我的限制，並回饋給整個人類，以尋求你可以支持的人道服務或目標。將你的生命奉獻給比自我更大的目標，可以給你純淨的目的，這將使你在不把結果視爲個人因素的情況下，貢獻自己。事實上，利他主義可以幫助你發展無窮的自信。

否則，你有時候會不相信自己的動機。尤其是在青年時期，你可能會懷疑眞的有人爲了達到純粹利他的目的而做事。但是如果你的意圖是想要幫忙，你的注意力就會自動地轉移，隨時注意任何可以幫助別人得到別人所需要的東西。

水瓶座北交點的人擁有極爲慷慨的天性，而當別人不接受你的禮物或報以掌聲時，你常會覺得受到極大的傷害。要預防這種問題，你可以積極地搜尋關於別人的期待及需要，以及探討自己的行為中，有那些是致使你無法得到期待中反應的部分。你可能很不容易以具建設性的方式聽取回饋，但是你要學習以較遠大的角度來看事情。

例如，如果你寫兒童故事，首先要去找出那些出版社可能會對這種故事有興趣。如果你收到一張退稿通知單，應該去了解這家出版社的需求，然後將自己的創作進行量身修改，或是另寫一個比較符合這家出版社需求的故事。

甚至，你要承認，即使你的點子不錯，無論如何你還是不能居功，因為沒有一個點子是真正屬於「你的」。你只是擁有過人的天賦，可以把你的「天線」調到正確的頻率，以接收到那些新點子。承認這一點，可以釋放你對成功及失敗的畏懼，因為你的想法真的與你個人並沒有關係。你的工作只是「撿起」身邊的一些點子，並將這些點子傳達給別人罷了。

你知道如何幫助別人獲得解放。因此，當你的意圖是賦予別人力量時，因為動機極為明確，所以必要的意見就會直覺地「出現」，或是從別人處獲得。你要了解那些資訊在某個特定情況下真正具有效用，唯一的辦法就是注意別人的反應。有用的意見一定會被接受。

如果水瓶座北交點的人與別人分享知識時卻未被接受，那只是代表你應該繼續提出下一個意見，看看新的意見是否有用。他人會很願意從你身上擷取他們需要的知識。畢竟，這是一件非常個人的事。

例如，如果一位水瓶座北交點的人寫了一本有關哲學的書，而出版社拒絕為他出版。或許那個哲學並不是人們需要藉以獲得訊息的工具，但是如果他以小說的形式表達相同的訊息，或許就會看到立即的需要。水瓶座北交點的人可以從別人的反應中，了解那一種方式是正確的。

如果水瓶座北交點的人相信藉著努力協助他的夥伴，必會有一些具正面意義的事情回到你身上，那麼你就會有無窮的能量得以繼續嘗試，直到你發現別人也對你的才能做出積極的回應。

生命就像是一個回力鏢，當你利用富創造力的能量協助別人時，所需要的任何東西都會出現在身邊來幫助你。當你處於利他主義之中時，你會擁有極大的力量。當不涉及自我，且不是親自投入結果時，可以很容易地貢獻出你的創意。自我收穫是一種自然的副產品。宇宙會持續關照你，因爲你已將你創意能量所帶來的好處，傳達給別人。

☆獲得客觀性

水瓶座北交點的人需要非個人的回饋以得到透徹的觀點，因爲你過於認同自己，所以無法清楚地看到自己。如果你相信某人，他的意見會對你有相當的幫助，因爲在你與人合作時，可以更清楚地掌握狀況，並得到你所想要的。例如，在戀愛關係中，你通常會沈浸於極度幸福的氣氛中，卻忽略了當下所發生的事。然後，因爲沒注意到某些在較廣角度中的部分，而受到傷害。爲了避免情緒上的痛苦，你的個人生活中需要一個客觀的指引系統。

你應該修正你的自我，並使自己順應潮流的方向。奧秘的科學，如占星學、命理學、塔羅牌、字跡分析等，可以提供你重新制定策略的客觀性。這些資源可以增加水瓶座北交點的人正確觀察的力量，並修正你以自我中心方式反應的傾向。《易經》是很好的一個工具，它可以讓你「挖掘」出內在發生問題的地方，賦予你力量，以進入實際的狀況。

占星學也是培養客觀性的一項絕佳工具。它可以讓你以非個人的角度去觀察自己及別人，在你試圖激發出別人某項其實並不存在的特質而遭遇挫折時，將你自沮喪中釋放出來，並讓你了解眞實的自我。它幫助你本著愛心接納自己及別人，並重視別人的個別性。

水瓶座北交點的人在前述的領域中，都有非常突出的能力，而且可以輕易地成爲這些領域中的專家。你具有解讀星圖或塔羅牌的能力，或是任何形式的占卜，只要是以客觀的「發射台」爲基地，將你的觸角轉向，可以幫助你解放自己及別人。

你的另一個資源是朋友。你的朋友運很好。來自朋友的誠實回饋可以幫助你了解，自我在何處阻礙了你的快樂。獲得知識是你得到自由的關鍵，也是教你如何避免摧毀式的自我表達。這麼一來，你或多或少就可以掌握一些自己的命運。

當你退後一步，並審慎地從別人的角度來檢視對方的期待及需求時，就可以做出在每一種情況下，均符合每一個人（包括你自己）利益的選擇了。但是最後，若要得到你所熱烈追求的完全的自由及愛，你不僅必須客觀地看待別人，還必須客觀地觀察自己。你應該觀察自己刷牙、在街上走路、與別人互動等等的狀況。當你開始實際觀察（不帶批判眼光）自己時，就可以眞正地得到自己的觀點，沒有任何恐懼。

順應潮流

水瓶座北交點的人要學習如果現行計畫一直無法有任何進展，就必須承認那是因爲宇宙在嘗試將你送到另一個方向去。你應該讓自然發生的事件告訴你，自己應該把時間及能量放在何處，而不是企圖根據你自己的觀點指定這些決定。如果某件事情的結果與你預期不同，或許結果已經注定是某種你還不知道的東西。

你可以把自己從負面及執著的能量中釋放出來。「我不能按照我的方式做事，事情的發展不是我所預期的。」方法是將你的注意力轉移，轉到你可以建設性地表達你富創意能量的事上。你應該注意宇宙開放的門在那裏，並歡喜地去通過那扇門。

與其投注極大的個人努力，不如放鬆自己，維持對潮流的開放態度，這樣你就可以與背後那股眞正力量一齊繼續向前走。例如，即使推動新時代是水瓶座北交點人的工作，但如果你不讓天使來幫助你，將會過於執著自己個人的努力，而且不能擁有達成目標所需要的力量。如果你順著潮流走，會發現自己可以用最少的力量，達成最大的結果。

☆放棄期待

你有時候會在無意之中，由於簡單的誤解，親手摧毀自己的快樂。前世，其他的人會提供你所需要的東西，而你也很快樂。但是今生，當別人給你想要的東西時，你不會如自己所以為般地感到快樂。這是因為你過於執著可以讓你快樂的特定東西，所以所能吸引的就變得極為有限。今生，你的工作只是保持自己的接納性，看看生命為你帶來什麼，你將會發現這眞的可以讓你很快樂。

水瓶座北交點的人要學習不再指望你認為將帶給你快樂的事物，並相信生命其實是希望你快樂的。然後你可以接受途中可帶給你愉悅感覺的下一個東西。當你為了某樣東西奮鬥時，通常都不能得到，因為你愈想要抓住它，它會被推得愈遠。

今生，你要學習如何接受愛。如果你利用意志奮進並得到想要的東西，通常並不會覺得快樂。你要學習的是，如果生命送給你一樣東西，而就當時來說，它是適合你的，你也可以盡情地享受它。最高的喜悅來自於懷著敬畏及感激的心情，體驗潮流的慷慨。

你有許多期待的理由是，你早已在腦海中模擬過可能的情況，而且已經分配給每一個人適當的台詞，所以當你實際與那些人在一起時，潛意識裏會強迫那些人扮演你幻想中的角色。這可能會造成兩種問題。第一，當對方不按照劇本表演時，水瓶座北交點的人會感到困惑及生氣，因為期待落空了。第二個問題是，當你以「劇本」為焦點時，不能看到當下實際正在發生的事，所以沒有辦法將現狀改變為有利於自己的情況。

水瓶座北交點的人必須學習的是，當你試著為別人提詞，或提醒別人應有的動作時，你會忘記扮演自己眞實的那個部分。你應該退後一步，客觀地觀察別人。一段時間之後，對方的特質會變得比較清楚。在這種情況之下，這個族群的人就不致感到失望，因為你只是在觀察另一個人的行為，不帶任何期待。之後，你可以了解對方的行為會對自己造成何種影響。與其嘗試去改變別人，不如清楚判斷自己與誰在一起比較自在。

這種處理方式更大的好處是，藉允許別人忠於自己，水瓶座北交點的人也可以忠於自己。當你將目標放在腦海中時，可以自然地表達出自己的反應，而表達的方式會適合每一個階段的各種情況。

☆創造雙贏的局面

當水瓶座北交點的人因為別人得到了自己得不到的東西而憤怒時，會放縱自己耽溺於過度誇張的反應，致使身邊的人遠離，甚至會危及自己的地位。這可能是小自你粗心的「態度」，大到最後可能導致大災難的嚴重誤解。

你常會過快地抗拒別人的意志。當某人主張他的意志時，這個族群的人往往會自動地以抵抗因應。這就好像一種反射作用，即使對方的行動或評論是基於他們的智慧，這個族群的人還是會嘗試以自己的方式進行。這完全與對方所想要的相反。別人可能就會因此而失去對你的興趣。

當你利用意志去達成你的目標，而不考慮相關的人時，會與別人疏遠。你的行動通常會過快，你看到目標後，會希望能立刻到達目的地。這種心態會使合作關係的過程發生短路，既不利人也不利己，沒有人會是贏家。

通常這個過程還會充滿一連串虛假的開始及困惑，這是因為水瓶座北交點的人沒有等待邏輯、成功的道路自動展現的緣故所致。你應該要學習向後退一步，在一旁觀看，只要觀察正在發生的事就好，不要總是如此積極地投入。這樣，你就會發現自己比較不會受到別人主張的威脅，也比較不會做出一些日後會後悔的事。

水瓶座北交點的人對自己想要的東西，可能會極爲堅持、也極爲熱心，所以有時候你會完全不管某件事情對相關的其他人是否公平。當你因爲自己的重要性而感到自滿時，可能會導致疏忽自己與別人的關係。雖然他人會協助你得到成功，但是你可能會認爲自己應該得到最大的報酬，而忘記去考慮怎麼做才是公平的。

當別人發現這個族群的人缺乏關心時，別人可能會對你的善意，以及能否相信你的領導能力等問題，發出質疑。他人會擔心水瓶座北交點的人爲了達到目的，可能會做出什麼不可預期的事來。你應該讓別人了解別人也有贏的機會，這樣別人將會更支持水瓶座北交點人的計畫。

你今生要學習一個很重要的課題，那就是生命必須是一場雙贏的遊戲。除非別人的需求也能獲得滿足，否則你根本就不用參加。如果水瓶座北交點的人考慮到對別人而言什麼才算公平，將可以放鬆下來，不再堅持自己的方式，並創造出符合每一個人最高利益的情況。

另外，你也可以更了解身邊人的動機。你可能會發現，以往被自己視爲敵人的人，其實是眞正想幫忙的人。藉著培養博愛的態度，並隨時保持更遠大的眼光，你天生的慷慨天性將可獲得釋放，你的能量則可鼓舞團體的結合，而這種結合將可以賦予每一個人力量。

你的人際關係

平等

前世，他人都非常尊重水瓶座北交點的人，因此經過許多世以來，你已經不知道應該如何成爲「人類團體」的一份子了。這會使你覺得孤立及孤獨，而現在你必須努力重建對人類的認同，並得到平等的感覺。當你專注於如何協助別人獲得提昇時，你會發現，你之所以會感到快樂，並不是因爲能以自己的方式做事；實際上，你的快樂是來自於「團體」的快樂，不論這個團體是指你的搭檔、你的家庭或是全世界。

☆承認別人是特別的

由於你在許多次的前世中一直是特殊的人物，所以今生亦陷入孤立的狀態。有一種辦法可以幫助你打破這種孤立的狀態，那就是承認別人的獨特性。當你肯定並鼓勵別人獨特及富創造性的生命力量時，就可以覺得充滿活力、平等，並有再次成爲人類團體一份子的感覺。

你擁有極大的能力，可以將別人推到「舞台中央」。萬一你遭遇令你失去信心的情況時，只需要把聚光燈轉到別人身上，就可以有顯著的好轉。自然而然地，你就會覺得更有安全感，也更自在。只要水瓶座北交點的人願意，你在交友方面擁有不可思議的天賦。只要你願意走下寶座，對別人表示興趣，就會受到熱烈的歡迎。如果希望這種情況發生，你應該要對別人、別人的生活、別人的奮鬥史，培養出眞誠的興趣。

由於這個族群的人洋溢著成功的創造性能量，所以你的信心可以感染並鼓勵別人，使別人能夠面對問題，並加以克服。這麼一來，每一個人都會是贏家。這是因爲水瓶座北交點的人終於能以做爲一個人的立場，而不是因爲你所扮演的角色，來被愛、被接納。

水瓶座北交點的人與生俱來的信心，配合上對別人純眞的信任，使你可以自由地接近別人，而且在你願意的時候與別人交朋友。你的朋友緣相當的好，如果先從友誼的出發點與別人建立關係，不論是與一個孩子、戀人、配偶、父母，或是合作夥伴的人際關係，成功的機率都非常高。將友誼的培養視爲所有人際關係的基礎，是你邁向成功的重要關鍵。

友誼是一種平等的關係。在這種關係之中的雙方，會客觀地思考什麼是對另一個人最好的事物，並盡力支持對方，使他能夠快樂。例如，如果一位朋友得到一生可能只有一次機會的工作，但地點是在一千英哩以外的地方，這個族群的人雖然明知自己會很想念這位朋友，但還是會毫不遲疑地鼓勵他去接受這份工作。

不自私地支持另一個人，可以爲水瓶座北交點的人帶來絕佳的友誼。由於對方了解這個族群的人是真誠地、毫無企圖地在考慮如何才能符合他的最佳利益，所以雙方得以建立信賴。這個族群的人還會提供極佳的建議，而你的朋友會因為感受到你的熱情及善意，而對你非常忠實。

在愛情關係之中，水瓶座北交點的人想要「比別人特別」的傾向，往往會成為致命的弱點。通常你不會主動展開一段愛情關係，所以別人在什麼狀況下會對自己傾心，是完全無法預期的。但是這種感覺是相互的，你強而有勁的熱情會立刻被點燃。另一個人通常會讓你覺得自己很重要，且被放在一個神聖的地位，你前世被仰慕的記憶又會開始翻攪。

如果你不了解另一個人必須仰慕你才能愛上你，你就會失去自己的觀點，並對自己的重要性過於認真，最後甚至會在無意之間，開始主宰你的搭檔。這種態度會使你的搭檔「熄火」，而水瓶座北交點的人則會因此再次對戀愛感到失望。這一課給水瓶座北交點人的教訓是：愛情必須是雙方相互的仰慕彼此的特殊。

☆與別人合作

由於前世的經驗，水瓶座北交點的人直覺地會在處理事務時，想要獨力以自己的方式完成。但是今生當你這麼做時，沒有什麼能量會回到你這裏。對你來說，最好的辦法是與擁有相同理想的同儕聯合起來。當你與別人一起合作時，你會充滿創造性的能量，這也正是你朋友緣如此好的理由。

今生任何一件由你自己獨力處理的事，最後都會變得非常困難，並使你陷入困境。你想做所有的決定，但是當別人涉入時，你會被迫維持開放的狀態，因此你自然地會變得更富創意及創造力。

而令你吃驚的是，當你眞的與別人連結時，你還是會覺得趣味無窮，即使在你不喜歡與別人分享控制權的情況下也是如此。

在選擇計畫時，你最好是能跟隨吸引你的能量。開始某項計畫時，如果你的能量出現激增，就表示你的「選擇正確」。你應該盡其可能、以創意性的方式，進一步推動這項計畫。每一個團體都會有需要，由於你的觸角非常敏感，所以可以爲你所屬的團體找到創新的解決策略，爲團體中每一個人帶來成功的結果。你愈相信自己只是「看到或找到方法」，而不是自己個人「想出方法」，就會有愈多的方法來到你的面前。

如果你得到的回饋是：「你的想法很棒，但是可能需要改進。」那麼或許你應該與別人合作，共同去修正並改進這個想法。你的動機是幫助別人，而宇宙會開放通往成功實現的道路。

有時候，水瓶座北交點的人會發現到別人的才能及創意，並開始產生妒意。你不想承認某人可能會比自己「好」。然而，你應該要知道，只有在你表現出天生的慷慨精神，並專注於維持平等的觀點時，才能使自己成功。而且，由於你最大的個人力量，是在與他人聯合去達成共同的目標時才能發揮出來，所以對你來說，慷慨地承認並肯定他人的能力是很重要的。

此外，就好像在你指出別人特別之處時，別人也會獲益，水瓶座北交點的人也會因爲接受別人對自己特殊之處的肯定，而受益匪淺。別人重視你的部分，正是你爲得到自己所追求的影響力，而應該去強調的特質，以及應該增進的力量。

另一個重要的因素是，仔細謹愼地選擇合作的對象。與你想法類似、但沒有控制欲，並對新事物新做法持開放態度的人，是你理想的合作夥伴。水瓶座北交點的人心底還是個孩子，你不喜歡有一個大人來告訴自己應該怎麼做。你必須與慷慨、尊重你、珍惜你想法的人合作。當你與別人合作時，你創作的過程會變得充滿能量，這種由於共同分享而產生出的能量及所創造出來的成功，效果會更大。

你擁有極強的說服力。如果你的焦點是在「更美好的幸福」，而你達到這個目標的方法的確比較好，那麼你就可以很輕易地說服別人。誠然，別人會很歡迎你富創意、革新的想法。當你專注於更高的目標，並使別人也專注於同一目標時，所有具毀滅性的自我限制都會消失。這個族群的人會變得更客觀，且更能夠接近你的力量。

水瓶座北交點的人能力很強，而且也有很多可以奉獻出來的東西。但是當你拒絕與別人分享成功及榮耀時，你幾乎從來沒有達成最高的目標過。今生是屬於團體導向的，要促成新時代的產生，需要大量的人力。當你與別人聯合起來，表達新的價值觀及想法時，成功幾乎是唾手可得的，而且每一個人都會覺得比以往更好玩得多。

你的愛情

水瓶座北交點的人喜歡戀愛的感覺，但是你必須將運用於友誼中的無私、客觀，同樣地運用在戀愛關係上。在愛意充分萌芽滋長之前，你應該要花時間建立彼此間的友誼，讓你隨時可以在對方身邊伸出援手的意願，傳達給對方。這也可以帶來信賴感。如此一來，人際關係就有成功的機會。

你在你生命的每一個部分，都要求平等，尤其是戀愛及婚姻。你需要碰到適合自己的另一半，而這個人必須與自己一樣強，這樣你才不會使對方相形見絀。雙方本身應該有完整的感覺。但你應該了解基本需求可以透過戀愛以外的手段獲得滿足，這樣你才能更客觀，不致過於渴望獲得想要的東西，而且你的人際關係也會更成功。

在戀愛關係之中，當你被賦予特殊的注意時，你前世的記憶又會鮮活起來了。前世，你爲了保持別人對自己的注意及奉承，必須表演並給觀衆他們想要的東西。所以今生在人際關係中，你會在無意間又開始「表演」起來，所表演的是你以爲別人想看的東西。你會變成一個「取悅別人的人」，對方將因此失去對你的興趣，而你自己則將再一次嘗到對戀愛失望。你應該保持與自己夢想的接觸，並積極地追求除了人際關係之外的目標。

水瓶座北交點的人可以提供極爲大量的愛，當你把愛灌注給一個人時，接收者通常都沒有足夠的空間可以放置你所有的能量。你需要更大的容器。因此，你務必要記得，不可將你所有的熱情完全投入特定的目標。如果你希望一段戀愛關係能夠成功，必須將你部分密集的能量，轉移到其他的友誼或是人道的原則上。

☆熱情

熱情是重要生命能量密集出現的形態。當兩個人之間這種層次的能量被點燃時，會產生聯合及結合的渴望。要達到成功地結合是需要時間的，但是水瓶座北交點的人卻不願意等待。對浪漫熱情的熱中，正是這個族群所要面對的最主要挑戰。

通常，都是由另一個人主動對這個族群的人開始產生興趣。最初，你還會「搞不清楚狀況」，但是如果另一個人一直持續追求你，雙方之間就會發生一些肉體上的結合，然後你又會完全忘掉。不過，若是對方正符合你理想對象的標準，相反地，你會將自己的生命投入於追求這種感覺，以及開始這段關係的人。

由於你極度渴望戀愛的熱情，所以當你的熱情被啓動時，就好像接到召集令一樣無法抗拒。你希望自己生命中，不會有因爲錯過高潮而產生的遺憾。

一段時間之後，前世忠實及忠貞的感覺逐漸出現，而你會對戀愛的理想對象極爲投入。突然，這些快樂、友善、情緒上自給自足的人，會開始完全地籠罩在另一個人行動的影響之下。如果這段關係進展得很順利，你會生活得飄飄欲仙，但如果你深愛的那一方沒有反應，你就會開始缺乏安全感，並感到沮喪。

當你與心愛的人分開時，水瓶座北交點人的想像力會進入宛如瘋狂的境界。你會利用你富創意視覺化的無窮力量，想像這個關係所有可能的發展，並將另一個人理想化。你會拋棄謹愼，讓自己處於幸福而浪漫的迷霧之中。不論你年紀有多大，當熱情來臨時，你就會像初戀的少年一樣，這種行爲模式會使你在考慮安定下來，並對一段關係做出承諾時，遭遇問題。

通常你不會有機會與你眞正深愛、啓動你熱情的人安定下來。這是因爲當熱情占據了你的心時，你會失去清明的觀察力。你可能會誇大了對方的榮耀及吸引力，並把他放在極爲神聖的地位，而在將自己與對方相較時，覺得自己「比不上」對方。於是你不再忠於自己的眞面目，你會試著去「扮演」自認爲會使對方更愛自己的角色。

這麼一來，你就不能了解實際發生的情況，而且會犯一些極爲愚蠢的錯誤，致使彼此關係邁向終結。你會在太短的時間裏，灌注過多的熱情於彼此的關係中，且在無意之間破壞了這段關係。

有時候，你會過於沈浸於自編自導的那場愛情文藝戲，而忽略了與搭檔的接觸。你根本沒有聽見對方試圖要溝通的事。這位搭檔會發現水瓶座北交點的人似乎只想「談戀愛」，因此逐漸對彼此的關係失去興趣。這時，你的心又破成碎片，但還是不知道到底發生了什麼事。

你認爲自己是在付出，但是當你根本沒有眞正傾聽對方的需求時，你又怎能付出呢？你應該採取的第一個步驟是，擺脫你的熱情，投入時間去培養對方的興趣。你應該找出另一個人眞正的面貌，了解他的希望、問題、思想、需求等。你必須建立彼此互信、互諒、互相接納、關懷的基礎，在這樣的基礎之上，浪漫的熱情才能蓬勃發展。

由於你的熱情，水瓶座北交點的人對於人際關係有極強的需求。但是你與同樣對自己有強烈熱情的人，通常都不會有太好的關係。你最後的結婚對象，往往會是自己沒有那麼強烈感覺的人。這是因爲，當你與自己欣賞、但不致激起你澎湃熱情的人在一起時，可以爲自己留一點空間，讓自己能夠忠於自己，並得以做出適當的決定。你友善及支持別人的特質可以在這時發揮得淋漓盡致，而對方則會覺得很有安全感，並渴望與這個族群的人建立更親密的結合。

不過有時候，你與自己欣賞的人也會有很好的結果。擁有一個本質上是朋友的婚姻對象，可以提供你所需要的獨立空間，讓你將無限的創造性能量集中在人道目標上。做爲一個伴侶而言，你是非常忠實，並非常支持一夫一妻制的。但是，如果你無法在家中得到所需要的愛情，你很容易會受到婚外情的誘惑。

由於你具有忠實的天性，所以當最重要的人際關係不再新鮮時，你心中會出現困惑。不過，在道路的前方，如果碰到一位眞正能激發出你浪漫熱情的對象時，你可能會拋棄現有生命中的任何東西，勇往直前地去追求。

☆接受與時機

水瓶座北交點的人要學習懷著感謝及謙和。

在你渴望受肯定的背後，心裏眞正想的是：「我不值得被愛。」這正是你如此努力的理由，你試圖爭取自己被愛的權利。然而，當某人眞的愛上眞實的你，而不是你所扮演的角色時，你卻又感覺不到任何東西。等到你「搞清楚」之後，如果感到對方擁有同樣的吸引力，你還會有過度的反應，並對對方發出拒絕的訊號。你潛意識會將別人推開，因爲你覺得自己不值得別人去愛。

有時你會在別人愛上自己時，表現出非常優越的樣子。這也是過度反應的一種。其實只不過是有人想要與你分享浪漫的經驗罷了，但你會因此而以爲自己眞的非常特殊！但是，就在你忙著爲自己「吹噓」時，另一個人已經開始失去興趣。對方永遠不會知道，這個族群的人其實已經開始對他產生濃厚的興趣了。

水瓶座北交點的人應該肯定每一個人心中都有愛，而這也是值得被肯定的。所以當某人被你吸引時，只表示那個人愛的頻率剛好符合你的罷了。我們每一個人都希望能與自己有相同共鳴的人，分享愛的經驗。水瓶座北交點的人今生將學習如何優雅地接受及跟隨被愛的經驗前進。

你要學習的另一課是：時間的要素。你看到自己想要的東西，就希望立刻可以得到。但是最後你往往會摧毀這樣東西，因爲你不容許它有自然發展的時間。這種傾向在親密關係中尤其會是一個問題。你要學習的是，注定屬於你的東西，在適當的時機來臨時，就自然會來到你的面前。

你喜歡談戀愛，也喜歡在完全投入創造過程中時所產生的活力。那就像賭博，但由於缺乏客觀性，所以你也失去了時間感。一個成功的賭徒應該知道什麼時候適合押大注，什麼時候又該收手。

但是水瓶座北交點的人以爲，你只能向前快轉。你應該承認，要整合每個人的能量，令愛情成功地發展，是需要時間及刻意地培養的。對每一個人來說，要影響另一個人，時間是必要的。有時候，你們會聚在一起，有時候你們又會各自退回，爲整合做準備，或彼此做調適。例如，對說過的話加以評論，並嘗試了解對方的思考模式、價值觀、個性、夢想、目標等。

這個族群的人應該要了解自己應該擴大至何種程度，才能接納對方的價值觀。這麼一來，你們就可以和諧地相處，彼此間的關係將以雙方眞實的自我爲基礎，而不是幻想。在決定向前或後退時，你最好能夠了解對方的能量。如果對方主動表示希望有進一步的發展，你就可以毫無畏懼地往前行；但如果對方的能量是封閉的，你就應該控制自己的意志，並耐心等待更具接納性的機會。

今生，你要學習的是，當熱情出現在你的道路上時，你最好能後退，並讓對方對自己付出。你要學習接受愛，允許別人以他們的速度及方式對自己付出。你的工作是優雅地接受別人的付出，不要試圖去催促，也不要企圖予以改變。在戀愛關係中所面對的挑戰是，控制自己的熱情，使熱情維持至足以與撥動自己心弦的人，建立堅實的友誼關係。

誠實

☆心中的孩子

水瓶座北交點的人擁有非常快樂、無憂無慮的天性。你頑固及堅決的特質，在別人眼中顯現出來的是傲慢及自私，而這些特質其實正是你天眞地對自己的平等缺乏意識的結果。在你出生以後，你就開始指使身邊的每一個人，包括你的父母。你以爲只要你想要，他人就一定會提供你。你非常相信可以擁有任何你所想要的東西，或做任何你想要做的人。就像青少年一樣，你非常頑固，但卻非常依賴同儕的肯定，而你腦海中則充滿了老一代無法接受的新觀念。

你想要立即得到滿足，如果沒有得到，你會感到沮喪。就好像一個走進糖果店的孩子，認爲如果不在這個時候抓它一大把，就將永遠沒有辦法拿到糖果了。你還有一個像孩子的地方，就是你認爲現在是永遠的。當你處於愛情過程中比較「枯燥」的期間，或是覺得不快樂時，你會以爲這種狀況會永遠持續下去。你要學習的是，現實生活中有漲潮，也有退潮，而生命是不斷在變化的。

水瓶座北交點的人應該要誠實地向別人表達自己的天性。你非常相信別人告訴你的事，而在「大人」，也就是所有其他的人不守諾言時，你會受到極深的傷害。由於你的行爲模式是極爲直接的，所以你不了解爲什麼別人會對你不和善，或是爲什麼會「耍」你。

你保護自己、使自己不受別人複雜想法傷害的唯一方法是：忠於自己。當你說出自己行動背後的理由時，人們不會覺得受到威脅。你應該要讓別人知道自己的想法、畏懼的事等等。當別人肯定你單純的眞誠時，會以對待脆弱易感、富創意、善良的「孩子」的方式，來對待你們這些「孩子」。

你可能會犯錯，可能會天眞無邪，也可能會霸道或頑固，但是在你的本性之中，有一種最基本的善良。你會意識到這種善良，它可以爲你帶來無比的信心。這個族群的人天生就非常地慷慨。你會眞誠地想辦法去振奮身邊的人，你會出去買張卡片或禮物給朋友，或是帶著支持及鼓勵的心，去傾聽別人的問題。你是眞心希望周遭的人快樂，並激勵別人發揮最大的潛能。

雖然這是你天性中眞實的一面，但是偶爾你會失去這種與生俱來的慷慨，而開始對別人的現況感到嫉妒。會發生這種情況，主要是因爲你太過於天眞，你會不斷地去思考別人成功的原因。你忽略了別人辛苦的付出、智慧的結晶、創造出成功的手段。你會告訴自己，那只是因爲別人「抽到比較好的牌」罷了。但是眞正會玩撲克牌的人都知道，一場牌局的勝利與否，實際上是取決於你怎麼運用手中那副牌。

今生，當你開始感到嫉妒時，那可能是表示你也應該擁有同樣的東西。你應該做的下一件事是：

眞實地評估，怎麼做才能使自己得到同樣的成果。例如，找出適當的策略、展開自律、開始努力地工作，以贏得獎品。

你最好不要把焦點放在別人所處的環境是否比較好，或是比較差的問題上，而是自己應該怎麼樣才能協助另一個人得到更大的勝利。藉著這種方式，你可以重建你自己的平等感。當你開始思考如何去幫助別人，致力於引入新的時代時，會有很多奇妙的好運出現在你的路上。因爲你對別人的付出，宇宙也會對你付出。

☆拋掉劇本及角色

水瓶座北交點的人前世擁有許多站在「舞台中央」的經驗，所以知道劇本是怎麼寫的，也知道在劇中應有的對白。當你進入這一世時，你對生命應該如何發展，心中已有腹案。所幸，生命的發展並不像你的預期。否則，你的生命就會缺少許多驚喜、重要的體驗，而這些都可以激發出你天眞本性中歡樂的一面。你應該拋掉所有對人際關係、計畫、重大事件等發展的預設想法，而應該更關注眞正出現在你眼前的機會。

你今生要學習如何從友誼的立場去發展一段關係，並體驗未知所帶來的刺激。如果你已經事先寫好劇本，並存在期待，當對方未根據劇本演出時，你會覺得生氣及失望。如果當「生命中的愛」出現時，你還在讀「劇本」，你可能會要求他必須有特定的行爲或外表，才能符合這個劇本。

或許這個人正是你所需要、想要的那個人，但是他的某些外觀卻會使這個族群的人看不清這個事實。你不應該將另一個人硬嵌入你完美理想伴侶的固定模型中，這會使你忽略對方眞實的模樣，以及他眞的可以奉獻的東西。

如果你完全沒有任何期待，那麼另一個人付出愛的獨特風格，可以爲你帶來各種快樂及驚喜。最後，水瓶座北交點的人可以從客觀的角度來看這個人，而且可以淸楚地知道，自己是不是眞的想要追求這個關係。發生在水瓶座北交點人劇本之外的事件，有更大的一張時間表。每個人都有權力忠於自己，並以自己的速度前進。

有時候，這個族群的人應該退後一步，並說：「好吧！這個人還沒有準備好與我在一起。」然後就順其自然。不要生氣，也不要因此便評斷對方不如自己。如果你可以這樣完全地放下，那麼如果這段關係注定會發生，它還是會再回到你身邊的。

然而，由於你極度渴望受肯定，所以你很難放手。你可能會願意扮演任何角色，以贏得你所渴望的肯定及愛。但是，如果沒有客觀地觀察對方，你會搞不淸楚應該扮演何種角色，應該如何表現出你心所屬的對方眞正喜歡的樣子。

由於你沒有應該如何好好玩這場遊戲的客觀概念，所以完全不玩是最好的。你應該放鬆自己，順應潮流，表達眞實的自己，以及在事情發展過程中你的感覺。之後，對方或許會產生共鳴，或許不會，不管怎麼樣，愛情關係可以建立在與友誼相同的誠實基礎之上。

有趣的是，水瓶座北交點的人因爲是來自於充滿善良及愛的地方，所以當你拋棄固執，並表達眞誠的反應，讓別人可以看到你與生俱來的純眞時，通常另一個人都會以愛做爲回應。

你的目標

提倡新時代

水瓶座北交點的人，今生是爲了要提倡新時代才到這個世界上的。你將前世累積的力量，拿來建築連結未來及現在之間的橋樑。你擅長將人道理想運用於當下的環境。你可以很清楚了解人類的幸福是什麼。你是絕佳的連結者，而在你努力將你的觀點轉化爲現實時，你會達到極度的快樂。由於你所做的是可以利用你的獨特天賦，所以生命本身也會給你支持，而你的計畫也會成功。

當你致力於人道的目標，利用你的能力及能量做爲傳達非傳統觀念的管道時，你前世的驕傲會消失，而自信則又會恢復。你是天生的行動家，知道如何達成結果。你今生必須學習不計後果，這樣才能自由地做各種嘗試，並完全忠於自己。

你的確與大自然有微妙的關係，但是在某些方面，這也可能會造成困擾。例如，從個人的層次來說，你可能會看到你的未來將出現一個特殊的成果，但是你卻會因爲目前無法立刻得到這個成果而感到沮喪。

例如，你可能會預見自己將會經營一家公司，你覺得這樣的想法很棒，但是卻無法了解爲什麼到現在，你還只是一個受薪階級，而且眼前看起來似乎永遠都沒有出頭的一天。其實那只是時間早晚的問題。你可能就是應該從現在的工作中，學習各種要達到未來的成功時，所需要的技術。

事實上，你總是「領先你的時代」。你可能現在就會喜愛直到十年之後才開始流行的特殊藍紫色；或者現在深深吸引你的音樂，可能是直到八、九年後才會得到人們的青睞。肯定你與未來之間的微妙關係，將使你覺得自己是一個異端；但覺得自己與衆不同，會使你感覺好一點。

水瓶座北交點的人可以預見人類爲了自身的成長將會走的下一步。你是傳達未來訊息的信差，藉著與人們分享你獨創的想法，你賦予人類有意識進化的力量。所以對你來說，不要因爲你對肯定的渴望而有所保留是非常重要的。

☆更遠大的目標

你有宏大的目標，你的目標不只是滿足個人生活中的利益。你到這個世界，是爲了在推動人類進化的工作上，扮演更積極的角色。你除了需要做必要的個人轉型以設立典範之外，還要藉著將你的能量貢獻到人道主義，以協助別人得到一個更具宇宙觀的觀點。

水瓶座北交點的人愈早開始進行你被吸引去支持的理想主義，就愈早可以得到完整的感覺。你的行動包括以團體的形態去保護生態環境、提倡回收、挽救動物、爲都市的孩子建設遊樂場、結束世界饑荒的問題，以及其他類似的活動，或許你還可以捐錢做爲人道主義之用，或利用你富創意的能力，展開自己的計畫，如寫作、繪畫、音樂、攝影等。

如果你積極地盡自己的力量做事時，有人「發現」了與你相同的想法，你可以做出慷慨的反應：「很好，這件事有人做了。現在我可以繼續做下一件事了。」你不需要擔心，因爲要推動新時代還有很多需要做的事。當你將自己創造性的能量投入於推動的活動時，你的力量就會成爲大團體力量的一部分。因此，當別人成功地向目標邁進時，那同樣也是水瓶座北交點人的勝利。

然而，重要的是，你應該做那些指定要你做的工作，因爲你不能依賴別人去完成它。比如說，可能預定有五個人應該制定法律去保護環境，但是其他的四個人可能會中途退出。所以這個族群的人必須確定，自己一定會完成所負責的那個部分。

☆團體的因緣

水瓶座北交點的人擁有很棒的團體緣（三個人以上就可以構成一個團體）。你最好的特質是支持、促成團結、鼓勵自己所處的團體。你是很好的連結者，你很愛與別人連結，你還具有找出每個人之間共同點的能力。但是，當你在團體的形態下工作時，你希望自己的意見能夠是不受質疑的。你希望自己的角色被畫分清楚，並能以自己的方式執行。

通常，水瓶座北交點的人有極爲獨特的意見，這種意見對他所屬的團體可以帶來很大的幫助。但是由於你前世對肯定的需求，所以會因爲怕被否定，而避免與別人分享你的意見，或是表達你對別人意見的直覺反應。如果你不告訴別人實際的情形，你最後會感到被孤立。相反地，開放地與別人分享你的意見或個人的反應，可以使你覺得與別人連結，而且通常會帶來推動團體團結向前所需要的力量。

你認為自己的反應是很個人的，但是，通常你的「天線」會找出所屬團體的反應，並與你自己新時代的觀點結合。例如，如果某人擁有一項方法，但水瓶座北交點的人覺得不妥，或許可以說：「基於某些理由，我覺得這麼做不太好。」這麼說的理由是，你必須忠於你的天線於當時所捕捉到東西。通常，你所發現的問題，也會正好是其他人有同感的問題。

當這個族群的人致力於推動可激勵你的人道主義目標時（你覺得自己生來就具有這樣的使命），會碰到負有同樣目標及使命的人加入相同的團體，這將有助於你達成目標。

專注於創造力

水瓶座北交點的人必須將你豐富的創造能量釋放至指定的目標，以使自己覺得快樂及平衡。如果沒有將它導向特定的方向，這種過剩的能量會造成惡劣的心情、對別人的好運感到怨恨，以及小題大做等。除非你在「創造」某些東西，否則嚴重的不滿足感，將會破壞你生命中的其他部分。

你的創造力可以透過做生意、從事藝術工作、推動人道主義的工作，或是加速你精神的成長等方式予以釋放。不論你是不是藉精神上的自律，或是在實質世界中展開一項計畫來重新創造自己，對你來說，了解自己所想要創造的東西，並熱情地去積極追求，將是最符合你利益的方式。

☆熱情及創造性的能量

你擁有極為可觀的熱情及創造性的能量。當你參加某項可以讓你表現這些特質的計畫時，你會感到極度的快樂。你喜歡有所貢獻，但是你需要有自由的空間，以維持自己的獨特性及創造力。你不想追隨別人的方向，因為那會限制你，也會降低你的「頻率」。如果你嘗試降低你高頻率及緊繃的能量，會覺得快要發瘋了。當你忽視自己創造的衝動，並做你以為自己應該做的事時，你的能量會出現遽降。

水瓶座北交點的人前世曾是極為有力的創造者，所以今生的實體，你可以達到任何你想要的目標；你知道該怎麼做。你可以「提供資源」，也可以有自信地無中生有。你是創新者，而不是模仿者。你可以獨力開創一個事業及具創意的計畫，並促使它達到目標。

但是若要達到成功，你應該要記得富創造性的成功有兩個部分：觀察及行動。觀察包括了研究，如大眾需要什麼？另一個人需要的是什麼？而行動所需要的是達成某個成果，並獲得獎品的意志及決心。創造性的行動需要的是自我，觀察力則需要非自我的客觀性。如果你遭到嚴峻的拒絕，最好能夠拋開自我，並回到非自我的觀察狀態，這樣才能客觀地評估發生的狀況。之後，當前方的道路漸趨明朗時，你就可以重新與自我相連，並向目標邁進。

只要你不是追尋個人的尊榮，水瓶座北交點的人就能直覺地了解什麼是人們想要的，以及什麼是真正符合團體的利益。因為你是為了更高的目標在做貢獻，所以宇宙的所有力量會支持你，而為更高目標奉獻，也可以讓你得到不可思議的力量。

人們會以尊重這個族群的人做為反應，但這是因為你眞的幫了很大的忙，而對你表示的感謝之意。你是從平等的立場提供援手，而不是因爲你「高人一等」，也就是說，這個協助是來自於你眞實的一面，而非所扮演的角色。

你可以創造出任何你自己想要的東西。你會謙虛地請求別人的知識及協助，願意讓事物按照你的時間表自然發展，所以輕易地就能實現你的夢想，而這些夢想都與你生命中更遠大的目標一致。

☆拋開激烈及誇張

水瓶座北交點的人擁有大量的創作性熱情，當你利用這種熱情去製造一項藝術品或產品時，你專注的熱情會對你有所助益。但是，當你把同樣激烈的熱情運用於在這個世界中的交涉工作時，你會遭遇問題。你常會過度專注於自己天賜的能量，這正是你常會搞砸事情的一個理由。你的激情實際上驅逐了你想要吸引的對象。

當你的創造性過程並沒有按照你希望的方式進行時，通常表示你應該在繼續前進之前取得更多的知識。你可能需要更深度的了解。事實上，如果能以一位朋友做爲提供回響的來源，將會帶來很大的幫助。當你不知道下一步該怎麼做時，最好能什麼都不做，靜待更多的資訊出現。如果你不顧一切地繼續前進，最後通常是會碰到更大的問題。

你對外來的刺激，常常會採取過度誇張的方式，致使別人覺得受到威脅。在思考另一個人所說的話之前，你可能會拒絕獲得進一步資訊。你可能會發一頓脾氣，以達到你的目的，也可能會大哭或採取極爲誇張的方式，以使對方按照自己的期待行動。然而，固執及驕傲往往會阻絕你人際關係的能量。

你可能會有不耐煩的反應：「他爲什麼不掌握自己的生命？他爲什麼不爲了自己做這件事？」但是事實上，別人所做的是在當時別人覺得正確的事。批評別人不按照自己的劇本做事，其實一點意義也沒有。

當水瓶座北交點的人誇張胡鬧時，其實是因爲你放大了事實，你擔心無法按照自己的方式做事。你會把每一個事件，如輕視、拒絕等都看得很嚴重，並在情緒中誇大它們的比例。但是，每當你放任自己表現過度的情緒反應時，你生命中的那個部分都不能成功。如果你對財務狀況的改變有誇張的反應，那麼錢的問題仍將持續是你麻煩的來源。如果你對一場戀愛過於興奮，你的激情將會把對方推開。

在你熱情洋溢，不論是對於戀愛關係或是對極爲重要的目標時，還會產生另一個問題，那就是你會把事情看得太過於嚴重。你常因爲所追求東西的重要性，而感受到沈重的壓力，同時你也會失去帶領你走向成功的輕鬆、敏銳的心智。

你甚至可能會成爲「戲劇之后」，因爲你生命中的激情及陰謀，就好像一齣肥皂劇。問題是雖然表演仍持續進行，但這齣戲的趣味性已經逐漸消失。莎士比亞的戲劇通常都會有悲劇性的結尾。水瓶座北交點的人在充滿熱情時，會失去所有清明的觀點，而且會在無意間形成不平衡的能量，進而造成情緒上悲劇性的後果。

若要維持清明的觀點，水瓶座北交點的人應該把生命看成是一場喜劇，而不是鬧劇。生命中你注定會碰到許多人，會經歷許多經驗，以及與別人共同分享知識。與其採取過度反應的方法，不如利用你的創造力，看看「更高層次的理由」，並採取與潮流合作的方式。

從宏觀的角度觀察

在過去的實體中，你以超自我爲代價，發展出自我，因此你對於社會、家庭及宗教所教導的道德觀，以及你對人道理想的認識，均逐漸式微。爲了達到平衡，你現在應該發展對宏觀角度的意識。這樣才能在符合衆人最大利益的條件下，主張你的意志。

藉由接觸擴大層級的意識，你可以找到可使你超越自我的目標。例如，我有一位水瓶座北交點的客戶，職業是攝影師。她的工作極富有創意，她不時散發出充滿關愛及靈性的氣質，而且她爲引進新時代，也充分盡了一己的責任。但是，由於她的動機是強烈渴求得到讚賞及名聲，所以她不知該如何使自己的作品達到世界水準。她只能不斷使用傳統私人個展的方式，但無論如何努力，都沒有辦法產生差強人意的結果。

最後，她終於把她的主要目標定在：把她的藝術創作在公開的場所展示。於是不論是圈餅店或書店，只要是她認爲可以被人看到的地方，都想辦法展示她的作品。在她這麼做之後的第二天，她的作品也開始暢銷了。如果她能虛懷若谷，把每一個展示自己作品的場所，都視爲博物館或知名的大學，從較寬廣的角度來觀察整個情況時，雖然可能無法滿足她的自我，但是卻可從中找到通往成功的道路。

☆信賴潮流

水瓶座北交點的人習慣做什麼事都依照自己的方式，當事情沒有按照你的時間表進行時，你會感到非常生氣。你往往只會對所遭遇的阻礙非常憤怒，而不會重新調整。你不願意承認，或許潮汐改變了，或許生命本身有更重要的計畫，所以要讓事情以現在的情況進行；你只是會一味地抗拒。這麼一來，會使你的生命之路，出現許多計畫外的困難。

你應該要注意自己的意志。你前世耽溺於個人意志，所以到了今生的實體，你會在小時候對父母要求「我要這個」，而你的父母說「不行」時，感到極爲震驚。當你長大成人，還是會在宇宙對你說不時，感到震驚不已。你應該要學習，如何將個人的意志轉化爲與潮流同行，以及關愛歡喜地接受生命爲你帶來的禮物的意願。

當你嘗試以強迫的方式去推動一個結果時，你會變得比較堅強、有決心及頑強。你的意志若用來做爲戰士追求幸福的力量時，具有正面的效果，然而如果被轉化爲暴怒，卻會成爲負面的力量。要將過度發展的意志轉化爲合作的意願，有部分的工作是分辨時機的好與壞。

例如，如果水瓶座北交點人的意志執著於週六去海灘，那麼即使週六下起雪來，你還是會堅持要去。對你來說，要考慮到變化中的情況，並適當調整自己的行程，是很難的一件事。因此，你在調適至以更宏觀的角度觀察事物時，或許會錯過前進的機會，但你必定可以爲大衆及自己本身爭取到更大的幸福。

生命並不想傷害你，但是如果你抗拒宇宙的時間表，終將傷害到自己。你要學習接受任何發生於你生命中的事，並將之視爲理所當然，以便採取下一個步驟。

你要學習的是，當一扇門關起來的時候，另一扇門就會打開。例如，你可能會有體驗一場美妙戀愛的機會。或許有一天，一個具有迷人魅力的人會出現在你面前。但是你心中有一個重要的事業計畫，所以會將戀愛放在次要的地位，並因而失去體驗愛情的機會。

好笑的是，你所追求的事業或許要半年之後才會出現具體成果，這段時間足以給你充分體驗這段關係。對於生命爲你帶來的禮物，你常常會欺騙自己，認爲自己「比較懂得狀況」，但是往往事後又會追悔不已。

生命可能會爲你帶來踏入全新工作領域的機會，而這個新機會可以爲你帶來比以往的任何工作更大的喜悅。潛意識裏，你已經準備好要做改變。你開始對舊的工作感到厭煩，但是卻因爲舊工作的福利好、待遇高及其他的條件，而不願放棄。突然，當出現迫使你離開舊工作的事件時，你會變得非常生氣，而且會抗拒做任何改變：「宇宙爲什麼這樣待我？」你的憤怒可能會使你看不到新的機會之窗。你的重點只放在「不想」看到爲自己開放的機會。

這裏，自律又是重要的關鍵。你應該藉著維持客觀及專注於較寬廣的角度，以避免總是「堅持自己的方式」。這不是直覺的反應，所以你應該投入有意識的意圖。例如，如果你有一個女兒，你的目標是培養這個女兒成為一個堅強的女性，那麼隨時記得保持這個目標，可以幫助你控制自我，並允許這個孩子能不時以自己的方式做事，以增強她的力量。

或者，你的目標是希望你的孩子能在和諧的氣氛中成長，你的自我可能就需要予以控制，使自己不致為了洗碗機裏的碗盤應該怎麼擺，而爭執不休。要鍛鍊你的自我，必須設立更遠大的目標，而且對你個人而言，是具有意義的目標。

☆天使的幫助

今生如果水瓶座北交點人的計畫是利他的，別人會受到你的吸引，前來支持你。另外，你還被許多天使及導師所圍繞，彷彿在你進入這個實體之前，你曾經是那個團體的一份子。當你到地球上來時，他們仍會於無形之間，隨時準備給你指導及協助。

由於你已有實際的軀體，所以不能清楚預見未來的事。因為你習於自給自足，所以會魯莽地衝向前去，並因而受到傷害。其實你不需要這麼做，你只需要調整你的「天線」，並傾聽導師對你說的話，這樣一來，你前方的道路就會更平坦易行。今生你不需要「自己動手做」，你的導師是你命運的一部分，導師希望能幫助你獲得成功。但是，與導師之間的通路是否暢通，則完全取決於你自己。

在今生的實體中，水瓶座北交點的人是高層力量的傳達工具。因此當你擁有一個真的符合這個星球需要的想法時，宇宙會為你設定，使你可以與適當的人連結，以協助你實現理想。

你是折衷主義者，可以在較寬廣的人生道路及對新時代內在知識的輔助下，將自己所參與的各種意見精華予以結合。在這一生之中，你應該要做的是，將你堅強的忠誠移轉一部分到造物主，或你自己的性靈，或與更主要的潮流合作之上。這麼一來，你承襲自前世絕佳的創造性意志，就可以派得上用場，而你通往成功的道路，也會變得奇妙無比。

只要你願意將自己獲得的意見歸功於「好運」、天使或宇宙本身，你就可以得到成功的保證。沒有什麼可以阻擋你，因為你不是以過度膨脹自我的方式在詮釋成功。

治療音樂 *Music*

由於音樂是可以在情緒上支持我們去冒險的有效工具，所以我分別為各個族群的人寫了一首治療歌曲，希望能協助你以積極的方法提升你的能量。

旭日東昇

這首曲子所要傳達的訊息是，希望能將水瓶座北交點人的焦點，溫和地轉移到更寬廣的觀點上，也就是自然的次序及生命的時間表，這樣才能使你解除抗拒的力量。你將會意識到並「配合」自然的潮流，走在直接通往實現夢想的路上。

節錄部分歌詞

爲什麼
我們要抗拒生命規畫的時間表，
以阻礙自己的快樂？
企圖用我們愚蠢的腦袋
以決定是非對錯？

每個清晨旭日自東方昇起，
每個黃昏夕陽自西方落下。
夜晚出現在天空中的是月亮，
絕對不會是太陽。
大自然自有其體系及次序，
並反應在萬事萬物上，
爲什麼不相信生命的律法？
你從來沒有讓我們失望過！

第12章

如果你的北交點位於雙魚座或北交點位於第十二宮

星座箴言

性靈的國度永遠不會失去秩序。

總論

★應發展的特質

針對這個部分的努力，應可幫助你找出被隱藏的天賦及才能。

★不帶批判眼光
★同情
★將焦慮交給更高層次的力量
★透過冥想及自我投射釋放心靈
★專注於精神的通路
★相信正面的結果
★肯定與宇宙的連結
★歡迎改變

應擺脫的傾向

努力降低這些傾向所造成的影響，可以使生活更輕鬆、更有趣。

★過度焦慮的反應
★過度分析
★揮之不去的憂慮
★誇大細節的重要性
★挑剔別人的錯誤，使別人犯錯
★對錯誤過度焦慮不安
★想成爲好好先生
★持續處於不愉快的情況下
★不知變通、不具彈性

應避免的陷阱

雙魚座北交點的人應該注意的問題是對秩序無法控制的強烈需求。「我的生存決定於每一件事情的秩序符合我對生命所應然的標準，以及我對別人應有行爲舉止標準的要求。」這樣的需求會使你陷入對完美永無止境的追求，「如果我身邊的人更完美一點的話，我就可以放鬆並信任他們了。」

然而，這是一個無底洞。因爲生命及其他的人不可能一直符合雙魚座北交點人的完美秩序標準，而使你得到安全感。因此，你的期待心理很可能會導致持續緊張及焦慮的情緒。由於生命及其他人對雙魚座北交點的人而言，永遠不夠理想，不足以使你放心地放掉掌控，所以你會一直無法相信別人，也無法得到快樂。

你應該接受一個事實，那就是宇宙的計畫的確比你的計畫好。還有，不管表面看起來如何，事情的發展其實都是恰當的。你唯一能創造「完美秩序」的地方是在自己內在，所憑藉的方法是臣服於更高的力量，並相信每件事其實都是有秩序存在的。有趣的是，當雙魚座北交點的人盲目地相信造物主，並相信每件事都可使自己更爲快樂，你會突然就出現宏觀的視野，並開始了解事情如何發展會對自己有利。這樣一來，你就可以放棄控制，變得更快樂。

什麼是你眞正想要的

你眞正希望的是自己能夠永遠都是對的，是完美的，而且是根據你或所有其他人是否能一直遵循「計畫」的標準來評估。但是你希望每一個人都能完全地配合你自認爲正確的「計畫」。事實上，你必須承認，其實你並不知道「計畫」是什麼。

你應該將焦點自刻板的肉體及物質面的計畫，轉移到較寬廣、性靈的願景上。藉由信任及臣服於更高力量的智慧，相信呈現在你面前的發展確實是「計畫」一部分，來觀看生命的環境。然後，你會變得更爲清明、心中充滿寧靜，並覺得自己與「計畫」調和，因爲性靈上的觀點正是你所追尋的完美能量。

雙魚座北交點的人掌管的是意識的文明狀態，也就是所有生命所具有如大海般的一致性。有時候，雙魚座北交點的人會跌入啓蒙的狀態，完全與宇宙連結。你生命的目的是豐潤這種狀態，並使它成爲你日常的經驗。

你的才能及適合職業

你需要擁有獨立的辦公室或是空間。你獨立作業的成效很好，你亦頗能享受探索及執行某項願景計畫的樂趣，而那多是由個人獨力完成的工作，如學術研究、圖書館、電腦方面的工作等。

雙魚座北交點的人在任何與追求個人性靈眞理相關的職業上，都可以得到極大的成果，其中包括在男子或女子修道院工作或生活。你可以成爲絕佳的藝術家、手工藝家、表演藝術工作者、音樂家等，舉凡可將自己的夢想帶給別人的工作，你都會有出色的演出。你也會是很成功的推動者，因爲你非常擅長「幕後」工作。即使你的工作十分平凡普通，你也需要給自己留下充分的時間獨處及做反省。

雙魚座北交點的人在注意相關的細節及分析資訊的重要性方面，亦擁有與生俱來的天賦。當你利用這些承襲於前世的天賦，做爲實現你夢想的背景時，你天生的實際性會對你有所助益。但是，如果你選擇的行業是需要專注於細節、深度的分析、完美、精確，如簿記或系統分析等時，你很可能會感到焦慮或煩躁不安。你比較適合的是著重於實現某個美景，或是使你有能力運用你的實際技巧，落實幻想的職業。

正面肯定的信念

- 「一切都很好，而每件事都以其應然的方式發展。」
- 「造物主性靈的國度永不會失去秩序。」
- 「當我『放手並臣服於造物主』時，我就能掌握勝利。」
- 「我的生存不致因爲失序而遭到威脅。」
- 「這不是我的工作，它是造物主的工作。」

你的個性

前世

雙魚座北交點的人有許多次的前世，曾扮演身體治療及協助者的角色。你曾是不同文化中的外科醫師、醫師或護士。你的地位相當重要，因爲別人的性命掌握在你的手中，所以你必須全神貫注、「極爲精確」。基於這種原因，你今生仍會相當執著於做事必須達到完美境界。當事情根據計畫進行時，雙魚座北交點的人會信心十足、堅強無比，覺得所有的事情都在掌控之中，而且「手術」進行得極爲順利。但是當發生預期外的狀況時，你會感到驚慌，潛意識裏覺得某件事「出錯」了，某個人將會因而死亡。

就一位醫療人員的立場來說，你必須制定各項規則及程序，這些都不容許發生錯誤。因此，今生的實體你仍延續對精確、毫無瑕疵的做事方式的執著。你對無懈可擊行爲的期待，不僅成爲你自己沈重的負擔，也會對別人造成壓力。你會將這種刻板、嚴格的標準運用在你身邊的人身上，尤其是職場上的同事。

或許是因爲你前世都是在醫療界打轉，所以通常你對自己的健康十分留意，很擔心受到污染，而且覺得自己應該使自己所在的環境一塵不染。

另外，雙魚座北交點人過去的實體曾經代表性靈眞理。你是會透過完美、「按照規則」的行爲，實際爲世間服務，如僧侶、比丘尼或泰瑞莎修女等類的人。你堪爲大衆的表率，他人期待從你這裏學習到靈性的行爲模式。由於你的行爲爲你帶來了仰慕及獎勵，所以你潛意識裏會將做一個「完美」的人，與使物質世界的事情按照自己的方式進行，聯想在一起。

然而，前世你常會由於陷於對形式完美的追求，而失去了與安撫力量的接觸。這是可以了解的，因爲你以往必須進行所有的儀式，經常得穿著特定的服裝，做特定的行爲。所以今生，你希望能釋放對形式的執著，並重新與本質接觸。今生你將可以要求得到前世服務應得的報酬——寧靜及內在滿足。

☆分析的傾向

前世，雙魚座北交點的人分析方面的作用被過度使用及發展，所以今生就有分析每一件事情的癖好。你經常會將東西分解，以了解它們運作的方式，而且往往會直到了解之後，才能獲得滿足。

你的精神作用隨時都會保持高速率的運轉，你常會去分析一些根本應該放在一邊的事。就好像剝洋蔥，你會一層一層地剝去每一層皮，卻發現中間什麼都沒有，最後覺得空虛及焦慮。你今生的設計，並不是要你透過分析去找到你所追尋的答案。

你會從每一個可能的方向去分析問題，而你熱切的態度會讓其他族群的人發瘋。你認爲所有無法控制的事情都可能會出錯。一旦你判定有一些問題值得擔心時，就會陷入一種熱切、狂亂的狀態，而這種狀態一旦發生，就很難擺脫。使你擔憂的不是現在，而是未來可能會發生的問題。其實你所擔心的絕大部分的問題，最後都不會發生，即使如此，仍無法使你脫離焦慮的狀態。

你所假設的「最壞狀況」其實並不太可能會發生，那是由於以下的幾種可能：(1)你沒有考慮到新的認知或是行動，可能足以防止問題的發生；(2)你不容許外來的干預；(3)最重要的，你不容許自己的直覺提供對未來精確的「判斷」，也就是判斷到底是否值得憂慮。你必須停止胡思亂想，以便了解最新的情況，並「感覺、判斷」未來。

雙魚座北交點的人有許多問題是因爲過度分析而產生的。例如你有一個幻想，你會嘗試不以宇宙本身的方式來迫使它實現。你的確會看到一條通路，但未必是完整的一條路；可能只是一條狹窄的小徑，且只能容納一個人通過。但你必須了解，若會牽涉到另一個人，你就需要更寬廣的視野。

你習於完成工作，所以你的焦點會過於狹隘地專注於手邊的工作，而完全不把其他的因素考慮在內。在事情已經無法按照你的計畫達到效果時，你最好能夠向後退一步。你不需要驚慌，只需要提醒自己，或許有一項你還無法了解、更高層次的計畫正在進行之中。

☆得到答案

由於你前世有許多在混亂中創造秩序的經驗，所以天生以爲自己知道所有的答案。以致經常追尋可以為自己與別人創造撫慰效果及重建秩序的方法。當你面對問題時，你會緊張，並試圖找出答案；但這麼一來，問題會更加惡化，而你的焦慮也會更為加深。你可能要花上好幾天的時間，才能克服因為自己無法找到「正確答案」而產生的無能感。

有趣的是，其實你眞的有得到答案的管道，但是一定要自己先承認你手中並沒有答案的事實。你必須將問題交到較高層次力量的手中，並接受來自直覺過程，而不是分析過程的洞察。這樣的話，「正確」的答案眞的會出現，也許是以一種洞察力的形態，也可能是透過對這種情況下幸福的普通認知。

例如，我有一位雙魚座北交點的客戶，在歐洲讀了五年書。她所學的是教授人們唱歌的方法，在這方面她受過良好傳統技術的訓練。但是當她將這些技巧運用在學生身上時，效果卻十分令她沮喪，而且相當耗時。後來她開始放鬆，學會讓學生各別的、聲音上的問題，進入她的內在，並交給更高層次的力量，這時她才開始直覺地了解，如何將每一個學生聲音方面需要克服的問題，精確地傳達給各個學生。

有趣的是，由於她並不覺得有必要立刻知道「答案」，所以她發現，潛意識中的確知道答案，而且她的確也擁有開發學生聲音的眞正天賦。

☆**自我觀念**

雙魚座北交點的人總是想知道自己「屬於」那裏。比如說，你的地位、你的工作、你該如何與別人配合等。這種急切的需求，是因爲你覺得沒有工作或任務，就沒有存在的價值，而沒有被定義對你來說，是極爲恐怖的一件事。

你所追尋的最高的安全感是來自你內在「適合」的地方。在你還未確認這一點之前，會投入許多時間及精力在無謂的搜尋之上，因爲今生這個實體，你其實並不會適合任何一個實質的位置。要感覺到你的「適合」，你必須接近生命中屬於性靈的空間。

這也正是冥想、放鬆的技巧、瑜伽、性靈的追尋等，之所以如此重要的理由。這些練習可以使你的注意力，集中到存在於所有實質、物質事物之中的無形事物。

將焦點集中於物質世界中發生狀況背後的性靈氣氛，可以給雙魚座北交點的人在與別人連結時產生自在及安全感，並可協助擴大你的視野，以納入更廣範圍的意識，這可以使你對每一件發生的事情感到某種完整。

當你體驗到自己內在的完整性及寧靜時，就可以更清楚地了解你所創造的氣氛。透過學習辨識自己的能量範圍，不論去那裏，你都能夠「配合」包圍在你身邊的氣氛。

完美主義

雙魚座北交點的人有許多次的前世，都對「完美」有極大的需求，所以進入今生的實體時，你的潛意識中，也深深留著一份「達到完美」的脚本。你認爲自己必須隨時扮演「完美先生或完美小姐」的角色。對你來說，今生即使犯錯也沒有關係。事實上，你今生是不可以完美的，每當在即將獲得成功的最後一分鐘，你總是會發生一些「狀況」，破壞你「完美」的形象。這其實就是宇宙在提醒你，今生你可以犯錯，所以你應該保持人性、忠於自己。

☆計畫

你眞的會沈迷於「計畫」。你會專注於自己想要去的地方，以及如何讓自己完全按照計畫達到預定的目的地。然後，由於你前世極習慣專注於細節，所以會變得執著於自己的計畫，而忘記了眞正的理想。你的計畫即使出現最細微的更動，都會讓你無法忍受，因爲你會以爲如此將得不到自己所想要的東西。

你認爲如果能「正確」地做事，就可以讓你的世界處於掌控之中。雖然你對細節極爲注意，但當你的世界崩潰時，如太太離開自己、生意失敗、孩子開始叛逆、出問題等，你會覺得相當震驚。當你「準備」好你的計畫時，生命會帶來一些不利的因素，把所有的布局全部攪亂。

這正是宇宙要讓你知道，如果過度執著於達到目標的方法，最後你將不能成功。因爲你將無法享受沿途因發生預期外狀況所出現的歡樂及冒險。當你把自己的思緒局限於所想要的目標上時，本來可能得到的最好結果，將因爲你先入爲主的成見而受到限制。

例如，當雙魚座北交點的人計畫和一位朋友從紐約到洛杉磯時，雙魚座北交點的人會規畫整個行程，而且是直接又實際的。當你出發時，那位朋友發現，你的路線可能會碰到暴風雪，所以建議改採可以避開那場暴風雪的路線。這時候，雙魚座北交點的人就會生氣，因爲他已經深深地執著於自己的計畫，甚至擔心如果不完全按照自己規畫的路線走，將永遠無法抵達洛杉磯。

你還有過度計畫的傾向。你會迫使自己在很短的時間中，做很多的事。但是，解決這個問題的辦法不在於安排自己的時間，去配合所有的活動，而在於完全不做任何安排，只要觀察自己的行動即可。這種處理方式可以創造一種自然、適當的時間分配，爲你的生命帶來自在及平衡。

雙魚座北交點的人可以做一件促成前述過程的事，那就是刻意地少做點事，例如少做一點計畫、少規畫一點行程、允許事情有更自然地發展。這麼一來，你就可以與你的幻想保持最佳的接觸狀況，讓你能更有效地利用時間。

你需要更強烈的目的感、更輕鬆抵達目的地的方式。如果能允許每一件事情順應潮流，你會得到內在的安定感，確信事情的發展必將對自己有利。

☆批評

雙魚座北交點的人常會過度地愛批評。你對自己比對其他任何人都嚴格，而你長期性批判「對或錯」的行爲，將會造成緊張的情緒及罪惡感。你認爲自己應該爲任何在環境中「出錯」的事負責，甚至發生在身邊親近的人身上的事，你也一肩攬下。你覺得，是你個人造成這些問題，因爲你的行爲並不完美。你無法做出對你生命而言，具有建設性意義的改變，因爲你擔心那會爲別人帶來問題。

你常會因爲自己做了一些不符合自我形象的小事情，而自責不已。你最討厭自己犯錯，但是當你眞的犯錯時，你又會仔細分析那個錯誤，將自己的行爲合理化，並爲自己辯護。對你來說，要說出「對不起，我錯了」這句話可能很難。由於你前世的追求完美，所以今生潛意識中，仍擔心自己的行爲會不符合你所代表的理想。今生，「維持正確」似乎成了你神聖的義務。

有趣的是，當你承認自己犯錯時，可以因爲自己站在眞理那一方，而獲得有力量的地位。你可以這麼說：「我犯了一個錯誤。從現在開始，我們該往那個方向走呢？」當你因爲企圖維持完美而重挫自己時，除了會遭遇失敗之外，你身邊所有的人都會失敗。你務必要放棄所有的批判，以獲得你所追尋的寧靜。

每當你聽見自己說：「因爲我沒有做好，所以導致這樣的結果。」你就可以知道自己正在打擊前世的「阿奇里斯的腳踵」。每當你開始批判自己，或是別人不符合某個理想時，你就已誤入歧途。宇宙正在藉著把你放在一種「失敗、錯誤」的情況中，以教導你謙虛，這樣你才能放掉對維持完美的執著，也可以克服你老是覺得「有地方不對」的問題。

其實事情並沒有什麼問題，每一件事就只是在「發生之中」罷了。當你終於了解這一點，並跟隨生命的潮流走時，就是走在正確的路上。然後，你就可以透過自己對事情自然發展的信心，治療自己的問題。

☆調整與改變

雙魚座北交點的人極度地嚴肅，因爲你總是專注於找出錯誤的地方，以便加以調整改變。你對於事情偏離了「滑順、連續的趨勢」現象具有高度的敏感，而且會因此感到驚慌，而你批判、焦慮的情緒，會激怒並干擾你身邊的每一個人。

你前世的工作，使你焦點極爲狹隘。直到今生，你還是容易會專注於狹隘的焦點。造成這個問題的部分原因，是因爲你通常會專注於實質層次中發生事件的細節。雙魚座北交點的人常常因爲過於接近一個問題，使你除了這個問題之外看不見其他任何東西。

你就好像把臉貼在玻璃上的孩子一樣。當你因此而「陷入」問題之中，並無法重建秩序而感到沮喪及無能時，很容易會因爲那些看起來「失序」的細節而困擾不已。這將使你很難擺脫緊張及憂慮狀態，就好像企圖將一隻狗與牠吃的骨頭分開一樣困難。

有趣的是，要脫離這種進退維谷的困境，你還是必須求諸於你專注的能力。你應該將焦點自問題的結構轉移出來，轉交給更高層次的力量。在今生的實體，當你執著於物質世界的結果時，會由於緊張煩燥而瀕臨崩潰，最後將會影響你的人際關係及每一件你所做的事。你往往會緊張得彷彿胃都打結了。當你覺得胃因爲緊張而不舒服時，那就表示你應該往後退一步，並放開一切。

有時候，讓你脫離這種情況的最佳辦法是，重複那些具有肯定效果的詞句：「一切都很好，而每件事都正在以其應然的方式進行中。」你可能會將這句話說上好幾次，才能終止過度分析情況的傾向，並使你得到所需要的心理上的距離。然後，你可以停下來，看看會發生什麼事。

你不需要想出任何結論，只需要看看什麼會來到你的面前。藉著將問題交給更高層次的力量，讓自己只是單純地處在這種情況之下，治療的能量就可以凝聚，適當的解決辦法將會展現在每一個相關的人面前。

例如，我有一位雙魚座北交點的客戶，她的婆婆非常具有傷害性。如果我的客戶沒有去看她的婆婆，對方就會變得極具防衛性，並認為我的客戶是故意針對她。這位婆婆常酗酒，使得身邊的人覺得她根本不想好好地過日子。

多年以來，我的客戶一直嘗試去協助這位婆婆，希望能讓婆婆覺得好一些，但是一點成效也沒有。之後，在她打算放棄提供援手時，她的婆婆突然告訴她，自己已經開始在看心理醫師，並希望每一位家庭成員，都能與她一起去看醫生，因為那是療程的一部分。我的客戶非常興奮，而且完全支持她婆婆的決定。她最吃驚的是，這種情況是直到她接受問題實際的現況，並不再嘗試去幫助，甚至已經完全放手了以後才發生的。她說：「我什麼都沒有做！」

神奇的結果會在你眞正把問題放掉，並不再試圖阻撓情況自然發展時出現。你常以為世界會依賴你的參與，若你並未參與但事情卻依然完成時，就會感到訝異不已。而且，如果事情在你未干預的情況下仍然井然有序，你還會把它當做是針對你個人，不悅地表示：「你的意思是，沒有我也行？」

執著

雙魚座北交點的人通常都會有「執著」的問題，這是一種對你完全沒有好處強迫性的精神模式。或者，你的精神方面可能會有執著的特質，會使你不斷分析某種情況，卻無法找到可以為你帶來心靈寧靜的解決對策。有時候，在毫無預警的情況下，你的「過分耽溺」會突然獲得解決。這時最好不要去分析，只要承認問題已經不見了，並立刻表達你的肯定及感激即可。你只需要單純地接受這份禮物就好，不要試著去分析它。

當你執著於「為什麼」的時候，其實是因為對問題可能再度發生的畏懼所驅使。但是在你分析的過程之中，往往會使問題再次發生。在不利的情況自生命中消失時，最好是能就這樣讓它消失，而不要再去探究「為什麼」。你要學習感謝生命的奇妙，承認每一件事情匯流在一起的狀況，並對生命本身帶給你的解答懷著敬畏的心情。

☆角色楷模的優越感

前世你發展出自我的外殼，這種外殼一直繞著「正確」打轉。醫生與護士就好像神一樣，每個人都很尊敬你，而你也很容易得到聲望。這麼一來，服務別人的過程就成了自我的追求。

所以，雙魚座北交點的人常常在進入今世時，仍帶著優越感的情結。你覺得自己必須是一位角色楷模，如老師、牧師、救火員、警察等等，因為無論如何，你是代表需要為人類經驗帶來特定價值觀的典型。身為角色楷模，你覺得自己應該是完美無瑕的。

然而，完美地做好一件事，象徵了你的優越性，而這正是你邁向結束的開始。不論是從陷於自己所扮演角色的角度，或是濫用權力致使別人採取與你對立的立場來說，前面的說法都可以獲得證實。

你強烈地認同你所做的工作，或是你所進行的服務。你可能會因爲過於投入工作，而導致無法抽離。從放下工作前發現的「另一個細節」開始，很快地，你會出現工作狂的徵兆。雖然你的工作已經奴役了你，但是你可能不認爲是自己過於執著，反而會認爲自己只是做應該做的事罷了。

你一定要放棄對工作的認同，這樣才能在不失去太多自我的情況下，做好你的工作。即使你沒有花很多的時間在工作上，也可能會花很多時間在擔心你的工作之上。不論是那一種情況，工作會是你生命的中心，以及一切的一切。

你與工作夥伴或員工的相處，也會遭遇問題。對你來說，要捨棄控制別人行爲的渴望，相當困難，因爲你不知道別人是否能做好你的工作。雙魚座北交點的人要學習的是，自己以「正確方法」做好工作的想法，可能與他人並不相同，但是兩者都會得到良好的結果。你應該給別人擁有不同風格的自由。你也應該要承認，別人也正在學習「如何做好你的工作」，你不能期待每一個人都已經知道怎麼樣才是最好的方式。

你總覺得必須與別人保持距離，因爲你在這個地球上必須執行特定的責任。你擔心如果與別人平起平坐，並產生情緒上的牽連，你可能會忘記自己的工作，如此一來，你的自我定義會被剝奪。當你要扮演你的角色時，你總是時時戴著面具，因爲你害怕放下面具之後，會屈服於你的情緒，成爲群體的一部分，而不再是角色楷模。

事實上，當你眞的扮演某個角色時，會吸引眞正希望你扮演這個角色的人。當某人說：「爲我扮演這個角色。」你的自我會受到鼓勵，但是之後你則會受困於這個角色。有趣的是，你其實眞的會爲這個星球帶來更高層次的能量，但只要你是企圖在自我的層次去做這個工作，就無法發揮這種功能。你只要保持自己的眞面目、忠於自己就可以了，其他什麼都不需要做。

☆責任及罪惡

雙魚座北交點的人會執著於創造秩序的責任感。你認爲你必須扮演一個特別的角色，或是執行一項特別的儀式或例行公事，認爲履行這項任務或是提供服務是你的責任。對你而言，成爲潮流的一部分，表示同意成爲一個無名小卒。然而，同意成爲無名小卒，會使你以爲自己沒有做好份內的工作，並帶來罪惡感。

「如果我不完成我的任務，就是做了一件錯事。」這是完全存在你腦海中的永久性循環。而這種循環基本上是因爲，你認爲自己比別人優越，所以有比別人崇高的任務而形成的。

必須要發生某件具震撼效果的事情，才能使你脫離這樣的循環，並迫使你接受自己的人性。你可能會發現自己被捲入某種完全不能控制的情況之中。人性及接納是可以讓你走出這種狀況的唯一方法，也是唯一可以讓你放下，並脫離完美、任務、罪惡感這種惡性循環的手段。從某個角度來說，放下是表示你說：「好吧！我想我沒有辦法完美地完成這項工作。我會把它交給上帝。」這時你的意識會產生改變，而你將能夠看到更寬廣的美景。

你的需求

釋放定義及架構

雙魚座北交點的人會注意每一件事情的細節，並試圖將每一件事情加以分類。你之所以會這麼做，有部分原因是當你處於沒有定義的情況下時，會覺得很不自在。你認爲，對於自己是誰這個問題，需要嚴格的定義，才能使你有穩定感，例如你所扮演的角色、你的工作、你提供的服務、你的例行公事、你的規則及規定等等。

但是實際上，你擁有愈少的自我定義，對你愈有好處，因爲這樣一來，你在生命的過程中，可以與自己更接近一點，而與你所處環境中高低起伏的關係則愈少一點。

你應該要確認一件事，知道你想去的方向，與應該如何抵達目的地之間，存在著何種差異。對你來說，對目的、目標或觀點，有明確定義是有益的，這還可以提供你所需要的穩定性。然而，你對於達到目標的手段，應該是可以變通的，畢竟誰知道你會需要什麼，或是未來可能會發生什麼事呢？你應該放棄你可能需要付出什麼的成見，只要專注於目標就好了。你要學習讓經驗超越定義，而不是讓刻板的定義限制你的經驗。

你天生具有爲每一樣東西定義的傾向，當這種傾向維持在可變通狀態下時，對你是有利的。你可以寬鬆地定義現況，了解什麼最適合你個人的夢想。但是，這應該是暫時性的定義，未來當你接收到更多的資訊時，必須隨時加以調整。

如果你在定義某種情況時，背後的動機是爲了了解你「適合」的地方，那麼就會失敗，因爲這時定義成了一種限制。如果你的動機是爲了如何將這種情況與你的觀點或美好預期連結，那麼你就可以成功，因爲你有接受新資訊的能力。

☆接受改變

雙魚座北交點的人覺得面對可預期及例行的事情會很自在，而對於任何改變，都會本能地予以抗拒。如果不在你的預期之中，即使是職務獲得擢升，也可能遭遇到你的抗拒。你會執著於你的體制，因爲它給你安全感。然而，不幸的是，這會使你拘泥於一成不變的生活，並使你無法白由地體驗生命所帶來的喜悅。

在今生的實體中，你要學習釋放對「已知」的堅持，並歡喜地迎接改變。唯有在你有意識地想通你與「未知」之間的關係時，才能做到這一點。如果你害怕未知，即使違背你的最佳利益，也會嘗試堅持你的常規。當你在某種情況下覺得不快樂，或是環境發生改變時，應該要展開雙臂迎接。

因爲目前的狀況之所以會出問題，或許正是因爲前方有更好的東西在等待著你。如果可以承認自己正面對著未知，你就會了解在你四周所凝聚的，是邁向更深一層滿足所可能發生的下一個步驟。

在現實生活中，你很容易會感到厭煩，需要變化來維持蓬勃的生氣及活力。你的神經系統極為敏感，所以如果企圖抗拒改變，或掌控你的環境，會感到負荷過重，而且不論是肉體上或心理上，某些東西會開始崩潰瓦解。

因此，你愈早放鬆並開放自己去接受改變，將會感到愈大的快樂及寧靜。你今生的挑戰是允許生命中發生變化，將你重新定位，並磨平你的各個稜角。你不應該搭一艘逆流而上的快速汽艇，而應該搭一艘獨木舟順流而下。你還是可以掌控這艘船，但是你不需要去與水流對抗。

舉一個例子說明這種情況。我有一位屬於這個族群的客戶，他決定使自己早上的運動散步更有趣一點，所以就帶他的兒子一起去散步。他們才走了兩三個街區，就看到幾個水潭。他的兒子想要停下來看看，但是我的客戶則希望能繼續散步。於是他的孩子眼眶就紅了，並說：「我累了，我不想再走了。」

我的客戶感到很沮喪，因為事情並沒有如他計畫般地發展。他威脅孩子如果不繼續往前走，就回家算了，而且以後再也不帶他出來散步了。孩子也生氣了，索性坐在地上，看起水潭來了。最後，我的客戶終於妥協，他知道不讓兒子好好看看這幾個水潭，就無法繼續散步下去。而他妥協的結果是，他們擁有一次美好的散步經驗。

你是否曾在沿途停下來看看忙碌的螞蟻、閃閃發光的玻璃破片、幾顆石頭？而且由於在經過的山丘上跑上跑下，自己的心臟也得到較激烈的運動；事實上你等於是走了好幾英哩。在前述例子中，我的客戶並沒有達到原來預期中級份量的運動，但他與他的兒子度過了一段美好的時光，而且在自己已經走過好幾百次的路徑上，發現了許多以往從來沒有注意過的東西，因爲以前他只專注於散步本身。

生命並不是永遠都會按照計畫進行的，如果你願意配合生命已經發展出來的方向，從實際發生的事情中所獲得的喜悅，將會比你預期的多上好幾倍。

☆宇宙的潮流及時機的安排

雙魚座北交點的人總是匆匆忙忙的。雖然你專注的能力極強，但是由於常常會想要在有限的時間中做太多的事，所以你的時間表總是排得滿滿的。這也是你常不太能準時的理由；雖然一般而言，你還是會因爲那是「社交規則」而準時。不管如何，你常會覺得一天二十四小時總是不夠用。

要解決這個難題，你應該要放慢速度，以配合潮流的速度，也就是生命自然發展的時間。宇宙的潮流有它本身的時間、頻率及速度，當一個人可以配合這些要素時，生命就會出現自然的輕鬆，好像每件事情發生的時間，正好是你準備處理這些問題的時間。當你按照自己的心跳前進時，「未經琢磨的稜角」也會比較少。

因此，藉著放慢速度、少做一點，雙魚座北交點的人可以完成更多的事。當你以極爲慌亂的速率進行，使你所發出的頻率不符合潮流的頻率時，你身邊的事會開始「出毛病」。事實上，你會「誇張」這種情況，就像突然走到一片磚牆前方，並開始懷疑：「爲什麼我做不好？」

當你碰到類似的抗拒時，最好放慢速度。這可以讓其他的人及新的意見出現來幫助你。藉著放慢速度，你可以與宇宙的其他部分配合，你的頻率可以與你身邊所發生的事一致，而你則可以成爲潮流的一部分。

找尋寧靜

☆自我淨化

雙魚座北交點的人在開放自己去接受可以眞正轉化意識的能量時，會覺得需要自我淨化。但這可能是一種毫無止境的過程。你老是覺得自己不夠純淨，或是行爲不夠完美，所以無法對更高層次的能量開放。而且，你追求「自我淨化」是根據極爲嚴格的行爲規則。你嘗試達到自己的期待，藉「職責」之名突破阻礙，以達到「淨化」自己的目標。然而，在現實生活中，你所需要的淨化是放棄限制自我的定義。

你今生要學習的是，將你的本性自你的功能中解除。你的工作並不能說明你，而你的職責也並不能使你具有人性。

要達到你所嚮往的更高意識領域，你必須放棄所有的自我定義，放棄扮演任何特定角色。

雙魚座北交點的人早已在前世發展出於立足於世間的能力，對今生的實體而言，最重要的就是放輕鬆及找到內在的寧靜。但是，由於你的心智不斷活動，並嘗試分析身邊每一件事情，「調整改變」那些你認爲不夠「完美」的人或物，你幾乎永遠都是處於高度壓力及緊張的狀態之中。當你嘗試去完成那些你認爲需要藉以找到內在寧靜的改變時，經常都是處於緊張的狀態之下。

你需要一些獨處的時間，以進入內在、解決自己的憂慮。你必須把令自己憂慮的問題抽取出來，好好地去思考、感覺一下，並於內在將它釋放。你需要時間使焦慮在你的系統中搏動。雙魚座北交點的人需要這種屬於個人的內在淨化過程，而這是唯有在你獨處時才能做的事。

一旦你可以不再如此投入每一件事情，就可以開始客觀地觀看自己在每一種情況發生時的反應。透過這樣的過程，牽絆你、使你與物質世界密不可分的執著，將會開始消失，而你內在抗拒事情自然發展的每一樣東西，也都將開始消失。這是你眞正、唯一需要的自我淨化。

如果你嘗試在未花時間解決自己的緊張情緒時，就與身邊的環境互動，將會持續受到焦慮的想法及擔憂的迫害。你對獨處及冥想的需求，必須受到自己及與自己親近的人的了解及尊重。你必須有系統地花時間做某種形式的冥想，藉以釋放緊張的情緒，並讓你內在的快樂得以成長。

☆投降

當外在世界的事物開始「出錯」，你也開始感到緊張時，雙魚座北交點的人最好是能將它視爲是提示自己：「該是退後，並從較遠的角度再觀察一次的時候了。」令你吃驚的是，你常會發現，「少即爲美」。當你使用較多的能量時，會陷得更深，覺得更焦慮，而且會犯更多的錯。當外在的問題看起來更嚴重，而沒有好轉的跡象時，你最後終會變得極度的沮喪，而舉起雙手投降。

其實，你如果在一開始的時候就投降，結果會好得多。你擁有一項最佳利器，那就是透過投降對自己的靈性開放的能力。不論你的生命中可能會發生什麼事，你必須相信造物主是站在你這一邊的，而且有一些更好的事情即將在前方等待你。當你把解決問題的方法交給造物主時，就可以進入意識中較高的層次，使你能了解事情將如何以對你有利的方式獲得解決。

試舉例說明之。我有一位屬於這個族群的客戶，她擁有一家小型的療養院。她愈來愈投入這項工作，最後甚至沒有時間做任何事，如到劇場看表演、與家人相聚、玩樂等等。

但突如其來地，她的療養院在很短的時間內遭到盜賊連續三次的侵入，使她這個事業面臨關門的命運。這三次的闖入事情，彼此毫無關連，而且都非常令人意外。她很驚慌，因爲她擔心會失去唯一的收入來源。她不停地禱告，希望事情能如她所願地發展，這樣她才能保有她的事業。不久之後，她突然就輕鬆下來了。因爲她與董事會協商後了解，這家療養院並不會被關閉，會有專員暫時接管這個機構。

雖然她必須支付這位專員的薪水，但是她發現退後一步，讓別人經營這個事業，其實對她自己有很大的好處。因爲她可以把她的能量集中於推廣這家療養院，填滿所有空的床位，這樣就足以支付專員的薪水，事實上還可以增加她的收入。最重要的是，她可以重新獲得她的生活。

雙魚座北交點的人今生要學習的是，宇宙爲你的快樂所設計的計畫，其實比你自己的計畫，要來得好的多了。

重新充電

☆更高層次的意識

由於雙魚座北交點的人許多次前世的實體，都是在爲他人服務，所以今生你準備要讓你的靈魂休息及充電。這正是當你花太多時間在外在的世界時，會感到如此疲憊的原因；你需要回到內在寧靜的世界療傷。這對你來說是正確的做法，你在生活中應該要留一些時間，去逃離日常的例行公事。

你偶爾會在根本沒有嘗試的情況下，就進入意識的更高境界。一旦你嘗到這種滋味，就會時常希望能回味那種感覺。你可能會花上好幾個小時冥想，或是練習每一種你能想到的技巧，甚或讓自己完全地孤立，以重新回到那種狀態。但是，當你急切地想要抓住那種狀態時，反而會弄巧成拙，把它推得更遠。你應該要放鬆，並接受你其實已經處於這種狀態下的事實，就像魚生活在水中一樣。

當你處於那種狀態下時，只是享受生命就可以讓你感到非常快樂。但是由於你對於自己應該扮演的角色有太多的意見，如帶領別人迎向天光的導師等，所以你的精神活動會把那種自然的幸福狀態推得遠遠的。如果你可以單純地放鬆，不要爲當天規畫太多的活動，會發現自己所追尋的能量自然地在你身邊流動。

雙魚座掌管的是意識的文明狀態，也就是所有生命所具有如大海般的一致性。雙魚座北交點人生命的目的就是做任何可以增進更高意識境界的事，使它成爲你日常生活的一部分，這樣自然可以幫助你身邊的人。

你創造組織及定義的能力，是一項過人的資產，但是這項資產卻無法運用到物質世界中。當你了解較寬廣的視野，並保持周邊視野的開放，帶著對當下發生狀況的擴大意識，走在生命之路上時，就可以從混亂中創造清明，並找出潮流。這樣，你將知道如何以實際的方式去配合潮流，並實現你的夢想。

雙魚座北交點的人希望能臣服於造物主、一個更高層次的力量。如果你不能獨力做到這一點，有時候會藉助於藥物及酒精，或是其他方法去逃避。你企圖平息因過度分析所產生的焦慮。你可能會無意識地轉向不當地使用物質，做爲引導你通往諸如戒酒協會、戒毒協會、控制飲食協會，或其他同以臣服於更高層次力量爲焦點的團體的道路。有趣的是，雙魚座掌管的是藥物、酒精、嗜睡、自我毀滅等各種形態的逃避，但它同時也掌管冥想、最高形態的靈性，以及無條件的愛與幸福。

爲了避免問題的發生，你需要能夠獨處的空間，即使是在工作的場所也是如此。工作可能會是你壓力的主要來源，因爲工作激發出你想要「調整改變東西」的傾向。在工作時，你最好能擁有屬於自己的空間，例如私人的辦公室，可以讓你擁有隱私的角落。

當你與一群人一起工作時，如果可以把辦公桌掉個頭，讓自己與別人保持一點距離，並面對牆壁，對你會比較好。當你擁有自己的空間，而這個空間裏沒有別人的能量時，你會更快樂，工作效率也會更高。這可以幫助你維持平靜，並從較寬廣的觀點來看各種情況。

☆有意義的工作

有一件事情是雙魚座北交點的人可以終身投入的，那就是學習及成長。通常對了解及接受身邊的人的需要，會爲你指出值得探索及研究的極佳方向。

你善於任何形態的工作，只要是富鼓舞性、精神性，或是具獎勵性的工作皆然。你的想像力很豐富，當你將焦點放在協助他人實現願景時，你就是走在正確的路上。你的工作就是維持與願景的接觸，並教導別人如何處理細節問題。當你從願景的觀點與別人分享自己的意見時，可以用熱情爲別人充電，並提醒別人每一個人所追求的目標。

不論你的工作或是職務爲何，雙魚座北交點的人均能夠運用這種思考模式。如果你在銀行櫃台服務，會擁有以熱情服務客戶的寬廣視野，因爲你知道有許多到銀行來的人，都是有財務困難的人，而他們踏進銀行大門時心情是極度沮喪的。如果你是業務員，會隨時懷抱著較遠大的眼光，希望所服務的商店鴻圖大展，提供客戶關愛及服務，使你保持快樂的心情，而且還會注意到不批評身邊其他的業務員。

不幸地，對許多屬於這個族群的人來說，最嚴重的衝突似乎通常都是發生在職場。你很希望自己是推動計畫的那個人。但是，當你喪失遠大的願景時，你的自我會出現明顯的膨脹。你應該維持專注於：「這是需要完成的工作。」

你很容易會陷入以下的情況：「我才是做好這個工作的人。我賦予它組織架構。我叫這個人去做這件事……我叫那個人去處理那個細節……麥克，我的咖啡呢？」只有在你擁有謙遜的心態，並維持與願景的連結時，才會有足夠的能量促使計畫邁向成功。否則，人們會抗拒你，這時你會不知道該如何是好。你會與自己的力量脫離。

在職場可能會發生的另一個問題是，雙魚座北交點的人很容易受到情緒波動的影響。你可能一直都很快樂，但是突如其來地，你的能量出現驟降，而你會立刻變得非常焦慮。其他在你身邊的人，會因爲你的情緒變化而受到極大的影響。由此可知，你擁有帶動周遭氣氛的能力，令每一個人都能對此產生反應。

當你覺得快樂及寧靜時，可以帶動情緒揚升，並使每一個在你四周的人都覺得比較舒服。但是當你沮喪或是焦慮時，每一個在你身邊的人，也會有同樣的感覺。這是一種很棒的力量，但你可能根本沒有發現自己擁有這樣的能力。

當你變得焦慮時，他人也會有焦慮的感覺，而且工作效率也開始下降。當你覺得平靜及自信時，他人也可以感受到你的情緒，工作效率也自然會上升。因此，雙魚座北交點的人只需要在環境中注滿積極、充滿信心的想法及能量，就可以達到糾正他人行爲的目的了。

當你自己的情緒出現反轉之後，就會對氣氛造成負面的影響。你的腦袋可能會有過於專注、吹毛求疵的現象。當事情不是按照你認爲「應該」的方式進行，或是當別人的做事方式不是你認爲正確的方式時，你會感到憤怒。或者，如果某件預期外的事發生時，你會認爲宇宙不支持你，並因而陷入緊張及焦慮的旋渦之中。

所以雙魚座北交點的人應該承認，你其實並不知道生命「應該」如何的發展。或許另一個人就是必須犯某些錯誤，才能讓你看清楚過去一直被你忽略更嚴重的問題。

如果你的建議遭遇到抗拒，別人可能只是在反對你負面的能量，而不是你的意見。將焦點集中於成功上，可以幫助你創造成功；而當你進行溝通時，將可以表現正面積極的態度。當你將注意力集中於對未來的願景時，俗世的細節將會自行獲得解決。

放棄你的願景，並企圖成爲工作者之一，對你而言，並不能爲你帶來成功。處理所有的細節，並在那個層次得到成功並不是你的工作。你的工作是使每一個人專注於整體正面的願景，這才是你的天賦及天生領導力最耀眼的部分。

你的人際關係

你的愛情

在人際關係中，雙魚座北交點的人每一件事都是反向而行的。你應該擺脫外在的結果，並依賴較高層次力量的潮流，讓你在與別人相處時，展現良好的風度。但是，當你堅持你的角色，並執著於對外在結果的控制時，在別人的眼中，你會顯得沒有感情。你將所有的能量都灌注於角色的扮演上，會使別人無法看到藏在底下的眞正的那個人。

當你放棄所扮演的角色時，可以再次變得更富有人性，並讓自己個人的力量得以充分發揮。在扮演某個角色時，你一直拘泥於對自己「角色」應該如何演出的定義之中。但是當你扮演自己時，就可以開放地、以可引導雙方相互尊重及肯定的方式，自然反應出身邊實際發生的事。

☆對情緒的畏懼

雙魚座北交點的人傾向於非常實際地、能享受生命中感官的一面。然而，當你與別人建立眞正親密的關係時，也就是建立肉體及情緒上的關係時。你可能會覺得很不自在，因此雖然肉體上你會非常有反應，但是情緒上你卻會退縮、變得遙不可及。你甚至可能會藉著將時間完全投入於工作，以避免與別人產生深厚的感情瓜葛。當你與別人在平等的地位建立關係，並允許自己呈現脆弱的一面時，你會覺得很不自在。

由於你極爲習慣根據分析的過程生活，所以讓自己在情緒方面採取開放的態度，對你而言，是極陌生的領域。你內在有一部分希望能體驗另一個人的新方式，但是你對於未知的恐懼常又使你裹足不前。情緒可能是未定義能量的洪流，它會帶你走向不可預知的方向。然而，事實上情緒並沒有意義，屈服於那些情緒的浪潮，會將你帶到合理解釋之外的領域。

你比較喜歡在沒有自發性感覺的情況下運作。你知道自己的角色，你會履行某種職務，以某種方式行事，在特定情況下有一定的反應及感覺。踏入情緒的自然潮流，會使你已知的結構瓦解，並要求你呈現脆弱的一面。臣服於情緒的潮流令你感到害怕，因爲感覺上，那就好像死亡一樣。

你所感受到的，實際上是你自我的一個部分的死亡，這個部分的自我正是使你無法感受到與別人情緒及精神上相連的東西。其實今生這個實體，雙魚座北交點的人應該會擁有幸福的禮物，使你可與所有的人聯合起來。但是若想使這種狀況發生，你必須放掉對架構的執著，並臣服於未知。這是你得到救贖及達成目標的關鍵。

有一件事有助於你親密的人際關係，那就是投入時間與你的性伴侶共同創造一種特殊的氣氛。比如說，一個星期出去吃一次晚餐，放一些增進羅曼蒂克氣氛的音樂、燭光、鮮花，或是任何可以讓你處於羅曼蒂克情調中的事物。這些都可以使你放掉刻板的角色，並增加你人際關係的深度。這些儀式會帶來的歡愉及喜悅，值得你投入額外的時間及精力。

人際關係也是一種工作，而你今生所要學習的事情之一就是，做你份內的工作。你應該積極地投入心力，與你搭檔共同創造正面積極的情況，而不是只假設特定的事情將會發生。

對雙魚座北交點的人而言，你要面對的挑戰是如何專注於愛，讓愛創造出可能的願景，以及最終的喜悅和幸福。你可以採取的方式是，嘗試在不限定愛應走的方向的情況下接受愛。如果你把完全的信心都放在現存的愛上，並順其自然，那麼所產生的結果將會令你極爲訝異。

當然，愛可能只會在某些時刻比較明顯易見。重點是在它出現時享受它，而當它遠颺時，雙魚座北交點的人應該要承認自己曾經愛過。與其從接受及付出的角度來思考，你不如就極爲單純地去接納另一個人。沒有障礙，也沒有批判，這樣你才能得到無條件的愛。

☆與別人建立關係

由於雙魚座北交點的人前世的注意力，都集中於你自己的事務上，所以當你制定計畫時，常常會忘了把別人也放在你的考慮之中。生命的發展是針對每一個人，而不是只針對你。我們每一個人都有想實現的夢想、可能會犯的錯、應學習的課題，但是你似乎沒有辦法了解整體的狀況。

你並不是不希望別人可以實現自己的夢想。你是以服務爲導向的，而且眞誠地希望能提供別人協助，但是你的焦點太狹隘，所以常常無法把別人的夢想列入考慮的範圍之中。當別人覺得自己的夢想及行程沒有被考慮到時，通常會變得具有敵意。

這時，雙魚座北交點的人會盲目地反對另一個人的提議。每當另一個人想要提出他的主張時，雙魚座北交點的人會狂亂地強烈反對，因爲你眼中所能看到的，只是事情並沒有按照你的計畫進行。最後的結果會是兩敗俱傷，雙方之中沒有一個人是贏家，而彼此間的溝通也將因而封閉。

在太多次的前世中，你被限定不准犯錯，所以今生，在你精神上的那個電腦裏有一個晶片，還是不斷地在提醒你：絕對不可以「錯」。這會讓你變得富有防衛性，而且無法傾聽別人的觀點，造成你絕大部分的誤解。爲了建立一個溝通的管道，另一個人應該做的是，肯定雙魚座北交點人的觀點，解放你「一定要對」的機制。「你絕對是正確的。而……從我的觀點來看，事情好像是這樣的……。」最具關鍵性的字就是「正確的」。

雙魚座北交點的人往往會因腦袋中的這種機制而受害不淺，在你身邊的人也會成受害者。對維持「正確」的需求，造成了你的焦慮。所以當你開始想太多事情時，可以藉助以下的言語來讓自己安心：「我做的是正確的事。在我所擁有的天光協助之下，我已經盡了自己的全力。」這樣一來，你會覺得比較平靜一點。

你對能量的轉移相當敏感。當你適應物質世界時，任何時間都可以對別人的能量做反應。相反地，如果你透過客觀地觀看自己，並脫離物質世界，致力於發展更接近靈性的焦點時，你可以根據自己的願景去計畫你的路線，而不使別人對自己造成影響。

這是完全不同的事實。你會發現自己對別人的靈性能量，而不是情緒能量有所反應。將你強而有力的專注力自物質世界轉移至形而上的世界，需要有意識地集中心力。當你客觀地觀察自己，以及自己肉體對不同情況所產生的反應時，可以做出不致受到自己身邊其他人能量影響的決定。

期待

對雙魚座北交點的人而言，今生最大的失望是來自於期待，不論是對自己或是對別人的。你需要隨時與自己的願景維持接觸，這樣才能眞的有出色的表現，因爲它可以使你發揮最佳的潛能。因此在人際關係中，如果你擁有願景，或是希望體驗的更遠大目標，如持續將正面的能量注入人際關係之中、讓無條件的愛繼續流動等，它將可以發揮美好的功能。

你將會知道路上的每一個步驟應該怎麼走。然而，如果你尋找的是出錯的部分，以及另一個人如何令自己失望，每一件事情都會開始走下坡。你需要一個更高的原則，也就是比你日常活動更崇高的原則，來爲每一件你所做的事賦予靈性的意義。

☆非難及批判

雙魚座北交點的人比任何其他交點族群的人更害怕批評。你無法忍受任何人認爲自己不完美的想法，尤其是你自己如此認爲。所以你會陷入一種循環之中。你必須有完美的演出，才能避免那些令自己不快的批評。你整個人生可能會繞著避免遭遇批評的問題打轉。在內心深處，你擔心犯錯會讓你極度尷尬，甚至是一種衆所周知的恥辱。

由於你在前世，行爲必須完美才能拯救別人的肉體或是精神，所以你的眼光敏銳，很容易就看得到別人的缺點。爲了想要糾正及治療別人的渴望，你常會批判身邊的人。你可能不會以言語表達你的批判，但是別人都可以感受到你帶著非難的眼光，及剖析的心。在職場中，你可能會過於挑剔，而使自己孤立於同仁之中。而對你孩子的批評，常會使你的孩子變得缺乏安全感。

你認爲，如果對方可以調整改變自己非常明顯的瑕疵，那麼雙方都可以找到愛及心靈的寧靜。但是實際上，今生的設計並不是這樣的。潛意識中，別人知道你今生的工作是學習無條件的愛。

有時候，對方會覺得自己因爲某一項存在於潛意識、不受歡迎的習慣而成爲受害者，這其實正是雙魚座北交點的人拒絕完全接受對方的表現。而這個族群的人則會因爲對方一直不願意改變這種行爲，而覺得自己是受害者。你覺得對方行爲的改變，將可以爲彼此帶來心靈的寧靜。然而，這種想法會使雙方都遭遇失敗。

若想要將前述雙輸的局面改變爲雙贏的狀況，這個族群的人應該改變腦海中那種沈默批判的想法。與其將注意力集中於「缺點」，並將這種缺點視爲對方蓄意的行爲，不如改變看待對方的方式。當你從對方的無助及無意識習慣的角度來看，你的心會充滿了愛及熱情，而你的心靈則將充滿寧靜。這時雙方都可以成功。對方會覺得自己受到支持，而且擁有改變自己行爲的自由。而這個族群的人不論對方的行爲是否改變，你的心靈早已開始感受到寧靜。

☆「調整改變」的衝動

雙魚座北交點的人老是在找問題。你認爲了解每件事是否順利運作，是你個人的責任。由於經常性的焦慮，你最後往往因爲細故而不適當地發火，這種行爲常會令你身邊的人感到沮喪及受到干擾。當你想要幫忙的渴望，是基於無法克制要調整改變東西的衝動時，別人很可能會拒絕你的意見。

今生，你的工作是接受事情的原始面貌，並提供人們對當下情況更寬廣的視野，這可以給你信心。你的任務是供應舒適、支持、熱情，而不是非難，不論這項批評是多麼富有建設性。

另外，雙魚座北交點的人應該看看自己，以了解自己所做的某些事情是否有問題，而不是將注意力完全集中於別人的問題上。你不應該說：「天啊！簡直不可能與那個人相處，你太難於取悅了。」你可以往別人的深處看去，並改變自己的做法，以激發出別人不同的反應。

不論你有任何人際關係，都應該要臣服於造物主。的確，有時候事情自然的發展可能會告訴你，你的搭檔與自己是不適合的。這位搭檔可能是因爲根深柢固的心理問題，才會有一些負面的行爲，而雙魚座北交點人的致命弱點就是，認爲自己可以「調整改變」那位出問題的搭檔。

你有許多次的前世一直是醫生及護士，所以以爲自己可以讓對方重新站起來。但是事實上，如果對方並不希望改變，他就是「不能調整改變的」。

雙魚座北交點的人應該要能夠辨別，那些人要求得到調整，那些人又不希望。許多人並不希望被調整，並認爲自己原來的樣子就很好了。在這種情況之下，這個族群的人必須調整自己某些部分，因爲就是這些部分允許你涉入某人如此具有毀滅性的行爲之中。當你允許負面的能量傷害自己時，其實不只你會受到傷害，你身邊的人也會同樣受害。負面的能量會奪走了你原有的能量，使你無法幫助別人，成爲孩子或別人的壞榜樣。

雙魚座北交點的人這種全神貫注於「調整改變」別人的傾向，還會造成另一個問題：吸引一些需要調整改變的人。這可能來自於你想要表現自我的潛意識。由於你曾經在多次的前世中擔任「調整修理」的職務，所以認爲自己是優於他人的。如果你認爲自己可以幫助那些其實並不希望被幫助的人，那就純粹是滿足自我了。今生，承認並放下「我不能改變這個人」，將是眞正的謙和及走在正確道路上的表現。

陷阱

雙魚座北交點的人有時候會因爲極度強烈的責任感，而陷於某種人際關係之中。你會被你的責任感所驅使。如果不能根據自己設定的理想行爲行事，你會感到極大的罪惡感，而這可能是使你在某項情況對你已經不再有利時，仍會久久無法脫離這種狀況的最主要原因。

你沒有辦法對自己心愛的人，或是你覺得有責任的人說「不」，而這種特質可能會使你受人利用。如果因爲規則及規定而付出，你將會期待別人給自己回饋，而這種交流將會缺乏愛的成分。若要將愛帶到你與他人的交流之中，你必須相信自己，付出的程度也不要超出自己的界線。實際上，別人並不像你想像般地貧乏及依賴，這正是別人沒有提供回饋的理由。別人並沒有要求雙魚座北交點的人付出那麼多的犧牲及奉獻。

造成雙魚座北交點人強烈責任感的部分原因是，你覺得自己能力不足。你認爲：「我所可以奉獻的只有我自己。」因此藉著不斷付出做爲補償，而且永遠不覺得「夠了」。

有時候，雙魚座北交點的人會放棄這種模式，因爲那太不容易做到，而且你也開始感到厭煩。你最後終於發現，如果花上整輩子的時間去服務別人，自己到頭來會什麼也沒有。一旦你發現別人理所當然地接受你的服務，而不感謝或肯定自己所付出的代價時，你就會開始做改變。

解決這種困境的第一大步就是，把自己放在第一位。不是你的想法、也不是你的角色，而是你的人性。你應該自問：「如果我這麼做，我會受惠嗎？還是只能爲別人帶來益處？」你很愛幫助別人，但是如果你違反了內在的那個聲音，也就是你的人性，那麼你只是提供空洞的服務，沒有人會因而勝利。

唯一可以讓你眞正了解自己到底是在幫助別人，或是對別人造成傷害，就是了解你自己的感覺。如果你爲某人服務時，覺得很舒服自在，並能樂在其中，那麼這麼做就是正確的。但是如果你覺得自己很糟糕，或是對環境感到不滿意，那麼那就不是眞正的服務了。

答案在於發展對自己的責任感，而不是對其他人的責任感。當雙魚座北交點的人將對自己的責任包括在整個情況中，各項事情會開始得到平衡。你今生課題的重點不在於如何與別人交往，而在於應該如何建立與自己的關係。你唯一的指標是你內部本質的狀態、你寧靜及滿足的感覺。你應該相信自己是靈性的，出發點是善意的，當你內在的自我說「不」時，是對外在環境的眞實反應。

☆精力旺盛的奴隸

雙魚座北交點的人很少會與能激發你愛及內在寧靜感覺的人成爲搭檔。你會與支持你選擇的人結婚。然後，在對方開始把雙魚座北交點人的服務導向行爲視爲理所當然時，發現當初吸引你、讓你覺得很適合、很舒服自在的架構，已經成爲一個監牢。但是到了那個時候，可能已經產生其他的責任，如孩子、共同的資源、業務關係等，使你基於個人責任而無法脫離，因爲你覺得你必須符合你的形象。

你也會在能量的層次與搭檔連結，而一旦你做下承諾，會認為在能量耗盡之前，你不能離開。你覺得必須在你已經達成任務，並可自行離去之前，由對方將你從結合關係中釋放出來。

你的責任感、對完美行為的需求，常會使你處於極糟糕的婚姻狀況之中，甚至有時候會因為你奉承的態度而造成虐待。當你以自己所扮演的角色，而不是根據你眞正的感覺，去對另一個人做出反應時，不論對方怎麼對待你，你都是處於漫無止境、長期痛苦的協助之中。

如果你自然、人性的反應是誠實的，這種反應將可以讓別人了解你的界線何在，並產生相互的了解、尊重及肯定。這是最重要的成分。如果你想要有一個快樂、富成長性的關係，這個成分是絕對不能忽略的。

雙魚座北交點的人對身邊能量的流動，極為敏感。你認為必須積極去加入這些流動，使你的生命出現神奇的效果。這正是你會在能量的連結終於稍見消失之前，一直留在某段關係中的理由，而且不論這段關係是如何痛苦、壓力如何大、如何不快樂。

你會感覺到緣分的吸引力，感覺到磁力，也會覺得在你繼續往前走之前，必須先「解決」某樣東西，然而你的搭檔還跟你沒完沒了。於是你繼續協助對方，希望能為這段因果關係畫下句點。然而，雙魚座北交點人的這些執著，可以藉著了解自己非但並未被肯定，而且還被另一個人利用的情況下，在某個層次獲得釋放。

雙魚座北交點的人認為自己是藉著犧牲自己來幫助搭檔，但其實你對任何人都沒有幫助。你傳達的訊息是：「你可以不當地對待別人，就算別人不肯定你，你還是會留在他身邊。以別人做為達到自己目標的手段，絕對是可以的。」

但是，這並不是眞的。當你潛意識地吸引了一位需要「調整改變」的搭檔，而這位搭檔有不當的行爲出現時，你必須了解在事情完美的架構下，或許你的搭檔下一課要學的就是：不當地對待別人之後，想一走了之是不可能的事。

☆放下

雙魚座北交點的人很難脫離有虐待、暴力行爲的婚姻，最主要是基於以下的幾個理由：第一，你很不容易承認自己做了一個很糟糕的選擇。此外，當雙魚座北交點的人結婚時，覺得若能找到與自己分擔焦慮的伴侶，會感到相當安心。

你眞的可以做到這一點。你的配偶可能會傾聽你每天上班時遭遇到的所有問題，而且可能會覺得自己像是一塊回響板，目的是反應雙魚座北交點人的所有焦慮及恐懼。對外在的世界而言，你看起來可能像是高高在上，但只有你的搭檔才知道，在你堅強的外殼之下，你是慌亂、不知所措的孩子。雖然你會告訴你的搭檔所有的問題、焦慮及恐懼，但是你很少會去傾聽別人的回答。如果對方提供雙魚座北交點人的建議，你往往會因爲想在靈性的層次尋找「更高層級的答案」，而將這些答案推開。

事實上，並沒有任何實際的意見或人類的同理心可以幫助你。但是，雙魚座北交點的人的確把你的配偶當做一塊回響板，這也是你留在這個婚姻裏的另一個理由。你認爲不可能會再有其他的人願意接受你的焦慮了，所以你必須緊抓住現有的配偶不放。

在另一個層級之上，你會因爲發現自己的行爲並不夠「完美」而覺得有罪惡感，所以會允許搭檔的不完美，甚至接受對方暴虐的行爲。你所忍受的暴虐可能會嚴重損害你的自我價值，懷疑自己是否具備脫離這種情況，並重新自立的能力。

但是，你務必要離開會毀滅你精神及靈性上寧靜的人際關係。不要做多餘的分析或判斷，只要離開會危及自己幸福的人就對了。這表示你應該相信內在靈性寧靜感，讓它帶領自己進入正確的新情況。

數十年前，日本曾發生一個故事，內容是關於三種武術門派之間所發生的爭執。這三種武術流派分別是空手道（攻擊術）、柔道（防身術）及合氣道（閃躲術）。每一種武術的頂尖高手都被召集來比試一番，看看到底是那一種武術最厲害。在比賽的最後，只有合氣道的高手還留在場上。合氣道就是閃避的藝術，選手所需要做的事只是避開對方罷了。選手絕對不會出手攻擊、也不會舉手自衛，只是盡可能地閃避對方，而對方所發出攻擊的力量，就足以讓他們自己傾倒。

雙魚座北交點的人應該可以從這個故事中有所領悟。當出現負面力量時，最好的對策就是不要與之交鋒，只要離開現場就好了。

☆有意識地生活

雙魚座北交點的人需要了解自己確實所在的位置，而不是你的幻想，並眞實地面對自己的感覺。

你常常不願承認自己的不快樂。你可能會否認自己受困於所扮演的角色之中。你覺得有罪惡感，但你認爲自己「不應該」有這種感覺，或者不管自己有什麼感覺，你都覺得應該繼續扮演下去。

在潛意識中，你有過度樂觀的傾向。你相信每個人及每件事，而且會一直受到別人能量範圍的影響。你比較關切的是在人際關係中，每一時、每一刻發生的事，而不是你自己的願景。但是當你可以擁有較寬廣的觀點時，就可以跟隨你的直覺，而不致盲目地到處碰撞。

對雙魚座北交點的人來說，沒有捷徑的存在。所幸，你早已習於難度高的工作。今生，困難的工作是不要讓自己被環境所控制。這樣你就可以建立與你眞實自我更一致的狀況。如果你希望能夠快樂，就必須放棄角色扮演，並以你眞正的天性及力量來建立關係。

你的目標

面對未知

在較深的層次，雙魚座北交點的人知道自己是朝向未知前進；那是你的命運。但是你仍然裹足不前，因爲你習於組織及形式，任何新的經驗都會嚇著你，而且一開始都會遭遇抗拒。你不知道自己應該扮演什麼角色，以及別人期待自己有何表現。在你的角色中有特定的定義，而當你移向未知時卻沒有任何定義。你擔心會被沖走。

另一個令你害怕未知的理由是，你過去曾因爲某些「意外的打擊」而有負面的經驗，因此你擔心那些你還看不見的事。你會專注於細節的分析，希望能夠掌握自己的世界。然而不幸的是，這種做法完全無法爲你帶來任何正面的效果。

由於你過於專注細微的事物，反而會使你失去更寬廣的視野，注意不到身邊所發生的事。然後，就眞的會出現未預期的事情，讓你吃驚。這就好像一位汽車駕駛，由於太專注於不要撞到前面車子，所以沒有發現他車子的右輪其實已經壓到線了。你需要往後退一步，這樣才能對生命自然的發展有更寬廣的認識。

雙魚座北交點的人可能會認爲，在你安全引進可以眞正轉換及開放你意識的能量之前，你必須盡可能地淨化自己的個性。你認爲，你意識中的任何阻礙均將停止能量的流動，剝奪你與未知相處的力量。事實上，你的確沒有獨力以清晰及有焦點的方式處理未知的能量，這也是你應該配合更高層次力量的理由。一旦你進入未知，你所追尋的清晰及焦點都將會出現。

☆混亂

你最恨沒有秩序及混亂。因爲那造成你對迷失、不知道自己歸屬何處的極度恐懼。你應該願意相信，正面積極的更高層次力量主掌了一切，而秩序實際上就是宇宙本身的面貌。你獲得更高層次秩序的唯一辦法是，放棄現階段的秩序，並允許混亂分解現有的秩序，以利於新秩序的產生。

當雙魚座北交點的人放掉對老舊架構的堅持時，就會邁向新的體驗。在這個過程之中，會消失及變化的是舊的體驗方式。由於那是你所知道的自我，所以你會覺得好像自我在逐漸死去，但藉此正可以允許你出現一個全新、更富活力及擴大的自我。

例如，如果一個人不開車，她可能會發展出很多可以彌補自己這項限制的行爲，如與有車的人建立密切關係、在交通方面依賴別人，或要求別人爲自己做一些雜務等等。她的整個生活可能都會以此爲中心。然後有一天，當她有個機會擁有一輛車子時，她會感覺到離開她舊有關係模式的痛苦。但是當她眞的開始開車時，將會出現全新、擴大的自我，以及更自由的生活形態。

改變是不可避免的。當你學習去迎接改變，而不是去抵抗它時，你會發現自己的生活變得更自在，而且更有趣。

☆正面衝突

雙魚座北交點的人通常會在經歷極爲激烈的精神痛苦之後，才會於外在世界採取行動。你會對別人怎麼說或怎麼反應，陷入過度的憂慮。基本上，你擔心你會無法處理正面衝突，所以常常不斷地拖延，直到最後一刻才採取行動。

令你吃驚地，事情往往就如同你所想像般地困難。然而，你好像無法將一次成功的經驗運用到下一次的問題上。在你的心中，你會使問題變得極爲複雜，所以即使曾經成功地處理過正面衝突，當你下一次碰到問題時，還是會再次經歷同樣的精神痛苦。

這是在有形的層次中很不易解決的一個問題。你今生要學習的課題是堅強地面對問題，並承認有更高層次的力量在掌控，而這種力量帶來的是擴展及成長的機會。雙魚座北交點的人應該要退後一步，思考當下的環境將如何使你更接近你的目標。然後，你可以在不執著於結果的情況下，採取行動，而且在有所行動之後，會知道下一步應該怎麼做。最重要的是不要執著於行動的結果。

雙魚座北交點的人沒有中間地帶。你所有的想法、猜測及分析，都不能讓你的生活變得自在一點。如果不是有意識、持續地依賴更高層次的力量幫助你過生活，生命會是一個接著一個的焦慮，似乎不論提供多少的服務，都不能避免你與別人發生正面衝突。當出現阻礙時，你只需要將這種情況交到更高層次力量的手中，並處理這種力量所展現的每一個自然發展的階段。

例如，如果雙魚座北交點的人在一家餐廳用餐，結帳時他的信用卡被拒絕，他的第一個立即反應是驚慌及抗拒：「爲什麼會這樣？我正在享受美好的一天，竟然會發生這樣的事？」或是「噢，不！有人偷了我的信用卡，而且那個小偷可能會盜刷這張信用卡！」

你會不斷有類似的反應，讓每件相關的例行公事都成爲極度的憤怒，而且你會覺得難過，認爲如果宇宙愛你的話，就不會讓這種情況發生。你不願接受已經發生的事實，並以此來傷害自己以及每一個在你身邊的人。

實際上，前述例子的主角應該採取的第一個步驟，很明顯的應該是立刻打電話給發卡公司，了解到底發生了什麼情況。從更廣的角度來說，或許你應該更注意自己使用信用卡的情況；這正是宇宙在你深陷債務之前給你的提醒。或者宇宙想警告你的確有人冒用你的號碼；或許那是信用卡公司的錯誤，而且唯有透過這次的事件才能避免可能造成的更大錯誤。雙魚座北交點的人必須相信，有一個更重要的事件正在逐漸展現之中，而這個事件可以帶來更好的結果。

非線型存在

雙魚座北交點的人傾向於將你的時間規畫爲具有許多例行的公事，以及許多規則與責任的架構，所以你的生活幾乎是完全可以掌握的。一旦你創造出這種架構之後，又不想要那種方式。但是，當某些可能會使你的生命朝有趣方向前進的事件發生時，你很容易又會回到日常的常規之中。你很希望能走一條不同、風景更美的路線，但是如果要做到這一點，你必須開始活得更有自覺一點。

☆冥想

要活得更有自覺的第一步，是每天撥一點時間出來獨處及內省。你應該撥出一個規律的時間，例如每天至少四十分鐘，什麼事都不做，不看電視、不聽廣播、不接電話、不接觸任何外在的刺激。如果你喜歡的話，可以在等待新啓示的寂靜之後，練習冥想的技巧。或者你可以寫日誌、寫下你前一天的活動，並試著找出在各項事件後面的「更高的理由」。或許你可以讀有關性靈的書，如《聖經》《易經》或是任何可以提供你指引及洞察的書。你可以將這四十分鐘的一部分時間，花在練習瑜伽、呼吸法，或可與你內在和平連結溫和的、肉體的放鬆運動上。

重點是那是你的時間。這段時間中，你沒有職責、沒有雜務、沒有工作、沒有角色扮演，以及任何會令你分神的事。那是你接觸生命中更寬廣願景的時間。你希望建立及體驗什麼？在家中或是職場，你希望實現什麼夢想？你想要營造什麼氣氛？每星期至少評估這些問題一次，將可以讓你了解如何爲自己的生命負責。

這也給雙魚座北交點的人了解自己人際關係及家庭生活的時間。你是否正與你生命中重要的人在一起？如果你已經是九十五歲的老人，可能會後悔沒有與每一個孩子共享什麼樣的經驗？你想要與你的伴侶有何種方式的親密關係，或共同參與何種活動？是否有某些地方是你特別想要去的？

定期地重新評估這些問題，你將可以爲自己的生命增加新的、刺激的層面。而最奇妙的是，這種效果並不是直線式的。在你冥想應該如何實現各種夢想的期間，許多靈感會自然地湧現在你面前。

在冥想期間，你也可能會了解那些人可以協助自己實現夢想。是否有朋友可以在精神方面推動自己，或是使你的生命更有趣？有沒有什麼課程可以爲你帶來精神面的滿足及心靈的平靜？這些問題的最重要關鍵在於獨處。雙魚座北交點的人只要每天花四十分鐘的時間，就會因爲發現生命可以如何變化而感到驚訝不已。

☆存在的次元

雙魚座北交點的人花了許多前世的時間在規畫願景上，所以你已經搞不清楚自己努力要實現的是什麼了。今生，你必須要重新了解屬於你個人的夢想，也就是你這一生希望創造的目標。有一個方法是做定期（或許每個月一次）的「希望清單」，寫下你希望實現的目標。這可以幫助你了解內在的意圖。只要你這麼做，你想要創造的事，就會神奇地開始發生。一旦你停止擔心那些不能成功的事，並開始寫下你希望的方式，你就會發現自己已經在做一些可使美夢成眞的事了。

當你回到直線式、重複式的生活方式時，就會重新遭遇前世潛意識的問題，嚴格要求及規畫每一樣東西。然後，會因過度投入於當下的環境，以致無法有更廣大的格局。你會讓自己不斷受困於相同的位置，即使那從來沒有成功過，你還是相信應該這麼做才能成功。

雙魚座北交點的人要學習如何分辨，就你的廣大價値觀及願景的角度而言，什麼是重要的？什麼又是短暫的困惱？當你把分析的思考模式，以及狂亂的活動擺在一邊，並允許自己追尋夢想時，生命會更輕鬆。奇妙地，你的夢想將會開始逐步邁向實現。

☆自我觀察

「擺脫」對雙魚座北交點的人而言，是讓自己從所扮演的角色中釋放出來的重要問題。當你可以擺脫情緒上的問題、突破這個問題並觀察它時，就可以成長及改變。關鍵在於自我觀察。你必須客觀地觀看自己，如何與合作夥伴或家庭成員建立關係，以及朝目標前進。

當你可以不帶批判眼光來觀看自己，並了解滿足別人的需求是如何具有傷害性時，你就會開始改變。例如，如果你因爲工作而感到困擾，或是爲了在某人設定的期限前完成一項工作而感到很緊張時，應該要注意那工作給自己的感覺。然後，將眼光放在細節上，不要觀看外在的反應，而是觀看你自己內在肉體及情緒等雙方面的反應。

當你開始客觀地觀看自己時，每一件事情都會開始轉變。你的健康會出現改善，而且你對自己及別人的感覺也會開始更自在。透過這些過程，你的焦點會由擔心自己應如何適應別人，轉移到應如何適應自己。這就是成長開始的時候。

找到精神的道路

☆更高層次的力量

雙魚座北交點的人今生這個實體的目的，是找一條性靈的道路。這條路可以幫助你釋放對有形世界的過度強調，並了解高度自覺之中的舒適自在。你應該允許對更高層次力量的意識，滲透到你生命中的每一面。只要你內心在收到建議時感到平和，那麼「順應潮流」、允許他人在你的道路上給你指導，對你而言，就具有相當的效果。

你極為習於以施壓的方式使事情辦妥，所以有時會進入「我會讓這件事成功」的狀態。這樣你就是「誤入歧途」。你應該要提醒自己隨時了解更高層次的力量，並允許那種力量在每個時刻都能指引、導正你。你應該停止毫無止境的分析，觀察顯示出下一個步驟的跡象或「徵兆」。這時，你必須相信這些跡象，冒一點風險，並跟隨著這些跡象前進。

雙魚座北交點的人天生就具備了解未來的能力。當你放鬆進入心靈敏感的境界時，就可以「感受」到事件將發生的順序。你通常會對第一個看到的預兆產生過度的反應。一個影像，可能是一個人或一種情況，會出現在你的心頭，而你會產生不可言喻的焦慮及不安全感。你會知道即將發生某些問題。在今生的實體中，你已經得到一項新的天賦：通靈的天賦。

這是一種美好的天賦，它可以藉著事先的警告，保護你不受負面事件的打擊。但是，由於你會覺得無助，所以通常你的第一個反應都是驚慌失措。因爲你已經對預先的警告做好防範措施，所以最終會了解，如果可以預見即將發生的事件，你就可以閃避它，或是想出如何利用它、使它對自己有利的方法。你最好是能暫時按兵不動，直到手中掌握更多的資訊之後再採取行動。你需要時間及獨處，這樣才能從直覺的過程中，得到清晰的看法及正確的對策。

你的身邊有許多天使，你只需要保持開放的態度，並等待他們告知你如何利用目前的情勢，以推動你的計畫。但是你絕不可去「分析」情況。你的工作是保持耐性，等待你的心靈向你預示，每一種情況將如何成爲你成功邁向目標的踏腳石。

一旦你了解這種通靈的天賦之後，雙魚座北交點的人可以早在問題發生的幾個月之前，就預見這種情況，並成功地避免掉。你只要退回一小步，就可以利用從中產生的時機及機會，使你的生活更平和及寧靜。你今生要學習如何在你的能力之中，加入新發現的信心，以處理日常的情況。

☆信任

雙魚座北交點的人有太多次前世的實體，都在監控自己的行爲，所以到了今生以後，你往往不願意談你的想法。你會退縮，不希望在情況中加入「不好」的能量。這會使你常常生活在懊悔之中；你常會希望自己當時說了某些其實沒有說的話。

同樣地，解決的對策在於相信你自己，並了解自己的動機。如果你想說的話，會指控別人的「錯誤」，或是改變別人的行爲，你就會失敗。然而，如果你自當時的情況退回，並從愛的出發點說話，你所說的話就會是適當及精確的；要做到這點，只需對當時腦海中出現的想法持開放的態度。

它可能是沮喪或大量的能量，也可能是任何東西，但是重要的是，不要去檢查它。當你把它說出來時，可以爲另一個人做修正，而雙魚座北交點的人所冒的風險就是忠於自己。

有趣的是，當你忠於自己，不再扮演某個角色時，就是你眞正教導別人的時候。當你所應該說或做的事，沒有「達到完美」的劇本時，最好告訴別人自己所重視的精神原則。當你讓自己內在的造物主產生自然的反應時，事情就會成功。

你已經準備體驗從更高的層次去認知自己的完美，而採取的方式並不是透過操控實質的事件來讓它們「看起來很棒」，而是透過相信事物本身無形的完美。你今生預定應該要做的內部工作，是放棄自我摧毀，因爲你常爲了根據自我設定的理想標準以達到完美境界，而傷害自己。

當你相信宇宙時，你會不再害怕變化。每件事情的發展都是自然的一部分，你的立意是美好的，而造物主、上帝或是更高層次的力量也會站在你這一邊。你可以把每一個進入你生命的人，看做是被更高層次的力量派來的人，而且是更偉大計畫的一部分，所以最後的結果必然是肯定的。

當你相信生命的潮流時，適當的人會出現，適當的變化會發生。你會感受到正面的能量，亦可以看到更遠大的景象。重點是要往好處看。一旦你將你的憂慮釋放給宇宙，你對自己能力不足的感覺，就會轉換爲自在及平靜的力量。

夢想

前世，雙魚座北交點人的思維一直很複雜，所以到了今生之後，你的目標就是單純。現在，簡單、不複雜的答案最適合你。當你可以放慢自己的速度，並維持流動時，就可以自天使處取得「一切都很好」的各種細微瑣碎的資訊。這種肯定本身，就會賦予你實現夢想正確的行動力量。

☆熱情

在今生這個實體，雙魚座北交點的人要學習接受及熱情。你的任務是保留判斷，當你停止批評別人時，也會不再對自己如此嚴苛。這可以爲你開啓通往寧靜的路，而這正是你一向所追求的目標。你對別人所做的沈默批判，使你無法放下自己的屏障，並眞誠地與別人有愛的結合。

你要學習了解，你對別人的想法其實就是你潛意識中擔心別人會對自己的看法。因此，當你在觀察別人時，如果是以批判的眼光，如「她的頭髮太長了」、「她的頭髮太短了」、「她的行爲失當」時，你會認爲，別人也是以同樣批判的眼光在看你。

從另一個角度來說，如果你自覺地知道另一個人在她所擁有的天光之下，正在盡自己的全力，或是如果你刻意地去想她的優點，並懷著關愛的心情去看她，那麼潛意識裏，你會認爲別人也以同樣接納的眼光在看待自己。這樣可以放鬆你對自己的批判。

當然，一旦你開始這麼做，你會希望自己能夠完美，而且當你忘記這麼做時，會嚴厲地批判自己。其實如果你不完美，對你反而是有好處的，因爲這可以使你保持謙遜。你會發現在自己所擁有的天光之下，你已經盡了最大努力，使愛你自己成爲比較簡單的事。

雙魚座北交點的人在你的生命中，有時會進入啓蒙狀態，那是對宇宙完全熱情的狀態。當你保留對別人及自己的批判時，可以在更一致的基礎下，達到這種意識狀態。

☆感激及幸福

雙魚座北交點的人希望自己能一直維持不受干擾的幸福狀態。實際上，會讓你脫離這種狀態的都是俗世中的意外，因爲這些意外干擾了你的計畫。想要維持內在的平和，你必須不論發生什麼事，都對自己說：「宇宙愛我，所有事情發展到最後必定都會我有利。」如果需要的話，你可以重複好幾次這幾句話。以前述這種語言的肯定，來迎接所有的改變，你將會對所產生的效果感到驚訝。

重點在於，你對每一種發生在你路上的情況都必須心存感謝，不管情況如何，你都會說：「謝謝你，上帝！給我這種健康的問題。」不論造物主給你的是什麼，你務必要懷著感激的心。這種方式可以為你帶來奇蹟。在你懷著感激接受當時的情況，並維持精神上開放的態度時，你的抗拒會消失，使得下一個步驟會變得極為明顯。

由於憂慮、焦慮及責任等可能耗盡你生命的各項因素，你在一開始的時候，都會覺得很困難。但是一旦你將焦點集中在實質外表世界後方的性靈真相，你將擁有最幸福的生活。一旦你開始維持有意識的狀態，學習客觀地觀察自己，你就會了解潮流中更微妙的能量引力，以及事情發展的方向、如何朝目標前進。看起來造物主是眷顧你的，只要你維持有意識的狀態，就可以精確地掌握下一步。

雙魚座北交點的人會沈浸於奇妙的心靈力量中。有趣的是，你自己一點都不知道。你會表現得好像你一點力量都沒有，並嘗試從自我層次去追求成功。然而，你只需要在你四周靈性的氣氛中徹底放鬆，奇妙的魔法就會接管你的生命了。只要你願意放棄使事情複雜化的執著，你將是所有的生命實體之中最簡單的一種。如果你「放手把一切交給上帝」，那麼你就可以在造物主的引導下，進入平和的境界。

你這一生的旅程之中，最困難的一個部分是，了解其他交點族群的人眼中的「真實」，也就是每個人都同意存在的有形、物質世界，並不是命定要成為你最重要的真實。要將焦點放在無形事物上，並視之為你的真實，你必須願意冒著被別人誤解的風險。

你今生的工作是將性靈真實的經驗帶來這個星球上，唯有透過在你自己的生命中對它的意識，才能做到這一點。只有在你自己全神貫注於性靈氣氛的情況下，你才能透過自己沈默的歡愉，將真實傳達給別人。

治療音樂

Music

由於音樂是可以在情緒上支持我們去冒險的有效工具，所以我分別爲各個族群的人寫了一首治療歌曲，希望能協助你以積極的方法提升你的能量。

自然發展

這首歌想要傳達的是具安撫效果的訊息，溫柔地將雙魚座北交點人的潛意識，轉移到對整體的完美，以及你身邊每一件事情自然發展的察覺，喚醒你精神上的特質，並允許你以更平和及更富接納性的方式擁抱它。

節錄部分歌詞

當我，自己一個人，就是無法做對。
顚躓回到犯錯的地方，

希望現在正是
我所見的一切；如果我可以的話……
如果我可以的話……

就在這時我想起，
每一件生命中的事都是美好的——
即使未必能被了解……
所有的事都會及時來到你的面前。
所以你心裏應該有這種想法，
每一件事情的發展……都是其所應然！

國家圖書館出版品預行編目資料

靈魂占星：看南北交點如何影響你的人生 /
Jan Spiller著；吳四明譯. --初版. --臺
北市：方智, 1999 [民88]
面；　公分. --(神秘館；17)
譯自：Astrology for the soul
ISBN 957-679-661-x (平裝)

1. 占星術

229.22　　　88012061

ISBN 957-679-661-x

方智出版社
FINE PRESS

◎神祕館⑰

靈魂占星
——看南北交點如何影響你的人生

●定價530元

作　　者／Jan Spiller
譯　　者／吳四明
發 行 人／曹又方
出 版 者／方智出版社股份有限公司
地　　址／台北市南京東路四段50號6F之1
電　　話／二五七九六六〇〇・二五七九八八〇〇
傳　　眞／二五七九〇三三八・二五七七三二二〇
郵撥帳號／一三六三三〇八一　方智出版社股份有限公司
登 記 證／行政院新聞局局版台業字第四三六一號
責任編輯／謝翠屏
美術編輯／蘇玉娟
原 書 名／Astrology for the Soul
原出版者／Bantam Books
版權代理／博達著作權代理有限公司
法律顧問／詹文凱律師
印　　刷／祥峯印刷廠
一九九九年十月　初版
二〇〇五年六月　六刷

Printed in Taiwan